湖北农业农村改革开放40年丛书
1978—2018
宋亚平 主编

改革开放40年
湖北农村扶贫开发

GAIGE KAIFANG 40 NIAN:
HUBEI NONGCUN FUPIN KAIFA

丁士军 陈志 ○编著

中国社会科学出版社

图书在版编目（CIP）数据

改革开放40年：湖北农村扶贫开发／丁士军，陈志编著．
—北京：中国社会科学出版社，2018.12
（湖北农业农村改革开放40年（1978—2018）丛书／
宋亚平主编）
ISBN 978-7-5203-3138-8

Ⅰ.①改… Ⅱ.①丁…②陈… Ⅲ.①农村—扶贫—研究—湖北 Ⅳ.①F323.8

中国版本图书馆CIP数据核字（2018）第209629号

出 版 人	赵剑英
责任编辑	赵　丽
责任校对	李　剑
责任印制	王　超

出　　版	中国社会科学出版社
社　　址	北京鼓楼西大街甲158号
邮　　编	100720
网　　址	http://www.csspw.cn
发 行 部	010-84083685
门 市 部	010-84029450
经　　销	新华书店及其他书店
印　　刷	北京明恒达印务有限公司
装　　订	廊坊市广阳区广增装订厂
版　　次	2018年12月第1版
印　　次	2018年12月第1次印刷
开　　本	710×1000　1/16
印　　张	20.75
字　　数	326千字
定　　价	86.00元

凡购买中国社会科学出版社图书，如有质量问题请与本社营销中心联系调换
电话：010-84083683
版权所有　侵权必究

湖北农业农村改革开放40年（1978—2018）丛书

编委会（按姓氏笔画为序）

孔祥智　杨述明　肖伏清　宋洪远　邹进泰
张忠家　张晓山　陈池波　郑风田　项继权
赵凌云　贺雪峰　袁北星　党国英　钱远坤
徐　勇　徐祥临　覃道明　潘　维　魏后凯

主　编　宋亚平
学术秘书　王金华

序

2018年是中国改革开放40周年。40年前，党的十一届三中全会作出了把全党工作的重点转移到社会主义现代化建设上来，实行改革开放的伟大决策。40年来，我国农村一直昂首阔步地站在改革前列，承载着重大的历史使命。农业农村持续40年的变革和实践，激发了亿万农民群众的创新活力，带来了我国农村翻天覆地的巨大变化，为我国改革开放和社会主义现代化建设作出了重大贡献。

湖北是全国重要的农业大省，资源丰富，自古就有"湖广熟、天下足"之美誉。改革开放40年来，在党中央、国务院的正确领导下，历届湖北省委、省政府高度重视"三农"工作，始终把"三农"工作放在重中之重的位置，坚定不移深化农村改革，坚定不移加快农村发展，坚定不移维护农村和谐稳定，带领全省人民发扬改革创新精神，不断开拓进取、大胆实践、求真务实、砥砺奋进，围绕"推进农业强省建设，加快推进农业农村现代化"，作出了不懈探索与实践，取得了令人瞩目的成就。特别是党的十八大以来，农业农村发展更是取得了历史性的成就。

2017年，湖北粮食再获丰收，属历史第三高产年，粮食总产连续五年稳定在500亿斤以上，为保障国家粮食安全作出了积极贡献。农村常住居民人均可支配收入达到13812元，高于全国平均水平。城乡居民收入差距比2.31∶1，明显低于全国的2.71∶1。全省村村通电话、有线电视、宽带比例分别达到100%、90%、95.5%。全省农村公路总里程达到23.6万公里。从无到有、从有到好，公办幼儿园实现乡镇全覆盖，义务教育"两免一补"政策实现城乡全覆盖，社会保障制度实现了由主要面向城市、面向职工，扩大到城乡、覆盖到全民。2012—2017年，全省541.7万人摘掉贫困帽子。

知史以明鉴，查古以知今。回顾过去40年湖北农业农村发展之所以能取得如此巨大的成就，最根本的是始终坚持了一面旗帜、一条道路，不断解放思想、实事求是、与时俱进，把中央各项大政方针和湖北的具体实际紧密结合起来，创造性开展各项"三农"工作的结果。改革开放40周年之际，《湖北农业农村改革开放40年（1978—2018）》这套丛书的编写出版，所形成的研究成果是对改革开放40年来湖北农业农村工作的全面展示。其从理论与实践相结合的高度，全景式展示了湖北农业农村发展所取得的辉煌成就与宝贵经验，真实客观记述了湖北农业农村改革开放40年走过的波澜壮阔的历程，深入分析了改革开放实践中出现的新问题、新情况，而且在一定的理论高度上进行了科学的概括和提炼，对今后湖北农业农村的改革和发展进行了前瞻性、战略性展望，并提出一些有益思路和政策建议，这对深入贯彻党的十八大、十九大精神，进一步深化农业农村改革，在新的起点开创农业农村发展新局面，谱写乡村振兴新篇章，朝着"建成支点、走在前列"的奋斗目标不断迈进，更加奋发有为地推进湖北省改革开放和社会主义现代化建设，都有着积极的作用。

作为长期关注农业农村问题，从事社会科学研究的学者，我认为这套丛书的编写出版很有意义，是一件值得庆贺的事。寄望这套丛书的编写出版能为湖北省各级决策者科学决策、精准施策，指导农业农村工作提供有益帮助，为广大理论与实践工作者共商荆楚"三农"发展大计，推动湖北农业全面升级、农村全面进步、农民全面发展提供借鉴。

2018.9.12

湖北农业农村改革开放 40 年（1978—2018）丛书简介

2016 年 8 月，经由当时分管农业的湖北省人民政府副省长任振鹤同志建议，湖北省委、省政府主要领导给湖北省社会科学院下达了组织湖北省"三农"学界力量，系统回顾和深入研究"湖北农业农村改革开放 40 年（1978—2018）"的重大任务，以向湖北省改革开放 40 年献上一份厚礼。

根据任务要求，湖北省社会科学院组织由张晓山、徐勇等全国"三农"著名专家组成的编委会，经过精心构思，确定了包括总论（光辉历程）、农业发展、农村社会治理、农民群体、城乡一体、公共服务、集体经济、土地制度、财税金融、扶贫攻坚、小康评估在内的 11 个专题，共同构成本丛书的主要内容。丛书作者分别来自湖北省社会科学院、武汉大学、华中科技大学、华中师范大学、华中农业大学、中南财经政法大学、湖北经济学院等高等院校。

本丛书立足现实、回望历史、展望未来，系统地回顾和总结了改革开放以来湖北省农业农村改革、创新与发展的历程，取得的成就、经验以及存在的不足，并从理论和实践相结合的高度，提出一系列切合湖北实际，具有前瞻性、指导性和可操作性的对策建议。所形成的研究成果兼具文献珍藏价值、学术价值和应用价值，是一幅全景展示湖北省农业农村改革 40 年光辉历程、伟大成就、宝贵经验的珍贵历史画卷。

目　　录

第一章　导论 …………………………………………………………（1）
　　第一节　研究的背景 ……………………………………………（1）
　　第二节　研究的意义 ……………………………………………（2）
　　第三节　研究的目标 ……………………………………………（3）
　　第四节　研究的数据 ……………………………………………（3）

第二章　理论基础与文献综述 ………………………………………（7）
　　第一节　核心概念的界定 ………………………………………（7）
　　第二节　贫困与扶贫相关理论 …………………………………（16）
　　第三节　现有文献回顾 …………………………………………（23）
　　第四节　本书的分析框架 ………………………………………（36）

第三章　农村经济体制改革推动扶贫时期（1978—1985）………（38）
　　第一节　本时期宏观背景 ………………………………………（38）
　　第二节　本时期中国农村经济体制改革与扶贫政策脉络 ……（42）
　　第三节　本时期湖北农村经济体制改革与扶贫实践 …………（54）
　　第四节　本时期湖北农村贫困状况的变化 ……………………（67）
　　本章小结 …………………………………………………………（72）

第四章　大规模农村扶贫开发时期（1986—1993）………………（81）
　　第一节　本时期宏观背景 ………………………………………（81）
　　第二节　本时期农村发展与扶贫开发政策脉络 ………………（85）

第三节　本时期湖北农村扶贫开发实践 …………………………（95）
　　第四节　本时期湖北农村贫困状况的变化 ……………………（103）
　　本章小结 …………………………………………………………（107）

第五章　"八七"扶贫攻坚时期(1994—2000) ……………………（116）
　　第一节　本时期宏观背景 ………………………………………（116）
　　第二节　本时期主要农村经济发展与扶贫开发政策脉络 ……（122）
　　第三节　本时期湖北农村扶贫开发工作的实施 ………………（143）
　　本章小结 …………………………………………………………（158）

第六章　《中国农村扶贫开发纲要(2001—2010年)》实施时期 ……（165）
　　第一节　本时期宏观背景 ………………………………………（165）
　　第二节　本时期主要农村经济发展与扶贫开发政策脉络 ……（173）
　　第三节　本时期湖北农村扶贫开发工作的实施 ………………（185）
　　第四节　湖北省扶贫开发效果 …………………………………（209）
　　本章小结 …………………………………………………………（220）

第七章　《中国农村扶贫开发纲要(2011—2020年)》及精准扶贫
　　　　　实施时期 ………………………………………………（225）
　　第一节　本时期宏观背景 ………………………………………（225）
　　第二节　本时期农村扶贫开发主要政策脉络 …………………（234）
　　第三节　习近平总书记关于精准扶贫系列重要
　　　　　　讲话与解读 …………………………………………（253）
　　第四节　本时期湖北农村扶贫开发工作的实施 ………………（256）
　　第五节　本时期湖北农村扶贫开发工作的实施情况 …………（273）
　　第六节　本时期湖北农村扶贫开发成效 ………………………（284）
　　本章小结 …………………………………………………………（293）

第八章　湖北扶贫开发历程的梳理与主要经验 …………………（298）
　　第一节　湖北扶贫开发40年历程梳理与经验总结 ……………（298）

第二节　湖北农村扶贫开发的问题与不足 …………………（301）
第三节　湖北全面步入小康社会的评估与展望 ……………（303）

参考文献 …………………………………………………………（305）

后　记 ……………………………………………………………（319）

第 一 章

导 论

第一节 研究的背景

1978年12月,党的十一届三中全会的胜利召开,标志着我国全面进入了"改革开放"的伟大历史时期。之所以说其伟大,是因为改革开放对中国的影响是十分深远的,对中国国力的发展与提升也是十分巨大的。通过近40年改革开放,中国共产党带领全国各族人民取得了一系列辉煌的成就,把中国从"文化大革命"后经济几近崩溃的紧急状况发展为当今世界的第二大经济体。40年来,中国的经济持续快速增长,综合国力也进一步提升,民生得到了明显的改善,人民生活也在总体上进入了小康水平。

2017年10月18日,中国共产党第十九次全国代表大会(党的十九大)在北京胜利召开,习近平总书记代表第十八届中央委员会向大会作了题为"决胜全面建成小康社会 夺取新时代中国特色社会主义伟大胜利"的报告(党的十九大报告)。报告指出,我国已经进入了中国特色社会主义新时代,我国社会主要矛盾已经转化为人民日益增长的美好生活需要和不平衡不充分的发展之间的矛盾。这两个伟大论断一方面证明了在中国共产党的带领下,我国已经实现了经济社会发展阶段的飞跃,但另一方面也说明现阶段我国发展过程中仍存在一些问题。目前,我国在民生建设上仍有短板,城乡发展差距和收入分配仍有较大差距,导致部分地区尤其是连片特殊困难地区存在一定数量的贫困人口,脱贫攻坚任务依然沉重。

实现全面小康是中国共产党对全世界和全国人民的光荣承诺,让困难群众摆脱贫困也是中国共产党执政的题中之义。自新中国成立以来，在中国人民摆脱了"三座大山"的束缚之后，中国共产党执政工作的重心就从革命与阶级斗争转变为发展与改善民生。然而，将一个千疮百孔、满目疮痍的旧中国改造为人民安居乐业、经济高度发达的新中国是不可能一蹴而就的。改革开放之后，随着综合国力的增强，中国共产党和中国政府在面对较大规模的贫困问题时，开始有计划、有步骤、有针对性地进行农村扶贫开发工作，力图通过持续性的努力实现"两个百年"的奋斗目标。

湖北省是一个集老区、民族地区、山区、库区于一体的贫困面较大的中部省份，伴随国家整体经济社会发展的脚步，湖北也取得了较大的改革发展成就，但是扶贫对象规模依然较大，相对贫困问题凸显，全省四个连片特困地区（秦巴山、武陵山、大别山、幕阜山）发展相对落后，严重制约了"全面小康湖北"工作的有效推进。因此，自改革开放以来，湖北省也紧跟国家步伐在贫困地区尤其是贫困山区开展了多年的农村扶贫开发工作，朝着实现2020年全国全省全面小康的光荣使命不断奋斗。

第二节 研究的意义

中国的改革开放是具有世界历史意义的重要变革性事件，它的重要性自不必说。中国的农村扶贫历程是与中国的改革开放历程紧密联系在一起的，可以说，中国的农村扶贫史就是中国改革开放史的缩影。湖北省作为中国中部崛起与发展战略的重要省份，在新时代国家新布局中占据重要的地位，厘清改革开放以来湖北的农村扶贫史就是厘清湖北的改革开放发展步伐。

从理论意义的角度看，现阶段无论是全国还是湖北省都缺乏全面总结改革开放40年以来的农村扶贫历程的著作与文献，对于该问题的总结与梳理还缺乏翔实的论述。因此，对改革开放40年来中国及湖北省的农村扶贫开发历程进行回顾与总结可以丰富中国与湖北省的扶贫史与改革开放史，拓展农村扶贫开发研究的理论广度与深度。

从现实意义的角度看，在改革开放40周年的大背景下，在中国农村扶贫开发迎来最关键时刻的背景下，梳理改革开放以来中国及湖北省的农村扶贫开发历程不仅能全面回顾与总结40年来扶贫开发的辉煌成就与发展经验，还能从这些发展历程中找到工作中的不足，为在2020年全面迈入小康社会的发展状况下，更好地推动改革开放与扶贫开发提供有益的改进参考，为乡村振兴战略做好坚实的铺陈，力保我国在2035年实现基本现代化，在21世纪中叶成为富强民主文明和谐美丽的社会主义现代化国家，同时也助推湖北在全国发展大蓝图之下实现全面小康，落实"建成支点，走在前列"的发展目标。

基于此，进行改革开放以来湖北农村扶贫开发研究具有十分重要的理论与现实意义。

第三节 研究的目标

本书以改革开放40年来湖北省农村扶贫开发为主题，围绕不同历史时期中国及湖北省扶贫开发的具体措施展开，并对不同时期的扶贫开发成果、基本特征与成功经验进行归纳与总结，最终勾勒出改革开放40年来湖北省农村扶贫开发的具体历程、总体经验与存在的不足，并对湖北省最终走向小康社会进行评估与展望。总体来说，本书的目标可以分为四个方面：

第一，对改革开放40年的农村扶贫开发历程进行分时期的划分。

第二，对不同历史时期中国及湖北农村扶贫开发历程的背景、措施、成果、特征进行归纳性描述与提炼性总结。

第三，总结不同历史时期湖北农村扶贫开发的工作经验，并发掘工作中存在的不足。

第四，对湖北省最终走向全面小康之路进行科学理性的评估与展望。

第四节 研究的数据

为了将40年中国及湖北农村扶贫开发的历程描绘清晰，本书运用了大量的数据，包括国家与湖北省的综合性国民经济与社会发展类数据、国家与湖北省的农业及扶贫领域的专项数据以及一些其他数据。具体包括1978年至今的中国年度统计公报数据、农村统计年鉴数据，2000年以来的湖北省年度统计公报数据、《中国农村贫困监测报告》、湖北省农村住户调查数据，《新中国55年统计资料汇编》，2009年以来的湖北省扶贫开发统计监测资料，还有国家、湖北省及扶贫、民政、人社、科技等各行业的"八五""九五""十五""十一五""十二五"计划与规划数据、《湖北日报》历史性新闻报道等其他类型数据。

一　中国年度统计公报数据

中国年度统计公报，现在的全称为"中华人民共和国年度国民经济和社会发展统计公报"，改革开放早期称为"关于年度国民经济计划执行结果的公报"，现在国家统计局网站开放可查的年份范围是1978年至今。该项公报用数据的形式较好地总结了当年度全国经济社会发展状况，涉及的领域包括农业、工业和建筑业、固定社会投资、国内贸易、对外经济、交通、邮电和旅游、金融、人民生活和社会保障、教育、科学技术和文化体育、卫生和社会服务、资源、环境和安全生产。中国年度统计公报数据主要展现形式为年度截面数据，主要展现不同年份国民经济与社会发展各个方面的具体数值，但同时也带有对前一年乃至前三到五年的对比。而将1978年至今的各项核心数据连接起来，就可以形成较好的时序和面板数据，运用在中国不同历史时期经济社会发展与扶贫开发成果的描述与评价方面。

二　湖北省年度统计公报数据

与中国年度统计公报数据类似的湖北省年度统计公报数据全称为"湖北省年度国民经济和社会发展统计公报"，目前湖北省统计局网站可查的年份范围是2000年至今。湖北省年度统计公报数据包括：农业、工业和建筑业、固定资产投资、国内贸易、对外经济、交通运输、邮电通信和旅游、财政和金融、教育和科学技术、文化、卫生和体育、人口、居民生活和社会保障、节能降耗、资源环境。这些内容大体也与国家年度统计公报数据相似。利用各年度湖北省国民经济与社会发展的截面数据也可以做成时序数据和面板数据，以便于对湖北省不同时间点和一定时间段的农村社会发展与扶贫开发效果进行描述与分析。

三 《中国农村统计年鉴》

《中国农村统计年鉴》是由国家统计局农村社会经济调查司编著的年度综合性农村经济社会发展统计书目,其内容主要包括:农村基本情况与农业生产条件、农业生态与环境、农村投资、农林牧渔业总产值、中间消耗及增加值、主要农产品种植养殖面积与产量、农村市场与物价、农产品进出口、农产品成本与收益、收入与消费、农村文化、教育、卫生及社会服务、国有农场、区域农村经济、各地区主要农村经济指标排序、国外主要农业指标。本书收集到的年份涵盖2003年至今,其中农民家庭的收入与消费、区域农村经济发展、农村科教文卫与公共服务等项目的截面和时序数据是重点利用内容。

四 《中国农村贫困监测报告》

《中国农村贫困监测报告》是由国家统计局主编的年度性农村贫困专项统计书目,主要内容包括:农村经济增长与农村社会发展、年度全国农村贫困状况、年度全国农村贫困状况、特殊类型地区的贫困监测结果、扶贫大事记、统计资料六大项。自2000年开始至今,仅2012—2014年三个年度没有出版,因此还是具有较好的基础形成截面与时序性数据的,对相关年份与历史时期的全国及湖北省的扶贫开发状况进行描述、对比与分析。

五 湖北省扶贫开发统计监测资料

湖北省扶贫开发统计监测资料是湖北省人民政府扶贫开发办公室主编的年度性农村扶贫开发专项数据资料,主要内容包括:中央及湖北省扶贫开发指导性文件、湖北省贫困地区区划情况、湖北省各市(州)及扶贫开发工作重点县(市、区)主要指标、扶贫资金投入情况、全省贫困人口基础数据情况、专项扶贫重点工作情况、行业与社会扶贫等核心内容。自2009年起,每年编纂1册,详尽记述了当年湖北省扶贫开发的各项工作开展基本情况,贫困县、贫困村、贫困户数据的动态变化,具有十分重要的参考价值,对于精确刻画湖北省扶贫开发工作现状、描绘湖北省扶贫开发成绩起着支撑性作用。

六 湖北省农村住户调查数据

湖北省农村住户调查数据是由国家统计局湖北省调查总队农村住户调查队（原湖北省农村社会经济调查队）通过全省抽样调查收集到的省级农户综合性数据。该数据涵盖农业生产、农户收入、消费、教育、医疗、卫生等多方面共3200个指标，目前可利用的范围为2000年至今的全变量数据，以及1978年以来的部分变量数据。这些数据可以用来描述改革开放40年以来湖北省农村经济社会发展的细部特征与具体状况，对于农户贫困问题也有较好的表现形式。

七 《新中国55年统计资料汇编》

《新中国55年统计资料汇编》是由国家统计局综合司编著的综合类统计资料书目，用翔实、可靠和权威的数据，记录了1949—2004年全国的国民经济和社会发展状况。全书共设置统计指标三百多个，涵盖国民经济核算、人口、就业、财政、农业、工业、建筑业、教育、科技、文化、体育、卫生等各方面。数据既有全国的，也有分地区的，且数据时间跨度长达55年，所列的统计指标涵盖面广、重点突出，可以详尽描绘全国及湖北省1978—2004年的经济社会发展与农村扶贫开发的整体状况，对前文缺失的数据进行有效的补充。

八 其他统计资料

除了以上核心的七类统计资料与数据，本书还使用了国家、湖北省及扶贫、民政、人社、科技等各行业的"八五""九五""十五""十一五""十二五"计划与规划数据，对国家及湖北省经济社会发展的状况与动态进行补充性描述，完善研究中缺失的部分经济性指标。同时，笔者还收集并记录了1978年12月至今的《湖北日报》历史性新闻报道，通过重要新闻专栏或摘要的形式还原真实的历史情境，从而凸显不同时期湖北农村扶贫开发的特点，展现改革开放40年来湖北农村扶贫开发取得的显著成效。

第 二 章

理论基础与文献综述

第一节 核心概念的界定

一 贫困

什么是贫困？伴随着人类社会的发展与进步，国内外学者对于贫困问题的认识呈现出一个渐进的过程，"贫困"这一概念的内涵随着研究的深入也在不断得到丰富与完善。

对贫困问题的研究可以追溯到 20 世纪初，英国学者博西姆·朗特里（Seebohm Rontree）基于其在伦敦东区的城市所进行的一系列关于贫困问题的探索，认为："当家庭的总收入无法满足一定时期家庭成员的基本生活开支，那么这个家庭在这个时期就处于贫困状态。"[①] 从这个定义来看，最早人们对于贫困的认识仅仅停留在狭窄的收入层面，侧重于无法维持基本生存需要的绝对贫困。在第二次工业革命之后，西方国家经济高速发展，人民物质生活水平显著提高，绝对贫困的发生率不断降低，该概念的局限性也日益显现出来，在此背景下，强调社会贫富收入差距的相对贫困概念应运而生。随着对贫困问题研究的不断深入，人们逐渐意识到简单地从经济层面来定义贫困是有失偏颇的，非经济性的因素开始被纳入贫困的内涵之中。例如 Lloyd Reynolds 的观点认为贫困不仅仅是指收入不足，还包括物质生活的缺乏以及社交、情感等精神层面的匮乏。World Bank 将贫困定义为："缺少达到最低生活水准的能力。"[②] 随后在

---

① Rowntree M., *Poverty: A Study of Town Life*, London: Macmillan, 1901.
② 世界银行：《1990 年世界银行发展报告》，中国财政经济出版社 1990 年版。

1991 年 World Bank 又增加了风险、面对风险的脆弱性以及无法表达自身需求和影响力等因素。1997 年，UNDP 在《1997 年人类发展报告》中提出了"人文贫困"的概念，它不仅包括人均国民收入等经济指标，也包括人均寿命、卫生、教育和生活条件等社会文化因素，同时提出"人类贫困指数"（HPI：Human Poverty Index）这一指标。

20 世纪 80 年代，印度著名诺贝尔经济学奖获得者阿玛蒂亚·森（Amartya Sen）在其《贫困与饥荒》《资源、价值与发展》以及《以自由看待发展》等著作中多提出能力贫困的理论，他认为贫困是对人类基本能力和权力的剥夺，阐述了人的实质性自由是发展的首要目的，建立了全新的理论框架，改变了狭隘发展观的旧范式。[1] 牛津贫困与人类发展中心（OPHI）的 Sabina Alkire 和 James Foster 基于阿玛蒂亚·森的可行能力剥夺理论发展了多维贫困的测量方法（MPI：Multidimensional Poverty Index），简称为 AF 方法，并在国际范围内得到广泛使用，将人们对贫困问题的研究推到了新的研究层次。

国内对于贫困内涵的认识也经历了一个由浅入深、从单维到多维的过程。国家统计局农调队将贫困定义为：个人或家庭的合法收入无法满足当前的基本生存需求。从这样的定义来看，贫困的概念仅仅停留在经济收入层面，更多地强调绝对贫困。在国内外贫困研究不断深入的背景下，同时随着我国扶贫开发工作的开展，越来越多的学者强调应该从更广泛的角度来研究贫困问题。童星、林闽钢结合我国农户的生活现状，将贫困定义为经济、社会、文化落后的总称，是由低收入造成的缺乏生活所需的基本物质和服务以及没有发展的机会和手段的一种生活状况。[2] 这一定义开始关注发展机会与手段等非经济层面的因素。赵曦认为贫困是因种种发展障碍和制约因素造成的生存危机和生活困境，一定层面的贫困是一种社会状态，这种状态不改善将会形成恶性循环。[3] 近年来人们开始关注因城市化现象带来的贫困问题，有学者将近年在我国城市出现

---

[1] ［印度］阿玛蒂亚·森：《贫穷和饥荒——论权利与剥夺》，王宇等译，商务印书馆 2001 年版；《以自由看待发展》，任赜、于真译，中国人民大学出版社 2002 年版。
[2] 童星、林闽钢：《我国农村贫困标准线研究》，《中国社会科学》1994 年第 3 期。
[3] 赵曦：《中国西部农村反贫困战略研究》，人民出版社 2000 年版。

的因社会结构转型、经济体制转轨、经济和产业调整、国有企业改革而诱发的贫困定义为"城市新贫困"。①

综上所述,从最初强调经济收入的绝对贫困,逐渐发展为关注社会公平、发展权利与机会等多个方面,贫困的内涵是一个历史的、运动的变化过程,在理论与实践的探索中不断得到深化。当前,在生产力高速发展的背景下,绝对贫困必将是暂时的,在未来发展过程中,相对贫困、多维贫困的概念将会受到更多的关注。

二 贫困线与扶贫标准

贫困线是对贫困的度量,是用来衡量个人、家庭或某一地区贫困与否的界定标准。最初提出"贫困线"这一概念的是英国学者布思和朗特里,朗特里将贫困线定义为仅为维持身体正常状态所需的起码开销,即衣食、房租、燃料以及必须开支的家用杂费。这一定义其实是一种较为苛刻的生存概念,此后国外也有许多学者对于贫困线的概念进行发展与丰富,Debraj Ray 认为贫困线是一个关于收入、消费,或更一般地讲,对产品或服务可得性的门槛,在此门槛之下的人们被认为是穷人。那么,贫困线就是在特定时间、特定社会中的一个最低"可接受的"经济参与水平。而中国学者对于贫困线的研究多开始于 20 世纪 90 年代,多数学者将贫困线视为政策工具,其对于贫困线概念的认识呈现三大特点:一是大多采用收入指标定义贫困线,也有少数学者从消费角度来进行衡量;二是定性的成分多于定量的成分;三是以维持基本生存需要为目标。②

贫困线的确定可以分为两种:一种是完全由政府制定的贫困线,用来衡量公民是否需要政府救助,该贫困线依据的是社会成员之间的生活水平对比,不需要复杂的计算方法;另一种是"客观性评价"的贫困线,通常采用热量支出法、基本需求法、马丁法、恩格尔系数法:①热量支出法,将每人每天需摄入的热量作为基准,根据人均生活费分成不同的

---

① 祝建华:《去工业化过程中的我国城市新贫困群体与社会排斥》,《兰州学刊》2006 年第 7 期。

② 王荣党:《贫困线经典定义的百年演变:特质与内核》,《贵州社会科学》2017 年第 1 期。

组并计算每组的热量摄入量,找出最接近基准组的小组,该组的人均生活费用即为贫困线。②基本需求法,依据食品、衣着等"基本需求"的最小值,按照市场物价计算出购买这些物品的最低费用,该费用即为贫困线。③马丁法,由美国贫困研究专家马丁雷布林提出,第一步用食品份额法计算出食物贫困线,第二步计算低贫困线与高贫困线。所谓低贫困线是指食物贫困线加上刚好有能力达到食物贫困线的住户的非食物必需支出,高贫困线是指食物支出达到食物贫困线的住户的总支出,分别反映出了绝对贫困的两个方面——生存贫困与生活贫困。④恩格尔系数法,按照维持人的生活需求的最低营养摄取量标准确定食品消费项目和数量,并计算出饮食费用,除以计算期最低收入水平组的恩格尔系数即得到贫困线。除此之外,贫困线的确定方法还有数学模型法、比例法、贫困指数法等。

三 贫困县、贫困村、贫困户

(一)贫困县

贫困县,分为国家级贫困县与省级贫困县。国家级贫困县又被称为国定贫困县或国家扶贫开发工作重点县,是国家为帮助贫困地区更快地摆脱贫困而设立的一种标准,也是对实施财政扶持的县级行政区的一种特殊称谓,国家级贫困县可以享有从国家到地方提供的各种财政扶贫资金和优惠政策,其资格认定是由国务院扶贫开发领导小组来进行。2012年3月,国务院扶贫开发领导小组办公室在其官方网站公布了最新的扶贫开发工作重点县名单,目前我国国家级贫困县总数为592个。

(二)贫困村

进入新时期以来,我国的农村扶贫已经从县级瞄准变为村级瞄准,即基本的扶贫投资单位从贫困县变为贫困村。贫困村的确定由村民委员会申请,经乡镇、县、地级以上市人民政府逐级审查后,报省人民政府扶贫开发主管部门批准并向社会公布。国务院扶贫办和地方扶贫部门于2001年在全国确定了148131个贫困村,这些贫困村既可能分布在贫困县内,也可能分布在非贫困县内,从而使得扶贫投资能够更好地覆盖贫困人口。① 所有的贫困村要制定村级扶贫规划并根据规划进行整村推进式的扶贫投资。

（三）贫困户

自"精准扶贫"成为中国扶贫开发的基本方略后，我国开始强调以农户为瞄准对象，在贫困对象的识别上力求精确，针对不同类型的贫困户制定不同的扶贫政策。农户，指生活在农村地区、从事农业生产经营活动、家庭拥有剩余控制权的，经济生活和家庭关系紧密结合的多功能的社会经济组织单位。目前我国将收入作为贫困户识别的主要依据，即年人均纯收入低于国家贫困线标准的农户为贫困户。

四　暂时性贫困与慢性贫困

暂时性贫困和慢性贫困是贫困概念体系中相对新兴的概念，以贫困持续的时间长短为划分依据，近20年来经济学家们提出将贫困分为暂时性贫困和慢性贫困两种类型，并不断深入探究了两者的概念和度量方法。暂时性贫困和慢性贫困的提出将时间维度纳入贫困的度量中去，有利于动态或风险视角对贫困进行研究，识别贫困家庭发生贫困的具体形式，从而制定方向明确的反贫困措施。

慢性贫困被定义为"持续相当长时期的贫困"，它具有持续性、严重性、多元化、群体异质性和易代际传递的特点。② 对于处于慢性贫困的人来说，他们一直或者大多数时候生活在贫困线以下，贫困的状态通常会维持很多年乃至整个生命周期并有可能传递给下一代。英国慢性贫困研究中心认为慢性贫困的产生受五大因素的影响，分别是生活缺乏保障、受限的公民权利、不利的空间环境、社会歧视和难以获得工作机会。正是由于这些因素的存在，慢性贫困者们长久地处于贫困之中。慢性贫困研究中心经过研究指出了几类特别容易陷入慢性贫困的群体，主要包括：老人、儿童和寡妇等处于生命周期的特殊阶段而权利受到剥夺的群体；由于社会地位低下而受到歧视的群体；存在健康问题或缺陷的群体以及

---

① 刘坚：《中国农村减贫研究》，中国财政经济出版社2009年版。

② D. Hulme et al., *Chronic Poverty: Meanings and Analytical Frameworks*, Ssrn Electronic Journal, 2011, p. 106.

居住在偏远地区以及暴力冲突频发地区的群体。这些群体通常因为各种各样自身或外部的原因陷入慢性贫困中。

暂时性贫困是相对于慢性贫困而言的，它是指由于偶然因素导致的贫困持续时间较短、在个别时间范围内出现的贫困，具体表现为有些年份生活在贫困线以下而有些年份生活在贫困线之上。世界银行在报告中指出暂时性贫困则是指在一定时期（通常是5年）内入贫与脱贫的现象。① 导致暂时性贫困的因素主要为偶然因素，例如自然灾害、生意失败、农产品价格暴跌、婚丧嫁娶等。当这些偶然因素消失时，暂时性贫困将逐步消除。在扶贫的实践中，我们要注意防止暂时性贫困向慢性贫困的转化，这种转化主要表现为贫困者的收入和支出在大多数时候围绕着贫困线上下波动，有时低于贫困线处于贫困，而有时高于贫困线脱离了贫困。暂时性贫困户的状况呈现多元化，有些贫困户的收入水平正好在贫困线附近徘徊，今年是非贫困户，明年可能收入水平降低成了贫困户；有些可能在两三年的贫困状态后，由于致贫因素的消失而长久地脱离了贫困；相反地，有些农户可能由于偶然事件造成的极具破坏性的后果，从暂时性贫困转化为慢性贫困的状态。

五　绝对贫困与相对贫困

（一）绝对贫困

绝对贫困又被称为生存型贫困、极端贫困，是反映生产消费方面的客观指标，主要指个人或家庭的生产收入所得无法满足维持最低消费水平的需求。英国贫困专家博西姆·朗特里经过对英国约克郡工人的家计调查后于《贫困：对城市生活的研究》一书中提出了贫困的概念："如果一个家庭的总收入不足以支付仅仅维持家庭成员生存需要的最低量生活必需品开支，这个家庭就基本上陷入了贫困之中。"这一定义迄今为止仍被视为经典，后来的一些专家学者继续参考沿用这一定义，但在表述上更加明确化。② 英国学者阿尔柯克（Alcock）在《认识贫困》一书中更加细致地描述了绝对贫困的内涵，认为绝对贫困是建立在维持生存概念基

---

① 世界银行：《1990年世界银行发展报告》，中国财政经济出版社1990年版。
② Rowntree M., *Poverty: A Study of Town Life*, London: Macmillan, 1901.

础上的客观定义，维持生存即延续生命的最低需求，当没有足够延续生命的必需品以维持生存时，就遭受了绝对贫困。① 因此，最初通常采用满足人体所必需的热量标准或营养标准来衡量绝对贫困。但是，维持最低限度的正常生活除了需要基本的食物以外，穿衣、居住等开支也是必不可少的，这说明对绝对贫困的衡量还需考虑非食物部分。国际上采用的马丁法就将绝对贫困分为食物贫困线与非食物贫困线两个部分，二者共同构成贫困线。

（二）相对贫困

相对贫困是指由于社会成员收入差距存在而产生的贫困状态，其本质上是社会不平等加剧的产物。美国著名学者加尔布雷斯提出了相对贫困的概念，他认为："即使一部分人的收入能够维持基本生存需要，但明显低于周围其他人收入，无法获得大部分所认可的体面生活所需的起码条件时，他们也是贫困的。"从这个意义上来看，相对贫困是伴随着收入差距的存在而存在，无法被消除。"相对贫困"是一个动态的概念，它包含两方面的信息：一是随着社会经济水平发展，贫困线不断提高而产生的贫困；二是同一时期，由于不同地区、不同社会阶层和阶层内部不同成员收入差距而产生的贫困。因此，相对贫困标准的确定以社会收入差距为依据，是在考虑绝对贫困的同时与社会平均收入水平对比，处于较低层次的认可。

在一个国家由低收入向中等收入阶段迈入时，绝对贫困一般占主导地位，而对于发达国家而言，相对贫困问题较为突出。对于转型期的中国而言，绝对贫困依旧存在，但发生率较低，2020 年以前消除绝对贫困已成为全面建成小康社会的底线目标。伴随着我国经济水平的高速发展与收入分配不平等问题的加剧，相对贫困问题在我国将越来越突出，经济增长在消除绝对贫困的同时，也带来居民收入差距的不断扩大，相对贫困成为亟待解决的一大社会问题。

六 扶贫开发

扶贫是指消除贫困的过程，是对贫困的治理，在国外通常称为反贫

---

① ［英］阿尔柯克：《认识贫困》，麦克米伦出版社 1993 年版。

困（Anti-poverty）。新中国成立初期开展的扶贫工作延续了古代赈济的传统做法，以救济为主对农村贫困人口展开帮扶，这种方式被称为救济式扶贫或输血式扶贫。救济式扶贫虽然保证了贫困户的基本生活，但是却使得贫困人口对救济产生依赖心理，没有给他们带来自我发展的能力，无法从根本上帮助贫困户脱贫。因此，20世纪80年代中期，我国转向开发式扶贫，通过改善贫困地区的基础设施建设、创造就业机会、帮助贫困人口提高自身素质和技能，让贫困户依靠自己的能力实现脱贫致富，"扶贫开发"一词应运而生。

"扶贫开发"是对于农村反贫困的一种特有称谓，它是指以农村贫困人口为对象，以政府为主体，通过扶持政策来改善贫困人口的经济、文化、教育等条件，以培养贫困人口自力更生、自主经营能力为手段的扶贫方式。扶贫开发强调通过制定科学的规划和方案，对贫困地区的资源进行针对性的开发和利用，积极发展经济、教育和科技，提高贫困人口自身的素质和技能，形成帮扶—发展—带动的模式，从而有效地提高贫困地区的自我发展能力，从根本上改变贫困人口的贫困状态，促进贫困地区的经济发展和社会进步，实现共同富裕。

中国的扶贫开发之路有着长期性、阶段性、多元性、艰巨性、复杂性等鲜明特点。[①] 2020年中国现行标准下所有贫困人口实现脱贫，指的是中国将历史性地解决绝对贫困问题，但相对贫困问题依然并会长期存在。尽管目前中国的扶贫开发事业已取得显著的成效，实现脱贫的人数越来越多，但地区发展不平衡、致贫原因复杂多样、信息不对称等现状仍制约着扶贫工作的顺利开展，扶贫开发之路任重而道远。正因为如此，扶贫开发工作离不开政府的主导与全社会的共同参与，只有多方力量、多种举措相互结合，整合优势资源，才能实现"大扶贫"的新局面。

七　精准扶贫

为解决我国扶贫开发中实际存在的贫困人口数量不准、情况不明，扶贫开发针对性不强、扶贫资金及项目指向不准等问题，2013年11月，

---

① 黄承伟：《中国扶贫开发道路研究：评述与展望》，《中国农业大学学报》（社会科学版）2016年第5期。

习近平总书记到湖南湘西考察时首次做出了"实事求是、因地制宜、分类指导、精准扶贫"的重要指示。2014年1月，中办详细规制了精准扶贫工作模式的顶层设计，"精准扶贫"思想由此落地。

精准扶贫是指扶贫政策和措施要针对真正的贫困家庭和人口，针对不同的贫困环境和贫困户状况，通过对贫困人口的精准识别、精准帮扶、精准管理和精准考核，从根本上消除导致贫困的各种因素和障碍，达到可持续脱贫的目标。精准扶贫的思想可概括为"扶贫对象精准、项目安排精准、资金使用精准、措施到户精准、因村派人精准、脱贫成效精准"六个精准原则。

精准扶贫的主要内容包括：贫困户的精准识别和精准帮扶，扶贫对象的动态管理和扶贫效果的精准考核。其中贫困户的精准识别是基础，它是指通过科学的标准识别真正的贫困人口，并探究其致贫原因；精准帮扶是脱贫的主要措施和关键，它是从贫困户的致贫原因、实际状况与需求出发，有针对性地为其提供帮扶，这影响着扶贫开发的整体措施和具体项目的制定与实施；动态管理是精准扶贫的保障，它对经过精准识别的贫困人口信息进行建档立卡，记录精准扶贫措施、过程及其取得的实际帮扶效果，从而有效地反映扶贫工作的成效、督促扶贫政策的落实和实现对扶贫工作的控制；精准考核是精准扶贫的重点，它是指量化扶贫开发工作的绩效，进而动态地检测、考核扶贫部门的扶贫效果，这将从根本上改变过去扶贫考核的形式化问题，大大增加各级扶贫部门工作的积极性。[①] 说到底，精准扶贫就是基于贫困区和贫困户实际而明确的致贫原因，采取到村到户的精细化帮扶方法，因户施策、一户一策，由"大而全"向"小而精"过渡，确保贫困户能够早日脱贫。[②]

[①] 汪三贵、郭子豪：《论中国的精准扶贫》，《贵州社会科学》2015年第5期；揭子平、丁士军：《农户多维贫困测度及反贫困对策研究——基于湖北省恩施市的农户调研数据》，《农村经济》2016年第4期。

[②] 葛志军、邢成举：《精准扶贫：内涵、实践困境及其原因阐释——基于宁夏银川两个村庄的调查》，《贵州社会科学》2015年第5期；王宇、李博、左停：《精准扶贫的理论导向与实践逻辑——基于精细社会理论的视角》，《贵州社会科学》2016年第5期；陈志、丁士军、吴海涛：《帮扶主体、帮扶措施与帮扶效果研究——基于华中L县精准扶贫实绩核查数据的实证分析》，《财政研究》2017年第10期。

第二节 贫困与扶贫相关理论

一 贫困与发展理论

长期以来关于贫困与发展关系的探讨，是学术界所关注的一大话题。发展经济被视作缓解贫困的重要途径之一，通过市场推动经济增长，并使财富逐渐转移到穷人身上，从而减少贫困人口。在这一过程中，增加穷人能够得到有生产力的就业机会是一个重要环节。学者们开始逐渐达成共识，即那些能够通过改善资源使用和配置效率的政策能够帮助穷人。当贸易品部门比非贸易品部门劳动更加密集，或出口部门比进口替代部门劳动更加密集时，那么这样的政策就尤其有效。但是，这一作用机制形成的前提是穷人能够被纳入经济增长的轨道中。就现实而言，由于各种客观原因的限制，一些穷人往往更容易被排斥在经济增长的过程以外。例如，资本市场的不完善会导致一些既缺少技能又没有资产的穷人难以逃脱贫困的命运。

另一个不可忽视的问题是，经济增长过程本身的性质也会对缓解贫困的效果产生影响。一些地理学家强调，当存在集聚经济时，经济增长所存在的集聚向心力可能会使得资源流出落后地区，导致区域间不平等加剧。一个特别重要的例子就是大规模工业项目的发展可能会使贫困群体被迫离开原来的居住地，导致其无法利用公共资源。对于一些贫富差距较大、不平等程度很高并且长期持续存在的国家，经济增长所带来的减贫效应是非常微弱的。因此政府必须为穷人提供政策倾斜，这一观点论证了政府宏观调控对于缓解贫困的重要意义。德雷兹和森（Dreze and Sen）指出，即使对于经济增长和贫困缓解同时发生的国家，有利于贫困人口的社会政策也被视为缓解贫困的重要措施。另外，再分配政策能够通过纠正那些特别影响贫困人口的市场失灵来促进经济增长。比如说，增加穷人获得贷款机会可能增加对自己的人力资本投资，从而跳出贫困陷阱，也能够帮助穷人扩大生产规模，有能力承担更高回报的高风险项目，避免采取受到约束的短视行为。从这一层面来看，再分配政策在缓解贫困的同时，也能带动社会生产性投资提高人力资源开发方面的潜力。

二 可持续生计理论

生计，一个被普遍接受的概念是：包括能力（capacities）、资产（assets）以及一种生活方式所需要的活动（activities）。这一概念的最大特点在于关注人们在追求更高的生存所需的收入水平过程中，人们所拥有的各项资产与他们决策之间的关系。

"可持续生计"的概念最早出现在1987年世界环境和发展委员会的报告中，该报告根据可持续生计这一概念，对资源所有权、基本需要和农村生计安全等相关议题进行了讨论。在20世纪90年代后期，一些双边或多边的国际援助组织，如世界银行（World Bank）、英国国际发展署（DFID）和发展研究机构，共同推动了可持续生计概念的发展，并使得可持续生计逐步成为发展干预的重要方法。对可持续生计概念的理解涉及以下两个方面：第一，可持续生计本身就是一种目标，即提高资源的生产力，满足生存的基本需求，提出可持续生计发展这一概念就是为了更好地理解和分析贫困人口的生计，并改进与其生计相关的政策援助；第二，可持续生计是获得生计的一种途径，强调生计安全，在面对风险冲击的时候能够通过生计资本抵御一系列的风险冲击。

可持续生计分析框架，它是为了更好地理解不同原因导致的贫困而建立起的一个帮助人们认识穷人生计状况的工具，是分析与农户贫困问题相关的一系列复杂因素的一种方法。对于可持续生计分析框架的探索，不同机构的理论存在一定的差异，在诸多分析框架中，应用最多的是英国国际发展署的可持续生计分析框架。

英国国际发展署提出的可持续生计分析框架在发展干预领域得到了最为广泛的应用。[1] 此框架以人为中心，强调贫困者自身的主动参与式发展，从背景到现实再到政策可以进行一个完整的整体性分析。整个分析框架由五部分组成，包括脆弱性背景、生计资本、变革中的组织与程序、生计策略和生计产出。第一，农户被认为生活在一个脆弱性环境之中，可能面对冲击（疾病、自然灾害、经济危机等）、趋势（人口趋势、资源趋势等）及季节性（价格、生产及就业机会）。第二，农户拥有开展生计

---

[1] DFID, *Sustainable Livelihoods Guidance Sheets*, London: Department.

活动所需要的一定数量的生计资本，主要包括社会资本（社会关系和联系、参与决策的能力）、自然资本（土地、水和水产资源、树木和林产品、野生动物、野生食物）、金融资本（生产和消费的资金）、物质资本（基础设施、工具）和人力资本（劳动力数量和质量）。这五种资本共同构成一个"五边形"的生计资本结构，用来衡量农户的资产水平的高低。第三，农户根据自身所拥有的资产来选择生计策略，例如务农或者非农就业等。并且农户的生计策略是一个动态变化的过程，在不同时期、不同地理条件和经济条件下，农户采取不同的生计策略来满足他们多方面的需求。第四，不同的生计策略将会产生差异化的生计产出，例如收入增加、生活水平提高、脆弱性减少、食物安全增加、自然资源利用更稳定等。而生计产出又可以对农户的五项生计资本产生影响，从而产生一个新的"五边形"，农户根据现有的资产水平来选择新的生计策略。第五，在这一过程中，农户最终生计结果的实现将会受到政策和制度的影响，外在的政策与制度的影响将直接作用于农户的生计背景、生计资产和生计策略。

近年来，DFID 所提出的可持续生计分析框架也在实践中得到了发展。Hamilton-Peach 和 Townsley 在 DFID 可持续生计框架所提出的五项生计资本的基础上，增加了个人情况这一要素。因为个人在进行生计选择时，健康状况和受教育程度对其人力资本其他方面有很大影响，而人力资本无法较好地体现这些最原始最有力的方面。他的观点将分析的起点确定为贫困者的基础特征（性别、年龄、层次、民族和能力等方面），包括个人资本的六个资本相互影响最终实现生计产出。国内也有学者利用可持续生计分析框架对失地农民群体等现实问题进行研究，这些都推动了可持续生计分析框架的发展与完善。

三 "涓滴理论"

"涓滴理论"认为，通过资本积累所实现的经济增长利益将对穷人起到"涓滴"作用：即使没有任何推进和确保减少贫困这一目标的特定手段和措施的情况下，经济增长将带动国内经济活动，促进财政税收。经济增长主要通过三个方面的作用机制来减少贫困：其一，国内经济活动的增加将会给贫困者提供就业机会；其二，财政税收的增加则会为针对贫困者的转移支付提供充裕的资金支持；其三，较高的税收收入将会促进公共社会服务的普及，从而改善贫困的非收入层面。"涓滴理论"强调在经济发展过程中并不给予贫困群体特别的政策优惠，而是凭借优先发展的地区通过消费、就业等方面惠及贫困地区，带动贫困群体的增收致富，即"先富带后富"。这一观点受到了国外一部分学者的认可，Oxfam认为经济增长能够使蛋糕做大，使每个人获得人均较大的蛋糕份额，因此按照收入计算的绝对贫困发生率就会随之减少。Roemer和Gugerty也通过实证分析发现GDP增长比率的增长转化为最穷的40%的人的平均收入增长比例的一对一的直接增长。

"涓滴理论"提出之后，有反对者指出：经济增长对减贫产生的涓滴效应是无法自动发生的（Adelman & Morris），其将受到自然与社会环境的影响与制约。如果政府不加以正确的引导，收入分配的不平等将会按比例持续恶化，造成贫困差距的扩大，抵消经济的增长作用，无法达到减贫的作用。此外，另一个反对的论点是，经济增长对贫困的影响存在性别、民族和群体等不同维度的异质性，将贫困阶层当作同质群体进行关注显然是有失偏颇的。

美国著名发展经济学家艾伯特·郝希曼年在他的著作《经济发展战略》一书中系统论述了"极化—涓滴效应"理论，他肯定了经济增长所产生的"涓滴效应"，但同时指出经济增长也会产生"极化效应"，即由于发展级的巨大吸引力，使得周边的劳动力、资金等向相对发达地区流入，从而强化该地区的中心地位。他指出，一般情况下，"极化效应"大于"涓滴效应"而处于优势地位，最终导致区域间差距的加大，因此政府应该在此过程中给予贫困地区一定的优惠待遇与政策倾斜，从而加强"涓滴效应"，促进贫困地区的发展。

四 脆弱性理论

"脆弱性"这一概念最早产生于自然灾害的研究中，后来又被应用到地理学、生态学、公共健康、金融、通信工程等诸多学科和研究领域。[①]

[①] 霍增辉、吴海涛：《贫困脆弱性研究综述：评估方法与决定因素》，《农村经济与科技》2015年第11期。

由于研究对象和学科视角的不同,不同学者对脆弱性概念的理解存在差异。Mccarthy J. 和 Turner B. L. 等认为系统对外界干扰的暴露、系统的敏感性、系统的适应能力是脆弱性的关键构成要素。① 李鹤等认为脆弱性是指个体因对外界变动高度敏感以及缺乏抵抗力和恢复力,而造成自身系统和功能结构发生改变的内在属性。② 吴海涛、丁士军认为在社会经济领域,脆弱性用来反映人容易受到损害的可能性、程度或状态,是人的风险抵御能力与风险冲击能力相互较量的结果。③ 同样的风险冲击下抵御能力越强,脆弱性越弱;同样的抵御能力下风险冲击越大,脆弱性越强。但总体而言,脆弱性事物有着风险抵御能力弱、敏感性高、适应性差和恢复力低的特点。

Chambers 最早将脆弱性思想引入贫困和发展研究领域,他提出从内外两个维度进行脆弱性分析。目前,脆弱性已成为贫困研究领域的关键概念之一。根据世界银行的定义,贫困脆弱性是指个体或家庭面临某些风险的可能性,并且由于遭受风险冲击而导致财富损失或生活质量下降到某一社会公认水平之下的可能性。④ 脆弱性和贫困相互作用,相伴而生。脆弱人群在遭受到风险冲击时更容易跌落贫困线,成为贫困人口,并且脆弱性越强,贫困程度越严重。同时,越贫困的人口缺乏抵御风险的能力,有着越高程度的脆弱性,当风险来临,他们的生活水平下降水平更加严重且恢复力越弱。脆弱性具有动态性和前瞻性的特点。一方面,事物的脆弱性会受到外部环境和自身等因素的影响发生变化;另一方面,脆弱性是一种事前预测,它可以对家庭和个人未来福利状况进行前瞻性预测,防患于未然。

从以上分析中我们可以看到,从脆弱性的角度考察贫困有利于我们

---

① Mccarthy J., *Climate Change 2001: Impacts, Adaptation, and Vulnerability: Contribution of Working Group II to the Third Assessment Report of the Intergovernmental Panel on Climate Change*, Cambridge: Cambridge University Press, 2001. Turner B. L. et al., *A Framework for Vulnerability Analysis in Sustainability Science*, Proceedings of the National Academy of Sciences of the United States of America, 2003, p. 100.

② 李鹤、张平宇、程叶青:《脆弱性的概念及其评价方法》,《地理科学进展》2008 年第 2 期。

③ 吴海涛、丁士军:《贫困动态性:理论与实证》,武汉大学出版社 2013 年版。

④ 世界银行:《2000/2001 年世界发展报告》,中国财政经济出版社 2001 年版。

以动态的视角研究贫困问题，识别那些未来可能会陷入贫困以及未来无法脱贫的个体或家庭，探查贫困形成的前因后果，从而提出科学的具有前瞻性的政策建议，增进扶贫工作的有效性和可持续性，防范非贫困人口陷入贫困以及实现贫困人口的稳定脱贫。

五 公共政策评估理论

公共政策评估是指政策主体在一定的政治经济环境下，评估主体按照政策评估标准和程序，采取一定的评估方法，对公共政策评估客体做出评价或判断，并获得相关信息和政策结论的过程。[①] 从政策过程来看，公共政策评估应包括"政策制定—政策执行—政策效果"的全过程的评估；从评估路线来看，应将事实评估与价值评估相结合。[②] 公共政策评估体系由政策评估主体、评估客体、评估标准、评估方法等诸多要素构成，各要素之间相互作用，相辅相成，共同构成了一个有机整体。

公共政策评估主体是指那些直接或间接参与公共政策评估的团体、组织或个人。在公共政策评估系统中，他们处于核心地位，发挥着主导作用。[③] 根据来源的不同，公共政策评估主体可以分为内部评估者和外部评估者两类。内部评估者由政府行政部门的内部机构或人员组成，外部评估者则是由公共政策主体以外的个人或组织组成，官方的外部评估者有立法机构、司法机构的组织或个人，非官方的外部评估者主要是利益团体（包括政党）、媒体、民间团体及普通民众等。由于评估者立场和角度的不同，对于同一项公共政策，不同的评估者可能得出差异较大的评估结果。近年来，随着服务型政府的建立和发展，政策评估主体由单一走向多元，由内部评估为主走向内外结合，这保证了公共政策评估的客观和公正。公共政策评估客体即公共政策。但是，并非所有的政策在任何时候都有必要进行评估，这要根据公共政策的性质和进展情况来决定是否需要评估。

[①] 贠杰、杨诚虎：《公共政策评估：理论与方法》，中国社会科学出版社 2006 年版。
[②] 赵莉晓：《创新政策评估理论方法研究——基于公共政策评估逻辑框架的视角》，《科学学研究》2014 年第 2 期。
[③] 高兴武：《公共政策评估：体系与过程》，《中国行政管理》2008 年第 2 期。

公共政策评估标准是指政策评估的参照或基本依据,其实质是对政策进行评判的价值准则。评估标准是政策评估的基础和逻辑起点,直接决定了政策评估的结果和评估功能。但由于公共政策涉及的面比较广,政策过程中存在的变量因素多,因此很难建立一套被普遍认可和适用的评估标准。如 Poister 提出了政策评估的七项标准:效能、效率、充分性、适当性、公平性、反应度和执行能力。① 陈振明提出了五项标准:生产力、效益、效率、公平性、政策回应度。②

公共政策评估方法是指评估主体对公共政策评估时采用的手段和方式。公共政策评估方法的选择很大程度上决定着政策评估的成效,对公共政策进行全面评估时需要将多种评估方法相结合。总体来看,公共政策评估效果的方法可以归为两大类,即实验研究法和非实验研究法。实验研究法通过在随机实验中进行干预,监测并直接衡量政策干预效果;非实验研究法以计量方法为主,如双重差分法、工具变量法等。

公共政策评估能够检验政策的实施效果和影响,及时发现公共政策在落实过程中存在的问题,总结经验教训,从而为未来公共政策的制定和修改提供科学的依据,提高行政效率,使行政行为发挥最佳效果。总的来说,科学的公共政策评估有利于完善公共政策体系,实现公共政策目标。

六 制度优化理论

制度优化是一个动态渐变的过程,其目的是不断实现制度的科学化、民主化和法治化。制度优化是指在总体目标的指引下,深入分析和探究组织内外部制度的优势和不足,并通过一些有针对性的制度完善和调整,优化制度体系,提高行政效率,实现制度目标。

在一定经济和社会背景下,虽然经济主体都希望制度运行能出现理想的均衡状态,但均衡只是暂时的,围绕均衡的上下波动才是常态。制

---

① T. H. Poister, *Public Program Analysis: Applied Research Methods*, University Park Press, 1978, p. 9.

② 陈振明:《政策科学——公共政策分析导论》,中国人民大学出版社 2003 年版。

度内外部环境的不断变化会导致制度与均衡状态点发生偏离,从而产生非均衡状态。由非均衡状态到均衡状态的再次实现就需要依靠人为的制度优化和调整。制度的优化并不是一蹴而就的,在实践过程中需要面临各种各样的阻力,只有经历了与各种力量反复的竞争、磨合和适应,制度才能发挥其应有的效果。这体现出制度优化不仅离不开具体的环境背景,同时还是一个螺旋式的上升过程。①

制度的制定和完善属于人的行为,人的行为存在动机和结果两部分,动机与结果的差距总是存在的。人们在制定制度、做出决策时有两种不同的原则:满意原则和最优原则。由于内外部环境的复杂多变,人们几乎不可能实现结果的最优化。因此,科学的决策只能是满意和最优的辩证统一,用满意原则对制度制定和完善的过程和结果进行衡量和控制,全面考察制度制定的动机与结果,才能促进制度的优化。②

第三节 现有文献回顾

一 外国贫困理论研究与反贫困实践

(一) 外国贫困理论研究

1. 社会排斥理论

社会排斥理论最早流行于20世纪70年代的欧洲,是指将某一群体排斥在社会主流的群体之外,主要被用来分析福利性的社会政策。英国学者Townsen等人提出"社会剥夺"的概念,将社会排斥的理论运用于贫困问题的研究之中,他认为社会剥夺指"社会上大多数人认为或风俗习惯认为应该享有的食物、基本设施、服务与活动的缺乏与不足"。而随着研究的深入,社会剥夺概念内涵从物质层面逐渐扩展到社会文化层面。在20世纪90年代初"社会剥夺"概念发展为社会排斥理论和社会排斥分析框架,被广泛运用于研究失业、贫困、两极分化等问题。阿马蒂亚·森从社会排斥和贫困之间的关系将社会排斥分为建构性排斥和工具

---

① 陆静超:《公共政策的动态均衡:一个政策效能优化的经济学解释》,《理论探讨》2007年第2期。

② 孙枝俏、王金水:《新制度主义决策优化理论辨析》,《政治学研究》2010年第5期。

性排斥，建构性排斥将直接对被排斥人产生较大的社会影响，工具性排斥可能会间接地影响人们生活并使其陷入贫困。这两种贫困可能同时存在，相互影响。

同时，国际社会也推动了社会排斥理论在贫困领域的研究与运用。国际社会政策研究界用"消除社会排斥"代替了原先"克服贫困"的政策目标，将贫困问题的解决由表象转为更为本质的层面。1995年于丹麦哥本哈根召开的"社会发展及进一步行动"世界峰会将"社会排斥"视为减贫的主要困难，要求反对社会排斥。

2. 贫困文化、人力资本与贫困的代际传递

美国著名的人类学家奥斯卡·刘易斯（Oscar Lewis）最早从文化角度研究贫困代际传递问题，1959年他在《五个家庭：关于贫困文化的墨西哥人实例研究》中提出"贫困文化"的概念，并从社会、社区、家庭、个人层面做出了系统分析。① 他认为社会文化是贫困产生的重要因素，穷人在长期的共同贫困生活中形成了其特有的价值观念、行为规范与文化体系，即脱离社会主流文化的贫困亚文化。贫困亚文化一经产生就在代际传递，并对"圈内"的贫困群体尤其是后代产生潜移默化的影响，后代从父母那里形成的在工作生活方面的消极态度让他们难以步入社会主流，从而世代复制父辈的贫穷状况，成为贫困人口脱贫的无形障碍。基于刘易斯的贫困亚文化理论，一部分人在"贫困文化"中安于现状，形成了强烈的宿命感，且"等、靠、要"思想较为严重，即使有脱贫的机会出现，受贫困文化根深蒂固的影响，他们也不能或者说不愿意抓住机会脱离贫困圈。

除了从贫困文化的角度来论述代际贫困形成的原因外，也有学者认为人力资本投资的缺乏导致了贫困的代际传递。贝克尔和托姆斯（Becker and Tomas）研究发现，很多情况下，孩子的人力资本投资数额在很大程度上受父母收入状况影响，当父母对孩子的人力资本尤其是教育投资较少时，孩子没有机会接受良好的教育，从而影响孩子之后的工资收入继

---

① Oscar Lewis, *Five Familes: Mexican Case Studies in the Culture of Poerty*, New York: Basic Books, 1959.

续陷入贫困。① 麦克拉罕（Mclanhan）指出贫困家庭的子女可能因为家庭生存而过早进入劳动力市场，又因为受教育程度不高所能获得的劳动报酬较低、升迁机会有限，很有可能与有相同境遇的对象结婚组成另一个贫困家庭，延续贫困。

3. 可行能力与多维贫困

在致贫机理的探究上，诺贝尔经济学奖得主阿玛蒂亚·森认为：贫困不仅仅是收入的低下，更是对可行能力的剥夺。其中，"功能性活动"和"可行能力"是两个关键概念。功能性活动指各种生活内容的组合，既包括最基本的生活需要，也包括更复杂的成就；可行能力指"一个人有可能实现的、各种可能的功能性活动的总和"，即一种实质性自由，具体表现在健康能力、知识能力等多个方面。作为一个社会人，其生活水平与质量的高低，并不是由其具有的收入和资源所决定的，而是由其实现功能性活动的实际能力以及选择不同生活的自由度决定。收入或者消费水平低下仅仅是贫困的外在表现，其实质在于贫困人口缺乏改变其生活状况、抵御风险、参与经济活动以获取经济收益的"能力"，或者这种能力"被剥夺"了。除了收入之外，还有许多因素可能影响个人能力的剥夺，因此要想更加准确地衡量个体的贫困程度，就必须从多个维度来构造贫困指数。森的可行能力贫困理论并未否认传统的收入贫困，而将收入缺乏视为能力被剥夺的原因之一。除了收入这一因素外，该理论认为个人还存在许多基本可行能力，例如生存能力、健康能力、知识能力、自尊能力以及社会参与方面的能力，这些基本可行能力的缺失也是导致个人陷入贫困的重要原因。

4. 空间贫困与贫困地理学

早在20世纪50年代，哈里斯和缪尔达尔提出观点认为贫困地区的经济发展与地理位置具有紧密的联系。20世纪90年代中期，专家发现虽然有些地区经济发展了，但依然有相当数量的人口处于贫困之中，呈现出空间集聚的特点。世界银行专家雅兰和瑞福林通过对中国广西、贵州等地区统计数据分析发现，地理因素导致了"空间贫困陷阱"（Spatial Pov-

---

① Becker G. S. and Tomas N., "An Equilibrium Theory of the Distribution of Income and Intergenerational Mobility", *Journal of Political Economy*, 1979, p. 87.

erty Traps，SPT）。近年来，越来越多的学者利用空间的概念来解释贫困问题，形成了"空间贫困"与"贫困地理学"等理论。空间贫困理论是空间经济学与新经济地理学视野上的多维贫困，它至少包含环境、经济、社会三个维度的集合。空间贫困的观点认为位置劣势（偏远与隔离）、生态劣势（恶劣的农业生态与气候条件）、经济劣势（脆弱的经济整合）、政治劣势（政治性优惠的匮乏）都是产生贫困的重要原因。

空间贫困理论提出后，国外学者对其表现出了浓厚的兴趣，进行了大量关于空间贫困的实证研究。Ravallion 和 Wodon 针对孟加拉国农村的研究发现，相对于家庭特征而言，地理指标对贫困程度发挥着更为重要的作用。① Yves Duclos 等通过对加纳、马达加斯加和乌干达三个国家多维指标进行比较后发现，恶劣的道路交通条件导致农村妇女与儿童在公共服务方面的缺失，从而更容易陷入空间贫困陷阱。②

5. 研究述评

随着国外学者对于贫困理论研究的不断深入，贫困的内涵正在由过去的单维度向多维度转变。如果说最初强调收入或消费层面的贫困是从经济学领域来进行定义，那么社会排斥理论、贫困代际传递、多维贫困、空间贫困理论的提出就使得贫困的概念拓展到社会学、文化学、地理学等不同学科与领域，对致贫机理的认识从单一学科转向交叉学科，从静态转向动态，贫困理论的内涵得到了丰富与发展，这对于制定针对性的扶贫政策，从根本上缓解贫困问题具有重要的现实意义。

（二）外国反贫困实践

1. 发展中国家的反贫困实践——以印度为例

世界上90%的贫困人口集中在亚、非、拉美地区，发展中国家所承担的反贫困任务非常艰巨。世界银行的报告显示，全球1/3的贫困人口在印度，这些人每天的生活花费支出不足1.25美元，印度是世界上贫困人口最多的国家。因此本书以印度为例，对该国的反贫困实践模式进行

---

① Ravallion Martin and Wodon Quentin, "Poor Areas, or only Poor People?" *Journal of Regional Science*, 1999, p. 39.

② Jean-Yves Duclos & David Sahn & Stephen D., Younger: "Robust Multidimensional Spatial Poverty Comparisons in Ghana, Madagascar, and Uganda", *The World Bank Economic Review*, Vol. 20, 2006, pp. 91 – 113.

梳理，以期从中获得经验与启示。

长期以来，贫困问题在印度是一个极为突出的社会问题。印度的贫困问题突出表现在贫困人口的绝对数量高，尤其是农村地区的贫困问题非常严重，基础教育落后，文盲、半文盲的比例大。政府在反贫困方面做出了种种努力与探索，使得印度的极端贫困问题得到了一定的缓解，主要政策和措施包括以下几个方面：①实行土地制度改革，促进农业生产的发展。印度在殖民统治时期曾是大地主土地所有制，社会贫富差距大。为了切实解决这一现实问题，印度于1948年废除中间人制度，推动封建租佃关系向资本主义经营的转化，这在一定程度上促进了农业的发展，提高了人均粮食产量，缓解了极端贫困问题。②开展"绿色革命"。"绿色革命"是印度政府主导的，为解决粮食短缺问题，以提高农业生产的机械化水平和粮食产量为重点的运动。③推进农村综合发展计划，主要包括国家乡村就业计划（NREP）、乡村综合开发计划（IRDP）、乡村无地人口就业保证计划（RLEGP）等，项目内容涉及在农村兴办工程项目，提供更多就业机会，保护弱势群体等。④建立基本社会保障体系，主要包括建立公共分配系统制度和全民免费医疗制度。印度扶贫工作的最大特点在于关注大量贫困人口集聚的农村地区，重视解决农业生产问题，通过一系列措施缓解了粮食紧缺问题。但是，印度忽视了对穷人进行人力资本投资，在教育方面的扶持力度不够，导致大量人口缺少摆脱贫困的能力。

2. 发达国家的反贫困实践——以美国为例

与发展中国家不同，发达国家的绝对贫困问题已经基本得到了解决。但这并不意味着在发达国家就不存在贫困问题，长期以来贫富差距大、相对贫困问题突出成为威胁发达国家社会稳定的一大问题。美国作为世界头号经济强国，其社会内部依旧存在着一个庞大的贫困阶层，诸如收入分配不均、种族歧视、性别歧视等问题十分突出。

美国政府在减少贫困人口、缓解社会矛盾方面做出了许多尝试与探索，主要包括：①促进社会公平，建立完善的社会保障制度。1935年美国颁布《社会保障法》，该法律是世界上第一个完整的社会保障法律法规，其中建立了以救济为核心和以职业福利为主要内容的社会保障制度，这为美国贫困人口的基本生存提供了重要的法律保障。②重视教育和职业培训。面对严重的失业问题，约翰逊政府将增加对穷人的人力资本投资作为反贫困计划的重要内容，提出通过儿童和青年教育计划、职业培训与再培训计划使得穷人获得能够赖以生存的技能。③加强对少数族裔贫困人口的赋权。由种族歧视所导致的贫困问题在美国尤为引人注目，因此黑人和少数族裔成了美国政府的重点救济对象，通过立法的形式结束了美国的种族隔离制度，促进权利平等和社会公平。④实施工作福利制度。克林顿政府和布什政府先后通过《个人责任和工作机会协调法案》和《为自立而工作法案》，取消了对贫困家庭无限期的收入援助，代之以贫困家庭临时救助（TANF），鼓励穷人通过参加工作来实现自立自足。⑤积极动员社会力量，充分发挥慈善的作用。美国的慈善事业非常兴盛，在反贫困的过程中发挥了独特作用。

3. 外国反贫困实践经验的主要启示

在梳理发展中国家与发达国家的反贫困实践之后，我国在制定反贫困政策时可以结合本国实际，对国外经验进行有选择性的借鉴，主要包括以下方面：①兼顾效率与公平。反贫困的推进在实现公平的同时也要兼顾效率，既要满足贫困人口的基本生存需要，又不应使贫困者产生对政府的过度依赖，形成"等、靠、要"思想。政府在制定有利于贫困者的社会政策时，尤其应注意可能产生的道德风险。②重视社会保障制度在减贫过程中的作用。社会保障制度能够使得个人处于疾病、失业、老年等无法获得收入的情况下得到特定方式的救助，从各国的实践经验来看，社会保障制度建设都是反贫困的重要途径。③加强对贫困群体的人力资本投资。"授人以鱼，不如授人以渔"，增加对贫困地区的教育投资，提高贫困人口的文化素质，重视贫困主体的能力建设，才能够实现贫困地区的可持续性发展。

二 中国扶贫开发历程与减贫效果

新中国成立后，中国政府一直致力于发展生产、消除贫困的工作，正是由于扶贫政策的制定和制度改革，我国农村的贫困状况得到了改善，经济得到了发展。总的来说，我国农村扶贫政策主要有救济式扶贫和开发式扶贫两类。救济式扶贫又称输血扶贫，这是我国改革开放政策实施以前的主要扶贫方式，它指的是利用社会安全保障网络直接对贫困户进行救济和补贴；开发式扶贫又称造血式扶贫，这是改革开放以后特别是20世纪80年代中后期我国采用的扶贫方式，开发式扶贫是指以农村贫困人口为对象，以政府为主体，通过扶持政策来改善贫困人口的经济、文化、教育等条件，以培养贫困人口自力更生、自主经营能力为手段的扶贫方式。从总体历程来看，我国的扶贫开发大致经历了计划经济条件下的救济式扶贫、体制改革扶贫、大规模扶贫开发、扶贫攻坚、新世纪全面建设小康社会的扶贫和消除绝对贫困缩小相对贫困六个历史阶段。

（一）计划经济条件下的救济式扶贫阶段（1949—1977）

改革开放以前，根据国内外的政治经济环境，我国实行的是通过行政管理手段对社会资源进行配置的计划经济体制，在农村表现为以人民公社为代表的集体经济。人民公社体制的建立形成了一套以人民公社集体经济为依托的社会保障制度，包括合作医疗体制、应对特困户救济和救灾的储备粮制度等。由于分配制度上遵循的是平均主义原则，在很大程度上抑制了农村贫富的两极分化，暂时缓解了绝对贫困。但是计划经济的低效率和平均主义的分配原则严重阻碍了国民经济的发展，农村主体贫困的局面并未得到很大的改善。[①] 另外，优先发展重工业政策和以户籍制度为代表的城乡隔离制度加剧了农村贫困的程度。[②]

这一阶段所有制问题是主要的致贫原因，因此解决贫困问题的方法是所有制改革：从变革生产关系入手，废除生产资料私有制，建立农村集体经济。一方面，集体和群众通过努力发展生产自救，以集体为单位的社会网络，在低水平上保证了农民的基本生存需要并承担了一部分减灾救灾的保障作用。另一方面，国家针对极端贫困人口进行输血式扶贫，提供实物和现金救济。输血式扶贫的形式较为单一、救济规模较为分散、救济力度和水平较低，仅能在低水平上保障最低生存，全国贫困问题得到了较大程度的缓解。在财政能力一般、居民整体收入和福利水平很低、收入差距较小且绝对贫困所占比例很高的情况下，这一扶贫战略是当时

---

① 陈端计、詹向阳、何志远：《新中国56年来反贫困的回顾与反思》，《青海社会科学》2006年第1期；张磊：《中国扶贫开发历程1949—2005年》，中国财政经济出版社2007年版；张磊：《中国扶贫开发政策演变（1949—2005年）》，中国财政经济出版社2007年版。

② 郭宏宝、仇伟杰：《财政投资对农村脱贫效应的边际递减趋势及对策》，《当代经济科学》2005年第5期。

的最优选择。①

(二) 体制改革扶贫阶段 (1978—1985)

经历了从新中国成立到改革开放近30年的探索后,我国政府已经认识到只有打破原有的人民公社制度,推行改革才能促进经济发展和消减贫困。因此,这一阶段扶贫的途径主要是制度改革,在以家庭联产承包责任制为核心的同时,推进土地制度改革、农产品交易制度和就业制度改革。② 首先,家庭联产承包责任制的建立和土地制度改革将集体经营的土地承包到户,农民重新获得了自主的土地经营权,激发了农民的生产积极性,极大地解放了农村生产力,提高了农民的收入水平,促进了市场繁荣;其次,农产品交易制度放开农产品价格和市场,完善了农产品市场交易条件;最后,就业制度改革推进了农村经济结构的优化,农村大量剩余劳动力向城市转移,农民收入来源呈现多元化的趋势。总之,农村经济体制改革极大地解放和发展了生产力,为解决农村贫困问题奠定了基础,是我国农村经济在1978—1985年经济超常规增长和减贫的真正动因。③

在农村经济体制改革的同时,政府也实施了一些以区域瞄准为主的专项扶贫措施,各部门协同着力解决"老、少、边、穷"地区的贫困问题。1980年中央设立了"支援经济不发达地区发展资金";1982年,国务院实施了为期10年的"三西"(甘肃定西、河西、宁夏西海固地区)农业建设计划;1984年,原国家计划委员会设立"以工代赈"扶贫活动,实现了扶贫和完善基础设施建设的双重效果;1984年,针对贫困人口分布状况,中共中央发布了《关于帮助贫困地区尽快改变面貌的通知》,通知指出:"改变贫困地区面貌的根本途径是依靠当地人民自己的力量,按照本地的特点,因地制宜,扬长避短,充分利用当地资源,发展商品生

---

① 范小建:《中国特色社会主义扶贫开发的基本经验》,《人民日报》2007年12月6日第8版;曾小溪、汪三贵:《中国大规模减贫的经验:基于扶贫战略和政策的历史考察》,《西北师大学报》(社会科学版) 2017年第6期。

② 王朝明:《中国农村30年开发式扶贫:政策实践与理论反思》,《贵州财经学院学报》2008年第6期。

③ 龚建文:《从家庭联产承包责任制到新农村建设——中国农村改革30年回顾与展望》,《江西社会科学》2008年第5期;彭有祥:《新中国建立以来农村改革发展的三个里程碑》,《云南民族大学学报》(哲学社会科学版) 2009年第4期。

产,增强本地区经济的内部活力。"①

在这一阶段,农村反贫困方式由救济式扶贫向发展带动式转变,农村经济呈现出良好的发展态势,反贫困工作取得了显著成效。据统计,从1978年到1985年,农村贫困人口从2.5亿人减少到1.25亿人,平均每年减少1786万人;贫困率由30.7%下降到14.8%;农民人均纯收入从133.6元上升到397.6元;城乡差距逐步缩小,城乡居民人均纯收入之比由2.57倍缩小到1.86倍。②

(三)大规模扶贫开发阶段(1986—1993)

改革开放初期的经济体制改革虽然使得贫困得到大幅度的缓解,经济得到了发展,但是由于部分地区自然、历史、文化和社会等多方面的影响,制度改革推动的经济发展和贫困缓解的释放力减弱,我国农村发展不平衡问题日益凸显,仍然有一部分农民处于贫困的生活之中。

为了改变这种发展不平衡的面貌、巩固改革开放的成果和维护社会稳定,这一阶段政府制定了一系列的具体扶贫政策。首先,1986年5月,国务院成立了贫困地区经济开发领导小组。此后全国各地也陆续成立了专门的扶贫机构,确立了相应的扶贫职能。通过安排专项资金,我国由此启动了历史上规模最大的农村扶贫计划,并将这项工作列入国民经济和社会发展第七个五年计划中,这一系列举措标志着中国扶贫开发工作步入了规范化、机构化和制度化阶段。③ 其次,确立开发式扶贫方针。在国家的引导与帮助下,凭借地区资源优势,发展生产,实现贫困地区和贫困人口自我发展经验与能力的提高,进而实现彻底脱贫。再次,确定了国家重点扶持贫困县,并在充分调查和借鉴国际经验的基础上,制定

---

① 孙兆霞:《以党建促脱贫:一项政治社会学视角的中国减贫经验研究》,《中国农业大学学报》(社会科学版)2017年第5期;王爱云:《1978—1985年的农村扶贫开发》,《当代中国史研究》2017年第3期。

② 赵曦:《中国西部农村反贫困战略研究》,人民出版社2000年版;郭宏宝、仇伟杰:《财政投资对农村脱贫效应的边际递减趋势及对策》,《当代经济科学》2005年第5期。

③ 李春根、王雯:《基于五大发展理念的新时期扶贫工作探讨》,《财贸经济》2016年第10期;张秀艳、潘云:《贫困理论与反贫困政策研究进展》,《经济问题》2017年第3期。

了对贫困县的扶持标准。①

历经8年,我国农村贫困人口由1.25亿人减少到8000万人,平均每年减少640万人,年均递减6.2%;贫困发生率由14.8%下降到8.7%;国家重点贫困县农村居民家庭人均纯收入从206元提高到483.7元。② 这一阶段的扶贫工作虽然取得了一定成效,但边际收益呈现下降状态,另外,以区域开发带动贫困缓解的方式使得大多数贫困地区的地方政府选择工业相对集中的区域进行开发,这造成了反贫困战略演变成贫困地区工业化项目投资的扶贫开发战略,这一战略虽然有利于贫困县经济的发展,但是贫困开发项目对于真正贫困户影响甚微,扶贫效率未能达到预想,且进一步加剧了城乡居民间的收入差距。③

（四）扶贫攻坚阶段（1994—2000）

随着改革开放的深入发展及扶贫开发力度的加大,我国经济发展迅速,国家综合实力明显增强,但是我国中西部仍然存在自然条件恶劣、社会发展落后的地区,有8000万人口依然处于未脱贫的状态。为此,1994年3月政府发布了《国家八七扶贫攻坚计划》,明确提出要集中人力、物力、财力,力争用7年左右的时间,到2000年底基本解决所有国民的温饱问题。④ 这是我国第一个有明确目标、时限和方针的国家扶贫战略。

为确保这一目标顺利实现,中共中央、国务院于1996年和1999年召开的中央扶贫开发工作会议中分别发布了《关于尽快解决农村贫困人口温饱问题的决定》和《关于进一步加强扶贫开发工作的决定》,动员全社会参与扶贫开发工作中来。这一阶段农村扶贫开发采取的措施主要有:首先,继续坚持开发式扶贫方针,进一步明确扶贫机构职能,加大扶贫资金的投入力度,对贫困户实行信贷、财税、经济开发等优惠政策。其

---

① 杨占国、于跃洋:《当代中国农村扶贫30年（1979—2009）述评》,《北京社会科学》2009年第5期。

② 张琦、冯丹萌:《我国减贫实践探索及其理论创新:1978—2016年》,《改革》2016年第4期。

③ 王增文:《中国农村反贫困绩效的推动因素测度及分解:1978—2014》,《财贸经济》2017年第9期。

④ 孙婧芳:《中国农村贫困线调整的契机与扶贫政策——以贫困指标为依据》,《贵州财经大学学报》2013年第4期。

次，明确扶贫开发项目应直接针对贫困村和贫困户，将扶贫资源真正落实到贫困人口手中。最后，开展东西协作对口扶贫，加强与国际组织（包括世界银行、联合国开发计划署等）在扶贫开发领域的交流与合作，增强扶贫力量，促进扶贫形式的多样化发展。

到 2000 年底，"八七扶贫攻坚计划"所制定的目标基本实现，农村贫困人口的温饱问题基本得到解决。7 年间，农村贫困人口由 8000 万人下降到 3209 万人，其中国家重点扶持贫困县的贫困人口由 5858 万人下降到 1710 万人。农村居民家庭人均纯收入从 1221 元提高到 2253.4 元，年增长率在 11% 左右。截至 2000 年底，修建基本农田 9915 万亩，解决了 7725 万多人的饮水困难问题。贫困地区通电、通路、通邮、通电话的行政村分别达到 95.5%、89%、69%、67.7%。①

（五）新世纪全面建设小康社会的扶贫阶段（2001—2010）

经过"八七扶贫攻坚计划"之后，我国贫困县的贫困人口数量和比例呈现出迅速下降的趋势，但依然存在少数贫困地区，贫困人口从区域分布逐渐转向点状分布，在空间上逐渐分散。② 2001 年，国务院颁布并实施了《中国农村扶贫开发纲要（2001—2010 年）》，农村扶贫开发步入又一个新阶段。纲要要求从 2001 年到 2010 年，加快贫困地区脱贫致富的进程，把扶贫开发事业推向纵深阶段。③

2002 年党的十六大提出"全面建设小康社会的目标"，对扶贫工作提出了更高的要求。2005 年，十六届五中全会提出建设"社会主义新农村"，要求农村的发展不仅仅意味着农村经济的发展，而是"要统筹城乡经济社会发展，推进现代农业建设、全面深化农村改革，大力发展农村公共事业，千方百计增加农民收入"。④ 扶贫开发的重点为西部地区的贫困村，扶贫资金覆盖到非重点县的贫困村，同时明确指出城乡间人口流动是扶贫的重要途径，注重发展贫困地区的科技、教育和医疗事业，提倡参与式扶贫，强调将劳动力转移培训、整村推进、产业扶贫作为三项

---

① 《中国农村扶贫开发纲要（2001—2010 年）》，《人民日报》2001 年 9 月 20 日。
② 申秋：《中国农村扶贫政策的历史演变和扶贫实践研究反思》，《江西财经大学学报》2017 年第 1 期。
③ 谢撼澜、谢卓芝：《中国特色扶贫开发道路研究》，《探索》2017 年第 5 期。
④ 鲁永文、朝克：《建设社会主义新农村战略探析》，《山东社会科学》2014 年第 7 期。

重大扶贫措施，形成"大扶贫"格局。①

经过 10 年的建设，农村贫困人口从 9422 万人减少到 2688 万人，贫困发生率从 10.2% 减少到 2.8%。② 扶贫重点县自然村通公路的比例达到 88.1%，通电比例达到 98%，通电话比例提高到 92.9%。重点县农民人均纯收入达到 3273 元，年均递增 8.1%，农民人均生活消费支出达到 2662 元，年均实际增长 7.97%。③

（六）消除绝对贫困缩小相对贫困阶段（2011—2020）

城镇化、工业化进程的加快，农村产业结构的进一步调整，经济发展方式的转变和社保制度的完善，使得农村经济保持持续快速发展。2011 年的《中国农村扶贫开发纲要（2011—2020 年）》瞄准连片特困地区和贫困村进行开发式扶贫，扶贫范围突出了 14 个集中连片特殊贫困地区，各个地区分别制定了扶贫攻坚规划，扶贫方式主要有异地搬迁、以工代赈、产业扶贫、整村推进、技能培训、贫困人口子女教育补贴、发展农产品专业合作组织等。④

2013 年底习近平总书记提出的"精准扶贫"思想使得中国的扶贫开发进入了新的阶段。精准扶贫是指扶贫政策和措施要针对真正的贫困家庭和人口，针对不同的贫困环境和贫困户状况，通过对贫困人口的精准识别、精准帮扶、精准管理和精准考核，从根本上消除导致贫困的各种因素和障碍，达到可持续脱贫的目标。⑤ "精准"体现在扶贫对象精准、项目安排精准、资金使用精准、措施到户精准、因村派人精准、脱贫成效精准六个方面。⑥

---

① 申秋：《中国农村扶贫政策的历史演变和扶贫实践研究反思》，《江西财经大学学报》2017 年第 1 期；李正跃、李国治、方文：《我国农村精准扶贫实践与创新》，《改革与开放》2017 年第 15 期。
② 张琦、冯丹萌：《我国减贫实践探索及其理论创新：1978—2016 年》，《改革》2016 年第 4 期。
③ 吴海涛、丁士军：《贫困动态性：理论与实证》，武汉大学出版社 2013 年版。
④ 孙久文、唐泽地：《中国特色的扶贫战略与政策》，《西北师大学报》（社会科学版）2017 年第 2 期。
⑤ 汪三贵、郭子豪：《论中国的精准扶贫》，《贵州社会科学》2015 年第 5 期。
⑥ 檀学文：《完善现行精准扶贫体制机制研究》，《中国农业大学学报》（社会科学版）2017 年第 5 期。

2015年12月，中共中央、国务院颁布的《关于打赢脱贫攻坚战的决定》要求："到2020年，稳定实现农村贫困人口不愁吃、不愁穿，义务教育、基本医疗和住房安全有保障。实现贫困地区农民人均可支配收入增长幅度高于全国平均水平，基本公共服务主要领域指标接近全国平均水平。确保我国现行标准下农村贫困人口实现脱贫，贫困县全部摘帽，解决区域性整体贫困。"

（七）简要评述

自新中国成立后，社会经济得到不断发展，城镇化和现代工业化进程不断加快，同时城乡发展不平衡等问题也十分突出，从六个扶贫开发阶段来看，中国的扶贫政策在探索中得到不断完善，"八七扶贫攻坚计划"、两个时期的《中国农村扶贫纲要》、"精准扶贫"战略以及不断降低的贫困人口和贫困发生率的现状彰显了中国政府在扶贫实践上的重大成就，从这些政策措施中我们可以得到以下治理经验和特点：

1. 由救济式扶贫转向开发式扶贫

中国扶贫开发战略经历了从过去通过实现经济增长的"涓滴效应"来带动贫困人口的发展和富裕，并辅以适当的救济式扶贫战略，转变为实行以提高贫困人口的自我发展能力为主来缓解贫困的开发式扶贫战略。[1] 与救济式扶贫相比，开发式扶贫的优势在于它是一种减贫的长效机制，贫困人口不仅仅局限于被动地接受政府和社会的经济支持，而是充分利用优势资源，增强贫困人口的自我发展能力，"授人以鱼，不如授人以渔"，以长远的眼光看待贫困问题，切实改善贫困地区的整体发展状态，稳固扶贫成果。

2. 瞄准政策由粗转精

扶贫开发的瞄准对象由粗转精，不断细化，历经了"贫困区—贫困县—贫困村—贫困户"的变化轨迹，将区域精准和个体精准结合，精准扶贫工作重心和扶贫资源不断下沉，进村入户。精准扶贫政策通过提倡六个精准原则，有的放矢，采取到村到户的精细化帮扶方法，因户施策、一户一策，由"大而全"向"小而精"过渡，有针对性地消除致贫因素，

---

[1] 曾小溪、汪三贵：《中国大规模减贫的经验：基于扶贫战略和政策的历史考察》，《西北师大学报》（社会科学版）2017年第6期。

达到可持续脱贫的目标。

3. 日趋多元化的扶贫主体和政策

中国的扶贫之路呈现出制度化、规范化、法制化、注重长远效益的发展趋势，更加注重贫困人口自身的参与性，扶贫主体由单一的政府主导向政府主导、社会组织和贫困户共同参与转变，将政府政策扶贫与贫困人口自力更生相结合。重视贫困地区的基础设施建设、教育水平和就业水平，为贫困人口自身的发展创造条件，提高他们的文化素质和技能水平，改变相对落后的生产生活方式，割断贫困人口的代际传递，实现长远的发展与进步。

第四节　本书的分析框架

一　农村扶贫开发阶段划分

一般认为改革开放以来的中国农村扶贫开发历程可以分为五个阶段：第一个阶段是1978—1985年的农村经济体制改革扶贫时期，这个阶段主要通过家庭联产承包责任制等农村经济社会体制改革的方式提高农村生产力，拓展农业发展路径，从而提升农民收入，缓解农村贫困。第二个阶段是1986—1993年的有针对性的大规模农村扶贫开发时期，这个阶段由于国家成立了专门性的扶贫机构——国务院扶贫开发办公室（国扶办），因此开始有计划地进行扶贫工作，这个阶段主要是瞄准重点贫困县与贫困区域，通过发放专项扶贫贷款、以工代赈、运用财政发展资金支持等方式进行大规模的开发式农村扶贫。第三个阶段是1994—2000年的"八七扶贫攻坚计划"执行时期，按照1994年设定的8000万贫困人口规模，计划用7年的时间完成对他们的减贫工作，该时期也是继续瞄准重点贫困县和贫困区域，通过发展中西部地区与基础设施建设等进行开发式扶贫工作。第四个阶段是2001—2010年的《中国农村扶贫开发纲要（2001—2010年）》实施时期，这个阶段以纲要为基础，将工作瞄准重点转为重点贫困村，通过实施整村推进、劳动力转移培训、农业产业化扶贫等方式继续进行开放式扶贫。第五个阶段是2011—2020年的《中国农村扶贫开发纲要（2011—2020年）》及"精准扶贫"实施时期，以本时期的纲要为基础贯穿整个时期，并自2013年开始逐步实施以精准扶贫为主导方式的扶贫开发工作模式，一方面继续重视重点贫困县和贫困村，将连片特困地区当作扶贫攻坚的重点突破领域；另一方面瞄准贫困户，通过因户施策的方式进行精准化的帮扶工作，深化扶贫的内涵与外延。

通过这些主要历史时期的"接力式发展"，力图在2020年实现全面小康，在现行贫困标准下让所有贫困户脱贫，实现第一个"百年奋斗目标"。同时，中国的农村扶贫开发历程也是湖北省的扶贫开发历程，在全国"一盘棋"的形势下，沿着这样的进程有针对性、有步骤地开展本省的扶贫开发工作。

二 研究的步骤

本书主要基于改革开放40年以来中国农村扶贫开发历程，并结合湖北省农村扶贫开发的具体实际，分为八个章节，其中第一章为导论部分，包括研究的背景、研究的意义与重要性、研究的目标、研究的数据；第二章为研究概念、理论与文献回顾部分，包括核心概念的界定、贫困与扶贫相关理论、现有文献的回顾、本书的分析框架；第三到七章是本书的核心部分，按照农村扶贫开发的五个不同历史时期，依次介绍本阶段的全国及湖北省的国民经济与社会发展初始状况、全国及湖北省的农村扶贫开发与经济发展措施、本时期湖北省农村经济发展与减贫效果的变化情况以及本时期农村扶贫开发工作的特征、经验与不足，最后对后一个阶段的工作提出展望；第八章是湖北扶贫开发历程的梳理与主要经验，基于前文全部内容，系统性地对改革开放40年来湖北省的扶贫开发历程进行梳理，并总结整体性经验与做法，还要找到工作中的不足，在今后的全面小康社会中继续修正与完善，由"第一个百年奋斗目标"胜利过渡到"第二个百年奋斗目标"。

第三章

农村经济体制改革推动扶贫时期(1978—1985)

第一节 本时期宏观背景

一 全国宏观经济与社会发展背景

新中国成立至"一五"计划,中国国民经济得到迅速恢复和发展,工农业生产超过历史最高水平,粮食总产量由1949年的1.13亿吨增长至1957年的1.95亿吨,年均增长率达9%,① 广大人民群众生活得到显著改善。但是,自1958年开始一直到1978年,"左"倾错误思想蔓延,并爆发了影响深远的"文化大革命",严重削弱和破坏了农村生产力,造成农业经济的全局性波折,使得中国社会经济陷入长达20年的停滞和徘徊状态。② 该阶段,中国农村实行的是人民公社制度,在这种体制下,政社合一、农地等生产要素高度集中,农业生产完全依照计划,农民没有生产经营自主权和劳动成果支配权,农业劳动的激励效应与生产效率低下,令广大农村物质匮乏,农民基本生存需要得不到满足,贫困现象普遍发生。

据统计,1977年全国农村有一亿几千万名农民口粮不足,有近1/4的生产队社员人均年收入在40元以下,平均每个生产大队的集体积累不到1万元。③ 1978年底,中国农村人均年收入只有133.5元,按照国家确

---

① 国家统计局农村社会经济调查司:《中国农业统计资料汇编1949—2004》,中国统计出版社2006年版,第35页。
② 农业部农村经济研究中心当代农业史研究室:《中国农业大波折的教训》,中国农业出版社1996年版,第2—3页。
③ 《中共中央关于加快农业发展若干问题的决定(草案)》,《新疆林业》1979年增刊。

定的贫困标准统计①,中国农村没有解决温饱的贫困人口达 2.5 亿人,占农村总人口的 30.07%②。从当时的具体情况来看,致使农村贫困的影响因素很多,但"一大二公"的人民公社制度却是当时制约农村经济发展和农业生产力进步的主要原因,也是导致农村普遍贫困落后的重要制度性因素。因此,通过改革农村经济体制来释放中国农村经济增长的活力,成为这一时期加快农业发展、改变中国农村贫困状况的必然出路。

1978 年 12 月召开的中共十一届三中全会,对长期阻碍中国社会经济事业发展的极"左"错误路线与"文化大革命"展开了全面的批判和清算,开始把工作重心转至经济建设的轨道。针对农业农村的长期停滞及其在国民经济中的基础性地位作用,会议率先讨论并原则通过了《中共中央关于加快农业发展若干问题的决定(草案)》[以下简称《决定(草案)》],《决定(草案)》指出"摆在我们面前的首要任务,就是要集中精力使目前还很落后的农业尽快地迅速发展。只有加快发展农业生产,才能使占中国人口百分之八十的农民富裕起来,才能促使整个国民经济蓬勃发展",针对中国西北、西南地区以及其他一些革命老根据地、偏远山区、少数民族地区和边境地区农村普遍存在的贫困问题,《决定(草案)》要求"要统筹规划和组织力量,从财政、物资和技术上给这些地区以重点扶持,帮助它们发展生产,摆脱贫困。对其他地区的穷社穷队,也要帮助他们尽快改变面貌"。正是这些路线方针的指引,揭开了中国农村经济体制改革与扶贫事业的崭新一页。

二 湖北省宏观经济与社会发展背景

新中国成立以来,湖北省农业生产能力得到很大提升,1949 年至 1977 年,全省粮食、棉花、油料产量分别增长 179.6%、667.42%、45.62%,农林牧渔总产值(按当年价格计算)也由 10.7 亿元增长至 78.7 亿元。③ 但

---

① 该贫困标准为国家统计局 1986 年对中国农村住户调查系统中 6.7 万样本农户进行调查后,使用恩格尔系数法计算得出的"农村人均纯收入 206 元"的贫困线(田野:《中国农村发展重大问题研究》,科学出版社 2004 年版,第 213 页)。

② 黄承伟:《中国扶贫行动》,五洲传播出版社 2015 年版,第 18 页。

③ 国家统计局国民经济综合统计司:《新中国六十年统计资料汇编》(电子版),中国统计出版社 2010 年版。

是，较之于全国平均水平和中东部其他农业省份，湖北省农业生产的发展速度则相对迟缓。如图3—1所示，1965年至1977年，全国粮食总产量年均增长率为3.3%，湖南省年均增长率高达4.51%，而湖北省粮食产量年均增长率仅为2.56%，农业发展动能不足，使得全省人均口粮相对较低。

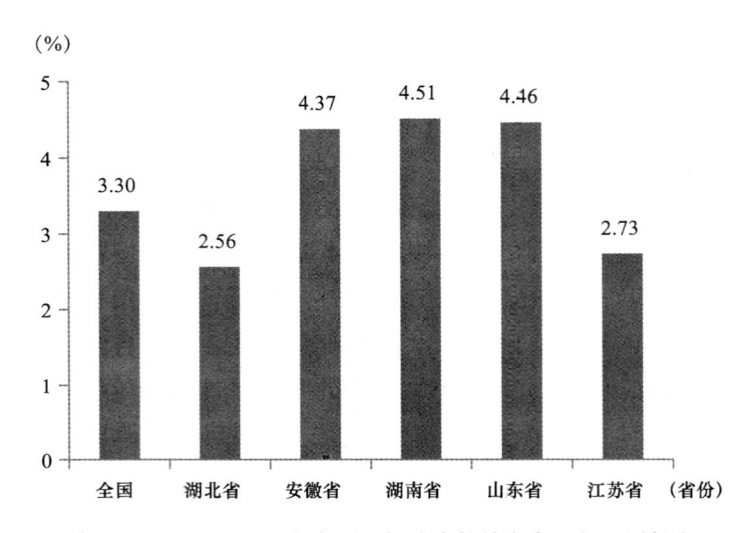

图3—1 1965—1977年全国及部分省份粮食产量年均增长率

资料来源：参见国家统计局国民经济综合统计司《新中国六十年统计资料汇编》（电子版），中国统计出版社2010年版。

另外，就农民收入而言，人民公社时期在追求集体"平均主义"和"吃大锅饭"的分配制度下，湖北省农村居民家庭人均纯收入普遍偏低，基本固化在同一水平。如表3—1所示，1974—1977年间全省绝大多数农村居民家庭人均纯收入在50—150元之间，50元以下的比较困难户和300元以上的高收入户所占比重较小。这种违背社会经济实际和社会发展规律的分配制度，令农户的实物或是现金收入总量长期得不到发展，严重挫伤了人民群众的生产积极性、创造性[1]，使得长期以来湖北省农民生活水平处于"同质—贫穷—停滞"的僵化格局，整个农村社会经济缺乏发展活力。

---

[1] 梅德平：《60年代调整后农村人民公社个人收入分配制度》，《西南师范大学学报》（人文社会科学版）2005年第1期。

表 3—1　　1974—1977 年湖北省农村居民家庭人均纯收入分组构成　单位：户，%

年份	1974	1975	1976	1977
调查户数	750	750	750	747
50 元以下	2.5	2.7	2.5	3.1
50—100 元	44.8	46.6	38.2	36.6
100—150 元	37.2	35.9	41.5	43.4
150—200 元	9.8	11.1	13.9	13.5
200—300 元	5.2	3.5	3.8	3.3
300—400 元	0.4	0.1	0.1	0.1
400—500 元	0.1	0.1	0	0
500 元以上	0	0	0	0

资料来源：参见国家统计局农村抽样调查总队《各省、自治区、直辖市农民收入、消费调查研究资料汇编》（上册），中国统计出版社 1985 年版，第 13—14 页。

此外，作为一个集"老、少、山、穷、库"于一体的中部大省，湖北省贫困山区和革命老区覆盖面积广、贫困人口多。其中，山区人口占全省总人口的 35%，1977 年，湖北省山区农民人均纯收入在 100 元以下的达 61.9%，有 9.5% 的极度贫困人口收入仅为 50 元以下，甚至有的户人均纯收入不足 20 元。[①] 另外，尤其是居住着 826 万人的鄂西低产缺粮山区，该地区农业生产条件差、自然灾害多，集体经济薄弱，加上十年"文革"的破坏，使得这里长期处于低产、缺粮、收入少的状况，1977 年底，鄂西山区社员人均纯收入为 58 元、粮食（杂谷）为 194.5 公斤，远远低于全国平均水平，存在普遍的深度贫困问题；鄂西山区的 22 个县中，有 9 个县仍没有摘掉吃供应粮的帽子，无法实现粮食基本自给。[②] 面对发展滞缓的农村经济和涉及规模较大的贫困人口，湖北省亟须进行农村经济体制改革并开展扶贫工作，以激活农业农村的发展潜力，保障贫困人口的基本需求。

[①] 国家统计局农村抽样调查总队：《各省、自治区、直辖市农民收入、消费调查研究资料汇编》（上册），中国统计出版社 1985 年版，第 16—17 页。
[②] 《鄂西低产缺粮山区发展农业生产规划（草稿）》（1980），湖北省档案馆藏，档案号：SZ43—05—0989—002。

第二节 本时期中国农村经济体制改革与扶贫政策脉络

一 中共十一届三中全会文件

如前文所述,改革开放前期的人民公社制度是阻碍农业生产效率提高、导致农村普遍贫困的重要制度性因素,因此,通过全面改革以激发农村发展的巨大潜力是这一时期缓解农村贫困的主要途径。

1978年11月22日,中共十一届三中全会通过的《中国共产党第十一届中央委员会第三次全体会议公报》指出,"实现四个现代化,要求大幅度地提高生产力,也就必然要求多方面地改变同生产力发展不适应的生产关系和上层建筑,改变一切不适应的管理方式、活动方式和思想方式,因而这是一场广泛、深刻的革命",这为广大人民群众突破多年禁锢、敢于创新提供了强大的精神支柱;针对农业农村的长期停滞以及中国农业的基础性地位,会议要求"全党必须集中精力把农业尽快搞上去,逐步实现农业现代化,从而才能保证整个国民经济的迅速发展,才能不断提高全国人民的生活水平"。会议原则通过了《中共中央关于加快农业发展若干问题的决定(草案)》和《农村人民公社工作条例(试行草案)》,提出了加快中国农业发展的系列新政策、新措施。

其中,《中共中央关于加快农业发展若干问题的决定(草案)》[以下简称《决定(草案)》]明确指出,"我国农业的发展水平,同人民的需要和'四个现代化'的需要之间存在着极其尖锐的矛盾",这就把大力发展农业的紧迫性和重要性如实地摆在了全党全国人民面前。为了加快农业发展、增加农民收入,进而逐步实现农业现代化,《决定(草案)》提出了25项农业政策、农村经济政策以及增产措施,主要包括:保护生产队的所有权和自主权;生产队所有的土地、耕畜、农具、资金等生产资料和劳动力,以及他们的产品和收入,任何单位和个人都不得无偿调拨和占用;恢复社员的自留地、家庭副业和农村集市贸易,鼓励和辅导农民经营家庭副业;提高国家对农业的投资与贷款比重;兴修水利,搞好农田基本建设;加快农业机械化步伐;努力发展进出口贸易;从财政、物资和技术上重点扶持西北、西南地区以及其他革命老根据地、偏远山区、少数民族地区和边境地区的贫困群众，帮助他们发展生产，摆脱贫困；实行计划生育；等等。这25条农业政策也成了指导中国接下来开展农村工作的中心。

同时，由于"左"倾错误路线长期根深蒂固的统治，彻底清除其消极影响难以一蹴而就，因此，在党内两种势力的斗争下，十一届三中全会既通过了以反对"左"倾路线为核心的《中共中央关于加快农业发展若干问题的决定（草案）》，还通过了具有浓厚"左"倾路线倾向的《农村人民公社工作条例（试行草案）》，且两份文件一方面都做出了"允许社员经营自留地、家庭副业""允许正当的集市贸易"等规定，另一方面也都允许"继续稳定地实行'三级所有、队为基础'的人民公社制度"，明令规定"不许分田单干，不许包产到户""农村土地包括宅基地一律不准出租和买卖"，使得人民公社制度继续延续。

二 农村经济体制改革措施

虽然党的十一届三中全会文件中关于促进农业发展的系列措施还是停留在人民公社制度框架范围内提出的，但它确立的正确路线和指导方针，为此后冲破农业发展问题上"左"的思想束缚，进行全面的农业领域改革提供了强有力的精神武器。[①] 1978年12月，安徽省凤阳县有名的"三靠村"[②]——小岗村为了克服特大灾荒，在队长严宏昌的主持下，18户农民率先闯入"禁区"、立下一纸秘密契约，进行了较为大胆的"包产到户"的尝试，由此拉开了中国农村改革的序幕。

专栏3—1

小岗村包产合同原件内容：

1978年12月　地点 严立华家

我们分田到户　每户户主签字盖章　如此后能干　每户保证完成每

[①] 雷长林、李富义：《中国农村发展史：1949—2008》，浙江人民出版社2008年版，第236页。

[②] 即"吃粮靠返销、用钱靠救济、生产靠贷款"。

户全年上交和公粮 不在（再）向国家伸手要钱和粮 如不成 我们干部作（坐）牢杀头也干（甘）心 大家社员也保证把我们的小孩养活到十八岁。

关廷珠、关友德、严立符、严立华、严国昌、严立坤、严金昌、严家芝、关友章、严学昌、韩国云、关友江、严立学、严俊昌、严美昌、严宏昌、严付昌、闫嘉琪、严国品、关友昌①

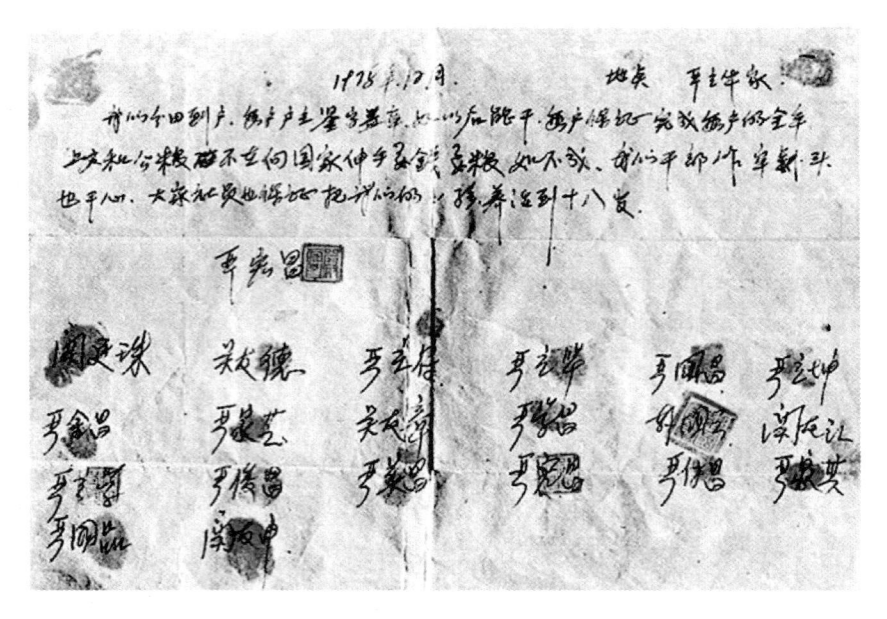

图3—2 小岗村"大包干"协议资料照

1979年4月中共中央批转国家农委报送的《关于农村工作问题座谈会纪要》以及1979年9月中共十一届四中全会通过的《中共中央关于加快农业发展若干问题的决定》，将《决定（草案）》中原来的"不许包产到户"修改为"除某些副业生产的特殊需要和边远山区、交通不便的单家独户外，也不要包产到户"，表明农业限制政策的松动，从而为包产到户的实行开了口子。1980年4月，邓小平、姚依林在全国经济发展长期规划会议上进一步明确提出，"内蒙古、甘肃、云南、贵州等的一些贫困

---

① 董辅礽：《中华人民共和国经济史·下卷》，经济科学出版社1999年版，第49页。

农村,干脆实行包产到户"①,这一政策性的许可使包产到户实际上已经成为当时中国农业政策的部分内容。

经过激烈的党内讨论和不断的探索实践,1982年1月1日,作为中央第一个关于"三农"问题的一号文件《全国农村工作会议纪要》诞生了,首次正式肯定了家庭联产承包责任制的社会主义性质,指出"目前实行的各种责任制,包括专业承包联产计酬,联产到劳,包产到户、到组,包干到户、到组,等等(统称为家庭联产承包责任制——作者注),都是社会主义集体经济的生产责任制。不论采取什么形式,只要群众不要求改变,就不要变动",从而结束了有关包产到户、包干到户等问题的争论。此后,"双包"制度席卷全国,据统计,1980年初,中国实行包产的生产队仅占1%,安徽省不过25%,贵州省仅17%;②到1982年底,已有80%的农户实行了包产到户,粮食产量较1981年增长9%,③并且与生产队签订了某种形式承包合同的农户达98%④,使中国农业生产跃上新的台阶。

1983年中央一号文件《当前农村经济政策的若干问题》再次聚焦农业农村的体制改革,明确要求"人民公社的体制,要从两方面进行改革。这就是,实行生产责任制,特别是联产承包制;实行政社分设";1983年10月12日,中共中央、国务院发出的《关于实行政社分开,建立乡政府的通知》,进一步指出"当前农村改变政社合一体制的首要任务是把政社分开,建立乡政府;同时根据生产的需要和群众的意愿逐步建立经济组织",并要求各地"有领导、有步骤地搞好农村政社分开的改革"。到1983年底,12702个农村人民公社宣布解体,全面实行承包责任制的生产队已占全国总数的98%,1984年、1985年先后又有40079个公社解体,至此,人民公社及其下属的生产队不复存在,取而代之的是61766个乡镇和847894

---

① 秦庆武:《中国农村组织与制度的新变迁——农村新型合作经济发展探索》,中国城市出版社2001年版,第18页。
② 陈吉元、陈家骥、杨勋:《中国农村社会经济变迁(1949—1989)》,山西经济出版社1993年版,第492页。
③ 邹运韬:《日出东方——中国改革开放大写真》,中国文联出版社2013年版,第19页。
④ [美]傅高义:《邓小平时代》,冯克利译,生活·读书·新知三联书店2013年版,第431页。

个村。① 政社分开建立乡镇政府、家庭联产承包责任制取代人民公社的改革完成，标志着存续了27年的人民公社体制在中国正式终结，这极大地释放了农业农村的经济增长潜力，提高了农民的生产积极性。

除了以家庭联产承包责任制为核心的农业经营体制改革外，本阶段还在重建地权和土地流转制度、调整农产品收购价格、引导农村剩余劳动力转移、发展农村非农产业（乡镇企业）、构建农产品市场体系等方面做出了重大变革，从而打破长期以来农村社会经济停滞僵化格局，促进了农业增产、农民增收。据统计，1978年至1985年，中国农村人均粮食产量增长14%（其中、1985年全国粮食、棉花产量出现减产），② 农民人均纯收入增长2.6倍；没有解决温饱的贫困人口从2.5亿人减少到1.25亿人，占农村人口的比例下降到14.8%③。

表3—2　　　　　　　　提高农产品收购价对农民收入的影响　　　　　　　单位：亿元,%

年份	农副产品		农民纯收入		
	收入增加额	其中提价增加额	收入增加额	提价部分占名义增收额比重	提价部分占实际增收额比重
1979	155.7	129.1	216.41	59.66	52.72
1980	284.3	198.3	473.08	41.92	29.26
1981	297.1	265.5	742.86	35.74	21.48
1982	525.1	317.6	1141.9	27.81	15.5
1983	707.1	408.5	1482.16	27.56	15.67

---

① 钟启泉：《改革开放若干重大理论问题回顾》，广西人民出版社1998年版，第180页。

② 造成1985年粮食、棉花生产出现波折和连年徘徊的动因，主要是由于中央和地方的一些决策部门对当时农业形势的估计过于乐观，以致造成某些决策和措施的失误：(1)调减粮棉播种面积的幅度过大；(2)农用生产资料销售价格上涨和农产品收购价格下降，挫伤农民积极性；(3)投入减少，生产条件恶劣；(4)国民经济比例关系的严重失调，动摇了农业的基础地位；(5)1985年改革粮食统购统销制度中形成的粮食价格和流通体系的"双轨制"下，粮食订购价格和统购价格都明显低于市场均衡价格（农业部农村经济研究中心当代农业史研究室：《中国农业大波折的教训》，中国农业出版社1996年版，第41—44页）。

③ 中华人民共和国国务院新闻办公室：《〈中国的农村扶贫开发〉白皮书》，《人民日报》2001年10月16日第5版。

续表

年份	农副产品		农民纯收入		
	收入增加额	其中提价增加额	收入增加额	提价部分占名义增收额比重	提价部分占实际增收额比重
1984	882.1	502.5	1858.1	27.04	12.85
1985	1122.1	672.8	2204.1	30.52	8.9
累计	4073.5	2494.2	8818.61	30.72	15.49

资料来源：参见周彬彬、高鸿宾《对贫困的研究和反贫困实践的总结》，载中国扶贫基金会《中国扶贫论文精粹》，中国经济出版社2001年版，第500—501页。

三 农村救济式扶贫政策

改革开放之初，邓小平就提出贫穷不是社会主义，强调"我们现在就是要做一件事情，使占人类四分之一的人口摆脱饥饿和贫困，达到小康状态"[①]。随着农村各项经济体制改革的不断推进，农业生产力快速提升，使得大部分农民摆脱了绝对贫困，中国政府便逐渐对因缺乏劳动力、资金或农业生产条件差等原因而导致生活困难的农户给予重视，并从外部予以物资和资金的支持或财政补贴（即救济式扶贫，又称"输血型"扶贫），[②] 以改善他们的生产生活条件，缓解贫困的发生。

1981年3月，农业部人民公社管理局发布了《1977—1979年全国穷县情况》的统计报告，报告首次系统性总结分析了中国农村的贫困状况，并根据实际首次将"人均分配收入50元以下"作为划分穷县和穷队的标准；报告指出，全国1977—1979年连续三年人均分配收入都在50元以下的穷县共有221个，主要集中分布在冀鲁豫皖接壤地带的低洼盐碱、风沙地区、云贵山区、西北黄土高原干旱地区以及西南部边疆地区等自然条件差、粮食单产低、粮食征购任务重的五大片区，涉及8787万人口，占全国农业总人口的11.2%。[③] 这些地方多是为中国革命做过重大贡献的革

[①] 冷溶、汪作玲：《邓小平年谱：1975—1997》，中央文献出版社2004年版，第807页。
[②] 赵俊臣：《中国扶贫攻坚的理论与实践》，云南科学技术出版社1997年版，第221页。
[③] 农业部人民公社管理局：《1977—1979年全国穷县情况》，《农业经济丛刊》1981年第1期。

命老区和少数民族地区，其贫困问题的解决，不仅事关全国人民能否实现共同富裕的经济问题，还是影响民心所向、社会稳定的政治问题，但是这些贫困片区很难靠自身力量改变贫困面貌。

基于此，1982年9月，在党的十二大《全面开创社会主义现代化建设的新局面》的大会报告中指出，"农村中的一部分低产地区和受灾地区，农民还很贫困，要积极扶助他们发展生产，增加收入"。会后，国家经委、财政部、民政部、农牧渔业部等九部委联合发布了《关于认真做好扶助农村贫困户工作的通知》，认为"扶贫工作是农村救济工作的发展"，并要求各部门以扶贫为己任，协同做好农村扶贫工作，具体地，民政部门要"拨出适当数额的农村救济经费，用于扶贫"，财政部门"在安排使用支援贫穷地区的各项资金和农业税减免上，对贫困户要给以适当照顾"，外贸部门"在安排出口产品的生产和收购时，优先照顾贫困户"，商业、粮食、供销部门要"适当减免贫困户粮食征购任务；优先供应化肥、良种、牲畜、饲料，以及其他生产、生活急需的物资"，农村金融部门要"对缺乏农副业生产资金的贫困户要积极给以贷款支持，并帮助他们安排好各项生产项目"，等等。到1982年12月，全国五届人大第五次会议批准的《中华人民共和国国民经济和社会发展的第六个五年计划（1981—1985）》中进一步明确规定，要"帮助少数民族地区和经济不发达地区发展经济文化事业"，"每年拨转款5亿元，作为支援经济发展的资金"。这些文件实际上为新时期农村扶贫事业指明了工作原则和方向，标志着农村扶贫开发被确定为国家的一项大政方针。①

这些救济式扶贫政策的实施与落实，有效减轻了广大贫困地区及贫苦户的税费负担，弥补了经济体制改革缓解贫困的不足，为贫困农户发展农业生产、改变落后面貌发挥了巨大的保障作用。据24个省、直辖市、自治区的不完全统计，到1982年底，在财政、民政、外贸等部门的扶助下，有270多万农户从中受益，其中约有102万户改变了贫困面貌。②

---

① 王爱云：《1978—1985年的农村扶贫开发》，《当代中国史研究》2017年第3期。
② 陈守林、张庆峰、郑志昌：《新中国农业大事纪略》，吉林人民出版社1989年版，第258页。

四 农村专项扶贫政策

随着救济式扶贫工作的不断推进，人们逐渐认识到，单纯依靠来自外部的暂时性"输血"救助，不可能形成贫困人口永续生存与发展的生产能力或基本条件。有鉴于此，针对全国贫困人口分布的特点和突出问题，国家一改"救济扶贫等着吃"的思想为"开发扶贫干着吃"，实施了"三西"地区[①]农业建设、以工代赈计划等大规模的专项扶贫开发政策，开启了中国开发式扶贫的探索工作，[②] 为"七五"时期开展的大规模开发式扶贫积累了宝贵经验，指明了发展方向[③]。

1982年12月，中央财经领导小组会议召开，会议着重讨论并原则通过了国家计委、经委提出的"三西"地区农业建设方针，并决定成立国务院"三西"地区农业建设领导小组，[④] 将"三西"农业建设列入国家计划，提供为期10年、每年2亿元的专项拨款，实施以引黄河水、搞旱改水、植树种草、打水窖、修梯田等为主要内容的农业综合开发项目。由此开始了前后20年的"三西"地区农业开发建设，首开中国历史上有计划、有组织的大规模"开发式扶贫"先河。[⑤] 随后，新成立的国务院"三西"地区农业建设领导小组于12月30日召开了第一次工作会议，开始着手组织力量、研究长期建设规划。

经过反复论证和研究，于1983年1月召开的"三西"地区农业建设领导小组第二次扩大会议提出了"以川济山，山川共济"的建设思路，确定了第一步"基本解决温饱，初步改变面貌"的建设

---

① "三西"地区指的是甘肃省河西地区、以定西为代表的中部干旱地区和宁夏回族自治区的西海固干旱地区，覆盖47个县、1100万农业人口，是中国集中连片最贫困的地区，历史上有"陇中苦瘠甲天下"之说。

② 赵俊臣：《中国扶贫攻坚的理论与实践》，云南科学技术出版社1997年版，第221页；郑志龙、丁辉侠：《政府扶贫开发绩效评估研究》，中国社会科学出版社2012年版，第108—109页。

③ 林乘东：《中国扶贫战略的演变与反思》，《中央民族大学学报》1998年第5期。

④ 后来的国务院贫困地区经济开发领导小组（现更名为国务院扶贫开发领导小组）就是在"三西"地区农业建设领导小组的基础上组建起来的（摘自中国政协文史馆《文史资料选辑》第164辑，中国文史出版社2014年版，第69页）。

⑤ 杨生宝、王学江：《西吉扶贫开发工作研究》，中国农业出版社2005年版，第57—60页；张百新、王增海、杜晓明：《"三西"扶贫记》，新华出版社2012年版，第2页。

目标，以及"兴河西河套之利，济中部和西海固之贫""有水路走水路，无水路走旱路，水旱路都不通另找出路"的开发方针。尔后，"三西"地区农业建设领导小组先后多次召开相关会议或座谈会，交流、讨论"三西"地区农业发展与建设的经验。到1985年12月，"三西"地区农业建设领导小组印发了《"三西"地区农业建设领导小组第五次（扩大）会议纪要》（以下简称《会议纪要》），指出"三年工作可以概括为一句话：基本停止植被破坏，开始解决群众温饱"，《会议纪要》并提出了今后"三西"农业建设工作的任务和方针。"三西"农业建设项目的实施，有力推动了"三西"地区农村经济的全面发展、农业生产条件的较大改善以及农民温饱问题的解决。如作为"三西"扶贫开发重点区域之一的西吉县，1983—1985年，累计财政投资9544万元，修筑梯田41833公顷，培训农户10080户，完成各类技术推广137项，全县粮食总产量、人均纯收入分别增长18.64%和60%。[1]

  以工代赈计划是本时期农村扶贫开发的又一重要政策措施，其主要内容是政府以实物形式对贫困地区进行基础设施建设投资，一方面为当地经济增长创造物质基础，另一方面为贫困人口提供短期就业机会和收入。[2] 1984年9月，中共中央、国务院印发的《关于帮助贫困地区尽快改变面貌的通知》（中发〔1984〕19号文件）指出，国家近年来在扶贫工作上"花了不少钱，但收效甚微"的原因在于"未能完全从实际出发，将国家扶持的资金重点用于因地制宜发展生产，而是相当一部分被分散使用、挪用或单纯用于救济"，并强调"改变贫困地区（见表3—3）面貌的根本途径是依靠当地人民自己的力量；国家用于贫困地区的物资，不能采取'撒胡椒面'的办法平均使用"。根据中国农业生产连续获得丰收、粮棉储备充足的实际情况（尤其是1983年秋后许多省份出现了"卖粮难"，当年存粮增长幅度接近40%，粮食供给已超过有效需求，1984年粮食供大于求的问题更加突出，年底库存粮食超过仓储能力约50%，

---

[1] 杨生宝、王学江：《西吉扶贫开发工作研究》，中国农业出版社2005年版，第70—78页。

[2] 朱玲、蒋中一：《以工代赈与缓解贫困》，上海三联书店1994年版，第3页。

表 3—3　　　　　　1984 年全国十四片贫困地区名单　　　　　　单位：个

序号	片名及县数	涉及省	涉及县（旗）数	贫困乡数
1	秦岭大巴山地区（67）	川	15	704
		陕	28	1007
		鄂	13①	496
		豫	11	134
2	武陵山地区（33）	川	8	458
		鄂	10②	567
		湘	12	218
		黔	3	—
3	乌蒙山地区（23）	川	7	226
		滇	7	158
		黔	9	—
4	努鲁儿虎山地区（14）	辽	7	189
		蒙	4	27
		冀	3	26
5	大别山地区（14）	鄂	4③	136
		豫	6	54
		皖	4	157
6	滇东南地区（18）	滇	18	117
7	横断山地区（19）	滇	19	102
8	太行山地区（8）	晋	3	46
		冀	1	20
		豫	4	21
9	吕梁山地区（13）	晋	13	159
10	桂西北地区（7）	桂	7	39
11	九万大山地区（9）	黔	7	—
		桂	2	14
12	甘肃中部地区	略	—	—

①　具体包括：竹山、勋县、神农架、宜昌、远安、兴山、秭归、南漳、保康、谷城、勋西、竹溪、房县。
②　具体包括：五峰、长阳、咸丰、建始、来凤、宣恩、巴东、利川、恩施、鹤峰。
③　具体包括：红安、麻城、罗县、英山。

续表

序号	片名及县数	涉及省	涉及县（旗）数	贫困乡数
13	西北固地区	略	—	—
14	西藏地区	略	—	—

注：（1）甘肃中部、西海固和西藏地区，国家已经另作安排，合计数不包括这三个地区；（2）贵州省贫困乡1119个，各片未分列，合计数内包括；（3）贫困牧区，另行能够解决，未列入。

资料来源：《中共中央、国务院关于帮助贫困地区尽快改变面貌的通知》，《中华人民共和国国务院公报》1984年第25期。

大量粮食只能露天存放），① 国务院在大规模调查后提出了一条"人均收入120元、人均自产口粮200公斤"的贫困线标准，以此来划分中国贫困地区（按照这个标准，当时全国约有7000万人在此线下，占农村总人口的9%），② 依据有关贫困户和贫困地区的上报信息，中央政府决定从1984年冬季开始拨专款扶贫，③ 重点针对全国集中连片的贫困地区动用库存的粮食50亿公斤、棉布5亿米和棉花1亿公斤，采用以工代赈办法帮助这些地区修公路、航道和小型水利工程④。据统计，依托以工代赈计划，至1985年8月底已投资11.4亿元、投工6亿个劳动日，共修建公路28000公里、桥梁1000多座、航道660公里，改善农田灌溉430多万亩，兴建人畜饮水工程10000多处。⑤ 这些基础设施的建设，不仅为农闲季节

---

① 农业部农村经济研究中心当代农业史研究室：《中国农业大波折的教训》，中国农业出版社1996年版，第41—42页。

② 彭干梓、吴金明：《中华人民共和国农业发展史》，湖南人民出版社1998年版，第463页。

③ 依据"人均收入120元、人均自产口粮200公斤"的贫困线标准，到1985年底，各省申报的需扶持贫困人口总计达1.3亿。鉴于贫困人口较多，在1985年底的全国农村工作会议上中央领导指出，由于财力有限，即使添报更多的贫困县和贫困人口，也不可能增加拨款，因此由中央确定贫困县，作为国家中重点扶持的对象。那么这时所面临的问题是缩小援助范围。国务院农村发展研究中心建议，提高贫困线标准，以"户人均口粮200公斤和人均收入200元"作为新的贫困线，这也就是后来广为人知的贫困标准。据统计，1985年底，以此贫困线测算的全部贫困人口为1.02亿，占农村总人口的12.2%（《国务院贫困地区经济开发领导小组第一次全体会议纪要》，转引自朱玲、蒋中一《以工代赈与缓解贫困》，格致出版社、上海人民出版社2014年版，第7页）。

④ 刘坚：《中国农村减贫研究》，中国财政经济出版社2009年版，第151—152页；朱玲、蒋中一：《以工代赈与缓解贫困》，格致出版社、上海人民出版社2014年版，第7页。

⑤ 国家计委政策研究室：《七五计划注释200题》，经济日报出版社1986年版，第225—226页。

的农民提供了短期的就业机会,对于开发贫困地区资源、加快改变落后面貌也起到了巨大作用。

总体而言,改革开放初期的农村经济体制改革带来了中国农村经济的高速增长,1979年至1985年中国农民人均纯收入每年递增16.9%,进入稳步增长阶段,① 农村系列扶贫政策也取得了显著成效。数据显示,本阶段全国粮食、棉花、油料等主要农业产品产量分别由1978年的30476.5万吨、216.7万吨和521.8万吨,增长至1985年的37910.8万吨、414.7万吨和1578.4万吨,各增长了24.39%、91.35%和202.5%;农村居民家庭人均纯收入从133.6元上升到397.6元,增长了1.98倍,扣除价格因素后(以1978年为基期的居民消费价格指数换算),实际增长1.27倍;农村绝对贫困人口也由1978年的2.5亿人下降到1985年的1.25亿人,减少了一半,平均每年减少绝对贫困人口约1786万人,相应地,农村贫困率由30.7%下降到14.8%。②

表3—4　　　1978—1985年全国贫困线和农村贫困人口

年份	人均纯收入（元）	1978年标准		2010年标准	
		贫困人口（万人）	贫困发生率（%）	贫困人口（万人）	贫困发生率（%）
1978	133.6	25000	30.7	77039	97.5
1980	191.3	22000	26.8	76542	96.2
1981	223.4	15200	18.5	—	—
1982	270.1	14500	17.5	—	—
1983	309.8	13500	16.2	—	—
1984	355.3	12800	15.1	—	—
1985	397.6	12500	14.8	66101	78.3

资料来源：中华人民共和国国家统计局：《中国统计摘要2017》(电子版),中国统计出版社2017年版。

---

① 《我国农民收入进入稳步增长阶段》,《湖北日报》1986年11月20日第3版。
② 中华人民共和国国家统计局：《中国统计摘要2017》(电子版),中国统计出版社2017年版。

同时,在农民收入普遍增长的基础上,中国城乡收入差距逐渐缩小,城镇居民家庭人均可支配收入与农村居民家庭人均纯收入之比(即城乡居民收入比)由1978年的2.57倍缩小到1985年的1.86倍。[①] 但是,由于中国区域间资源禀赋和经济发展水平的不均衡,以及"让一部分地区、一部分农民先富起来"的政策引导,使得经济基础比较好的沿海地区和大中城市郊区农民因非农产业迅速发展而带来了收入的较快增长,从而令农民内部的收入差距呈扩大趋势。如表3—5所示,在全国农民整体收入水平都得到提升的同时,农村居民家庭人均纯收入高于500元及以上的高收入家庭所占比例提升速度明显高于中等收入组提升速度,并且到1985年底,中国农民纯收入的基尼系数也从1978年的0.2124扩大至0.2635,增加了24%。

表3—5　　农村居民家庭人均纯收入水平分组构成与不平等状况

年份	1978	1980	1983	1984	1985
500元及以上的户(%)	2.4	1.6	11.9	18.2	22.3
400—500元的户(%)		2.9	11.6	14.1	15.8
300—400元的户(%)		8.6	22.9	24.5	24
200—300元的户(%)	15	25.3	32.9	29.2	25.6
150—200元的户(%)	17.6	27.1	13.1	9.4	7.9
100—150元的户(%)	31.7	24.7	6.2	3.8	3.4
100元以下的户(%)	33.3	9.8	1.4	0.8	1
农民纯收入基尼系数	0.2124	0.2366	0.2459	0.2577	0.2635

资料来源:参见中华人民共和国农业部政策法规司、中华人民共和国国家统计局农村司《中国农村40年》,中原农民出版社1989年版,第554—563页。

第三节　本时期湖北农村经济体制改革与扶贫实践

一　湖北农村经济体制改革实践

1978年中共十一届三中全会的胜利召开,重新确立了解放思想、实

[①] 中华人民共和国国家统计局:《中国统计摘要2017》(电子版),中国统计出版社2017年版。

事求是的思想路线，做出了以经济建设为中心、实行改革开放的重大决策，为阴云凝重的荆楚大地送来了一缕春风。1979年1月3日，湖北省委随即召开了第三届十四次全体（扩大）会议，会议认真学习并讨论了中共十一届三中全会和中央工作会议精神，强调全省应严格按照"实践是检验真理的唯一标准"这一重要准则，把工作重心转移到经济建设上来，并积极探索、勇于实践，允许家庭联产承包责任制的推行和发展，由此拉开了湖北省农村经济体制改革的序幕。①

全面地贯彻落实中央政策和中共十一届三中全会精神，需要全省领导干部保持正确的思想路线和政治路线，② 因此，1979年9月，湖北省委召开了常委扩大会议，围绕如何全面发展农业、全面建设农村等十大基本问题，深入展开了真理标准的学习和讨论；会议认为，应突破僵化的经济管理体制，在全省大力推行家庭联产承包责任制。针对实际工作中出现的问题和发展经验，1980年9月，湖北省委发布了《关于放宽政策积极改革的十二条意见》，指出要"进一步健全农业生产责任制，改进计酬形式""适当扩大社员的自留地和饲料地，为社员发展家庭副业创造必要的条件"等。经过不断的探索实践，到1982年底，全省有87.7%的农户与92.2%的生产队实行了联产承包责任制，③ 农业生产达到了前所未有的新局面，粮食、油料总产量分别达399亿斤、1149.3万担，④ 较1978年增长15.6%与140%，平均每个农业劳动力提供的商品粮比1978年增长72%；全省农副产品收购总额达53.45亿元，比1978年增长97.6%，平均每个农业人口提供的农副产品商品额为133元，较1978年增长93%；此外，1982年全省社员从集体分配的收入（包括超产部分的收入）人均为139元，比1978年增长63.5%。⑤

---

① 陈柏槐：《湖北农业改革开放三十年》，湖北人民出版社2008年版，第11页。
② 田则林：《改革大潮中的湖北农村》，湖北人民出版社1989年版，第1—2页。
③ 李刚、李昌贵、张琳等：《湖北农村经济1949—1989》，中国统计出版社1990年版，第3页。
④ 1斤=0.5公斤；1担=50公斤。
⑤ 湖北省农业局：《关于湖北省农业发展战略问题的调查报告》（1983年5月4日），湖北省档案馆藏，档案号：SZ107—6—403。

经过 5 年多的经济体制改革，湖北省农业综合生产能力明显提高，农业商品基地建设得到加强，逐渐成为对国家贡献粮棉等农产品较多的省份之一。随着粮棉产量的连年增产，到 1984 年，湖北省出现"卖粮难"以及收购粮食"打白条"等问题。基于此，1985 年中共湖北省委、省政府提出了"稳定粮食生产，调减棉花生产，发展多种经营"的农业发展方针；并改革农产品统派购制度，逐步放开农产品流通市场，对粮棉油等一类统购的大宗农产品实行"双轨制"①，进而拉开了继家庭联产承包责任制后又一次重大的农业变革②。但由于决策部门对当时农业形势的估计过于乐观，以致调减粮棉播种面积的幅度过大，据统计，湖北省 1985 年粮食、棉花播种面积分别比 1984 年减少 279 万亩、112 万亩，③ 其中仅天门县调减棉田就达 8.2 万亩④；再加上粮食价格和流通体系的"双轨制"下，粮食订购价格和统购价格都明显低于市场均衡价格，严重挫伤了农民种粮积极性，最终导致湖北省 1985 年出现粮食、棉花大幅度减产，尤其棉花产量减幅达 18.85%⑤。

二 扶持贫下中农⑥困难户政策

重视并积极开展扶贫工作，是我们党的优良传统。作为一个人口众

---

① "双轨制"指的是"合同订购"与"市场议购"两部分。

② 祝金水：《建国 60 年湖北农业实现跨越式发展》，载湖北发展论坛编委会《湖北发展论坛·2009 年》（第三卷），人民日报出版社 2009 年版，第 52 页；石山主编、湖北省档案馆编：《湖北改革开放 30 年大事记（1978—2008）》，湖北人民出版社 2010 年版，第 71 页。

③ 中共湖北省委党史研究室：《中国新时期农村的变革·湖北卷》，中共党史出版社 1998 年版，第 73 页。

④ 李德昌、史少甫：《天门县棉田调整概况与建议》，《中国棉花》1986 年第 1 期。

⑤ 国家统计局国民经济综合统计司：《新中国六十年统计资料汇编》（电子版），中国统计出版社 2010 年版。

⑥ "贫下中农"的由来：毛泽东的《关于农业合作化问题》一文中有这样一段话："这里谈一个社员成分问题。我以为在目前一两年内，在一切合作社还在推广不久的地区，即目前的大多数地区，应当是：（1）贫农；（2）新中农中间的下中农；（3）老中农中间的积极分子，让他们首先组织起来"，这是在中国共产党的重要文献中首次出现"下中农"这个"阶级成分"一词。1955 年 9 月 7 日，毛泽东在为中共中央起草的一份党内批示的标题就是《农业合作化必须依靠党员和贫下中农》，此后，"贫下中农"这个词便频繁出现（杨晓光、赵春媛：《万事万物话由来》，中国城市出版社 2010 年版，第 109—110 页）。

多、基础薄弱的农业大省，湖北省的扶贫工作开展较早，其中，罗田县从1975年便已开始全面进行扶贫工作，重点扶持了4921户贫困户。① 粉碎"四人帮"后，为调动一切积极因素推进农业现代化建设，湖北省率先于1976年10月在罗田县召开了全省扶贫工作现场会，总结推广骆驼坳公社开展扶贫工作的经验；1977年，湖北省革委会批转了省贫协②、民政局等部门《关于骆驼坳公社扶持贫下中农困难户工作的报告》，要求各地因地制宜地借鉴推广，自此全省由点到面、逐步发展，走在全国前列拉开了扶贫工作的序幕。特别是在党的十一届三中全会和全国五届人大二次会议精神的指引下，全省广大干部群众增强了做好扶贫工作的自觉性，有力推动了湖北省扶贫工作。

1979年6月，由湖北省贫协、省财政局、省民政局组成的联合调查组，根据湖北省革委会〔1977〕33号文件中"有计划、有步骤地把扶持贫下中农困难户的工作切实做好"的要求，并结合红安县七里坪公社、阳新县龙港公社等地区的扶贫工作经验，共同研究并制定了《关于开展扶持贫下中农困难户工作的意见（供讨论、试行）》［以下简称《意见（供讨论、试行）》］，《意见（供讨论、试行）》指出：扶贫是一项涉及面较广、政策性较强的工作，要根据实际定准扶贫对象，签发扶贫证、建立花名册和登记簿，指定专人"三包"，即包思想教育、包生产生活安排、包实现脱贫规划；该《意见（供讨论、试行）》明确了本时期开展扶贫工作的指导思想（即依靠谁来扶贫、从哪些方面进行扶持）、扶贫对象的确定条件，提出了切实有效的扶贫措施和保障机制，这对全省统一认识、统一政策，促进扶贫工作顺利进行有着重要意义。

---

① 《当代中国的民政》编辑委员会：《当代中国的民政》（下），当代中国出版社、香港祖国出版社2009年版，第138页。

② 贫协，即贫下中农协会，成立于20世纪60年代"以阶级斗争为纲"的背景下，其性质为"革命的群众性的阶级组织"，主要任务是"同资本主义势力和封建势力进行坚决斗争，防止被推翻的剥削阶级复辟"，于十一届三中全会后被逐渐撤销。湖北省于1979年试点改组贫协为农会，但于1986年被宣布撤销，至此，全国的"贫下中农协会"宣告终结［郭圣福：《贫下中农协会述论》，《中共党史研究》2005年第6期；贺吉元："贫下中农协会"组织的来龙去脉》，《党史博采（纪实）》2011年第12期］。

专栏 3—2

1979 年湖北省关于扶贫对象的确定条件

（一）扶贫就是扶持贫下中农中自己无力摆脱贫困的突出困难户。扶贫对象必须同时具备以下四个条件：

1. 贫农、下中农；
2. 热爱集体，积极参加集体生产劳动；
3. 严重缺乏劳动力，其中有的是寡妇（鳏夫）幼子，有的是主要劳动力久病重病或者残废，有的是老弱无劳力，有的是家大口阔劳力少；
4. 虽然自己尽了最大的努力，但集体分配收入（即劳动工分报酬）仍达不到基本生活费（集体分配的粮、棉、油、柴）的百分之七十，或者虽然已超过百分之七十，还达不到百分之八十，而家底薄，严重缺乏住房、衣被、生产生活用具的。

个别确有突出困难，具备2、3、4三个条件，一贯表现好、群众同情的中农，可作为特殊情况列为扶贫对象。

在同等条件下对优抚对象和家底很薄的户应优先扶持。

（二）以下几种情况不能列为扶贫对象：

1. 有劳动力而不积极参加集体生产劳动造成生活困难的；
2. 投机倒把，不务正业，在群众中影响很坏的；
3. 子女多（三个以上）至今未实行计划生育的；
4. 因子女分家出去，致使父母生活困难的。

对这些户应针对不同情况，做好政治思想工作，教育他们积极参加集体生产劳动，走社会主义道路，搞好计划生育，教育、督促分家的儿子赡养自己的父母。①

1979 年 11 月 7 日至 10 日，为了做好参加全国扶贫工作会议的材料准备和进一步安排全省扶贫工作，湖北省民政局在武汉市召开了由各地、市民政局民政科长和重点公社扶贫同志召开的扶贫工作座谈会，省贫协、

---

① 湖北省贫协、省财政局、省民政局联合调查组：《关于开展扶持贫下中农困难户工作的意见（供讨论、试行）》（1979 年 6 月），湖北省档案馆藏，档案号：SZ67—5—076—003。

省财政局、省卫生局、省粮食局、省供销社等部门相关人员参加了会议。会上总结交流了各地开展扶贫工作的典型经验,进一步讨论并充分肯定了《关于开展扶持贫下中农困难户工作的意见(供讨论、试行)》;会议认为,开展扶贫工作必须坚持"依靠群众、依靠集体力量、生产自救为主、辅之以国家必要的救济"的扶贫方针。据会上统计,湖北省72个县中,已开展扶贫工作的有50个,占总县数的69.4%;全省1300余个公社中,已经开展扶贫工作的达345个,占公社总数的25%;据部分公社的资料统计,定为扶贫对象的户占总户数的1.6%,这些对象中,经过两三年的扶持,约有1/4的户已基本脱贫。①

专栏3—3

关于湖北省扶贫工作特点的总结

当前湖北省扶贫工作有以下三个特点:

一是对象固定。扶贫对象一经确定,就要登记入册,发证到户,不断扶持,直到脱贫为止;

二是有计划地扶持。社队有扶贫规划,扶持户有争取脱贫的规划,立足于生产自救,从根本上改变贫困面貌;

三是扶持力量集中。以集体力量为主,国家有关部门的力量集中统一使用。

搞扶贫试点的,应当按这三条要求进行;已开展扶贫的,应当按照这三条对照检查,不断巩固提高。②

会后,襄阳、荆州等地区相继召开全区的扶贫工作会议,学习贯彻湖北省扶贫工作座谈会精神,进一步提高了全省各地对于开展扶贫工作的思想认识和效率水平,并取得初步成效,贫困户的经济收入明显上升,

---

① 《(湖北省)民政工作简报·省局召开扶贫工作座谈会》(1979年11月第27期),湖北省档案馆藏,档案号:SZ67—5—076—001。

② 《在扶贫工作座谈会上的讲话》(1979年11月),湖北省档案馆藏,档案号:SZ67—5—076—004。

贫困状况有所改变。数据显示，经过几年来扶贫工作的开展，到 1980 年底全省共扶持贫下中农困难户 14.5 万户，其中 3.045 万户摆脱了贫困，占扶贫户的 21%。① 与此同时，经过扶持，广大贫困户的精神面貌也得到改观、干劲倍增，为发展农业生产做出了较大贡献，据各直属地区统计，全省扶贫对象中有 744 人当上了大小队干部、831 人被评为劳动模范，并有 140 人入了党，328 人入了团。②

专栏 3—4

罗田县白庙河公社扶持贫困户工作经验

过去，贫困户缺吃少穿，愁颜满脸，总感到"遇事比人矮一截"，办事不大胆，干活没劲；现在脱贫后，不愁吃穿、逢人笑容满面，精神振奋，干劲倍增，积极出工生产。有的被评为模范，有的被选为干部。潘氏祠二队贫农社员周美兰，丈夫早年死去，留下两个患有克汀病的儿女，神志不清，本人也患有子宫脱垂病，思乡痛苦，情绪消极。大队党支部把她列为扶贫户后，对她从思想上教育鼓励，从生产上妥善安排，并帮助她治疗疾病。她积极劳动，勤俭持家。经过一年努力，由缺粮户变为自足户。年终分配时，大队党支部表扬了她，并把她当年结余的三分钱和集体照顾的十五元钱用红纸包好，敲锣打鼓送到家，她自己受到鼓励，群众也受到教育，大家评选她为生产节约模范。去年她家发生火灾，两间房屋和衣被用品烧光了，大队党支部书记带领社队企业人员突击两天，帮她修好了房屋，公社又及时送去救济款，购置了生活用品。她以实际行动积极参加农业生产，去年做工分四千二百多分，进款一百四十多元。周美兰的事例在社员中影响很大，许多人反映："天灾人祸不可怕，身体病残不担心，社会主义是靠山，集体经济是命根"。全公社扶贫户中，有四十四人被评为模

---

① 湖北省民政局：《关于扶贫工作情况的报告》（1981 年 2 月 17 日），湖北省档案馆藏，档案号：SZ67—5—314—031。

② 同上。

范，二十五人当上了大小队干部，大干社会主义的积极性越来越高。①

三 扶持农村优抚对象②政策

十一届三中全会以来，湖北省各级人民政府全面贯彻党的农村经济体制改革要求，认真落实扶持贫下中农困难户的扶贫政策，在新的形势下，广大优抚对象也迫切要求同群众一道发展生产、勤劳致富。然而，其中一部分优抚对象因缺劳力、缺资金，或缺农具、缺技术，导致农业生产跟不上；有些伤病残复退伍军人在分工分业上难以得到照顾；有些优抚对象集中生活在生产条件较差的革命老区，优待标准偏低，他们的基本生活难以保障，这给发展农村经济、巩固完善农业生产责任制也带来了不利影响。

如作为湘鄂赣革命根据地之一的通山县，牺牲烈士达 2.7 万余人，烈士家属 2700 户，1981 年这些烈士家属全年人均纯收入只有 86 元，生活比较困难。③ 基于此，1982 年 11 月，湖北省政府下发了《关于优待烈属、军属、残废军人若干问题的通知》（鄂政发〔1982〕139 号文件），对全省开展优抚工作的形式、标准、范围等方面进行了系列改革。《通知》指出，"对生活有困难的烈士成年子女，残废军人及带病回乡长期不能劳动的复员退伍军人，年老体弱丧失劳动能力的复员军人，应给予适当优待；对上述优抚对象应给予现金或实物（包括粮食、棉、油、柴等）或劳动工分的优待，以解决他们家庭生活、生产上的困难"。

---

① 《（湖北省）民政工作简报·抓紧"两个规划"落实，积极扶持贫困户脱贫——中共湖北省罗田县白庙河公社委员会》（1979 年 12 月第 27 期），湖北省档案馆藏，档案号：SZ67—5—023—008。"两个规划"即社队的扶贫规划和扶贫户自力更生脱贫规划。

② 优抚对象即军人优待抚恤对象的简称，指根据中国《军人抚恤优待条例》的规定，享受国家规定的抚恤和优待待遇的军人和军人家属，其范围包括：中国人民解放军的现役军人、革命伤残军人、复员退伍军人、革命烈士家属、因公牺牲军人家属、病故军人家属、现役军人家属等。军人家属是指军人的父母、配偶、子女，以及依靠军人生活的 18 周岁以下的弟妹、军人自幼曾依靠其抚养长大现在又必须依靠军人生活的其他亲属。对优抚对象的抚恤和优待包括现役军人死亡抚恤、现役军人伤残抚恤、军人及军人家属的优待等。实行优待抚恤制度，有利于激励军人更好地保家卫国、建设祖国，加强军队建设（肖蔚云、姜明安：《北京大学法学百科全书：宪法学·行政法学》，北京大学出版社 1999 年版，第 681 页）。

③ 《湖北省第五届人民代表大会第四次会议代表提案》（1982 年 7 月 1 日，第 123 号），湖北省档案馆藏，档案号：SZ69—7—280—001。

为贯彻落实省政府〔1982〕139号文件精神，1983年，钟祥县人民政府批转县安办《关于在全县开展扶持农村退伍军人劳动致富的几点意见》，要求财政、农业、畜牧等部门"拿出实际行动，从资金、技术、物资等方面对退伍军人进行扶持"，以帮助他们"发展农业生产、解除后顾之忧"；通城县县委、县政府经过认真研究，决定将扶持生活有困难的优抚对象作为民政等部门的重要任务之一，并从民政部门拿出1.5万元扶持500户生活困难优抚对象发展养殖业（养猪）。经过各部门的协同努力，1981—1983年，通城县先后扶持优抚对象困难户3120户，通过扶持，这些困难户基本上解决了温饱问题，一部分人开始富了起来；其中人均收入300—500元的2039户，500—1000元的425户，超过千元的157户，万元以上的4户。①

专栏3—5

通城县扶持优抚对象的政策效果显著

在深入调查研究、摸清优抚对象情况的基础上，全县共有一千七百五十六名党员、干部同二千二百八十户优抚对象建立了扶持联系。我们根据财力、物力和当地生产条件，确定扶持对象和扶持项目，因地制宜扶持发展生产，收到了明显的效果。近三年来，在全县共扶持的三千一百二十户优抚对象中，从事种植业的有一千一百户，养殖业的一千八百八十七户，从事各种修理、加工、服务业的八十五户，个体经商的四十八户。杨塘坳公社踏水桥大队复员军人胡华寿，全家九口人，家大口阔，欠账一千多元，过去一直是重点救济户。民政部门扶持他六十元，银行贷款六百元，今年养肥猪五头，收入五百一十元；稻田养鱼二亩五分，养鱼和粮食收入七百多元；种植五分地的桔梗、郁金、百合等药材，收入四百三十元，加上农业和其他零星副业收入，全年农副业总收入可达四千三百八十元，人平收入五百五十元。他盖了九间新房，买了三块手表、一辆自行车，还清了欠款，生活得到了较大改善。

清水公社大源大队退伍军人周成民、高冲公社余新龙两人联合办了

---

① 湖北省人民政府办公厅：《积极扶持优抚对象发展生产》（1983年12月24日，第24号），湖北省档案馆藏，档案号：SZ67—5—549—010。

养猪场，县委书记张明亮同志到猪场帮助他们制定生猪发展规划，农行发放贷款六千元，食品部门扶持三千元，民政部门扶持一百元，县饲料公司供应饲料四万斤，畜牧局派兽医帮助防病治病，公社企业借款四千元，生产队划给六亩水田和旱地及两亩水面。在各方面的支持下，这个猪场今年饲养量达到了三百一十头，已出栏肥猪一百二十七头，纯收入可达三千一百元。①

四 扶持贫困地区政策

湖北省是一个集"老、少、山、穷、库"于一体的中部大省，革命老区和贫困山区覆盖面积广、贫困人口多，是全省扶贫工作的薄弱环节。在中共中央《关于建国以来党的若干历史问题的决议》（1981年6月中共第十一届中央委员会第六次全体会议通过）所列举的全国12个农村革命根据地中，涉及湖北的就有4块，②遍及全省84个县（市、区）、864个乡镇③；就山区而言，湖北省贫困山区人均收入120元以下的困难县市共36个，涉及1336个乡（主要分布在鄂西高寒贫瘠山区、襄州市、咸宁、黄冈地区）、152.64万户，约占全省农业总人口的16%。④从表3—6也可看出，1980—1982年湖北省人均收入在100元以下和101—150元的大队，鄂东北、鄂西北等四大山区占较大比重。

表3—6　　　　1980—1982年湖北省贫困山区县市有关资料统计

名称	人均收入100元以下的大队			人均收入101—150元的大队		
	1980年	1981年	1982年	1980年	1981年	1982年
鄂东北山区	2606	2397	1069	396	661	1287
鄂西北山区	3727	4016	3190	577	338	917

---

① 湖北省人民政府办公厅：《积极扶持优抚对象发展生产》（1983年12月24日，第24号），湖北省档案馆藏，档案号：SZ67—5—549—010。
② 涉及湖北的农村革命根据地分别为湘鄂西、鄂豫皖、湘鄂赣、湘鄂川黔根据地。
③ 夏英、李芸、吕开宇：《中国部分贫困革命老区扶贫开发报告》，中国农业科学技术出版社2012年版，第50—51页。
④ 中共湖北省委办公厅机要处上报中央书记处农村政策研究室：《关于湖北省贫困山区县市统计资料说明》（1984年8月29日），湖北省档案馆藏，档案号：SZ1—9—451—001。

续表

名称	人均收入 100 元以下的大队			人均收入 101—150 元的大队		
	1980 年	1981 年	1982 年	1980 年	1981 年	1982 年
鄂东南山区	1284	797	292	415	821	694
鄂西南山区	5025	3809	2370	314	1143	1909
山区合计	12642	11019	6921	1702	2963	4807
全省总数量	22652	18968	17307	6834	9235	10413
山区占全省（%）	55.81	58.09	39.99	24.9	32.08	46.16

注：此收入是农村公社基本核算单位年报（不包括家庭副业收入，未实现承包前家庭副业收入很少）（湖北省统计局农业处，1984 年 7 月 19 日）。

资料来源：中共湖北省委办公厅机要处上报中央书记处农村政策研究室关于《湖北省贫困山区县市有关资料统计表》（1984 年 8 月 29 日），湖北省档案馆藏，档案号：SZ1—9—451—001。

为了加强革命老根据地的经济建设和扶贫工作的开展，1983 年 3 月，湖北省民政局发布了《关于一九八三年扶持革命老根据地贫困户经费的安排意见》，决定每年从民政经费中拿出 120 万元扶持革命老根据地地区贫困户发展农副业生产、发展优抚和社会福利事业，以帮助他们尽快摆脱贫困。1983 年 6 月，根据湖北省六届人大第一次会议批准的省人民政府《关于加强革命老根据地建设的议案》的精神，省政府颁发了《关于扶持老革命根据地建设的几个具体问题的通知》（鄂政办发〔1983〕36 号文件），对有关县市涉及"扶贫""多种经营"等方面的项目申报、资金使用以及周转金还款问题进行了明确规定，以加快老革命根据地经济发展步伐，促进农村经济的快速增长和农民增收，进而缓解贫困问题。此外，针对全省老革命根据地地区、山区等地普遍存在的普通教育事业落后、教学条件较差的现实状况，1984 年 1 月，省委、省政府做出了《关于加强普通教育的决定》（鄂发〔1984〕6 号文件），明确提出"对老苏区、大山区、库区和少数民族地区，省里要适当补助转款"；1984 年 7 月，湖北省教育厅进一步做出《关于申请拨付革命老根据地、少数民族地区、贫困地区普通小学教育补助经费的报告》，建议"省政府从 1984 年起至 1990 年止，每年从省财政拨出 200 万元专款，用来补助革命老根据地、少数民族地区、贫困地区普及小学教育"，以"扶教育之贫"，发挥教育在减贫和脱贫中的功效。

另外，湖北省委农村工作部经过初步摸底调查发现，全省贫困地区主要分布在鄂西片、鄂东片与鄂东南片①三大集中连片的山区、老苏区、少数民族聚居区和水库淹没区，这些地区有1323个贫困乡，计152万户、660万人②。基于此，1984年10月，中共湖北省委办公厅发布了《贯彻落实党中央、国务院〈关于帮助贫困地区尽快改变面貌的通知〉的具体意见（讨论稿）》[以下简称《意见（讨论稿）》]，明确提出贫困地区的划分标准为"以乡为单位，按照1981、1982、1983年三年平均数计算，人平纯收入（包括家庭副业）120元以下的为贫困地区"，从而统一了全省在开展扶贫工作中的认识、标准和政策。针对湖北省贫困地区的分布特点，《意见（讨论稿）》指出，"这些集中连片（鄂西片、鄂东片以及鄂东南片）的贫困乡村拟由省统一掌握，组织帮助；其他分散插花的贫困乡村，由有关地市县掌握，给予帮助"，并提出"减轻农民税费负担，加快公路建设，放宽收购政策，妥善安置库区群众的生产和生活，积极发展教育事业、加速培养适应山区开发的各种人才"等8项帮助贫困山区尽快改变面貌的具体措施。

专栏3—6

关于贫困地区标准问题的电话记录

十月五日上午，我们与中央书记处农村政策研究室副主任谢华同志联系，请示贫困地区标准问题。谢华同志在电话中告知：

原来我们研究解决贫困山区的问题，文件定稿时，中央领导同志认为还是提"帮助贫苦地区尽快改变面貌"为好，这样，照顾的面就宽一些，而不仅限于山区。我们确定贫困地区的标准，是按人均收入120元、南方口粮400斤考虑的。正式文件定稿下达时，没有提具体标准，而是在文件后提交了一个副本，副本的内容主要是对集中连片的贫困地区划了

---

① 鄂西片包括当时的鄂西自治州和郧阳地区的全部，神农架林区，宜昌地区的宜昌、长阳、远安、兴山、秭归、五峰六县，襄樊市的南漳、保康、谷城三县；鄂东片包括当时的英山、罗县、红安、麻城、大悟五县；鄂东南片包括当时的崇阳、通城、通山、阳新、咸宁五县（市）。

② 中共湖北省委办公厅：《贯彻落实党中央、国务院〈关于帮助贫困地区尽快改变面貌的通知〉的具体意见（讨论稿）》（1984年10月26日），湖北省档案馆藏，档案号：SZ118—06—0017—006。

一个范围,供各省、市、自治区参考。各省、市、区划定贫困地区的具体标准和范围,主要是根据各省自己的实际确定。

我们已责成各部委根据中央精神研究帮助解决贫困地区的具体措施。你们省有什么情况,望即时与我们联系。①

经过反复研究和讨论,1984年12月底,中共湖北省委正式颁发了《中共湖北省委、湖北省人民政府关于贯彻落实党中央、国务院〈关于帮助贫困地区尽快改变面貌的通知〉的若干规定》(鄂发〔1984〕59号文件),肯定了《意见(讨论稿)》中有关贫困地区的划分标准和帮助贫困山区尽快改变面貌的8项措施,进一步指出"改变贫困地区的面貌,关键是增强这些地区内部的经济活力,要依靠这些地区人民群众自己的力量",并在此基础上提出"适量赊购生活物品(针对纯收入不足120元的困难户)"和"加强大中城市对贫困地区的对口支援"②两项针对性措施,对于全省贫困地区的经济发展和脱贫致富起到了重要作用。然而,到1985年,作为大别山贫困老区的重要组成部分,黄冈市贫困面貌仍没有大的改变,依然存在近200万人没有解决温饱,其中红安、麻城、蕲春、英山、罗田五个山区县市贫困人口还有155万人,基于此,1985年9月,湖北省委、省政府制定了《关于扶持黄冈革命老根据地建设的意见》,由此拉开了大别山区向贫困宣战的序幕。③

为总结发展经验、加强领导干部对于促进贫困山区经济建设的思想认识,1985年12月,湖北省召开了第一次全省山区工作会议,专题研究和部署山区建设与扶贫工作,会议指出"要在两三年内基本解决山区六百多万人的温饱问题",时任省委书记关长富提出"必须把山区问题提高到经济发展的战略高度上来研究和解决,既要重点突出解决六百多万人的温饱问题,又要从根本上明确山区建设的战略地位

---

① 中共湖北省委办公厅:《贯彻落实党中央、国务院〈关于帮助贫困地区尽快改变面貌的通知〉的具体意见(讨论稿)》(1984年10月26日),湖北省档案馆藏,档案号:SZ118—06—0017—006。

② 武汉市、沙市区重点支援鄂西自治州、咸宁地区和大悟、应山二县,宜昌市支援宜昌地区,十堰市支援郧阳地区,黄石市、鄂州市支援黄冈地区,襄樊市的三个县自己解决。

③ 汪石满:《迈向21世纪的大别山经济》,中国财政经济出版社2000年版,第81页。

和战略部署问题",会议制定了《关于加强山区建设和扶贫工作的决定》(即后来的鄂发〔1986〕1号文件),明确了帮助贫穷山区摆脱贫困的指导思想和政策方针,由此将湖北省扶持贫困山区建设工作推向新的历史阶段,为下一阶段开展大规模开发式扶贫积累了宝贵经验,指明了发展方向。

第四节 本时期湖北农村贫困状况的变化

一 农村贫困状况的缓解

1978年至1985年,湖北省各级部门积极贯彻落实中央农村经济体制改革措施,大力发展农村经济和农业生产,加之扶持贫下中农困难户、扶持农村优抚对象以及扶持贫困山区等系列扶贫工作的开展,为农村实现大规模减贫创造了良好的宏观环境与现实基础。

总体而言[①],这一时期是湖北省经济水平提升和农业发展的较快阶段。如表3—7所示,1978—1985年,湖北省地区国民生产总值和农业总产值分别增长104.65%、77.57%(以1978年为基期的GDP平减指数换算,下同),年均增长率达14.95%和11.08%;三次产业结构不断改善,从1978年的0.40∶0.42∶0.17,调整为1985年的0.36∶0.44∶0.20。全省粮食、棉花、油料等主要农业产品产量也得到大幅度提高,分别由1978年的1725.6万吨、36.67万吨和23.71万吨,增长至1985年的2216.13万吨、49.22万吨和72.98万吨,各增长了28.43%、34.22%和207.8%,农村家庭年末人均粮食结存达227.76公斤[②],广大农民的温饱需求得到日益满足。

[①] 由于中央和地方对当时农业经济发展形势的误判与决策失误,以致1985年出现了新中国成立以来第三次农业大波折,1985—1988年,包括湖北省在内的大范围地区粮棉减产、农民收入增长滞缓(农业部农村经济研究中心当代农业史研究室:《中国农业大波折的教训》,中国农业出版社1996年版,第39—49页)。

[②] 农村家庭年末人均粮食结存数据来源于湖北统计局《湖北统计年鉴1987》,中国统计出版社1987年版;其他数据均来源于国家统计局国民经济综合统计司《新中国六十年统计资料汇编》(电子版),中国统计出版社2010年版。

表3—7　　　　　　　　1978—1985年湖北省经济发展情况

年份	地区GDP（亿元）	农业GDP（亿元）	三次产业结构	粮食（万吨）	棉花（万吨）	油料（万吨）	水产品（万吨）
1978	151.00	84.46	0.40∶0.42∶0.17	1725.60	36.67	23.71	10.27
1979	181.95	106.06	0.45∶0.39∶0.16	1849.53	44.75	32.05	12.68
1980	185.48	88.33	0.36∶0.46∶0.18	1536.45	31.63	20.58	11.39
1981	199.93	101.61	0.40∶0.42∶0.18	1706.76	35.27	39.29	10.47
1982	220.23	117.02	0.42∶0.39∶0.19	1995.92	34.10	57.47	13.75
1983	236.93	120.99	0.40∶0.41∶0.19	1987.89	38.48	42.20	16.76
1984	282.17	145.46	0.38∶0.42∶0.20	2263.01	60.65	55.35	15.56
1985	309.03	149.98	0.36∶0.44∶0.20	2216.13	49.22	72.98	21.73

注：湖北省地区GDP、农业GDP、人均GDP以1978年为基期的GDP平减指数换算所得。
资料来源：参见国家统计局国民经济综合统计司《新中国六十年统计资料汇编》（电子版），中国统计出版社2010年版。

湖北省经济发展水平的快速提高带动了农民收入的不断增长。如表3—8所示，扣除价格上涨因素后全省农村居民家庭人均实际纯收入8年间从110.52元上升到321.31元，增长了1.9倍，并且收入结构日趋合理多元，其中农村居民家庭的财产性收入、家庭经营纯收入都有较大涨幅，分别增长了27.6倍和17倍，表明农民增收逐渐呈现出"多轮驱动"的良好格局。恩格尔系数是用来衡量一个地区（或家庭）居民生活水平变化情况的重要指标，与生活水平的高低成反比关系，数据显示，1978年至1985年，湖北省农村居民家庭恩格尔系数下降了11.71个百分点，[1]快于全国平均水平，表明本阶段湖北省广大农民的生活水平得到显著改善。

---

[1]　国家统计局国民经济综合统计司：《新中国六十年统计资料汇编》（电子版），中国统计出版社2010年版。

表 3—8　　　　1978—1985 年湖北省农村居民家庭收入情况　　　单位：元

年份	人均纯收入	其中：				恩格尔系数
		工资性收入	家庭经营纯收入	转移性收入	财产性收入	
1978	110.52	91.22	14.18	4.92	0.20	70.84
1979	156.70	112.33	36.14	7.44	0.79	67.54
1980	155.21	90.92	48.57	14.83	0.89	64.36
1981	193.80	—	—	—	—	62.44
1982	250.06	—	—	—	—	61.97
1983	256.42	—	—	—	—	61.80
1984	327.18	46.44	259.56	17.62	3.57	61.16
1985	321.31	40.24	255.48	19.87	5.72	59.13

注：1. 收入数据均以 1978 年为基期的居民消费价格指数换算得到；2. 1978—1980 年的工资性收入中包括从集体统一经营中分配的收入，其主体仍来源于种植、养殖业收入。

资料来源：农村居民家庭收入结构数据来源于国家统计局湖北省调查总队农村住户数据；其他数据来源于《新中国六十年统计资料汇编》。

收入增长具有重要的减贫效应[1]，伴随着湖北省农村经济和农民收入水平的快速提高，以及各部门对扶贫工作的重视和开展落实，本阶段全省农村贫困人口大幅度减少。如表 3—9 所示，1978 年至 1985 年，湖北

表 3—9　　　　湖北省和全国贫困人口情况统计　　　单位：万人，%

年份	湖北省		全国	
	贫困人口	贫困发生率	贫困人口	贫困发生率
1978	1172	30	25000	30.7
1985	718	18	12500	14.8

资料来源：湖北省数据来源于梁相斌、皮曙初、李伟《大决战：湖北精准扶贫纪事》，湖北人民出版社 2016 年版，第 111 页；全国数据来源于中华人民共和国国家统计局《中国统计摘要 2017》（电子版），中国统计出版社 2017 年版。

---

[1] 陈飞、卢建词：《收入增长与分配结构扭曲的农村减贫效应研究》，《经济研究》2014 年第 2 期。

省贫困人口由 1172 万人下降到 718 万人,年均减少 51.75 万人,全省贫困发生率从 30% 下降到 18%,取得较好的扶贫成效。与此同时,仍需清醒地看到虽然该时期湖北省农村贫困状况得到明显改善,但由于全省覆盖了大面积贫困程度较深的区域和深度贫困的群体,因此较之于全国平均水平,湖北的减贫成效仍相对滞后,贫困人口的降低比率相对较低。

二 农村不平等程度的变化

改革开放虽然使广大农民普遍受益,但市场机制的引入和农户生计资本与区域条件的差异,必然会造成农户间不均等程度的增加①。如表 3—10 所示,在追求"绝对平均主义"的分配制度下,1977 年湖北省农村居民家庭人均纯收入基本停留在同一水平,以 200 元为分界线,此时人均纯收入在 200 元以下的家庭所占比重达 96.6%,尚未出现收入高于 400 元的家庭。1978 年以后全省农村居民家庭人均纯收入便开始出现明显分化,200 元以下的低收入家庭比重急剧下降,到 1985 年仅为 5.55%,下降了 17.39 倍;200—800 元收入组家庭比重得到大幅度提高,从 1978 年的 3.2% 上升至 1985 年的 91.78%,提高了 28.68 倍;800 元以上的高收入家庭也越来越多,尤其是高于 1000 元的农户从无到有,增加至 1985 年的 0.85%。

表 3—10　1977—1985 年湖北省农村居民家庭人均纯收入分组占比　单位:户,%

年份	1977	1978	1980	1981	1982	1983	1984	1985
调查户数	747	1036	954	954	948	1470	1510	3300
100 元以下	39.70	40.40	6.70	2.90	0.10	0.48	0	0.12
100—150 元	43.40	44.50	32.20	15.60	3.00	3.13	0.86	1.64
150—200 元	13.50	11.90	33.80	26.70	13.10	12.45	4.30	3.79

---

① 张磊:《中国扶贫开发历程 1949—2005 年》,中国财政经济出版社 2007 年版,第 43 页[然而汪三贵(2008)认为改革开放初期经济增长带来的好处平等地被所有农村居民享用,这一阶段的农业和农村经济的增长相较于其他时期具有最大的减贫效应。20 世纪 80 年代中期开始,农村不平等程度处于不断上升过程中,对减贫的不利影响也日益显现出来]。

续表

年份	1977	1978	1980	1981	1982	1983	1984	1985
200—300元	3.30	3.00	23.10	39.20	44.30	39.93	23.97	21.30
300—400元	0.10	0.20	4.20	12.00	25.40	26.19	28.28	28.03
400—500元	0	0	0	2.50	10.30	11.63	21.52	21.54
500—800元	0	0	0	0.80	3.80	5.78	19.14	20.91
800—1000元	0	0	0	0	0	0.21	1.33	1.82
1000元以上	0	0	0	0.30	0	0.20	0.60	0.85

资料来源：1977—1982年数据来源于国家统计局农村抽样调查总队《各省、自治区、直辖市农民收入、消费调查研究资料汇编》（上册），中国统计出版社1985年版，第13—14页；1983—1984年数据来源于湖北省统计局《湖北统计年鉴1985》，中国统计出版社1985年版，第366页；1985年数据来源于湖北省统计局《湖北统计年鉴1987》，中国统计出版社1987年版，第510页。

1978年至1985年，虽然湖北省农村居民家庭人均纯收入呈明显分化趋势，存在一定程度的不均等现象，但总体上表现为稳定的"两头尖、中间大"的"橄榄形"收入分配格局（如图3—3所示），收入处于中等水平的农村家庭占绝大比重，低收入和高收入家庭所占比重相对较小，并且低收入组明显向中等收入组收敛。这不仅有效化解了改革开放前期"绝对平均主义"分配制度下的普遍贫穷问题，同时存在合理收入差距的分配格局更有利激发农村市场活力，提高劳动者的生产积极性，充分利用各种资源，促进农村社会经济的繁荣发展。

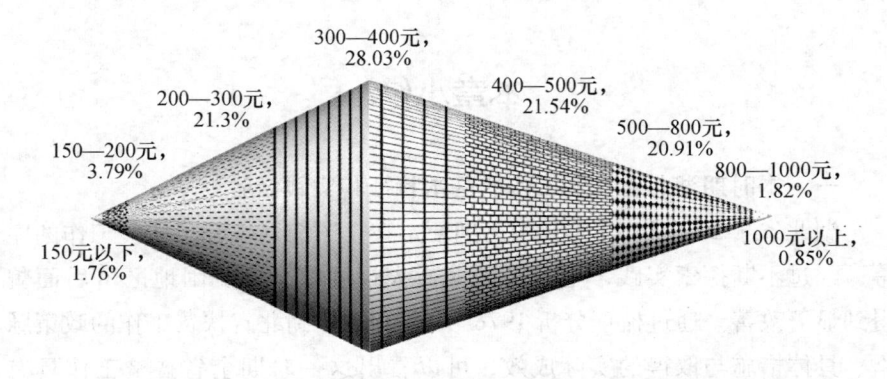

图3—3 1985年湖北省农村居民家庭人均纯收入结构

另外，就城乡收入差距而言，本阶段湖北省以农村经济体制改革和发展为中心，实行家庭联产承包责任制，大力扶持农村绝对贫困人口以及基础薄弱的革命老区、贫困山区改变落后面貌，取得了长足的进步，令全省城乡居民收入比总体（其中 1980 年发生自然灾害、1985 年出现农业政策失误，导致农村经济出现波折）呈下降趋势，尤其 1980—1984 年的 5 年间，湖北省城乡居民收入比从 2.44 下降至 1.51，降低了 38.11%，下降速度快于全国平均水平，达到了历史最低点。然而，1985 年湖北省城乡居民收入比开始呈上升趋势，提高至 1.67，较 1984 年提高了 10.9%，表明湖北省城乡收入差距具有扩大倾向。

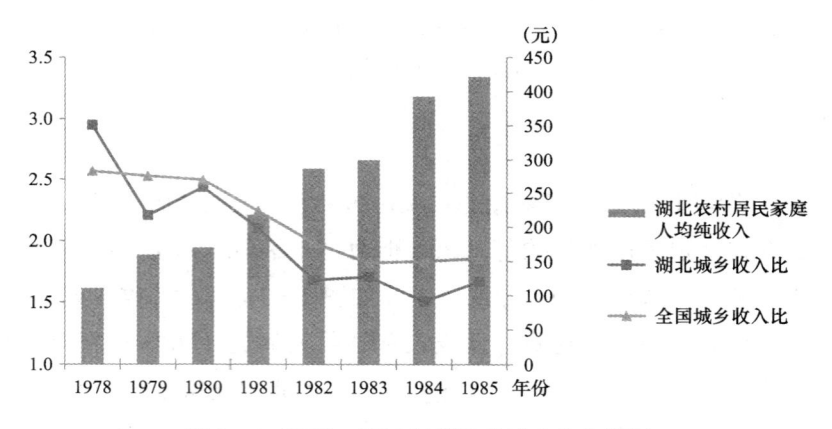

图3—4 1978—1985 年湖北省城乡收入差距

资料来源：参见国家统计局国民经济综合统计司《新中国六十年统计资料汇编》（电子版），中国统计出版社 2010 年版。

本章小结

一 本时期湖北省扶贫工作的基本特征和实践经验

湖北省于 20 世纪 70 年代中后期便走在全国前列拉开了扶贫工作的序幕，经过不断探索实践，全省贫困人口大幅度减少，贫困地区落后面貌得到显著改善。通过梳理分析 1978 年至 1985 年湖北省扶贫工作的政策脉络、具体措施与取得的实际成效，可以看出这一时期全省扶贫工作具有以下基本特征及实践经验。

(一) 本时期湖北省扶贫工作的基本特征

1. 以国家救灾方针指导扶贫

新形势下，扶贫是国家救灾（救济灾民）工作的延伸和重大变革[①]，本时期，湖北省扶贫工作的开展始终以国家救灾工作方针为指导，并将其作为扶贫工作的基本方针。1983年以前，中国救灾和农村社会救济工作的基本方针是"依靠群众、依靠集体力量、生产自救为主，辅之以国家必要的救济"，此时湖北省财力、物力非常有限，面对大量贫困人口，扶贫工作不可能全面铺开、平均救助，因而按照救灾方针让贫困人口依靠集体、积极参加集体劳动，以生产自救为主，并辅之单一的"输血"式物资注入。随着家庭联产承包责任制的建立和社会经济的发展，1983年4月召开的第八次全国民政会议指出："救灾工作要坚持'依靠群众、依靠集体、生产自救、互助互济，辅之以国家必要的救济和扶持'的方针"，这与上一个方针相比，具有一个显著的特点，就是在"辅之以国家必要的救济"之后增加了"扶持"二字。与之相适应，湖北省在开展扶贫工作时也把"必要的救济"和"扶持"结合起来，把"输血"和"造血"结合起来，在物资注入的同时开始关注贫困户致富能力的提升，这是全省扶贫工作在思想认识上的一次重大飞跃。

2. 以经济体制改革推动扶贫

1978年至1985年是湖北省农村经济体制改革和发展的"黄金时期"，面对农村普遍存在的贫困问题，本阶段湖北省以农业增产、农民增收为中心，大力推进农业经营体制改革，逐渐废除人民公社制度，释放农村经济增长潜力，以经济增长推动广大贫困人口和贫困地区摆脱落后面貌。改革是这一时期湖北省开展农村各项社会经济工作的首要任务，在具体的扶贫事业中，无论是扶持贫下中农困难户政策的革新，如突破限制、创造性提出鼓励贫下中农困难户发展多种经营的措施，还是优抚安置制度的变革，如改进优抚对象定期定量补助机制，抑或是对全省革命老区、贫困山区等贫困落后地区扶持方式的创新，如采取对口支援的方式扶持地区发展商业、多种经营等，无不体现着以改革促进发展、以改革缓解

[①] 《当代中国的湖北》编辑委员会：《当代中国的湖北》（下），当代中国出版社、香港祖国出版社2009年版，第184页。

贫困的时代特征。

3. 以解决贫困人口温饱作为首要目标

改革开放初期，湖北省广大农村家庭人均口粮和生活物资匮乏，绝大多数农民温饱问题尚未得到解决，因此，本阶段湖北省农村扶贫工作的首要目标就是解决贫困人口的温饱问题。在这一目标的指引下，湖北省有关部门根据对农户家庭人员体质、人均口粮以及衣被、住房等方面的调查摸底情况定准扶贫对象，登记建册、定户发放相应补贴，并指定专人对贫困户"包思想教育、包生产生活安排、包实现脱贫规划"（即"三包"制度），有计划地解决贫困户温饱问题。尤其在对贫困优抚对象扶持时，湖北省直接大幅度提高粮食和资金的定期定量补助，以保障贫困人口基本生存需求。

（二）本时期湖北省扶贫工作的实践经验

1. 扶贫对象识别：标准统一，程序规范

湖北省在开展扶贫工作中，始终注重扶贫标准与政策的统一和扶贫工作程序的严格规范，以定准扶贫对象，保证"扶真贫""真扶贫"。1979年，省贫协、财政局、民政局三部门联合调查组带着"扶贫对象应具备什么条件"这一政策性问题，到红安县七里坪公社和阳新县龙岗公社进行为期两个月的扶贫试点①，并结合实地调查研究出台了《关于开展扶持贫下中农困难户工作的意见（供讨论、试行）》[以下简称《意见（供讨论、试行）》]，明确提出农村贫困户的"四扶、四不扶"条件，以及"人平纯收入五十元以下"的穷队认定标准。

关于农村贫困户的识别和退出程序，《意见（供讨论、试行）》以及1983年湖北省农会发布的《湖北省农村扶持贫困户工作暂行办法（送审稿）》等文件都明确了一系列操作规范。首先，集体要在对现有困难户逐队逐户调查摸底、填写登记表的基础上，发动群众民主评议，召开大队社员代表大会讨论通过，报公社（或乡镇）审查。其次，经公社（或乡镇）批准，再登记造册、层层填卡建档，张榜公布，社员无异议方可发放扶贫证。其中，扶贫档案的主要内容包括：

---

① 湖北省民政局：《关于扶贫工作情况的报告》（1981年2月17日），湖北省档案馆藏，档案号：SZ67—5—314—031。

贫困户名单、家庭成员、致贫原因、承包土地数量（或经营项目）、产量、包扶干部姓名、脱贫措施及时间等。最后，社（或乡镇）扶贫领导小组每年年终要组织检查，并根据贫困户变化情况，适当调整扶贫对象。其中，贫困户脱贫的标准是：（1）家庭人均实际收入、口粮和居住条件达到当地中等群众水平；（2）基本还清债务；（3）有一定的扩大再生产能力，能够依靠自己的力量稳步进入富裕行列。这些具有实际可操作性的扶贫标准和程序规范的制定，有效保证了扶贫措施真正落实到贫困户或个人，对全省扶贫工作的顺利开展和深入推进有着重要意义。

2. 扶贫途径创新：走改革创新之路，实施干部包户扶贫责任制

"依靠谁来扶贫、从哪些方面进行扶持"是本时期湖北省扶贫工作的指导思想。[1] 随着家庭联产承包责任制的逐渐推行，农村社会经济得到快速发展，许多人率先富了起来，为了使贫困人口摆脱贫困、实现共同富裕，一些地区积极探索实践，创造出扶贫工作的党员、干部包户扶贫责任制，实行"五定""五上门"机制，充分发挥各方力量对贫困户进行综合扶助。其中，"五定"指的是定包扶对象、定工作职责、定帮扶规划、定户脱贫时间、定奖惩；"五上门"，即上门做思想工作、上门帮助安排脱贫计划、上门教给生产技术、上门解决具体困难、上门督促抓住生产环节。[2] 参加干部包户扶贫责任制对象的主要有县、社（乡镇）党委书记、县长、科局长以及广大基层干部和未任职党员。

为了保证干部包户扶贫责任制的有效落实，有的地方还把包户扶贫作为考核干部工作的一项重要内容，根据扶贫户达到的口粮标准、收入水平，年终对包户干部酌情奖惩。据统计，浠水县民政等五个部门、荆州地区9个县的各部门分别包户5562户、6529户，包户干部表示"不扶持贫困户脱贫绝不收兵"[3]。党员干部包户扶贫活动的开展，使每个贫困

---

[1] 湖北省贫协、财政局、民政局联合调查组：《关于开展扶持贫下中农困难户工作的意见（供讨论、试行）》（1979年6月），湖北省档案馆藏，档案号：SZ67—5—076—003。

[2] 湖北省民政局：《关于贯彻〈关于认真做好扶助农村贫困户工作的通知〉的情况报告》（1983年5月），湖北省档案馆藏，档案号：SZ67—5—615—001。

[3] 湖北省民政局：《关于贯彻〈关于认真做好扶助农村贫困户工作的通知〉的情况报告》（1983年5月），湖北省档案馆藏，档案号：SZ67—5—615—001。

户有人"管",并做到经常化、制度化,不仅有利于促进贫困户尽早摆脱贫困,而且有效促进了党员干部的作风进一步好转,使他们急贫困户所急、想贫困户所想、帮贫困户所需,大大密切了党群关系。

3. 扶贫组织保障:多部门协同负责,探索建立专业化扶贫组织

扶贫是一项关系全局的基础性工作,面对农村贫困问题的综合性与复杂性特征,湖北省历来高度重视扶贫工作的开展。早在1979年召开的全省扶贫工作座谈会中有关领导便强调"党委重视、加强领导,是搞好扶贫工作的关键;各有关部门齐心协力、紧密配合,是开展扶贫工作的有力保证",座谈会讨论通过了《关于开展扶持贫下中农困难户工作的意见(供讨论、试行)》,要求各部门"把扶贫工作当作自己应尽的职责,从多方面进行扶持",如供销、外贸、手工业等部门从原材料、技术等方面扶持家庭副业,卫生部门宣传指导计划生育、免除贫困户出诊挂号费、减免药费,银行、信用社发放扶贫贷款,民政部门发放救济款等。继湖北省扶贫工作座谈会召开之后,全省所有地市和绝大多数县(市)党委和政府也先后召开了扶贫工作会议,发布了相关指示性文件[①],将扶贫工作推向前所未有的高度。

为了提高各部门扶贫物资的利用效率,洪湖县峰口公社经过不断实践,探索建立了扶贫委员会,其下辖的管理区和大队相应成立了扶贫领导小组、生产队成立了帮扶小组,统筹调配各部门投放的2.02万元贷款(或定金)、31吨尿素、3.5万斤饼肥、3.6万斤饲料以及2万多元扶贫资金,使绝大多数贫困户实现增产增收,1982年全社贫困户的粮食产量较上一年度增长88%,油料产量、人均纯收入分别增长4倍多和1倍多。[②] 鉴于此,1983年省农会出台了《湖北省农村扶持贫困户工作暂行办法(送审稿)》,要求"省辖市、县和县、市以下各级都要建立由党政领导挂帅,有关部门负责人参加的扶贫领导小组;县级扶贫领导小组应设办公室",并明确指出其基本职责是"在党委和政府的统一领导下,掌握扶贫

---

① 湖北省民政厅:《关于我省扶贫工作汇报提纲》(1984年7月),湖北省档案馆藏,档案号:SZ67—5—757—005。

② 湖北省民政局:《关于贯彻〈关于认真做好扶助农村贫困户工作的通知〉的情况报告》(1983年5月),湖北省档案馆藏,档案号:SZ67—5—615—001。

工作情况，主持制定扶贫规划，检查扶贫措施的落实情况，组织经验交流，统筹各部门的力量，统一分配扶贫款、物"。据统计，到1984年7月，全省已有50多个县成立了由党政领导牵头的扶贫领导小组，有的还设了办公室。① 其中，荆州地区13个县、市普遍成立了扶贫工作领导班子，参加领导专班的正副县委书记、县长共37名，县、市有关部门主要负责人138人；并设立办公室13个，抽调48名干部集中办公；而且各县的扶贫机构，不仅有班子，还刻了章子、挂了牌子。② 专业化扶贫组织的建立，对于打开扶贫工作新局面发挥了重要作用，使全省扶贫事业向着更加广泛、更加深入的方向不断发展。

二 不足与展望

1978—1985年作为湖北省扶贫工作的探索阶段，为我们今天打赢全面脱贫攻坚战留下了许多有益的经验和启示。同时，由于历史条件和理论水平的限制，使得该时期湖北省在开展扶贫工作中存在诸多不足，主要表现为在扶贫理念上以单一的救济式为主、没有建设一个强有力的纵向扶贫管理机构和专业化的扶贫队伍，以及对粮食安全问题的认识不足三个方面。通过分析不足、总结经验，对于新时期湖北省进一步推进扶贫工作具有重要的现实意义。

（一）扶贫工作理念亟须转变

本阶段湖北省主要依靠经济体制改革带来的经济增长来缓解农村贫困人口和贫困地区的贫困问题，对于那些在改革和发展中仍然无法解决温饱问题的深度贫困人口而言，湖北省则始终坚持以国家救灾和农村社会救济工作方针为指导，秉持救济式扶贫理念，正基于此，这一时期湖北省的扶贫政策具有鲜明的救济式特征。虽然在1983年湖北省扶贫理念随国家救灾和农村社会救济工作方针的转变而调整，开始认识到"造血"在扶贫中的重要性，但就其实际扶贫工作过程中具体的扶贫措施而言，

---

① 湖北省民政厅：《关于我省扶贫工作汇报提纲》（1984年7月），湖北省档案馆藏，档案号：SZ67—5—757—005。

② 湖北省民政厅：《关于贯彻〈关于认真做好扶助农村贫困户工作的通知〉的情况报告》（1983年5月），湖北省档案馆藏，档案号：SZ67—5—615—001。

在本质上仍然是单一的救济式扶贫。这种扶贫方式,即使令贫困户暂时脱贫了,但由于经济基础不坚实、自身发展能力弱,返贫现象还会发生,并且容易造成贫困人口"等、靠、要"的依赖思想,也难以从根本上解决农村贫困问题。

因此,湖北省扶贫工作的开展亟须"克服单纯救济观点和满足于解决温饱问题的思想"①,并将观念落实到行动,由救济式"输血"扶贫真正转变为开发式"造血"扶贫,立足于地区资源开发与贫困人口人力资源开发战略,发展商品生产,增强贫困户自我积累、自我发展的能力,这才是解决温饱、摆脱贫困的根本出路。具体地,可以因地制宜地采取产业扶贫、教育扶贫、健康扶贫、社会扶贫、科技扶贫以及社会保障扶贫和生态扶贫等在内的综合性扶贫措施,建立长效的扶贫开发机制。同时,鉴于采取"撒胡椒面"的扶持办法而导致扶贫资金效益低下问题,在进一步开展扶贫工作时,应更加精准地识别扶贫对象,并根据贫困户实际需求精准分类施策,激发贫困人口脱贫的内生动力,从而提高扶贫政策的精准度和实质效益。

(二)扶贫机构和扶贫队伍建设有待加强

一个自上而下强有力的扶贫组织机构和专业化、固定的扶贫队伍,是各项扶贫政策能够得以顺利落实的重要基础,虽然本阶段湖北省一些市、县初步探索成立了扶贫领导小组或帮扶小组等扶贫机构,但相对零散,扶贫机构工作成员主要由其他部门人员兼任,流动性较大,且尚未全面建立起从省级到公社(乡镇)的系统化纵向管理体系。总的来说,本时期全省的扶贫工作主要由省委、省政府承担,贫协、民政、农业、财政等部门具体负责,这将带来一系列的问题。一方面,农村各项用于扶贫的物资统筹不够,如农村中可以用于扶贫的资金包括农业贷款、预购定金、民政扶持款、社会救济款等十多种,但由于缺乏一个协调各部门行动的稳定机构,各部门可能各自为政,有的投放不准,有的重复投放或投放时间分散,令各项经费的使用效益难以充分发挥。另一方面,在新老交替、各项工作亟待重建或调整的改革开放初期,众多部门都面

---

① 湖北省民政厅:《湖北省扶贫工作汇报提纲》(1984年10月),湖北省档案馆藏,档案号:SZ67—5—757—005。

临着各自烦杂而紧迫的行政事务，加之全省扶贫工作涉及贫困户规模大、范围广，需要一大批专业化的扶贫队伍，工作难度较大，最终使得全省的扶贫政策可能很大程度上落入"名不正、言不顺、行不利"的尴尬境地。

鉴于此，湖北省亟须建立健全专司扶贫工作的垂直化管理机构，明确权责、强化领导，协调各方关系、统筹物资使用，并建设一批固定的专业化扶贫队伍，确保有人办事、有钱办事，以保证各项扶贫政策的真正落实。为打通扶贫工作的"最后一公里"，尤其要重视乡村基层扶贫队伍建设。与此同时，在扶贫工作中应注重"政府主导"与"社会参与"相结合，积极调动机关事业单位、工商企业、社会组织等各界力量参与到扶贫工作之中，构建行业扶贫、专项扶贫、社会扶贫的"大扶贫"格局，以弥补政府部门在扶贫资金投入有限、扶贫面窄等方面的不足，推进湖北省扶贫事业不断向纵深发展，努力开创扶贫工作新局面。

（三）保障粮食安全的底线思维不容松懈

粮食安全问题始终是与农村贫困以及农村贫困人口的健康状况紧密联系在一起的，[1] 尤其是改革开放初期所谓的贫困，就是指人们消费生活中最基本的温饱问题尚未解决或仅仅是勉强得到解决的状态，[2] 因此，在人均口粮匮乏的这一阶段，农村扶贫工作的主要目标就是解决贫困人口的温饱问题，其中最为重要的是保障口粮基本供给的粮食安全问题。然而，面对1984年因粮产量连年增长而出现的"卖粮难"与农民种粮积极性不高等问题，国家以及湖北省相关部门没有全面认识到粮食安全的战略意义，或全面分析这些问题可能带来的正负面效应，也没有联系到贫困地区农业基础设施脆弱问题采取适当措施保证粮食生产的稳定，而是在缩减粮棉等大宗农产品种植面积的结构调整中矫枉过正，最终导致1985年全省粮食、棉花等大宗农产品产量的大幅度下降。粮食产量的下降直接导致农村人口，尤其是贫困人口的人均口粮减少、收入降低，进而加剧了全省贫困问题。

---

[1] Ma, L., Liu, X., "Xin, X.: Do Poor Rural Households Produce Less Grain than Non-poor Rural Households", *China & World Economy*, Vol. 21, No. 6, 2013.

[2] 于光远：《于光远经济论著全集》（第16卷），知识产权出版社2015年版，第264页。

因此，无论何时都应牢牢守住"谷物基本自给、口粮绝对安全"的战略底线，不断提高对农业的扶持力度，确保"粮食生产能力不降低、农民增收势头不逆转"。这对湖北省基础薄弱的广大贫困山区而言，更为重要。面对粮食生产过剩问题，在进行农业结构调整时，首先要有保有压，重点是保口粮、保谷物，口粮重点发展水稻和小麦生产，从而避免贫困人口的温饱问题受到威胁，实现"手中有粮、心中不慌"；其次应根据当地农业资源优势，因地制宜地发展农产品加工业，延长产业链，提高农产品的自我转化和升值能力，促进农业增效、农民增收，助推农村贫困人口持久性脱贫致富。此外，要树立"以人民为中心"的发展思想，在着力解决贫困人口温饱这一基本生存需求的同时，也要关注贫困人口对食品安全、营养健康、绿色生态等多方面的要求，促进贫困人口的全面发展。

第四章

大规模农村扶贫开发时期
(1986—1993)

第一节 本时期宏观背景

一 全国宏观经济与社会发展背景

伴随着改革开放政策的深化,我国经济在东部地区的带动下实现了高速发展。1985年后,在原有的4个对外开放经济特区的基础上,我国又陆续开放了14个沿海港口城市并在珠江三角洲,闽东南地区,长江三角洲和环渤海等地区相继开辟经济开放区。① 3年后又增辟了海南经济特区(中国面积最大的经济特区)②,1990年,党中央和国务院出于长远考虑,决定开发与开放上海浦东新区,我国的对外开放进一步发展。在改革开放一系列优惠政策的带动下,经济特区的发展势头迅猛,并推动全国经济的极大发展。

1985年后我国市场经济发展处于探索中前进的时期,经济问题的解决和政策的制定开始协调。1988年前后,我国经济发展出现了膨胀:工业高速增长,财政收支恶化和物价大幅上涨,这一度使得经济增速下降到2.3%。③ 1989年末开始,中央政府实施了一系列的经济政策:提高农产品价格,放宽信贷控制,降低人民币汇率等。

---

① 《长江三角洲、珠江三角洲和闽南金三角座谈会纪要》(1985年2月国务院批转)。

② 《关于海南岛进一步对外开放加快经济建设座谈会纪要》和《关于鼓励投资开发海南岛的规定》(1988年5月4日国务院批准和公布),《财经国家周刊》2011年1月28日。

③ 《扶贫开发历程1949—2005年》,中国财政经济出版社2007年版,第46页。

同时在这一时期，诸多问题开始显现：首先，伴随着改革的推进，旧的计划经济体制逐渐解体，新的市场经济体制因素迅速成长。两种不同体制因素的新旧利益互相冲突与摩擦加剧，社会经济出现较为严重的失衡；宏观经济运行格局与态势在双重经济体制之下的运行中积累的不健康因素逐渐增多，经济逐渐趋向过热。其次，中国的改革开放实践面临严峻考验，在理论上遭遇诸多困境。例如，经济发展接近停滞，"三步走"的战略目标有落空的危险，在指导思想上则面临着重提"以阶级斗争为纲"的危险。

在此特殊时期，1992年邓小平展开南方谈话，谈话涉及18个方面，对解决当时的问题起到了重要的作用。我国改革开放也就此掀起第二次浪潮，经济增长势头更加迅猛。伴随着经济的高速增长，地区间的差距开始不断地扩大。由于改革开放所采取的是由东到西、由外向内滚动式的逐步推进的发展模式，因而导致东、中、西三个地区的发展速度存在着较大的差距。1985年东、中、西3个地区的GDP（国内生产总值）的比例为2.26∶1.15∶1，到1993年这一比例扩大为2.84∶1.25∶1。其中，东、西部差距增加了25.66%，东、中部差距增加了14.65%。①

二 湖北省宏观经济与社会发展背景

（一）城乡经济体制改革全面推行，但经济发展低速徘徊

1984年，在武汉市综合改革试点后，全省农村综合改革第一批的9个试点②相继启动。该项改革重点在于进一步完善统分结合的双层经营体制、乡镇企业改革、供销社与信用社改革、国营工商企业改革等，为全面推进县域经济体制改革提供经验。

1978—1985年，湖北省工业总产值年均递增14.7%，其中"六五"时期年均递增13.6%。工业总产值占全国比重均在5%以上，位次均在8位之前，主要产品如钢、轧钢、发电装机容量、石油加

---

① 《扶贫开发历程1949—2005年》，中国财政经济出版社2007年版，第46页。
② 9个试点包括随州、丹江口两市和蒲圻、当阳、安陆、石首、巴东、黄陂、罗田七县。

工、汽车的生产能力均居全国第 5 位。农业总产值也年均递增 12.7%。① 这说明在 20 世纪 80 年代中国沿海省份逐渐引领全国时，湖北省并没有完全从全国工业化第一集团中掉队。但是此后至 1992 年春邓小平南方谈话之前，由于湖北省对自身的改革意识不强烈，加上没有处理好治理整顿与深化改革二者的关系，使湖北省改革开放速度减缓。治理整顿决策失当并且过多大项目下马导致了国有企业发展停滞不前，非国有经济（主要是乡镇工业）发展远远落后于沿海地区，湖北经济在这 8 年间处于低迷状态，逐渐与沿海地区拉开差距。

（二）农业产值不断提高，地方财政收支高速增长

1984 年，湖北省地区生产总值为 328.22 亿元，1987 年这一数字增长至 517.77 亿元。与此同时，1984 年湖北省农林牧渔业总产值为 169.2 亿元，到 1987 年提高至 249.68 亿元，提升近 47.56%。1984 年湖北省地方财政一般预算收入和支出分别为 42.12 亿元和 31.72 亿元，到 1987 年分别增长至 65.35 亿元和 60.98 亿元，基本实现湖北省地方财政一般预算收入和支出均大幅度增长。

1984 年至 1987 年，湖北省农作物总播种面积和粮食播种面积均未产生较大的变化，1984 年湖北省农作物总播种面积和粮食播种面积分别为 738.8 万公顷和 529.41 万公顷，1987 年分别为 733.7 万公顷和 514.35 万公顷，农作物总播种面积和粮食播种面积出现小幅度的下降。②

表4—1　　　　　　　　1984—1987 年湖北省地区总产值

年份	1984	1985	1986	1987
地区生产总值（亿元）	328.22	396.26	442.04	517.77
农林牧渔业总产值（亿元）	169.2	192.32	219.1	249.68

资料来源：由 1984 年至 1987 年历年《中国统计年鉴》与《新中国六十年统计资料汇编》整理得出。

---

① 陈文科：《关于湖北改革开放 30 年的几个重大问题》，《江汉论坛》2009 年第 2 期。
② 由 1984 年至 1987 年历年《中国统计年鉴》与《新中国六十年统计资料汇编》整理得出。

专栏4—1

学习运用价值规律保护农民积极性

当阳县三年用地方财政以价格形式补贴农民一千多万元。

本报讯　通讯员郑祖惠、何军，记者王尊益、祁万宝报道：当阳县近几年注意运用价值规律保护和调动农民积极性，不断增强农业的活力。这是他们在发展商品经济新时期领导农村工作方法的一个重大变化。

当阳是全省商品粮基地县。近几年随着农村分工分业的发展，种粮与种植其他作物以及经商、务工等各业比较，收益显然有差距。为了保护和调动农民种粮积极性，县领导注意运用经济杠杆进行调节，以提高种粮农民的经济效益。1985年和1986年，先后两次出现"卖粮难"，市场价格低于定购价格，县领导果断决定，将农民合同定购任务以外的粮食全部由粮食部门收起来，其差价由县财政承担，结果多收了5000多万公斤粮食，使农民增加收入300万元。

这个县领导意识到，农民取得商品生产者的地位后，已经开始按照价值规律进行生产活动，领导方法必须适应发展商品经济的形势，因此，他们注意学习运用价值规律同农民打交道。去年夏天，由于粮价上涨，养猪成本增加，一时出现卖母猪、仔猪价格太低的现象。县领导经过调查后及时做出决策，坚持放开猪肉市场，不搞限价；对养猪农户根据对社会提供的商品猪的多少，分别供给平价饲料粮，对养猪专业户和喂养母猪的农户给予更多优惠。县财政补贴20多万元差价，供给农民150多万公斤平价饲料粮，有效地保护和调动了农户养猪积极性，去年全县生猪育肥达到41.3万多头，继续在全省各县处于领先地位。

三年多来，这个县地方财政以价格形式补贴农民种粮、养猪以及购买化肥、薄膜等生产资料达1000多万元，这对调节和缩短工业品和农产品价格"剪刀差"、保护和调动农民生产积极性，不断增强农业的活力和后劲起了重要作用。全县近3年来粮食总产每年以1000多万公斤的速度增长，农村人平均纯收入每年以增加50元的速度上升，生猪育肥每年平均以3万多头的速度发展。尤其是农民垦荒造田的热情高涨，全县每年开荒扩大粮田面积1000多亩，一些地方前几年弃田不种，如今出现抢田种粮。

这个县学习运用价值规律还仅仅是开始。县里几位负责人认为，这些只能算点"微调"，在国家"大政策"下为农业发展创造了一点"小气候"，要讲真正运用价值规律还谈不上。尽快使农村富裕起来，就要真正按照价值规律办事，真能这样，农业活力将会更强。

第二节　本时期农村发展与扶贫开发政策脉络

一　进一步摆正农业在国民经济中的地位

1982年1月，中共中央发布了第一个关于"三农"问题的一号文件《全国农村工作会议纪要》，从文件上正式肯定家庭联产承包责任制的社会主义性质，文件中指出"目前实行的专业承包联产计酬，联产到劳，包产到户、到组，包干到户、到组，等等（统称为家庭联产承包责任制），都是社会主义集体经济的生产责任制"。在实行家庭联产承包责任制之后，中国农村又在调整产业结构、农产品统派购制度等方面进一步改革，以往较为薄弱的林、牧、渔业及加工、服务业得到发展。以1985年为例，尽管受到较大自然灾害，粮食棉花等作物产量有所下降，但依然可以适应市场需求，这一年其他作物普遍增产，因而农村社会总产值与农民收入均有较大的提高，农村的持续发展，为整个国民经济的改革和发展打造了良好的基础。

20世纪80年代中期中国作为一个10亿人口、8亿农民的大国，在大力发展工业的同时要注意避免出现忽视农业生产的现象。自十一届三中全会以来中国坚持以农业为基础，并取得明显的效果，为了能够继续坚持这一方针，采取更加有力的措施势在必行。1986年中央一号文件《关于1986年农村工作的部署》指出："为保持工业与农业的均衡发展，从'七五'计划开始，国家对农业基本建设的投资和农业事业费将适当增加；国家从乡镇企业征收的所得税和工商税的增长部分中，拿出一部分用于扶持农业；从乡镇企业征收的奖金税归乡财政掌握（没有乡财政的由县财政代管），也用于农业，不准挪用。为鼓励农民种粮的积极性，对于粮食合同定购方法将不断加以改进，并稳定农用生产资料的销售价格，继续加强对农用生产资料的补贴，对有困难的小化肥厂减免税收，以便降低化肥销价。"对此、财政部、农牧渔业部、水利电力部做出了《关于加强发展粮食生产专项基金管理的若干规定》并获国务院转发。

同时为提高农民扩大资金积累的能力，政策规定要合理控制对农民的税收，支持农民发展多种经营，拓宽经营门路。按地区按行业按用途区别对待乡镇企业的贷款，可适当放宽应当鼓励的行业和后进地区的流动资金及技术改造。

二 加大农业科技与资金投入

为了实现粮食产量的目标，必须努力提高土地生产力，加强江河治理，改善农田水利，增加化肥供应量。建立并完善协作兴办农田建设、互助互利的办法。随着农村劳动力向非农产业转移，应当鼓励耕地向种田能手集中，发展适度规模的种植专业户。应当加强商品生产基础设施和草场、远洋渔业设施的建设，建立良种繁育、饲料、防疫、产品加工、贮运、销售等服务体系，逐步形成相对集中的商品生产区以推动扶持畜牧业和水产业的发展。对于林业发展要以短养长，着重搞好中幼林抚育和速生丰产林建设。在沿海地带和其他有条件的地区，建立一批新的农产品，特色产品和乡镇企业小商品出口基地，发展创汇农业，先一步把农村产业引向高质量、高标准的新水平。对于地方而言，首先是县一级，要继续做好农业资源调查和农业区划，做好社会经济调查，制定本地区综合发展规划，充分发挥地区优势，全面发展地方经济。同时严格控制非农建设占用耕地的条例，小城镇规划、建设、管理条例，以及水土保持和农村环境保护的具体措施，报国务院批准实施。

村建设资金，除国家增加农业投资外，主要靠农村自身的积累。提倡各地合作经济组织从当年收入中适当提取公共积累，建立固定资产折旧制度。人民银行、农业银行要制定不同区域和产业的信贷政策，支持产业结构调整和农业技术改造。1985年中央一号文件对信用社规定的各项政策和国务院有关信用社体制改革的各项规定逐项得到落实。在农业生产方面，需要着重发展适用于本国农业的新品种、新技术、新机具和新材料，促进各部门的技术改造，不断提高产品产量和质量，降低生产成本，提高劳动生产率。重视建立健全各级农业科研、教育、信息、技术推广和经营管理等服务组织。逐步合理调整农业科研机构的研究方向、任务和布局，发展县的试验示范、推广、培训相结合的农业技术推广中心，加强农业第一线的技术推广工作。

国家科委组织实施的"星火计划"，在"七五"期间研发一百类适用于乡镇企业的成套装备并组织大批量生产，建立了约500个技术示范性乡镇企业，并为其提供全套工艺技术、管理规程、产品设计和质量控制方法。"星火计划"每年短期培训一批农村知识青年和基层干部，使之掌握一两项本地区适用的先进技术。同时各级科技、教育与经济部门做出相应方案适应"星火计划"，加快农村各业的技术改造速度。有关科研机构院校，在做好技术研究推广的同时，也重视部署中长期的研究课题，充实科学储备。

三 深化农村经济改革措施

1986年中央一号文件《关于1986年农村工作的部署》提出："农村经济改革还远未达到既定的目标。改革既要有破又要有立，完善流通体制和合作体制，调整产业结构，都还有大量的工作要做。这些工作做不好，改革就会有中断的危险。改革中遇到的种种难题，要靠深入改革来解决，后退是没有出路的。"中共中央政治局为了促进农村经济的新增长，巩固和扩大改革的成果，发展农业生产，对农村改革问题进行了深入的讨论，并于1987年1月通过并发布《把农村改革引向深入》的文件。

将粮食统购改为合同定购，是粮食收购制度的重大改革。为了保护和鼓励农民生产和交售粮食的积极性，中国将适当减少合同定购数量，扩大市场议价收购比重，并对签订合同的农民按平价供应一定数量的化肥，给予优先贷款。

粮食是关系国计民生的不可代替的重要产品，粮食生产必须得到切实保证。然而粮食又是低盈利商品，农民需要靠多种经营来实现农业生产收入的提高，因此，粮食生产与多种经营必须统筹兼顾，密切结合。以往单打一抓粮食生产，并没有达到更快增产粮食的目的，反而造成农村经济停滞的局面。在中国条件下，农业和农村工业必须协调发展，以工挤农和以农挤工都是不可取的做法。不发展农村工业会导致剩余的劳动力难以转移，进而无法实现"以工补农"。反之，没有农业提供源源不断的额外食品和原料，农村工业也难以持续发展。乡镇企业在20

世纪90年代初产值已达2000亿元以上，吸收劳动力6000万人。这是一条克服中国耕地有限、劳动力过多、资金短缺的困难，建立新的城乡关系的有效途径。

农村商品生产的发展要求生产服务社会化。因此，完善合作制要从服务入手。中国农村商品经济和生产力的发展，在地区之间、产业之间是参差不齐的，农民对服务的要求也不尽相同，需要兼容不同内容、形式、规模、程度的合作和联合。采取一刀切甚至政治运动的方法去推广都会带来严重的后果。

对于20世纪80年代出现的一批按产品或行业建立的服务组织，应当认真总结其经验，并加以逐步完善。各地可选择若干商品集中产区，特别是出口商品生产基地，鲜活产品的集中产区，家庭工业集中的地区，按照农民的要求，提供良种、技术、加工、贮运、销售等系列化服务。通过服务逐步发展专业性的合作组织。地区性合作经济组织，应当进一步完善统一经营与分散经营相结合的双层经营体制。家庭联产承包责任制是党的长期政策，绝不可背离群众要求，随意改变。但有些地方没有认真对待这一政策，导致群众对此产生了不满。各级部门应当坚持统分结合，切实做好技术服务、经营服务和必要的管理工作。

由于各地社会经济条件存在差异，统分结合的内容、形式、规模和程度也应有所不同。在集体家底甚薄，生产比较单一，产品主要用于自给的地方，要从最基础的工作做起，切实帮助农户解决生产和流通中的困难，逐步充实合作内容。在经济比较发达，集体企业已有相当基础的地方，要充分利用统一经营、统一分配的条件，加强农业的基础建设和技术改造，适当调整经营规模，促使农工商各业协调发展。供销合作社承担着大量农产品的收购以及生产和消费资料供应的繁重任务。国家对各级供销社在财政、税收、信贷、人事制度等方面，都要按集体所有制的合作商业对待，并给予必要的优惠。

四 成立国务院扶贫开发领导小组

国务院《关于加强贫困地区经济开发工作的通知》指出要切实帮助贫困地区逐步改变面貌，文件强调中国农村在自然条件和社会历史条件上存在着较大的不平衡性。改变一部分地区的贫困面貌，必须做艰苦的工作和长期的努力。每个部门都要提高认识，转变作风，重视这些地区的工作，把改变贫困地区面貌摆上重要议事日程，解决这些地区的贫困面貌需要各级从实际出发，分清情况，分级负责，分批治理。这一阶段中央及地方政府重点帮助至今尚未解决温饱的最困难地区，采取有效措施，使之尽快达到温饱，逐步走上能够自力更生发展生产、改善生活的道路。对于一般的贫困地区则以落实政策为主，端正生产方针，在开发林、牧、矿业及其他土特产方面给予必要的支持，激发经济活力。

在资金方面，对国家拨给各省、自治区的支持贫困地区的资金，都要进行清理，由省、自治区政府统一安排使用，做出规划，经过论证，落实到具体项目上，组织资金、技术、人才予以配套支持。在贫困地区的国有厂矿，应扩散产品，积极帮助发展乡镇企业。可以将国家无力经营的山林、草场、水面，承包给当地群众经营，也可以划出部分资源与当地群众联营。鼓励发达地区到贫困地区兴办企业。贫困地区的农、林、牧、副、土特产品，除国务院规定的个别品种外，都可以自由销售。为了更好地统筹资金，加强管理，1986年"中央一号"文件指出"国务院和有关省、自治区都要建立贫困地区领导小组，加强领导。利用各种渠道为贫困地区培养干部，同时从中央、省、地三级机关抽调一批优秀干部并组织志愿服务者到贫困地区工作"。

1986年至1993年，反贫困探索时期经过改革开放后的反贫困摸索，中国正式将"农村扶贫"提上议事日程，开始了有组织、有规模、有计划的扶贫运动。国务院于1986年下发《国务院办公厅关于成立国务院贫困地区经济开发领导小组的通知》（国办发〔1986〕39号），从而成立了专门的扶贫领导机构——国务院贫困地区经济开发领导小组（1993年更名为国务院扶贫开发领导小组）。此后全国各省、地、县三级也陆续成立了专门的扶贫机构并确立了相应的扶贫职能。这种自上而下的组织网络的形成和各项工作职能的不断履行，标志着中国的扶贫工作开始由道义性扶贫向制度性扶贫、由救济性扶贫向开发性扶贫、由无专门机构扶贫向有专门机构扶贫的转变。

五　对象瞄准

国务院贫困地区经济开发领导小组成立后，决定以县作为扶贫开发的基本单元开展全国性的扶贫瞄准工作,并确定了331个县作为国家专项扶贫资金投放的重点对象,这331个县成为中国第一批国定贫困县。确定国定贫困县的贫困线标准为:1985年人均纯收入低于150元的特困县;1985年人均纯收入低于200元的少数民族自治县和位于一般的老革命根据地的县;1985年人均纯收入低于300元的在国内外具有重大影响的老革命根据地县;1984年至1986年人均纯收入低于300元的牧区县(旗)和低于200元的半牧区县(旗)。各省区根据中央要求和本地的实际情况,又确定了371个县为各自的贫困县(即省定贫困县),由省区财政给予重点扶持。总体来说,1986—1993年明确扶贫对象和范围,确定了全国18个集中连片贫困地区(见表4—2)、331个国家重点贫困县以及371个省重点贫困县,实行集中扶贫。① 1994年将国家重点贫困县个数由331个扩大至592个,其中绝大多数分布在中西部的深山区、石山区、高寒山区、黄土高原区、荒漠区、地方病高发区和水库库区等自然条件恶劣的农村。

表4—2　　　　　　　　　　18个贫困地区及其分布

经济地带	贫困地区数(个)	贫困地区名称	涉及的省和自治区	涉及的贫困县数(个)
东部	2	沂蒙山区	鲁	9
		闽西南、闽东北地区	闽、浙、粤	23
中部	7	努鲁儿虎山区	辽、内蒙古、冀	18
		太行山区	晋、冀	23
		吕梁山区	晋	21
		秦岭大巴山区	川、陕、鄂、豫	68
		武陵山区	渝、湘、鄂、黔	40
		大别山区	鄂、豫、皖	2
		井冈山和赣南地区	赣、湘	34

---

① 国务院贫困地区经济开发领导小组办公室:《中国贫困地区经济开发概要》,中国农业出版社1989年版。

续表

经济地带	贫困地区数（个）	贫困地区名称	涉及的省和自治区	涉及的贫困县数（个）
西部	9	定西干旱地区	甘	27
		西海固地区	宁	8
		陕北地区	陕、甘	27
		西藏地区	藏	—
		滇东南地区	滇	19
		横断山区	滇	19
		九万大山地区	桂、黔	17
		乌蒙山区	川、滇、黔	32
		桂西北	桂	29

资料来源：参见国务院贫困地区经济开发领导小组办公室《中国贫困地区经济开发概要》，中国农业出版社1989年版。

对于贫困人口的划定标准，这一时期主要理解为是否解决温饱问题。为减少没有解决温饱问题的绝对贫困人口数量，由政府有关部门对6.7万户农村居民家庭消费支出进行调查，从而制定符合国情的贫困线标准，以1985年为基数，将贫困线标准定为农村人均纯收入206元／年。在此基础上，为考量物价水平变化情况并适应国际贫困线标准，不断做出相应的调整。[①] 在贫困线划定后，根据每年的贫困线标准的划定与统计，1985—1993年贫困线与贫困人口数量如表4—3所示。

表4—3　　　　1985—1993年中国贫困线与贫困人口数量

年份	绝对贫困线（元）	绝对贫困人口数（万人）
1985	206	12500
1986	213	13100
1987	227	12200
1988	236	9600

[①]《扶贫开发历程1949—2005年》，中国财政经济出版社2007年版，第46页。

续表

年份	绝对贫困线（元）	绝对贫困人口数（万人）
1989	259	10200
1990	300	8500
1991	304	9400
1992	320	8000
1993	350	8066

注：1990年，国家统计局对农户自产自用物品的价格由国家定购价调整为混合平均价，从而使农民人均纯收入因价格变化而提高。

资料来源：《扶贫开发历程 1949—2005 年》，中国财政经济出版社 2007 年版，第 46 页。

六 专项扶贫资金安排

自 20 世纪 80 年代中期，绝大部分的农村地区凭借中国共产党的惠民政策和自身顽强的努力，获得了经济的快速增长。但各方面原因使发展相对滞后的贫困地区与全国平均水平特别是与沿海发达地区在经济、文化、社会等方面的差距逐渐加大，农村内部的发展不平衡问题随之出现。中国从 1982 年起每年拿出 2 亿元专项扶贫资金进行帮扶"三西地区"（定西、河西、宁夏西海固地区）。在国务院贫困地区经济开发领导小组成立后，又确定了国家需要特别关注的 18 个连片贫困区，也就是我们习惯上所称的"老、少、边、穷"地区，并很快针对上述地区的贫困人口制定了开发式扶贫的方针。开发式扶贫方针是指在国家必要的支持下，利用贫困地区的自然资源进行开发性生产建设，逐步形成贫困地区和贫困人口的自我积累能力和自我发展能力，摆脱贫困走向富裕。1986 年，第六届全国人民代表大会第四次会议又决定把扶持"老、少、边、穷"地区摆脱落后状况作为一项重要内容列入《国民经济和社会发展第七个五年计划》之中，这标志着扶贫开发工作被列入中国国民经济和社会发展的整体布局之中。与此同时，中国还开展了专项扶贫贷款、以工代赈、财政发展资金等专项扶贫资金的工作安排。

不同性质的政府专项扶贫资金具有不同的作用机制。自 20 世纪 80 年代中期开始实施具有针对性的反贫困战略以来，中国政府先后以中央财政为主设立并实施过一系列扶贫开发专项基金，主要包括以工代赈资金、财政扶贫贷款贴息、财政发展资金等。1986年至1993年，中央政府累计投入扶贫资金约462.2亿元。其中，财政发展资金129.2亿元，占27.95%；以工代赈资金89亿元，占19.26%；专项扶贫贷款244亿元，占52.8%[①]。

表4—4　　　　　　　中央政府专项扶贫资金　　　　　　单位：亿元,%

年份	专项扶贫贷款	以工代赈	财政发展资金	以工代赈和财政发展资金占中央财政总支出的比例
1986	23	9	10	2.28
1987	23	9	10	2.24
1988	30.5	0	10	1.19
1989	30.5	1	10	1.24
1990	30.5	6	11	1.69
1991	30.5	18	23.8	3.83
1992	41	16	26	3.59
1993	35	30	28.4	4.45
合计	244	89	129.2	2.73

资料来源：《扶贫开发历程1949—2005年》，中国财政经济出版社2007年版，第46页；中华人民共和国国家统计局：《中国统计年鉴2001》，中国统计出版社2001年版。

专栏4—2

全省农田水利基本建设成绩可喜

本报讯　记者肖德应报道：去年今春，我省各地大搞农田水利基本建设展现出多年少有的景象，取得很大成绩，为夺取今年农业丰收打下好的基础。

去冬今春各地投入农田建设的劳力，最多时每天达到662万多人，比以往水利年度最多的时候多60万人。截至2月底的不完全统计，全省共开工各类大小工程29.25万处，已完工近20万处，农民人均完成23.2个

[①] 周敏慧、陶然：《市场还是政府：评估中国农村减贫政策》，《国际经济评论》2016年第6期。

标工。去年罕见的大旱教育了干部和农民，全国农村工作会议精神鼓舞了干部和农民，各地按照省委、省政府关于继续积极治理"水袋子"，强化治理"旱包子"，努力消除水利死角的要求，积极联系本地实际，抓住影响农业的主要矛盾，组织群众大搞水利建设。据有关部门统计，全省已完工的水利工程，新增灌溉面积85.24万亩，新增排涝面积20.45万亩，改造低产田63.69万亩，建设山区"当家地"12.87万亩，还解决25.86万人和11.96万头大牲畜的饮水困难。

农田水利建设需要资金和物资的大量投入，省政府在我省财政比较困难的情况下，新增3000万元用于治理"旱包子"和"水袋子"；各省市政府为增加水利基本建设的投入，千方百计开辟资金渠道，从水费、乡镇企业利润返回、耕地占用税等8个方面筹集资金，同时发动干部群众集资兴办水利。据统计，去冬以来全省各级共自筹水利建设资金达1.8亿多元。目前，各地正组织干部群众，抓紧当前晴暖天气，抓好各项农田水利基本建设的施工煞尾，组织备耕春耕。

七　本时期农村发展与扶贫开发政策脉络小结

1986年至1993年，中国农业发展主要体现在深化改革和增加投入两个方面。首先农业相关的专项基金确立和政府的农业投入增加使得农业在国民经济中的地位得到确立。在"七五计划"期间中国超额完成了中央和国务院批准由国家科委组织实施的"星火计划"，开发出大量适用于乡镇企业的成套装备并培养出大量农业劳动人才。而农业深化改革主要体现在粮食收购政策与农业合作组织建立等方面。将粮食统购改为合同定购，是粮食收购制度的重大改革，保护和鼓励了农民生产和交售粮食的积极性。按产品或行业建立的服务组织逐步建立起来，农村商品生产服务体系逐渐得到完善。

在这一时期，中国农村扶贫开发的发展主要有以下特点：一是制定符合国情的贫困线标准，中国以1985年为基数，将贫困线标准定为农村人均纯收入206元／年；二是正式提出采取开发式的反贫模式以取代过去单一的救济式反贫模式；三是明确扶贫对象和范围，确定了全国18个集中连片贫困地区、331个国家重点贫困县以及386个省重点贫困县，实行集中扶贫;① 四是实行专项的扶贫政策,每年预算专项扶贫资金用于贫困地区发展,并在投资政策、产业政策方面给予贫困地区特殊支持。到1993年末,中国的贫困人口从1985年的1.25亿人下降到1993年的8000万人,平均每年减少640万人,贫困发生率由14.8%下降到8.7%。②

20世纪80年代中期以后,特别是从"七五"计划开始,为进一步加大扶贫力度,中国政府自1986年起采取了一系列重大措施:1986年6月国务院成立了贫困地区经济开发领导小组,将各类专项资金投放到指定区域,制定专门的优惠政策鼓励农村经济发展,对传统的救济式扶贫进行彻底改革,在总结生产救助与生活救助相结合扶贫经验的基础上,确定了开发式扶贫方针,开始实施以开发式扶贫为主的反贫困战略。自此,中国的扶贫工作进入了一个新的历史时期。经过八年的不懈努力,国家重点扶持贫困县农民人均纯收入从1986年的206元增加到1993年的483.7元;农村贫困人口由1.25亿人减少到8000万人,平均每年减少640万人,年均递减6.2%;贫困人口占农村总人口的比重从14.8%下降到8.7%。

1986年中共中央一号文件《中共中央、国务院关于一九八六年农村工作的部署》(中发〔1986〕1号)中提出"切实帮助贫困地区逐步改变面貌",我国农村在自然条件和社会历史条件上存在较大的不平衡性。改变一部分地区的贫困面貌,必须做艰苦的工作和长期的努力。各级领导和每个部门都要提高认识,转变作风,十分重视这些地区的工作,把改变贫困地区面貌摆上重要议事日程。同时从中央、省、地三级机关抽调一批优秀干部并组织志愿服务者到贫困地区工作。

第三节 本时期湖北农村扶贫开发实践

一 湖北省成立扶贫开发领导小组

湖北省扶贫开发领导小组最早为1982年成立的湖北省扶持革命根据

---

① 国务院贫困地区经济开发领导小组办公室:《中国贫困地区经济开发概要》,中国农业出版社1989年版。

② 岳映平:《我国农村反贫困路径选择的演变分析》,《现代经济探讨》2015年第6期,第52—55页。

地建设委员会，1986年成立湖北省人民政府贫困地区经济开发办公室；1988年6月省政府将"湖北省扶持革命根据地建设委员会办公室"和"湖北省人民政府贫困地区经济开发领导小组办公室"合并成为"湖北省人民政府扶苏扶贫办公室"，同年11月，将"湖北省人民政府扶苏扶贫办公室"更名为"湖北省革命老根据地贫困地区经济开发办公室"，简称"湖北省老区贫困地区经济开发办公室"。

湖北省扶贫开发领导小组的主要职责是：认真贯彻执行党和政府扶贫开发和老区建设工作的方针、政策，研究拟定全省扶贫开发和老区建设的政策、法规、措施，并负责组织实施和监督检查；研究拟定全省扶贫开发和老区建设中长期规划和年度实施计划，并负责组织实施；协调解决扶贫开发和老区建设工作中的重大问题；指导全省老区贫困地区开展扶贫开发工作；根据国家和省关于各种扶贫资金、物资的管理使用办法，协调有关部门，管好用好各类扶贫资金和物资，并进行跟踪检查和督办落实；会同有关部门共同考察、论证、筛选、审定扶贫信贷开发项目、财政扶贫项目、世行扶贫项目和其他外资扶贫项目，并做好项目实施中的组织、协调工作；负责全省老区建设资金的筹措、计划分配和项目的安排；加强同老区建设促进会、扶贫基金会的联系；组织动员全社会开展扶贫济困活动，协调国家机关在鄂驻县扶贫工作，组织协调省内外对口帮扶工作；负责社会各界捐赠的扶贫资金、物资的管理使用；按中组部、财政部、国务院扶贫办的要求，协助全国贫困地区干部培训中心开展对中南地区的扶贫培训工作；负责全省的贫困状况监测和扶贫统计就业工作，深入老区贫困地区开展调查研究，为省委、省政府决策提供依据；承办上级交办的其他事项。①

二 湖北进行对象瞄准的实施

国务院贫困地区经济开发领导小组成立后对全国确立的18个集中连片贫困地区、331个国家重点贫困县以及386个省重点贫困县，实行集中扶贫。1994年将国家重点贫困县个数由331个扩大至592个，其中绝大

---

① 《湖北省人民政府扶贫开发办公室职能配置、内设机构和人员编制规定》（鄂政办发〔2000〕82号）。

多数分布在中西部的深山区、石山区、高寒山区、黄土高原区、荒漠区、地方病高发区和水库库区等自然条件恶劣的农村。湖北省共有25个县（区）被纳入1986年国家重点贫困县（见表4—5）。同时湖北省政府印发《省人民政府关于将插花重点贫困乡镇列入贫困地区范围的通知》（鄂政函〔1991〕52号）将60个插花重点贫困乡镇，列入湖北省贫困地区范围，比照省定贫困县对待。

1986年制定的绝对贫困人口标准为农民年人均纯收入206元以下（该标准以每人每日2100大卡热量的最低营养需求为基准，再根据最低收入人群的消费结构来进行测定），依据这个标准，湖北省1986年绝对贫困人口规模数为718万。

表4—5　　　　　　　湖北省国家重点贫困县名单

所属地级市（州）	贫困县
十堰市（6）	丹江口市、郧县、郧西县、竹山县、竹溪县、房县
孝感市（2）	大悟县、孝昌县
黄冈市（5）	麻城市、红安县、蕲春县、英山县、罗田县
黄石市（1）	阳新县
宜昌市（2）	秭归县、长阳县
恩施州（8）	利川市、建始县、巴东县、恩施市、宣恩县、来凤县、咸丰县、鹤峰县
省直辖县级行政单位（1）	神农架林区

资料来源：参见国务院贫困地区经济开发领导小组办公室《中国贫困地区经济开发概要》，中国农业出版社1989年版。

专栏4—3

扶持老区建设要以经济开发为重点

加强老区建设，是振兴湖北经济的整个链条中的重要一环。党的十一届三中全会以来，特别是近几年来，老区经济建设有了明显的发展，老区人民自力更生脱贫致富的能力有所增强。这些为进一步开发老区经济，创造了较好的环境条件。现在把扶持老区建设的工作，适时地转向以经济开发为重点的轨道，以更大的精力、更大的财力、更大的物力，扶持和组织老区人民大力发展商品经济，既是我省整个经济发展的要求，也符合老区建设的实际情况，同时，也是从根本上改变老区贫穷落后面貌的有效途径。

由于老区所处的特定地理环境（山区、湖区、边区、库区）和特定的历史原因，与其他发达地区相比，全面进行现代化建设的起点低，工业基础、经济实力和科技水平，还有很大的差距。目前，占全省人口40%的老区，还有一部分人的温饱问题尚未完全解决。他们在经济建设中会碰到较其他地区更难以预料的困难。这就需要各级党和政府部门，一如既往地把扶持老区的建设，作为一项光荣的、义不容辞的政治任务和经济任务，动员和组织各方面的力量。节约每一个铜板来支援老区的建设，为老区建设"开绿灯"。在扶持老区建设的问题上，要广开聚财之道，尽可能地多筹集些资金；同时，也要注重用财之道，讲求经济效益。聚财也好，用财也好，都要同老区的经济开发紧密地结合起来，为老区的经济发展"供氧、输血"，增强自我发展能力。

要贯彻以经济开发为重点的方针，必须坚持实事求是的思想路线。在调查研究的基础上，建立起一个老区建设的系统工程。要有近期的和远期的建设目标，并同当地的整个经济建设、科技进步和社会发展的大目标结合起来。要充分认识和最大限度地发挥这些地方的资源优势，靠山养山吃山，靠水养水吃水，有什么优势就发挥什么优势，扬长避短，从实际出发，讲求实效。老区建设，更要以科技进步为靠山，靠科技脱贫，靠科技致富。目前，老区经济发展缓慢的一条很重要的原因，就是科技落后，人才缺乏。因此，在扶持老区建设的工作中，千方百计地引进技术，引进人才是非常必要的。各有关部门，还要下更大的决心，花更大的气力，通过各种捷径，帮助老区提高科学文化水平，培养本地人才，提高劳动者的素质。这是加速老区经济建设，从根本上改变老区贫穷落后面貌的长远大计。

三　专项扶贫资金的落实

为了帮助山区人民尽快脱贫致富，国务院自1984年正式开始实施扶贫以工代赈计划，截至1993年，已经完成了第一批粮、棉、布以工代赈

(1983—1987),动用商品总价值为27亿元;第二批中低档工业品以工代赈(1989—1991),动用商品总价值6亿元;第三批工业品以工代赈(1990—1992),动用商品总价值15亿元;第四批粮食以工代赈(1991—1995),每年动用价值10亿元的粮食;第六批粮食和工业品以工代赈(1993—1997),每年动用价值20亿元的粮食和工业品。十年间国家累计扶贫以工代赈总投资98亿元,扶持湖北省的以工代赈总投资为4.8亿元,占全国的4.9%。国家对贫困地区的以工代赈投入极大地激发了地方政府和贫困地区人民脱贫致富的积极性。据抽样调查表明,对于资金投入,各级政府合计的配套投入都在1∶1以上;在劳动力投入方面,大部分地方都采取义务投劳的方式,开展以工代赈的工程建设,国家以工代赈的投入的实际效果在1∶3以上。近十年的扶贫以工代赈投入,极大地改善了湖北省贫困地区人民的生产生活条件,截至1992年底,国家累计投入湖北省的扶贫以工代赈总量为3.4亿元,用于由国务院和湖北省政府确定的39个贫困县(市)、54个贫困乡镇。九年间,修建人畜饮水工程使181.2万人、169.1万头牲畜饮水得到了保证和水质得到了根本改良;修建灌渠417公里,改善灌溉面积194.6万亩,新增灌溉面积89.6万亩,治理水土流失面积1453万平方公里;修建基本农田81万亩,其中改造中低产田49.3万多亩,发展山区小水电19座,新增装机容量9.5万千瓦,整修病险水库33座,增加有效库容14.28亿立方米;造林2万亩,其中经济林1.9万亩,修建桥梁156座6951延米。①

从性质上讲,这一时期各类专项扶贫资金属于政府间转移支付资金和政府专项转移支付的一部分。专项补助的特殊性表现在其明确划定了转移支付的具体用途,地方政府应按照中央政府的要求将专项补助全额用于指定公共产品的购买与提供,因而可能会扩大受补地方政府的某一特定公共产品支出,但并不对其他支出产生直接影响。从来源渠道、使用结构、管理方法和政策目标上我国财政扶贫各类专项基金都不相同。贷款贴息计划主要用于为贫困地区和贫困人口的生产活动提供信贷支持,以工代赈资金多以实物支出的方式补偿贫困农户所投入的劳动,财政发展资金的一部分是支持地方的道路、通信和教育设施等建设项目的发展。

---

① 章新平:《湖北省扶贫以工代赈十年工作综述》,《计划与市场》1994年第6期。

因此，扶贫专项基金涉及对贫困地区的基础设施改善、贫困人口就业及生产发展支持等方面。

就1986—1993年这一时期湖北省专项扶贫贷款工作而言，1988年湖北省贫困地区经济开发领导小组、中国人民银行湖北省分行、中国农业银行湖北省分行曾下发急件《关于进一步加强对贫困地区扶贫专项贴息贷款管理的通知》（鄂银发〔1988〕183号）。20世纪80年代初，改革后的湖北农村呈现出了前所未有的生机和活力，大部分地区摆脱温饱后向小康生活迈进，成为相对富裕地区。然而，还有一部分地区由于自然环境恶劣，基础设施条件差，当地群众仍然在温饱线上挣扎，这些地区成了绝对贫困地区。为贫困地区兴建基础设施工程，改善人民群众生产和生活条件，增强经济发展能力，成为地区社会经济发展的突出矛盾。用以工代赈的方式缓解和消除这一矛盾是中国政府的一项创举与尝试。在这一阶段湖北省也将以工代赈扶贫作为改善贫困地区基础设施条件，缓解农村绝对贫困状况的重要举措。

对于财政发展资金，湖北省一直强调：（1）扶贫款是发展生产，增加收入，改变面貌的专款。（2）扶贫款以乡为单位，人均纯收入低于120元，以县为单位应做出规划，分期分批地帮助他们因地制宜改变生产条件，促进增产增收。（3）扶贫款的使用要适当集中，讲求实效。（4）要加强扶贫资金的管理。（5）各级要加强对扶贫工作的领导。①

专栏4—4

改革扶贫资金投放方式，重点扶持创办实体经济

本报刊记者青葱、通讯员高相东报道，英山县改革扶贫方式，改资金分散投放到户为重点用于扶持和创办经济实体，增强山区脱贫致富的造血功能。截至1987年底，全县承担扶贫任务的经济实体共1229个，扶持的贫困户达2.5万多户。

这项改革是鉴于过去扶贫资金投放到户时，大部分资金花在买粮、

---

① 《关于进一步加强对贫困地区扶贫专项贴息贷款管理的通知》（鄂银发〔1988〕183号）。

还债等临时生活救济上,即使用在生产上,也因为一般的贫困户技术低,经营能力差而不易取得好的效益。把资金重点用于扶贫和创办经济实体,然后吸收贫困户的劳力参加企业从事固定性或季节性的劳动,就使贫困户有了稳定的增收来源,收到经济开发和脱贫致富"一箭双雕"的效果。

这个县把资金用于扶持和创办经济实体大致有这样几种形式:一是把资金集中贷给一些实体性公司和乡镇企业,按照贷款额度,规定一定的扶贫任务;二是由贫困户带资入股,即由贫困户的劳力把国家扶持的贴息贷款带到企业,劳资同时入股,按股分红;三是把资金贷给能人,由能人牵头承包扶贫企业,或把贫困户组织起来创办新的企业。

这个县近两年的扶贫贷款共 610 万元,其中用于扶持经济实体的达 420 万元。茶叶是英山的大宗骨干产品,村村办有茶场。该县把扶持茶叶生产的贷款,大部分贷给县茶叶联营公司和村办茶场,以提高制茶技术和扩大生产规模。1987 年被安排到茶场劳动的 2475 户贫困农户,共增加了 450 多万元的收入,一年摆脱了贫困状态。其他如覆盖面较大的蚕桑、铁砂等 11 个行业也办起 300 多个经济实体,在扶贫中都发挥了显著作用。全县贷给能人的扶贫资金达 63 万元,由这些能人承包或牵头办的企业共 400 个,吸收贫困户 2464 户。在去年底黄冈地区召开的老区山区扶贫开发工作会上,英山县的经验受到好评。

四 湖北省其他农村扶贫政策的实施

除专项扶贫贷款、以工代赈、财政发展资金外,1986—1993 年湖北省还实施了一些其他的农村扶贫政策。例如根据国家分配,湖北省 1985—1987 年帮助贫困地区修建道路和水利工程的粮、棉、布指标以及湖北省三年建设规划。例如:1987 年计划共安排粮食 12745 万斤,棉花 225.7 万斤,棉布 44.2 万米,钢铁 3450 吨,水泥 2000 吨和修建道路的配套资金 2000 万元。计划修建道路 2446 公里,其中:新建 947 公里,改建 1449 公里(增加水毁修复 948 公里);大、中型桥梁延长 7655 米;水利工程计划解决 41.5 万人口和 24.5 万头牲畜的饮水问题。同时规定修建道路的物资、材料和资金补助标准一般不变。但由于 1987 年计划物资、材料只能保证扫尾工程，因此，1987年增加的水毁修复工程，不安排物资、材料，只给配套资金。修建道路和水利工程的配套资金除省补助外，根据实际情况，要求各地、市、县安排的配套资金亦应落实。①

专栏4—5

湖北省财政厅　省政协五届四次会议委员提案第239号办理情况

要求尽快落实省委《关于加快山区建设和扶贫工作的决定》中有关财政问题

×××委员：

您提出的"要求尽快落实省委《关于加快山区建设和扶贫工作的决定》中有关财政问题"的答复：第一条，山区贫困乡政府建房经费。省政府决定从今年起，连续三年每年由省财政安排300万元，对贫困县乡（镇）政府房修给予适当补助，今年此项资金已全部安排落实到县。第二条，省负担库区群众口粮差价补贴问题。省财政厅、粮食局（86）鄂粮计第85号《关于下达八六年供应库区群众补贴口粮指标和补贴差价款的通知》中的有关规定办理，即"供应库区口粮的统购价加费用每斤差5分，由省财政补拨一半，省财政补贴的金额，由当地财政列'粮油价差补贴'支出，年终与省财政单独结算，另一半由返还当地的水费、电费解决（不足部分由地方财政解决）"。第五条，改善山区办学条件和增加山区民办教师工资补贴款。省财政已经落实，专款已经下划。第七条，山区中心文化站建设补助。贫困县、区镇文化中心，开了会发了纪要。第八条，贫困乡农业税省负担三分之二的问题。经省政府批准，我厅于一九八六年五月十二日以（86）鄂财农字第319号文件，将省负担农业税减免的三分之二部分通知了宜昌地区以及所辖的六个贫困县。其他几条省财政已全部落实。

一九八六年九月九日

---

① 《湖北省一九八七年帮助贫困地区修建道路和水利工程计划（草案）》（鄂政发〔1987〕11号文件）。

省政协：

接"中国人民政治协商会议湖北省委员会委员提案"第239号，宜昌地区行署顾问×××同志提到贫困户农业税省负担三分之二的问题，现答复如下：

我厅已根据省委、省政府《关于加强山区建设和扶贫工作的决定》精神，经省政府批准，于一九八六年五月十二日以（86）鄂财农字第319号文件将省负担农业税减免的三分之二部分告知了宜昌地区以及所辖的六个贫困县。将省负担农业税减免的三分之二部分具体分配如下：宜昌县91.2万元，其中正税79.3万元；远安县10.2万元，其中正税8.9万元；兴山县15.2万元，其中正税13.1万元；秭归县15.4万元，其中正税13.4万元；长阳县42万元，其中正税36.6万元；五峰县12.3万元，其中正税10.7万元。

省财政厅农财处
1986.7.25①

第四节　本时期湖北农村贫困状况的变化

一　湖北财政资金与扶贫资金投入情况变化

在1986—1993年这一大规模扶贫开发阶段，湖北省地方财政一般预算收入由1986年的57.58亿元增加到1993年的115.07亿元，增长率高达99.84%。而这一时期地方财政支出由1986年的58.04亿元增长至1993年的114.58亿元，增长率为97.42%。②

省财政厅关于《省委、省政府进一步加强山区扶贫开发工作的决定》（鄂财办〔1990〕61号）③，给出意见：支工周转金按1090万元安排，支农周转金按500万元安排，两项共1590万元。实际上，省

---

① 湖北省财政厅省政协五届四次会议委员提案第239号办理情况要求尽快落实省委《关于加强山区建设和扶贫工作的决定》中有关财政问题，湖北省档案馆，2017年6月27日查阅，档案编号：SZ1—9—539—008。

② 由1984—1987年历年《中国统计年鉴》与《新中国六十年统计资料汇编》整理得出。

③ 省财政厅关于《省委、省政府进一步加强山区扶贫开发工作的决定》（鄂财办〔1990〕61号）。

财政对财政补贴县实行提前预拨补贴款后,每年安排的工农业生产周转金比这个数字还要大。因原贴息贷款改为财政周转金难以回收,为了发展效益农业,《决定》还是以贴息贷款的形式,既体现了国家对贫困山区的关怀和照顾,又可增强农民的效益观念。对于"山区县市财政补贴",一是对已实现财政自给的县市,在自愿的基础上,省财政积极支持它们再上新台阶,力争到1993年实现新的收入目标,省财政按1993年目标收入与1989年实绩收入的差额部分,每年借款10%,连续借三年,1993年兑现合同,1994年开始,分三年归还借款,省财政按增长部分确定适当的上交比例,帮助它们从自给型财政转化为贡献型财政。二是对基本实现财政自给,但还有一定困难的县市,省财政再给一年补贴款,按"五三二"比例分三年拨付,以帮助它们实现完全自给。三是对兑现合同后,财政自给还有较大困难的县市,省财政再给二年补贴款,按"八六四二"比例分四年拨付,以帮助它们逐步实现财政自给。《决定》规定"新增贴息贷款扶持省定贫困县市对特别困难的重点省定贫困县市新增贴息贷款,每个县、市按100万元的贴息贷款额安排"。

二 农民人均纯收入与不平等的变化

（一）湖北省农民人均纯收入

1986—1993年,湖北省农民人均纯收入从1986年的445.13元上升到1993年的783.18元,同时期,全国农民人均纯收入由423.76元上升至921.62元。[①] 由表4—6可以看出,1986年湖北省农民人均纯收入要高于全国平均水平,1986年湖北省农民人均收入开始低于全国平均水平。湖北省在全国的人均纯收入排名也由最初的11位下降到18位左右。湖北省农民人均收入与全国相比,差距不断加大,由1986年湖北省农民人均纯收入高于全国平均水平21.37元,到1987年的逐渐持平,1993年湖北省农民人均纯收入低于全国平均水平138.44元。

---

① 由1984—1987年历年《中国统计年鉴》与《新中国六十年统计资料汇编》整理得出。

表4—6　　1986—1993年全国及湖北农民人均纯收入变动情况　　单位：元

年份	湖北	全国	与全国相比	位次
1986	445.13	423.76	21.37	11
1987	460.66	462.55	-1.89	13
1988	497.84	544.94	-47.10	15
1989	571.84	601.51	-29.67	13
1990	670.80	686.31	-15.51	14
1991	626.92	708.55	-81.63	19
1992	677.82	783.99	-106.17	19
1993	783.18	921.62	-138.44	18

注：收入数据均以1978年为基期的居民消费价格指数换算得到。
资料来源：农村居民家庭收入结构数据来源于国家统计局湖北省调查总队农村住户数据。

从1986年到1993年湖北省农村居民家庭人均纯收入得到了较大的提高，尽管1990年到1991年有所下降，但总体来看湖北省农村居民人均纯收入在这一阶段保持增长的态势，从1986年的445.13元增至1993年的783.18元，增长近76%。

（二）湖北省农村居民家庭人均生活消费支出

1986年至1993年，湖北省农村居民家庭人均生活消费支出从1986年的373.53元，增长至1993年的772.09元，增长率达106.7%，年平均增长率15.24%。其中，农村居民家庭人均生活消费支出增长速度最快的是1988年至1989年，增长速度达19.9%，最慢的是1991年至1992年，增长了-0.6%。总体来看，这一时期湖北省农村居民家庭人均生活消费支出保持增长态势，其中1986—1990年增长速度较快，1990—1992年增长速度放缓，1992—1993年增速达18%。

（三）湖北省农村居民家庭人均食品消费支出及恩格尔系数

1986年至1993年，湖北省农村居民家庭人均食品消费支出从1986年的217.19元增加至1993年的446.62元，增长105.63%。其中，增长速度最快的是1988年至1989年，增长速度达24.7%，增长速度最慢的是1991年至1992年，增长-1.9%。总体来看，这一时期湖北省农村居民家庭人均食品消费支出保持增长态势，其中1986—1990年增长速度较快,1990—1992 年增长速度放缓,1992—1993 年增速达 18%。[①]

这一时期的居民家庭恩格尔系数保持在 60% 左右,根据恩格尔系数达 59% 以上为贫困,50%—59% 为温饱,40%—50% 为小康,30%—40% 为富裕,低于 30% 为最富裕的标准来看,湖北省在 1986 年至 1993 年这一阶段仍处于贫困线边缘。

表 4—7　　1986—1993 年湖北省农村居民家庭收支及恩格尔系数

年份	农村居民家庭人均纯收入（元）	比上年 ±%	农村居民家庭人均生活消费支出（元）	比上年 ±%	食品消费支出（元）	比上年 ±%	恩格尔系数（%）
1986	445.13	5.7	373.53	11.6	217.19	9.8	58.2
1987	460.66	3.5	408.69	9.4	234.79	8.1	57.5
1988	497.84	8.1	450.62	10.3	258.09	9.9	57.3
1989	571.84	14.9	540.13	19.9	321.72	24.7	59.6
1990	670.80	17.3	607.58	12.5	376.18	16.9	61.9
1991	626.92	-6.5	615.40	1.3	369.18	-1.9	60.0
1992	677.82	8.1	611.84	-0.6	373.39	1.1	61.0
1993	783.18	15.5	722.09	18.0	446.62	19.6	61.9

注：收入数据均以 1978 年为基期的居民消费价格指数换算得到。
资料来源：农村居民家庭收入结构数据来源于国家统计局湖北省调查总队农村住户数据。

三　贫困县 GDP、农村人均纯收入、贫困发生率的变化

1986 年将农民年人均纯收入 206 元以下作为贫困标准（该标准以每人每日 2100 大卡热量的最低营养需求为基准,再根据最低收入人群的消费结构来进行测定）,基于这个标准,湖北省 1986 年绝对贫困人口规模数为 718 万。

在此后几年,通过政府部门带动以及全社会的不懈努力,到 1993 年全省尚未脱离贫困的人口已由之前的 718 万人下降至 394 万人,仅占全省

---

① 由国家统计局湖北省调查总队农村住户数据整理得出。

农村总人口的 7.15%，低于全国 8.87% 的平均水平。

本章小结

一 本时期扶贫工作的基本特征

1986—1993 年，中国人均 GDP（国内生产总值）呈上升态势，由 626.0 元增加到 1075.8 元，增加了 72%，平均年增速为 8.04%。① 80 年代中期开始，全国扶贫工作的序幕拉开，经过不断探索，湖北省贫困人口数量也在大幅度减少，贫困地区落后面貌得以改善，这为全省乃至全国的扶贫工作积累了宝贵经验。通过梳理分析 1986 年至 1993 年湖北省扶贫工作的政策脉络、具体措施及其取得的成效，可以看出这一时期的扶贫工作具有以下特征。

（一）有组织的扶贫

1986—1993 年这一时期，针对扶贫工作的有效开展，国家成立了从中央到地方各级的贫困地区经济开发领导小组，专门负责领导、组织、协调、监督、检查扶贫开发工作。同时期，湖北省成立了相应的扶贫开发领导小组，其最早为 1982 年成立的湖北省扶持革命根据地建设委员会，1986 年成立湖北省人民政府贫困地区经济开发办公室；1988 年 6 月省政府将"湖北省扶持革命根据地建设委员会办公室"和"湖北省人民政府贫困地区经济开发领导小组办公室"合并，称为"湖北省人民政府扶苏扶贫办公室"，同年 11 月，将"湖北省人民政府扶苏扶贫办公室"更名为"湖北省革命老根据地贫困地区经济开发办公室"，简称"湖北省老区贫困地区经济开发办公室"。

专栏 4—6

脱贫工作进入"攻坚阶段" 黄冈地区选派
国家干部到"三类村"任职

编者按：黄冈地区选派国家干部到村认职，是一种新的尝试。它对

---

① 《中国统计年鉴 2001》和《中国统计年鉴 2005》，中国统计出版社。

于帮助部分贫困村加快经济开发，提高村党支部的战斗力，对于在实践中锻炼培养干部、密切党和农民群众的关系，对于机关消肿、提高效率、服务基层，都有着积极的意义。

本报讯　记者陈新民报道：在贫困地区脱贫工作进入"攻坚阶段"的关键时刻，在黄冈地区选派一批国家干部到"三类村"担任领导职务，到 4 月上旬止，全区已从县、乡（镇）两级党员干部中选派 600 多人到 400 多个村任职。

今年开春，黄冈地委在组织万名机关干部下乡挂职、驻点的基础上，总结和推广武穴市龙坪办事处去年下派 16 名国家干部到村任职的经验，决定对全区那些党组织处于瘫痪或半瘫痪、经济长期落后、群众生活贫困的"三类村"采取特殊措施，让国家干部到那里去建功立业。各县、市在实施这一工作的过程中，调动了广大干部到第一线干实事、做贡献的积极性。麻城市以乡镇为单位广泛动员后，许多干部申请到最贫困的地方工作。冯家凉亭乡 41 名干部就有 40 人写出申请。全市到村任职的 320 名干部一次到岗。

为鼓励国家干部到基层办实事，黄冈地区各县、市相继制定出有关办法和措施。其中包括，凡下村任职干部原职务保留，原一切待遇不变，但不再承担原分管工作，任职一定满三年，实行任期目标责任制。年终结账确定奖罚；对这期间为发展生产力做出突出贡献的干部，分别给予记功，晋级奖励。

（二）"有计划的"开发式扶贫

这一时期政府开始设立专项扶贫资金，并制定一系列针对贫困地区及贫困人口的优惠政策；在贫困识别上开始采用县级瞄准，明确国定贫困县标准，共设定 331 个国家重点贫困县，368 个省重点贫困县；同时重点关注"老、少、边、穷地区"（主要指革命老区、少数民族自治地区、陆地边境地区和欠发达地区），改善贫困地区的基础设施，组织劳务输出，推进开发式移民，在此基础上还制定了"定点扶贫"与"对口帮扶"等一系列政策，旨在发动全社会力量缓解农村绝对贫困。因而可以理解为，这一时期在湖北省的全国范围内开始了大规模、有组织、有计划的开发式扶贫工作，国家及湖北省的扶贫战略也由"救济式"转变为"开发式"。

湖北省在1986年国家重点贫困县中共纳入25个。同时湖北省政府印发《省人民政府关于将插花重点贫困乡镇列入贫困地区范围的通知》（鄂政函〔1991〕52号）将60个插花重点贫困乡镇，列入湖北省贫困地区范围，比照省定贫困县对待。从1984年开始近十年的扶贫以工代赈投入，极大地改善了湖北省贫困地区人民的生产生活条件。据调查摸底，截至1992年底，国家累计投入湖北省的扶贫以工代赈总量为3.4亿元，用于湖北省由国务院和省政府确定的39个贫困县（市）、54个贫困乡镇，改善人民生产生活条件。①

专栏4—7

关广富在通山调查研究时勉励干部群众总结经验
再接再厉　加快山区开发扶贫步伐

关广富指出，山区扶贫，要认清资源优势所在，开发扶贫；要组织科技进山，依靠科技扶贫；要扶贫扶志，先立业，再兴家，艰苦创业，通山的这三条经验具有普遍意义。

本报讯　8月19日至21日，省委书记关广富来到通山县调查研究，调查研究结束后，关广富在同通山县负责干部的座谈会上做了重要的讲话。

他首先充分肯定了通山县这几年发扬先立业、再兴家的艰苦创业精神，在开发库区山区资源，发展商品经济，解决温饱和脱贫方面取得的成绩；赞成县委、县政府制定的在近两三年内实现粮食基本自给、财政收支基本平衡、群众脱贫三大目标。他说，我前后四次来通山，一次跟一次比，这里的面貌发生了非常可喜的变化，库区山区的同志思想开窍了，路子走出来了，整个山区特别是库区展现了新的发展前景。但是，山区库区的特点是开发的周期长，真正的脱贫致富有个较长的过程，必须树立长远奋斗目标，并广泛动员干部和群众，把目标具体体现在全县的各项工作中，体现在各部门、各乡镇以至各村组的各项活动中。通山

---

① 章新平：《湖北省扶贫以工代赈十年工作综述》，《计划与市场》1994年第6期。

的发展有良好的基础,这个基础有现任班子辛勤工作的成绩,也有老同志长期奋斗创造的条件。要在这个基础上继续前进。

关广富说,山区也要重视粮食生产。如果粮食不能自给,就会影响山区经济的开发。通山人均不到0.7亩耕地,一方面要依靠科技,改造低产田,提高单产;另一方面要继续开发山地资源,以便腾出一部分坡地旱地种粮食。要一块一块地、到边到角地干,你们搞柑橘一个挡一个挡地挖,一棵一棵地栽,一棵一棵地管。搞粮食也要这样扎扎实实地抓,一块地一块地,一块田一块田地抓,一种作物一种作物地抓,一季一季地抓,一个生产环节一个生产环节地抓。山区还要坚持造当家地、当家田,一冬一春,一户一分,持之以恒,积少成多。只有这样,才能保持粮食稳定增产。

关广富同志着重强调了要尽快实现库区群众的脱贫目标。他说,库区人民的贡献是很大的,这里淹没的大都是良田,既是山区,又是革命老根据地。我们有责任扶持他们发展生产,帮助他们脱贫致富,把富水建设成名副其实的"富"水,针对通山的实际,在脱贫问题上要有一个标准,即全县人均纯收入350元,到户人均250元才算脱贫,200元只算温饱水平,按照这个标准做规划,做宣传,定措施,一年检查一次。扶贫要扶民,要确定正确的发展方针,鼓舞群众热爱库区,建设库区,开发资源,安居乐业。关广富认为,开发库区,要搞好科技开发、全体开发、综合开发,探索食物链的循环,达到经济、社会、生态三个效益的统一。

二 本时期湖北省扶贫工作的实践经验

(一)程序规范,分清重点,因地制宜

设立湖北省扶贫开发领导小组,领导、组织、协调、监督、检查扶贫开发工作,同时在贫困县、贫困标准和贫困人口的划定上按照国务院扶贫开发领导小组的要求,形成统一标准。按照程序对贫困地区、贫困县、贫困人口进行相应的帮扶措施,根据不同地区的现实状况,在专项扶贫资金的使用上进行统一的分配与使用。把重点放在帮助那些至今尚未解决温饱的最困难地区,经过调查,做出规划,拨出资金,采取有效措施,使之尽快得到温饱,逐步走上能够利用本地资源优势,自力更生

发展生产、改善生活的道路。在一般的贫困地区，主要是落实政策，端正生产方针，在开发林、牧、矿业及其他土特产方面给予必要的支持，把经济搞活。

（二）从输血式扶贫转为开发式扶贫

1987年国务院发出的《关于加强贫困地区经济开发工作的通知》强调："把智力开发摆到重要的位置。"对于财政发展资金而言，湖北省一直强调：（1）扶贫款是发展生产，增加收入，改变面貌的专款；（2）扶贫款以乡为单位，人均纯收入低于120元，以县为单位应做出规划，分期分批地帮助他们因地制宜改变生产条件，促进增产增收。（3）扶贫款的使用要适当集中，讲求实效。（4）要加强扶贫资金的管理。（5）各级要加强对扶贫工作的领导。[①] 大量财政转移资金以修建道路和水利工程等方式用于农村开发，而不是以以往直接转移支付"输血"扶贫的形式。

三 不足与展望

1986年至1993年是湖北省开发式扶贫工作的初始阶段，由于各级部门对开发式扶贫工作的思想认识不足以及实践经验匮乏，使得湖北省在开展扶贫工作中存在诸多不足之处，主要表现为反贫困的分散性、低效性等方面。通过分析不足、总结经验，对于新时期湖北省进一步推进扶贫工作具有重要的现实意义。

（一）关于扶贫对象的侧重

在较长时间里，湖北省的反贫困工作相对分散，集中程度不足。在扶贫资源不足的情况下，资源分散使用会使扶贫仅保留在较低水平的救济层面而难以从根本上解决贫困地区人民群众的温饱问题。本时期湖北省的扶贫重点是贫困地区、贫困县中的极贫户。扶贫工作主要集中于国定的和省政府确定的39个贫困县（市）、54个贫困乡镇。尽管区域性的开发式扶贫对湖北省减贫工作具有较大的推动作用，但也在一定程度上忽视了贫困的核心——贫困人口。尽管本时期在集中连片的重点贫困地区有计划地安排了重大基础设施、资源开发和重点建设项目，以带动当地的贫困农户脱贫致富，但溢出式的开发扶贫对贫困人口的减贫效果较为有限。

---

① 《关于进一步加强对贫困地区扶贫专项贴息贷款管理的通知》（鄂银发〔1988〕183号）。

鉴于此，湖北省的扶贫工作应当在区域性扶贫的基础上，重点集中、瞄准那些贫困人口、贫困户。湖北省扶贫工作也应由救济式的"输血型"扶贫转变为开发式"造血型"扶贫，在地区资源开发的基础上，立足于贫困人口人力资源开发战略，发展贫困人口、贫困户的商品生产，增强贫困户自我积累、自我发展的能力，才是解决温饱、摆脱贫困的根本出路。具体地，可以因地制宜地采取产业扶贫、教育扶贫、健康扶贫、社会扶贫、科技扶贫以及社会保障扶贫和生态扶贫等在内的综合性扶贫措施，建立长效的扶贫机制。同时，对于采取"撒胡椒面"的扶持办法而导致扶贫资金效益低下问题，在进一步开展扶贫工作时，应更加精准地识别扶贫对象，并根据贫困户实际需求精准分类施策，激发贫困人口脱贫的内生动力，从而提高扶贫政策的精准度和实质效益。

(二) 关于山区扶贫的认识

湖北是一个多山的省份，全省共有37个山区贫困县（市），国土面积占全省的53.84%，总人口占全省的32.38%。贫困山区与全省农业发展的差距，1988年与1980年相比，人均农业总产值由39.13元拉大为107.9元，人均占有粮由27.26公斤拉大为91.70公斤，人均乡镇企业产值由37.88元拉大为346.22元，农民人均纯收入由76.06元拉大为93.11元。[①] 此外，由于历史和自然条件等原因，许多制约因素短期难以改变，如山区呆傻和病残人口占总人口的7.86%，比全省多2.75个百分点；文盲半文盲占32.82%，比全省多7.82个百分点；科技人员"进不去，留不住"。干旱、洪涝、秋寒、冻害、冰雹、暴风、病虫、山火、泥石流等灾害年年都有，有的一年多灾，农业长期低而不稳。交通不便，信息不灵，流通阻滞，许多产品变不成商品。生态环境恶化，森林覆盖率下降，水土流失面积达8889.5万亩。河库堵塞淤积，土地肥力下降，越是贫困的地方，这种恶性循环越加剧。而盲目的外因启动战略，例如有组织的或自发的劳务输出，虽然在一定程度上增加了山区人民的收入，但对于山区扶贫，解决内因才是关键。

贫困山区脱贫致富的问题，是一项庞大的社会系统工程，需要各种

---

① 何贵生、洪绍华、聂光富、叶泽林：《"八五"期间湖北省贫困山区农业综合开发的几点思考》，《农业区划》1993年第1期。

要素的最佳组合,需要社会各界的共同努力,需要贫困山区广大人民的艰苦奋斗,更需要正确开发战略的指导。因而,针对湖北省山区扶贫要做到继续深化农村改革、调整产业结构、放宽政策、增加投入、强化服务、科技突破。

专栏4—8

送技术 育人才 引良种 办示范
华农大积极帮助红安农民脱贫

本报讯 通讯员王景刚报道:"我们仓里有存粮,破屋换新房,是托华农开发团的福",红安许多脱贫的农民发出由衷的感激之言。

华中农业大学赴红安科技开发团进山3年多来,充分发挥科技优势,广开渠道帮助农民脱贫致富:一是大力推广先进实用技术,3年多来,开发团在红安先后试验和推广了10种先进的栽培模式以及配方施肥技术和种草养鱼、蔬菜搭棚等实用技术,均获得明显经济效益和社会效益。如推广的水田地膜花生与杂交晚稻配套栽培技术,平均亩产花生312.7公斤,产杂交晚稻441公斤,平均每亩比双季稻连作增加经济收入近150元,深受农民欢迎。又如在典明乡推广的配方施肥技术,效益更显著,3年来累计推广面积34300多亩,共增产粮食和油料290万公斤,增产值170多万元。此外,开发团在漕河水库通过推广种草养鱼、合理投饵、防病治病等高产养鱼技术,使水库的300亩水面年产成鱼5万公斤以上,是开发前的20倍。今年由这个县水产开发公司承包的50座中小型水库,由于推广了高产养鱼技术,鲜鱼产量可达40万公斤以上。

二是将学校的部分科研成果推广到老区,使其转化为现实生产力,加快山区经济开发,如把学校育成的湖北白猪引进红安。3年来开发团帮助该县办了4个猪场,年产万头商品瘦肉猪,今年可出口商品猪6000头,可创产值250万元,获纯利20万元以上。通过开发这一创汇项目,还带动了150个养30头猪以上的养猪专业户,从而加快了该县养殖业这个支柱的形成和发展。

三是开发山区果园资源,改造老果园,建设新果园。如开发团通过对该县龙潭寺的120亩老苹果园采取高接换头、剪枝开脚、合理施肥等技术措施,今年产苹果3万多公斤,是改造前的8倍。又如在曙光村荒坡上新建的50亩黄花梨园,通过引进优质、高产、早熟品种,一年栽树,二年结果,今年亩产过千斤。在示范园的影响和带动下,近3年来,红安县发展各类果园3000多亩。

四是采取多种形式为当地培养技术人才。3年多来,开发团在红安共举办各类培训班560多期,参加培训的人数达5万多人次,使参加学习的农户都有1—2人掌握了1至2门实用技术。此外,华中农大今年还与红安县合办了一个二年制的"红安大专班",为老区红安培养44名畜牧、水产方面的专门人才。

(三)关于贫困地区的投资战略认识

贫困地区面临的内部环境和外部压力表明,其经济发展的任务是多重的,只有延伸其开发领域,深化开发层次才能提高贫困地区的经济水平从而摆脱贫困。而投资政策上的"软预算约束"导致贫困地区资金需求膨胀。在过去的30多年里,中央和地方政府扶贫投资多以农药、化肥、种子、食物、衣服等生产、生活实物救济的方式扶助贫困地区。这种近乎福利式的投资政策并没有带来预期的减贫收益,反而派生出了一种浓厚的依赖性。"软预算约束"导致的贫困地区投资需求膨胀表现在贫困地区普遍存在不切实际或无法满足的资金渴求。这一现象不仅使贫困地区承受的投资压力愈加巨大,超过了该地区的承受能力,还使投资效益递减,资金周转流通每况愈下。"六五"期间,秭归县全民固定资产投资共完成6362万元,其中生产性投资4253万元,占投资的68.4%,年递增3.2%,非生产性投资2109万元,占投资的33.1%,年递增速度达10.3%。1985年至1987年上半年,长阳县固定资产投资总额年均增长15.7%,但同期国民收入年均增长速度仅7.9%。① 缺乏明确的产业政策,使得投资结构(包括投资的区域分布、产业分布)不合理并进一步造成贫困地区产业结构不合理且产业结构转换导向难以落实的问题。在实际工作中,由于宏观产业政策的失误,特别是单一的农业结构模式从根本

---

① 欧阳旭初、袁伯涛、邹树林、侯石安、刘长华:《湖北省贫困地区投资战略研究报告》,《中南财经大学学报》1989年第2期。

上抑制了贫困地区投资的合理分布,导致有限的投资复制出来的仍然是一种低层次的十分单调的产业结构。

在投资决策上,凭长官意志、不讲民主、不讲科学致使投资方向模糊和扭曲的现象在贫困地区尤为突出。少数领导者控制了大量的扶贫开发投资并用于短期的政治目标甚至是为自己树碑立传的项目。建成的项目或作用小或根本没有效益,极大地浪费了国家资源,严重伤害了群众的感情。

第五章

"八七"扶贫攻坚时期(1994—2000)

第一节 本时期宏观背景

一 中国宏观经济与社会发展背景

1992年,邓小平同志南方谈话给当时对中国经济形势存在疑惑与顾虑的人们极大的启发,我国经济迎来了发展高峰,全国人均年纯收入以惊人的速度实现增长。尽管全国经济发展迅速,但过热的经济引发了通货膨胀,造成金融秩序混乱。市场经济体制的建立和国有企业的改革导致国家经济发展多年所积累的众多深层次矛盾爆发,职工大量下岗,高失业率与增大的贫富差距成为影响社会稳定的重大隐患。经过前期中国大规模农村扶贫开发后,贫困人口有所减少,但扶贫工作仍旧艰巨。贫困人口逐步集中于西部及边远山区,接近1亿的农村贫困人口处于难以解决自身温饱的状态,贫困形势的变化促使中国的扶贫工作相应地做出改变。

(一)本时期宏观经济和社会发展的优势与机遇

1. 经济增速迅猛,第二、第三产业持续发展

1990年以后,国际形势的剧烈变动对中国经济与社会稳定产生了一定的影响,随着中央及地方政府多次总结并做出相应的调整,整体形势逐渐向良好的一面发展。90年代中期,中国经济增速迎来了高峰,全国GDP自1993年起连续3年增幅超过8000亿元,1997年中国GDP达到了78802.90亿元,是1993年的2.21倍。即使在亚洲金融危机爆发期间,中国GDP增幅仍不低于5000亿元,展现出了巨大的活力。20世纪90年代中国第二、第三产业发展迅速,1993年全国第二、第三产业总产值为

24677.67亿元，1998年达到59275.7亿元，增长了1.4倍，在总产值占比方面呈现稳步上升的态势。

2. 居民收入稳步上涨，粮食产量波动较大

1994年中国城镇居民人均可支配收入为3496.2元，2001年达到了6859.6元，年均增长幅度为480.49元。与此同时，农村居民收入也在不断提高，2001年农村居民家庭人均纯收入为2366.4元，接近1994年1221.0元的2倍，1994—1996年全国居民家庭人均纯收入或可支配收入增速最大，这主要是由当时中国的经济处于通货膨胀状态引起的，具体见图5—1。

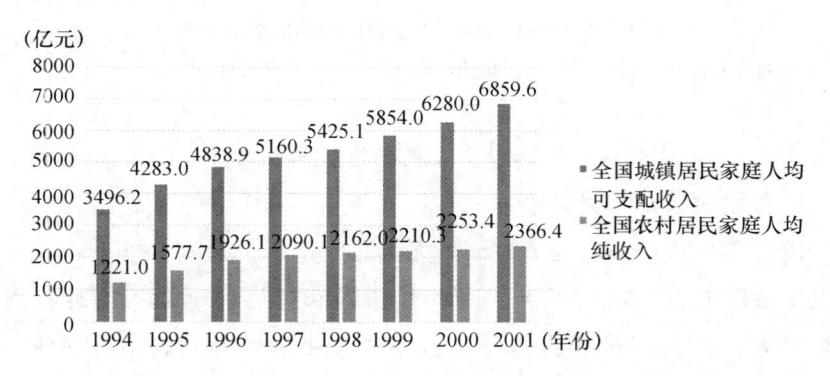

图5—1　1994—2001年全国居民家庭人均可支配收入及纯收入

资料来源：国家统计局1994—2001年国民经济和社会发展统计公报。

这一时期农业增加值的增长相对于国内生产总值的高速增长较为缓慢，平均年增长率3.71%。1994年全国粮食作物播种面积1.09544亿公顷，粮食产量4.451亿吨，占农作物总面积1.48241亿公顷的73.8959%，经过4年的发展后1998年全国粮食作物播种面积达到1.138亿公顷，生产粮食5.123亿吨，占农作物总播种面积的68.1276%，粮食播种面积占农作物总播种面积比例呈持续降低的态势。这从侧面说明了中国的物质积累持续增加，粮食短缺的状况得以缓解，国家开始有余力种植经济作物完善社会对各类物资种类的需求。然而自1998年起中国连续遭遇大范围恶性自然灾害侵袭，粮食作物播种面积和粮食产量大幅度减少，直到2001年播种面积仅为1.061亿公顷，粮食产量4.527亿吨，详情见图5—2。

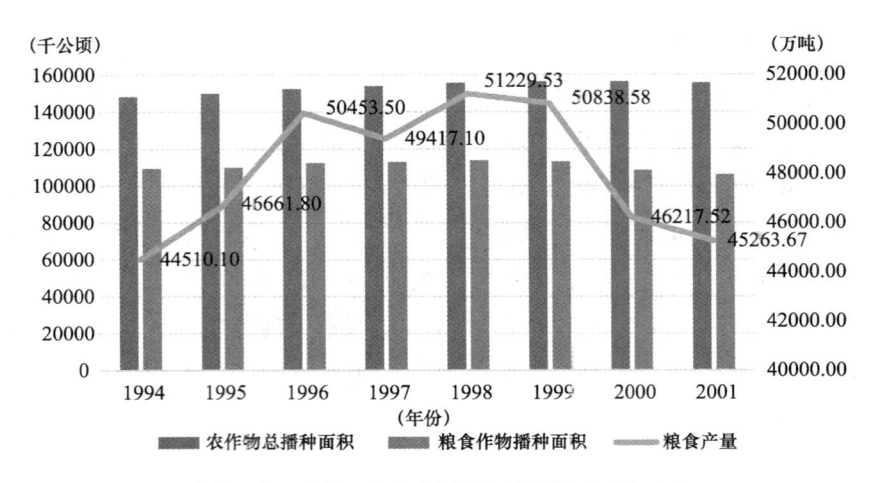

图 5—2 1994—2001 年全国作物种植情况一览

资料来源：国家统计局 1994—2001 年国民经济和社会发展统计公报。

（二）本时期宏观经济和社会发展的劣势与挑战

1. 经济领域持续遭遇考验

1993 年中国经济出现了物价（尤其是农产品价格）暴涨的现象，给国民生活带来了一定的影响。1993 年中国农村居民家庭人均纯收入为 783.18 元，到了 1994 年就达到 1170.06 元，比上半年增长了 49.4%，农村居民人均生活消费支出也从 722.09 元上升到 1012.95 元，涨幅超过 40%。1994 年物价上涨问题仍然严重，以粮食为主导的食品类（包括粮食、食用植物油、肉禽及其制品、鲜菜等）价格涨幅巨大，平均涨幅达到 35.2%，市场物价总水平上升 12.3 个百分点。影响物价持续上涨的原因有如下几点：

第一，社会总需求规模偏大，固定资产投资和消费基金过度膨胀。中国正处于多领域改革和发展的时期，这推动了国民经济的发展，但有些部门和地区过于追求经济高增长率，不顾后果地扩大投资规模。固定资产投资和消费基金增长过快带动了货币过量发行，在需求拉动和成本推动的双重作用下市场物价全面上涨。

第二，价格改革快速推进，基础产品价格结构性调整积累下来的成本压力加快释放，基础产品和生产要素价格大幅度上涨。1990—1993 年，国家对长期偏低的能源、交通、原材料价格进行了调整，同时还放开了一大批产品价格。1994年价格改革力度进一步加大,电力、原油、天然气、成品油、统配化肥、粮食价格都有较大幅度的提高,国家统配煤炭也全部改为市场定价。由于中国经济的整体素质和效益较低,企业消化能力较弱,这些价格改革项目的出台,直接推动了下游产品生产成本的上升和消费品价格的上涨。

第三,农业基础相对脆弱,加之自然灾害较重,致使部分主要农产品供应偏紧,导致价格上扬较多。

第四,各项经济改革的整体推进影响市场价格的上涨。1994年相继推出的财政、税收、金融、外汇等多项重大体制改革措施,作为改革必然付出的代价,在一定程度上也推动了市场物价的上涨。

第五,市场机制不完善,流通秩序混乱,加剧了物价上涨的程度。20世纪90年代前中期中国相继放开了各类商品和服务的价格,但是尚未完善规范市场价格行为的法律法规,必要的管理措施存在漏洞。在市场机制不完善,企业定价缺乏良好的市场竞争环境和有效的市场制约机制情况下,随意地涨价收费、价格欺诈、牟取暴利、欺行霸市、垄断价格等现象非常普遍,这推动了市场价格不断攀升。

第六,国有商业主渠道地位削弱,难以充分发挥平抑市场物价的关键作用。20世纪90年代前中期,国有商业、粮食、供销社系统对关系国计民生的生活必需品经营比重低,到1995年时仅占社会商品零售额的20%左右,加之缺乏一整套使政策性业务与商业性业务分开的配套措施,使国有商业企业很难发挥调控市场、平抑物价的作用,造成国家为抑制通货膨胀采取的宏观调控措施在实施中大打折扣。①

针对以上所述问题,中央政府制定了一系列的措施:严格控制新投资项目,紧缩银行信贷规模,改善农业生产条件,各级政府不调价,进行税制、工资改革等。这些措施在1996年开始取得成效,物价过高现象得到了控制。

就在政府控制住通货膨胀的局面不久,亚洲金融风暴爆发,这场风暴席卷东南亚多国,包括泰国、印度尼西亚等原亚洲经济大国,其经济

---

① 国家计委市场与价格调控司:《1994年物价形势回顾及1995年走势期望》,《湖北日报》1995年2月9日。

开始萧条,政局开始混乱。中国也经历了金融风暴的考验,国内需求疲软,加上城市国有企业产品积压,生产力过剩等原因带来的国有企业结构调整和改革,产生了大量的下岗职工与贫困人口,引发的社会问题令各界关注。

2. 接连遭受恶性自然灾害打击

20世纪90年代后期中国经历了多次恶性自然灾害的考验,其中以1998年全国特大洪水灾害为代表。1998年长江、嫩江、松花江发生了全流域型的特大洪水,全国共有29个省(区、市)遭受了不同程度的洪涝灾害,其中以湖北、湖南、江西、黑龙江四省受灾最为严重,受灾面积、受灾人数、直接经济损失之大属新中国成立以来罕见。1998年特大洪水及此后接连发生的自然灾害导致中国1998—2000年农业生产增长缓慢,大量农田及房屋遭受破坏,农户脱贫进程放缓。

3. 全国贫困形势发生变化,扶贫工作难度增大

1978年以前,全国各地共有2.5亿贫困人口,各地区之间贫富差距较小,国家扶贫开发工作大面积展开。1978年进行改革开放以后,中国经济以惊人的速度增长,1992年邓小平"南方谈话"以后中国确立了社会主义市场经济体制,发展速度进一步提高。尽管市场经济体制能够让资源产生高效益,但其作为双刃剑也有不利的一面:容易拉开贫富差距,对贫困的群体造成伤害。西方发达国家总结经验后认为,实行市场经济体制的国家,政府要注重扶贫工作的开展。经过多年的努力,中国贫困人口已大幅减少,结束了大面积的、普遍贫困的历史。但贫困人口逐渐集中在山区及边远地区,这些地区自然资源较为匮乏,交通极不便利,难以实现贫困地区与发达地区的物质、信息交换,政府及社会各界扶贫工作难度增大,扶贫边际成本提高。

二 湖北省宏观经济与社会发展背景

(一)全省经济走向顺应全国形势,量变未能引起质变

20世纪90年代中期,湖北省随着全国经济一片火热的趋势快速发展,全省GDP相比1992年的1088.39亿元翻一番只用了三年时间。1990年湖北省农林牧渔业总产值为402.23亿元,到1995年达988.53亿元,即将突破1000亿元大关。然而GDP和收入的增长并未能形成与之相匹

配的生活水平，1994年各省农民人均纯收入排名中湖北省位列全国第14位，其农民人均纯收入比全国均值少50.92元，受全国经济通货膨胀的影响，此后两年湖北省农民人均纯收入仍然低于全国均值，直到1997年才实现超越。自中央采取了一系列针对通货膨胀治理，实现经济"软着陆"的治理措施后，全省经济形势获得了缓解，但不久又面临通货紧缩的状态，加上1998年湖北省成为当年特大洪灾受损最严重的地区之一，湖北省GDP在1994—2000年始终居全国第10—12位，难以实现巨大突破。

（二）全省贫富差距拉大，减贫工作遭遇瓶颈

尽管GDP的持续增长及农林牧渔业总产值占全省生产总值比重持续降低说明了湖北省在该时期城镇化进程上有所建树。然而农业增长速度远低于工业增长速度，这进一步拉开了农村居民与城镇居民的收入差距，1990—1995年湖北省农民人均纯收入从670.80元增长到1511.22元，纯收入的翻倍并不能说明农户减贫形势乐观，该时期湖北省农民人均纯收入相比于其他省份没有明显增长，1993年湖北省低于全国平均水平接近140元，形成了自改革开放以来的极差。此外区位劣势导致了许多贫困农户无法享受到经济高速发展的红利。[①] 到了1994年，我国贫困人口减少到8000万，开始进入扶贫攻坚阶段，该阶段贫困人口致贫原因主要是自然条件恶劣、基础设施薄弱和社会发展落后，贫困形势的变化使原来的扶贫措施和力度逐渐出现难以见效的现象。

（三）相对落后的第三产业制约全省经济发展

新中国成立以来，湖北省第三产业发展较快，但长期以来形成的相对于经济发展进程落后的状况并没有发生改变。新中国成立初期，湖北省第三产业在国民经济中占有较重要的地位，"一五""二五"时期第三产业增加值在国民生产总值中的平均比重达到了25.8%，随后由于种种原因，湖北省第三产业没有得到应有的发展，从"三五"一直到"五五"时期，第三产业的发展基本处于低谷，其增加值在国民生产总值中的平

---

① 在"中国农村扶贫开发纲要（2011—2020年）"实施时期，全国14个集中连片特困地区湖北省境内有3个：秦巴山区、武陵山区和大别山区，山区恶劣的气候和地势成了当地居民发展经济的巨大障碍。

均比重仅有 17.7%，比前两个五年计划时期下降了 8.1%。到 20 世纪 90 年代初，湖北省第三产业发展的总体水平较低，全省第三产业增加值占国民生产总值的比重约为 60%。湖北省第三产业增加值所占比重只有 31.3%，不仅低于全国平均水平（34.3%），更低于国内发达省、市水平；此外，湖北省第三产业还出现了内部结构不合理、发展层次低、社会化程度低、服务功能不完善的情况。[①] 这些表现正是 20 世纪 90 年代前中期湖北省第三产业的不足之处，严重阻碍了湖北省经济的进一步发展。

第二节 本时期主要农村经济发展与扶贫开发政策脉络

一 "八七扶贫攻坚计划"的提出

（一）任务与奋斗目标

实现"共同富裕"这一伟大理想的前提是消除贫困，缩小过大的收入差距。经过十余年的改革开放我国在经济上获得了巨大的成果，20 世纪 90 年代，东部和中部的贫困发生率由 1988 年的 7% 和 14% 减少到 1996 年的 1% 和 3%。西部省份的贫困发生率也在减少，贫困发生率由 1989 年的 22% 减少到 1996 年的 13%。[②] 贫困人口的分布逐渐集中在老、少、边、穷的山区，在未来要进一步降低各省份的贫困发生率，就要综合使用更多的方法，付出更加巨大的成本。

中央在 1986 年 5 月 16 日成立了国务院贫困地区经济开发领导小组[③]，成员由国务院办公厅、国家发展和改革委员会、财政部等多个部门的负责人组成。国务院扶贫办公室的成立标志着我国的扶贫开发工作实现了两个转变：一是由道义性扶贫转变为制度性扶贫，扶贫工作不再属于政府出于道义的行为，而是政府不可推卸的责任；二是由救济性扶贫向开发式扶贫的转变，开发式扶贫的核心是帮助贫困人口形成自我发展

---

① 湖北省人民政府办公厅：《90 年代湖北省加快发展第三产业规划纲要》，1995 年 2 月 16 日。

② 张磊、黄承伟、李小云：《中国扶贫开发政策演变（1949—2005 年）》，中国财政经济出版社 2007 年版。

③ 1993 年 12 月 28 日更名为国务院扶贫开发领导小组。

的条件,并以此为贫困人口脱贫致富的基础,与过去一般的社会救济工作相分离,成为独立的社会工程。

1994年5月6日,国务院办公厅发布了以国务院扶贫开发领导小组统一组织中央各有关部门和各省、自治区、直辖市具体实施的《国家八七扶贫攻坚计划》。该计划的任务在于从1994年起到2001年的7年时间里,集中人力、物力和财力,动员社会各界力量基本解决8000万人的温饱问题。基本解决农村贫困人口温饱问题,是指在正常年景下,通过发展生产,满足大多数贫困人口基本的生存需要。截至1998年,中国尚未解决温饱问题的农村贫困人口为4200万人,其中一部分是丧失劳动能力的残疾人和社会保障对象,这些人的生活几乎无法通过外界辅助实现"自主造血",只能随着社会经济发展及社会保障制度的完善而逐步改善;一部分人生活在自然条件极其恶劣的地区,缺乏基本的生活条件,这两部分群体共2000余万人;有些需要搬迁移民,从环境恶劣的地区转移到条件较好的地区从而加快实现脱离贫困的步伐。以上群体不可能在短期内全部解决温饱问题,除了他们,其他的农村贫困人口必须在"八七扶贫攻坚计划"实施期间解决温饱问题。[①] 在这任务之外,《国家八七扶贫攻坚计划》还制定了数个具体的奋斗目标:(1)绝大多数贫困户年人均纯收入达到500元以上(按1990年不变价格);(2)扶持贫困户创造稳定解决温饱的基础条件,巩固和发展现有扶贫成果,减少返贫人口;(3)加强基础设施建设,解决贫困地区的用水、用电、公路问题;(4)改变教育文化卫生的落后状况。

《国家八七扶贫攻坚计划》是新中国成立以来第一个具有明确的目标、对象、措施和期限的扶贫开发行动纲领,它继承上一阶段大规模扶贫开发战略中增加农户收入、加强基础设施建设与发展教育的思想,并逐步完善了开发式扶贫的理论框架,其核心思想对我国未来20年的扶贫开发工作具有重要的指导意义。

(二)方针与途径

《国家八七扶贫攻坚计划》明确指出,中国要继续坚持开发式扶贫的

---

① 新华社:《温家宝在中央扶贫开发工作会上作报告要求——坚定信心加大力度确保如期实现八七扶贫攻坚计划目标》,《中国贫困地区》1999年第6期。

方针，鼓励贫困地区广大干部、群众发扬自力更生、艰苦奋斗的精神，在国家的扶持下以市场需求为导向，充分利用当地的自然资源进行开发性生产建设，从而解决贫困农户的温饱问题进而脱离贫困。对于贫困户而言，单纯依赖国家机构和干部通过"被动输血"的形式进行救济从而脱离贫困并不现实，想要真正脱贫就必须发挥吃苦耐劳的精神借助社会各界的帮助从"被动输血"转变为可从根本上脱离贫困的"自主造血"。

20世纪90年代中期，我国经济相比于其他发达国家仍有较大的差距，众多贫困人口也给扶贫开发工作带来巨大的压力。基于此，《国家八七扶贫攻坚计划》提出了以下几点扶贫开发基本途径：（1）重点发展投资少、见效快、覆盖广、效益高、有助于直接解决群众温饱问题的产业；（2）积极发展能够充分发挥贫困地区资源优势，又能吸纳大量劳动力的乡镇企业；（3）通过土地有偿租用、转让使用权等方式加快荒芜的山地、山坡、河流的利用；（4）有计划有组织发展劳务输出，实现贫困地区劳动力转移；（5）对极少数生存和发展条件特别困难的村庄和农户实行开发式移民。

以上几条基本途径说明了政府在扶贫开发中十分注重贫困地区资源的利用以及扶贫的成效，方针与途径具有时代特点。社会主义市场经济确立之初大量的乡镇企业属于劳动密集型企业，能够吸收大量的劳动力，若将乡镇企业与扶贫开发工作相结合，一方面能够为社会和企业创造效益，另一方面能够为贫困的工人提供稳定的收入从而脱离贫困。社会主义市场经济体制确立没多久就与扶贫开发工作相结合是一种紧随时代步伐且具有科学性的大胆尝试，体现了中央在扶贫开发工作上敢于创新、实事求是的精神。

（三）资金支持与管理

1. 扶贫资金的主要种类

解决贫困问题需要中央及地方政府持续投入扶贫资金予以支持，1980年我国就开始向贫困地区投入专项扶贫资金。财政专项扶贫资金是通过中央财政转移支付，投向扶贫地区的资金。在"八七扶贫攻坚计划"阶段，财政专项扶贫资金是扶贫工作投入资金最重要的一部分，其主体按使用方向可分为以下五种：（1）财政发展资金；（2）以工代赈资金；

(3)"三西"专项建设资金;(4)少数民族发展资金;(5)扶贫贷款贴息资金。其中以工代赈资金依照发展改革委制定的有关以工代赈管理办法进行管理;"三西"农业建设专项补助资金依照财政部会同国务院扶贫办制定的有关"三西"农业建设专项补助资金使用管理办法进行管理;少数民族发展资金由财政部根据资金用途的特点,会同国家民委依据《财政专项扶贫资金管理办法》进行管理。[1]

2. 扶贫资金的地区调整

针对国家发展资金及扶贫信贷资金在该时期的分配,中央对资金投放的地区结构进行了调整。自1994年起,两年内将中央用于广东、福建、浙江、江苏、山东、辽宁6个经济相对发达省份的扶贫信贷资金调整出来,集中用于帮扶中西部贫困状况较为严重的省(区)。上述6省保留使用中央原来用于支援本地区的发展资金,但此后中央不再向其投放发展资金的增量。中央过去投放6省的有偿使用扶贫资金到期回收后供地方周转使用,该6省在未来需要自行负责扶贫投入,尽快解决省内群众的温饱问题。

3. 扶贫资金的使用方向

在扶贫资金的使用方向上,《国家八七扶贫攻坚计划》做出详细的说明:有关省、区政府和中央部门的资金要与中央的财政、信贷和以工代赈等扶贫资金配套使用,资金投放对象是贫困县中的贫困乡,非贫困县地方政府则安排资金对本地区贫困乡村和贫困农户进行扶持。为了保证投入的扶贫资金取得高成效,银行扶贫贷款要用在经济效益高、能够较好偿还贷款的开发项目上;财政扶贫资金主要用于社会效益较好的项目;以工代赈资金是财政专项扶贫资金里不可或缺的部分,其主要用于修建公路和解决人民群众的饮水困难问题。以上三种资金合理搭配,提高资金使用的效益,修筑县乡之间的公路和通往商品产地、集贸市场及扶贫开发项目配套的公路是"八七扶贫攻坚计划"时期资金使用的重点。

---

[1] 财政部、国家发改委、国务院扶贫办:《关于印发〈财政专项扶贫资金管理办法〉的通知》,2011年11月7日,财农〔2011〕412号。

4. 改革扶贫资金使用管理方式

在"八七扶贫攻坚计划"时期,国务院扶贫开发小组根据该计划要求各省(区)的贫困县数、贫困人口数、贫困程度制定扶贫资金和以工代赈资金的分配方案,并且将该分配方案告知各省(区)政府。资金的具体使用计划则由各部门分别下达,各级政府严格执行。各省(区)政府接收到关于扶贫资金及以工代赈资金的分配方案后,由各自的省(区)扶贫开发领导小组进一步讨论并确定本省(区)各类资金的分配方案。中央扶贫资金管理的具体办法由财政、银行等部门根据计划要求与国务院扶贫开发办分别制定,并上报国务院开发领导小组;各省(区)、市则自行制定地方扶贫资金管理办法。

为了规范使用各类扶贫资金及以工代赈资金,各省(区)及贫困县扶贫办公室建立了项目库,银行和相关的资金管理部门将对项目库中的项目进行评估、选定。经过多个部门共同商讨、设计、论证、筛选过关并上报的扶贫项目都会被纳入项目库。项目库中的扶贫项目一般由相应的经济实体承包开发,经济实体获得扶贫资金支持的同时也承担了偿还扶贫资金的责任。根据《国家八七扶贫攻坚计划》的文件要求,扶贫项目必须覆盖贫困户并且把效益落实到贫困户。对于扶贫资金的投放、回收,各级政府实行严格的贷款使用责任制和扶贫资金的审计制度,完成核定的催收贷款最高比例和到期贷款回收率的指标,约束挤占、挪用扶贫资金等行为。

(四)政策保障

贫困户向外界传达最强烈的信息就是自身低收入和购买力。中央及地方政府制订的一系列扶贫计划及措施以直接增加农户收入,提高就业机会及抗风险能力为主,此外还从增加贫困户经营资本降低贫困户生活支出的角度予以支持。《国家八七扶贫攻坚计划》提出了三大优惠政策包括信贷优惠政策、财税优惠政策、经济开发优惠政策。

1. 信贷优惠政策

贫困户自主经营的初始阶段会遭遇资金短缺的难题,由于缺乏担保,贫困户难以从银行等金融部门获得贷款,进而无法开展经营活动。为此,计划提出在保证"有效益、能还贷"的前提下,对贫困户和扶贫经济实体的贷款条件可以适当放宽,在遵守规章制度的同时体现一定灵活性;

国有商业银行也参与到扶贫行动中,每年投入一定的信贷资金到经济效益高、亏损概率低的项目中,加强社会各界、各部门金融扶贫的工作力度,缓解扶贫贷款短缺的情况;对于广东、福建、浙江、江苏、山东、辽宁沿海6省的贫困县以及其他地区刚摘掉贫困县帽子的县,要增加地方财政和商业信贷的投入,原则上不低于原来国家对这些县的扶持力度与规模。

2. 财税优惠政策

"八七扶贫攻坚计划"时期,若新办的企业位于国家规定的"老、少、边、穷"地区,则该企业的所得税可在3年内予以征后返还或部分返还;1994年正值中国生产资料价格逐步放开,由价格双轨制向市场决定价格的过渡时期,且出现了较为严重的通货膨胀,粮食及生活用品的价格被提高,增加了贫困地区农民的生活负担。对此,各省、区、市可以通过地方粮食风险基金补贴从而改善吃返销粮的贫困户的经济条件。

3. 经济开发优惠政策

中国贫困县与贫困人口众多,且致贫原因不尽相同,若对贫困地区的开发项目完全遵循"平均原则"会导致效益低下,因此中央及地方政府将着重考虑资源较好的贫困地区,这些地区会优先得到中央及地方政府安排的扶贫开发项目。为了保证项目的开发能够真正为贫困地区带来实际的利益,项目相关的企业要合理调整与当地的利益关系;国家制定、执行产业政策时,要充分考虑贫困地区的特殊性,给予支持与照顾;同等条件下优先考虑贫困地区成了其中一项原则,对贫困地区的进出口贸易进行重点支持。

由以上三大优惠政策可知,政府对贫困地区、贫困户的金融、资金优惠政策体现在降低贫困县及贫困户获得扶持的门槛,优先考虑资源较好的贫困地区。目的在于实现投入资金的效益最大化,"从易到难"逐步解决全国贫困地区发展难题。

(五)组织与领导

1. 中央领导小组任务

《国家八七扶贫攻坚计划》由国务院扶贫开发领导小组统一组织中央各有关部门和各省、自治区、直辖市具体实施。国务院扶贫开发领导小组负责全面部署和督促检查《国家八七扶贫攻坚计划》的执行;合理分配扶贫开发相关的资金与物资，力求将资金与物资的效用达到最大化；组织调查研究、总结推广该计划实施过程中的成功经验；制订辅助本计划实施的政策与文件；汇集、解决中央及地方各级政府在执行计划过程中出现的问题，弥补不足。

2. 计划的组织特点

《国家八七扶贫攻坚计划》实施过程中最突出的组织特点在于坚持分级负责、以省为主的省长（自治区主席、市长）负责制。各省、自治区、直辖市特别是贫困面较大的省、区，要把扶贫开发列入重要日程，根据本计划的要求制订具体实施计划；省长（自治区主席、市长）要亲自督促各省、区及以下各级部门认真落实计划，及时协调解决重大问题，保证按时完成本计划规定的任务。该时期各省、区、市的扶贫工作由省长（自治区主席、市长）负总责任。

3. 计划中贫困县的中心任务与纪律

《国家八七扶贫攻坚计划》明确要求贫困县解决群众温饱问题作为工作的中心，集中力量坚决落实计划；为了能保质保量按时完成计划所规定的任务，各省、区、市要选择精明强干、吃苦耐劳的干部参与到扶贫开发工作当中，充实扶贫开发相关的领导班子并减少过多的人员调动，维持成员的稳定。此外，计划要求在该时期扶贫开发工作的实施及成效将作为衡量贫困县领导干部政绩和提拔重用的主要标准。把能力突出的干部调动到贫困县领导班子，将脱贫工作与政绩挂钩体现了中央对该时期扶贫开发工作的高度重视，激发了各级领导班子的工作热情，这一举措成为计划取得出色成效的有力保证。

中央在对贫困县领导班子予以极大支持的同时，也提出了严格的纪律要求，即在完成解决群众温饱的攻坚计划任务之前，贫困县不准购买小轿车，不准兴建宾馆和高级招待所，不准新盖办公楼，不准县改市。该要求一定程度上约束了领导干部的行为，制止在贫困县群众温饱得不到解决而上级领导班子奢靡之风蔓延的现象。

二 本时期其他重要农村经济发展与扶贫开发政策的提出

（一）重新确定贫困县

中央政府于1994年决定重新确定贫困县，这是"八七扶贫攻坚计划"时期一项重要措施。调整后纳入国家级贫困县的标准为：以1992年人均纯收入为参考标准，低于400元的县将纳入国家级贫困县，获得中央及地方各级政府的帮扶；高于700元的原定国家级贫困县全部退出国家级贫困县名单。调整贫困县界定标准的目的是使扶贫资金覆盖更多的贫困地区与贫困人口。根据这一标准，全国一共有592个县被列入国家级贫困县名单，接受中央多方面的扶持。这592个国家级贫困县分布在全国27个省、自治区和直辖市，管辖贫困县数量最多的省、区是云南省（73个），其次是陕西省（50个）；数量较少的是广东省（3个）及浙江省（3个）。全国592个国家级贫困县中西部地区占82%，根据统计结果，592个国家级贫困县涵盖了全国72.6%的农村贫困人口，基本实现对大部分贫困地区与贫困人口的覆盖。[1] 本次调整距离上一次确定贫困县已有8年时间。往后近20年里，有部分县摘掉了贫困县的帽子也有部分县被纳入名单，整体呈现出动态性，但国家重点扶持贫困县没有数量上的变化，直到2011年连片特困地区的划定才将这一数字进行了改写。

（二）增加扶贫资金投入与管理

《国家八七扶贫攻坚计划》明确指出，为了保证计划的顺利实施，现用于各项扶贫工作的各项财政、信贷资金将继续安排到2000年。并且适当延长开发周期长的项目的扶贫信贷资金使用期限。以工代赈和扶贫贴息贷款自1994年起各增加10亿元，执行到2000年。随着国家财力的增长，中央及地方还将继续增加各项扶贫资金的投入。1994—2000年，中央专项扶贫资金以平均每年14.98%的速度增加。7年间累计投入1242亿元，平均每年投入177.4亿元。其中，财政性扶贫资金（含财政发展资金和以工代赈资金）共投入611亿元，占同期中央财政支出的2.94%，资金投入情况见表5—1。[2]

---

[1] 国务院扶贫开发领导小组：《中国农村扶贫开发概要》，中国财政经济出版社2003年版，第6—7页。

[2] 张磊、黄承伟、李小云：《中国扶贫开发历程（1949—2005年）》，中国财政经济出版社2007年版，第77页。

表5—1　　　　　　　1994—2000年中央专项扶贫资金　　　　单位：亿元，%

年份	专项扶贫贷款	以工代赈资金	财政发展资金	以工代赈与财政发展资金合计	以工代赈和财政发展资金占中央财政支出的比重
1994	45.5	40	29	69	3.95
1995	45.5	40	28	68	3.42
1996	55	40	16	56	2.60
1997	85	40	54	94	3.72
1998	100	50	52	102	3.27
1999	150	60	47	107	2.58
2000	150	60	55	115	2.09
累计	631	330	281	611	—

根据《中国农村贫困监测报告》的统计，1997—1999年，592个国家级贫困县得到的扶贫资金总额分别为192.89亿元、219.36亿元、260.17亿元，平均每个县得到3258.33万元、3705.46万元、4394.71万元。每个县获得的扶贫资金总额要比上一年增加450万—690万元，巨大的增幅说明中央对扶贫开发工作的高度重视与支持，为解决贫困户的温饱问题，扶贫资金投向以农业及相关基础设施建设为主。同一时期国家级贫困县将所得扶贫资金的40%投向农业，投向基础设施建设和工业的资金各约占20%，6%左右投向交通，4%左右投向教育和医疗卫生，1%投向培训及其技术推广。

根据政策要求，592个国家级贫困县将获得中央及地方各级政府的大力帮扶，但这并不意味着所有的帮扶资源都集中在国家级贫困县。1997—1999年国家级贫困县得到的中央3项扶贫资金占全国扶贫资金总额的64.97%—73.02%，约30%的扶贫资金投入到了非国家级贫困县的扶贫开发工作当中。

(三) 动员社会力量参与扶贫

1. 党政机关与民主党派

该时期扶贫开发工作不仅仅是国家继续通过划拨大量的财政专项扶

贫资金支持贫困地区建设,《国家八七扶贫攻坚计划》还强调了政府各部门的扶贫开发工作责任。中央、地方党政机关及有条件的企事业单位均要积极地与贫困县定点挂钩,直到挂钩地区解决贫困人口温饱问题。此外各有关部门要按照要求制定与本部门紧密相关的八七扶贫攻坚实施方案,充分发挥各自在资金、物资和技术上的优势对贫困地区提供帮助。文件还对计划、内外贸、农林水、科教、工交等部门提出了具体要求。中央的具体要求根据各部门的职能、权责所制定,不同部门之间的要求并不相同。例如中央对计划部门的要求是结合"九五"计划,制定有利于贫困地区经济和社会发展的宏观规划和产业政策;优先考虑将国家资源开发型项目分配到贫困地区;管好用好以工代赈资金等。而对内外贸部门要求则是积极帮助贫困地区建立商品生产基地,兴建商业设施,开拓市场,搞活流通,扩大包括边贸在内的对外贸易。参加定点扶贫工作的各部门、各单位,要选派素质较好、年富力强、有开拓精神的干部组成帮扶工作组(团),深入贫困县,蹲点挂职扶贫。每县一般3人,其中1人可担任县委或县政府副职,定期轮换。① 国家正是通过不同部门具备不同的功能,与扶贫工作相结合,多维度进行扶贫开发工作从而增强人力物力,巩固扶贫成果。

2. 东西部地区对口协作

计划除了各级部门与贫困县对接实现帮扶,还包括东部大城市及发达省份对口帮助西部贫困省、区发展经济。1996年5月,中央确定北京、上海、天津等9个东部省市和4个计划单列市与西部10个省区开展扶贫协作。② 同年10月,中央扶贫开发工作会议进一步做出部署,东西扶贫协作正式启动。③ 东西部省份匹配组合如下:北京帮扶内蒙古、山东帮扶新疆、福建帮扶宁夏、广东帮扶广西、全国支援西藏。东部各省、市动

---

① 中共中央办公厅、国务院办公厅:《关于加强中央党政机关定点扶贫工作的通知》,中办发电〔1994〕36号。
② 除了文中所提的3个城市,9个东部省市和4个计划单列市还包括辽宁、山东、江苏、浙江、福建、广东、大连、青岛、宁波、深圳。
③ 国务院新闻办公室:《新闻办就进一步加强东西部扶贫协作工作指导意见举行发布会》,2016年12月8日,国务院新闻办公室门户网站(http://www.scio.gov.cn/xwfbh/xwbfbh/wqfbh/33978/35642/index.htm)。

员大中型企业，发挥其技术、资金、人才、市场的优势，通过不同方式与贫困地区形成互惠互利的合作关系，具体帮扶方式如下：（1）无偿捐赠资金用于教育、卫生及其他基础设施建设；（2）直接将生产和生活物资投放到中西部贫困地区，从而改善贫困农户的基本生活消费及农业生产活动；（3）东部地区利用自身在资金、技术、管理、市场的优势，向中西部贫困地区提供帮扶，将贫困地区的资源及劳动力相结合进行生产活动，帮助贫困地区实现自主式持续发展；（4）东部省市派技术人员和青年志愿者到贫困地区提供服务，贫困地区派行政和技术干部到发达省市进行培训和挂职锻炼，输送劳动力到东部地区就业。[①] 从1994—2001年，15个对口支援省和中央各部委无偿捐建716个项目，资金总投入31.6亿元人民币。第十个五年计划期间，全国各地支援西藏建设项目71个，无偿投入资金10.62亿元人民币。[②] 正是东部地区多维度的支持，中西部地区的贫困状况得以改善，同时东部地区的大中型企业获得了进一步发展的机会，形成了东、西地区双赢的局面。

3. 民间扶贫

许多民间组织与机构在扶贫开发工作中也表现出积极、活跃的一面，为国家扶贫开发事业做出了巨大的贡献。民间的扶贫工作根据主体分为国内民间扶贫和国外扶贫组织。国内的民间扶贫组织众多，各组织都有其专门的帮扶方向，例如中国扶贫资金会帮扶方向是以小额信贷、能力建设、紧急救援等为主；中华慈善总会帮扶方向以生活救助、医疗救助、扶持创收活动等为主。与政府主导的扶贫工作相比，民间扶贫的特点在于主导项目众多，规模较小，各组织扶贫专一程度高。"政府+民间组织"这一扶贫模式能够实现政府对扶贫工作进行统领并指定整体工作方向，民间组织利用自身于基层紧密联系的优势配合政府强化扶贫效果的目的，政府与民间组织形成了互补局面。在未来一段时间内这仍旧是扶贫开发工作中不可忽视的模式之一。

---

① 张磊、黄承伟、李小云：《中国扶贫开发政策演变（1949—2005年）》，中国财政经济出版社2007版，第117页。

② 国家民族事务委员会：《在中国特色社会主义道路上共同团结奋斗，共同繁荣发展——改革开放30年民族工作成就》，民族出版社2009年版。

专栏 5—1

本时期湖北省民间扶贫实例①
湖北老区贫困地区发展基金会成立，关广富等出席
会议并讲话（节选）

湖北日报讯 记者姜平、良夏报道：我省老区贫困地区发展基金会 13 日在武昌成立，省委、省人大、省政府、省政协、省纪委、省军区的领导到会祝贺。

省委书记关广富说，基金会是我省组织社会力量，开辟民间筹资渠道，协助政府扶持老区贫困地区加快发展步伐的一个新举措，也是动员社会力量，实现共同富裕的一种好形式。关广富要求全省各地区、各部门、各行业和社会各界，并热忱欢迎海外华侨、港澳台胞、国际友好人士，都来关心、支持、扶助老区贫困地区的建设，都来关心、重视、支持基金会的筹资活动，给予基金会以财力、物力、技术成果方面的捐赠和赞助，大力推进老区贫困地区的发展和建设。

当选为基金会理事长的王利滨说，我省是老区较集中的省份，有近 400 万人生活在温饱线以下。除了政府对老区贫困地区继续扶持外，非常有必要动员社会力量广集资金，协助政府加速老区贫困地区发展步伐。这是我们组建基金会的重要意义和目的。

（四）贫困地区义务教育工程

仅停留在经济开发和生活保障的扶贫工作是不全面的扶贫工作，我们需要为下一代的智力开发付出努力。为了解决贫困地区教育水平不足、向贫困地区普及九年义务教育难度高的问题，1994 年 8 月国家教委财务司、财政部文教司的同志在山西、内蒙古对扶持贫困地区义务教育进行专题考察时，提出了"国家贫困地区义务教育工程"的建议。"国家贫困地区义务教育工程"是本时期我国规模最大的教育扶贫工程，自 1995 年起实施，2000 年第一期工程结束。在此期间，国家投入中央财政专款 39

---

① 姜平、良夏：《湖北老区贫困地区发展基金会成立，关广富等出席会议并讲话》，《湖北日报》1994 年 6 月。

亿元，对592个国家级贫困县、284个省级贫困县的教育扶贫工作予以支持。①

在工作分配上，财务部负责为工程提供资金，教育部则负责工程的实施。该工程主要任务包括新建、改建和扩建小学和初中；购置课桌椅和图书；配置教学仪器和设备；培训教室和校长等。为了提高在贫困地区教育扶贫工作的成效，支持贫困地区县政府将规模较小的小学进行合并，精减师资队伍，实现资源整合。并且为中小学生提供住宿条件，解决学生上学不便等困难。"国家贫困地区义务教育工程"第一期在1995—2000年实施期间具有地区侧重的表现：1996年至1998年3年内，本工程建设的重点地区是"二片"13个省、市②共383个项目县（国家级贫困县262个，省级贫困县121个），覆盖人口达15873.49万人。经过中央及地方政府三年的努力，"二片"地区的教育扶贫工作取得了令人瞩目的成绩。

超额落实本工程项目资金。各级政府在"二片"地区落实"国家贫困地区义务教育工程"资金65亿—69亿元，超出原定计划的23%。其中中央财政拨款15亿元，完成了计划任务；13个省、市本级财政共拨款10.82亿元，完成计划的97%；地、市一级财政拨款3.14亿元，完成计划的106%；县乡级财政拨款14.82亿元，完成计划的126%。中央及地方各级财政投入占工程资金的79%，是工程资金最主要的来源。

全面完成本工程各项任务。本工程在"二片"地区共新建项目小学1684所，新建项目初中740所，改扩建项目小学13351所，改扩建项目初中3989所；在建设校园面积方面，本工程共建小学校舍138.46万平方米，新建初中校舍176.71万平方米，改扩建小学校舍503.82万平方米，改扩建初中475.21万平方米。此外，本工程还购置小学、初中课桌凳381.88万单人套，购置小学、初中图书6045.64万册，购置小学和初中教学仪器价值52564万元，培训小

---

① 国家统计局农村社会经济调查总队：《中国农村贫困监测报告2004》，中国统计出版社2004年版。

② 这13个省、市是河北、山西、黑龙江、安徽、福建、江西、河南、湖北、湖南、海南、四川、重庆、陕西。

学、初中教师 26.96 万人次，培训小学、初中校长 4.59 万人次。以上绝大部分指标都超过了"国家贫困地区义务教育工程"预期计划，说明了本工程执行情况较好。

"国家贫困地区义务教育工程"的实施（尤其是在"二片"地区），极大地改变了贫困地区教育落后的面貌，中小学办学条件得以提升。有许多学校在项目完成后，教学配套设施较为齐全，装备水平在当地处于领先地位。通过改扩建校园、合并小型学校及对校长、教师的培训，工程覆盖地区的中小学布局得到了有效调整，小学数量有所减少，在校学生数量及师生比增加，教育资源的利用率得到了提升。这一系列的成果都是我国在贫困地区的义务教育普及程度，解决贫困地区教育水平不足方面经过了巨大投入之后得到的回报。当然，该工程的实施也存在不足之处：由于工程的覆盖范围广、时间紧迫，加上自然灾害等各类不可预见因素，一些地区存在校舍建设预算超支的问题并导致了校舍尚未盖好，建设工作就停滞了；少数地区的学校配套设施相对落后，直到工程的后期才完成设施的配备。

提高对下一代人教育的支持，是阻断贫困代际传递的有效途径之一，第一期"国家贫困地区义务教育工程"取得的骄人成绩也使中央政府对教育扶贫充满了信心，在后来"十五"计划期间，中央又展开了"国家贫困地区义务教育工程"的第二期，力图取得教育扶贫方面的新突破。①

（五）国际扶贫合作

1. 国际援助组织的主要分类

中国的扶贫工作受到国际社会的广泛关注，国外各类组织也以多种方式积极参与到中国扶贫开发工作中，并取得令人瞩目的成绩。国际组织在中国的扶贫工作，泛指改革开放以来各类国际机构（国际组织、国际金融组织、双边机构、非政府组织）在中国开展的与消除贫困相关的活动，包括与扶贫职能部门、其他政府机构、地方政府和各类非政府组织合作实施的各类项目，例如综合开发项目、信贷项目、技术援助项目、

---

① 中华人民共和国教育部：《教育部、财政部关于"二片"地区"国家贫困地区义务教育工程"项目完成情况的通报》（http://www.moe.edu.cn/moe_879/moe_207/moe_235/moe_355/tnull_3844.html）。

合作研究项目等①参与到我国扶贫开发工作中的国际组织，大体分为以下四类：（1）联合国名下各类机构；（2）以世界银行及亚洲开发银行为代表的国际金融机构；（3）非政府组织，包括宗教团体、私人基金和慈善组织、研究组织、各职业领域的联合会；（4）以英国国际发展署为代表的双边援助机构。

联合国名下各类机构：联合国名下包括联合国粮农组织（FAO）、世界粮食计划署（ILO）、联合国人口基金会（UNFPA）等机构，这些机构自1979年联合国开发计划署（UNDP）在中国设立代表处以后也逐渐设立了各自的代表处。每个机构在援助过程中帮扶侧重点不同，这是由机构之间的研究方向与职能不一样引起的。以联合国粮农组织（FAO）为例，其帮扶重点与方式是为国家和区域紧急项目提供救助和恢复性援助，重点是恢复粮食安全和乡村生计。包括对跨界病虫害、禽流感和沙漠蝗虫的治理，并解决自然灾害带来的后果。而联合国难民署则是确保难民和国内流离失所的人的有效安全。不过这并不能说明联合国名下各机构在对我国的援助过程中各自为战，联合国各机构的扶贫活动，是以2000年联合国大会提出的人类千年发展目标为核心原则，这一原则不局限于对华援助，而是包含了联合国各机构在全世界的扶贫活动，所有的援助工作均以人类千年发展目标为基准。

国际金融机构：参与到中国扶贫活动的国际金融组织有世界银行（WB）、国际农业发展基金（IFAD）、亚洲开发银行（ADB）、德国复兴银行（KFW）等。国际金融机构对我国的援助方式以贷款为主，并提供一些社会发展项目为辅。世界银行的发展政策与干预措施是各国际金融机构对华援助的重点，发展政策与干预措施覆盖了扶贫开发工作的各个方面。

非政府组织：上文提到了非政府组织包括宗教团体、私人基金、慈善组织和各领域的联合会。这些组织是志愿组织，代表发展中国家的大多数当地基层群众的利益，同时也代表了特定的当地或国际利益集团。在华进行援助工作的非政府组织包括福特基金会、世界自然基金会、香港乐施会等。非政府组织的援助方向众多，以保护妇女、儿童的权益、

---

① 张磊、黄承伟、李小云：《中国扶贫开发政策演变（1949—2005年）》，中国财政经济出版社2007年版，第122页。

减轻贫困、保护环境为主。非政府组织相比其他官方组织在与民间基层的联系上更加紧密，这是其开展扶贫开发工作的独特优势。

双边援助机构：双边援助机构与非政府组织援助目的是一致的，即消除贫困，支持发展中国家的基础设施建设。不过两者的出发角度截然相反，非政府组织顾名思义是慈善性、自助性的非官方团体，由民间志愿者组成。而双边援助组织则是各国或地区的政府设置的援助机构，其扮演了各国政府对外援助工作的代言人角色。较为活跃的双边援助机构以澳大利亚国际发展署（AusAID）、加拿大国际发展署（CIDA）、德国技术合作公司（GTZ）等国的发展机构为主。双边援助机构职能是向发展中国家提供资金，帮助发展中国家进行基础设施建设及改善人民生活。一般而言，外国政府予以中国的援助资金是无偿的，但同时要求中国政府进行资金配套，加强对援助资金的管理。

国际组织援助中国的方式，主要分为资金援助和技术援助两大类。贷款项目和无偿援助项目是资金援助的两个方式，大多数的资金援助是以具体的项目方式来实现的，例如基础设施建设。而技术援助指国际组织派出技术专家到我国进行以技术传播、技能培训方面为主题的援助，或者为中国的学者、技术人员及咨询顾问提供学习、培训机会。技术援助的思想在于从智力与精神上提高贫困人口的生产力，改变落后的生产方式，与资金援助形成了互补，实现反贫困的可持续性。

2. 国际援助组织对中国扶贫工作的贡献

（1）国际组织的援助是对中国扶贫开发工作的补充。尽管"八七扶贫攻坚时期"中国经济发展又上一台阶，但相比较发达国家仍有巨大的差距。有限的经济实力无法兼顾数量庞大的贫困人口，国际组织的援助则一定程度上减轻了中国在扶贫开发工作上面临的巨大压力。世界银行开展的西南、秦巴、西部三期扶贫贷款项目，覆盖了9个省区、91个贫困县，800多万贫困人口，发挥出了积极的作用；联合国开发计划署项目在11个省的48个贫困县开展，受益人口近40万人；联合国儿童基金会的项目在12个省25个县开展，受益人口15万人。其他国际组织的项目虽然在规模、内容上不尽相同，但是各项目有较为充分的投资力度作为支撑,为当地的贫困人口带来较大的收益。①

(2) 国际组织的援助改变了中国传统的扶贫开发工作的理念。20世纪80年代中国开始了扶贫开发工作,当时要解决的是人民的温饱问题,因此收入多少成了衡量贫困的唯一标准,提高收入也就成了扶贫开发工作的唯一目的。国际组织提出的"人文贫困"的概念,扩展了中国对贫困问题的认识,衡量贫困的标准从单一收入扩展为三大类八项指标,从解决温饱问题向促进农村小康社会建设过渡。

国际组织在援助工作中强调了要为贫困人口提供机会的思想,而中国把注意力集中在提高收入上。中国传统的扶贫方式是通过各种短平快的项目来提高农民收入,但没有关注农民的实际条件及背后深层的致贫原因,造成了扶贫资源的浪费。国际组织对农民的人力资源的开发和社区基础设施条件的改善,为贫困人口提供了机会,并且取得了较好的效果,从这时候开始中国也转变了扶贫开发工作的思路,强调机会扶贫。

(3) 国际组织的援助使中国扶贫开发工作的方法得到了创新。表现在以下三个方面:参与式方法的引进和发展,参与式方式被很多国际机构的扶贫项目采纳及倡导,该方式运用范围较广,例如参与建立农户自己的组织、参与式项目计划和规划、参与式实施项目等。中国在"八七扶贫攻坚时期"也逐渐采纳该方法并予以推广;小额信贷资金使用模式的运用,这是中国在借鉴国际经验方面的一个典型,也是中国政府直接把扶贫资金使用到贫困农户当中的一个有效尝试,经过多年的运用与改良,小额信贷资金使用模式日趋成熟,其运用为后来的"精准扶贫"工作带来了巨大的成效;培育政府机构之外的扶贫机构,尽管扶贫开发工作仍然需要以政府为主导,但国际非政府组织在扶贫工作中展现的力量及独特的优势给中国的扶贫开发工作提供了借鉴,中国也开始重视培育非政府机构尤其是非政府组织进行扶贫活动。

虽然国际组织对中国的扶贫工作提供了指导,取得了显著的效果,特别是在扶贫开发工作的理念、工作方法等方面有着深远的影响,但也存在中国扶贫工作自身不可忽略的不足之处:

---

① 张磊、黄承伟、李小云:《中国扶贫开发政策演变(1949—2005年)》,中国财政经济出版社2007年版,第128页。

（1）以单个项目在某些地区可以于短时间内取得理想的效果，但难以应对成片的、多因素致贫的地区。扶贫工作是个系统性的工程，需要消耗大量的人力、物力与财力，国际组织的扶贫工作很多是依靠单个项目予以实现，可是只能满足贫困农户的单方面的需求，无法毕其功于一役实现多角度的消灭贫困。造成该现象的原因就是国际组织的资金、人力无法与政府相媲美，其职能与帮扶方向的专一性决定了一个组织无法兼顾多个方向，而不同组织之间沟通、协作不畅就导致多个国际组织无法在中国扶贫开发工作上形成合力从而获得进一步的成就。

（2）国际组织项目的资金消耗极其高昂，能够使贫困农户受益的部分偏低。项目预算当中，有相当大的部门资金用在聘请各方面的专家和机构建设上。很多国际扶贫项目都遵循一种不成文的规定就是聘请国际专家尤其是出资国的专家，因此支付工资及差旅费在资金消耗的比例当中位列前茅。而这些专家能为整个项目的实施带来多大的贡献还是个疑问，资金的效用一定程度上讲是偏低的，这使得本来资金就有限的扶贫项目实施起来更加捉襟见肘了。

（3）参与式方法的引进为我国的扶贫开发工作带来了新的力量与借鉴，但它并非万能药，自身也存在与我国国情不符的现象。国际扶贫项目对参与式方法的使用十分重视，在参与式方法涉及的各个方面都有着严格的要求和规范，然而这对于扶贫工作而言却是把双刃剑：一方面它对项目的落实起到监督和规范作用，但另一方面过度的约束形成了教条主义，与扶贫工作所面临的实际情况并不相吻合。参与式方法有一项重要内容就是在项目的各个阶段召开各个类型的村民代表座谈会，频繁的会议占据了贫困民众大量的生活时间，消磨了民众支持扶贫开发工作的热情。此外由于区位原因，我国许多行政村是由一个个自然村组成的，自然村之间交通极不方便，短时间内无法将所有要参加会议的人员集中在一起。为了满足国际项目的要求，基层不可避免地出现作弊、造假的现象，这为整个扶贫开发工作造成了不良影响，降低了工作的效果。无论是在什么时期，解决中国问题始终要立足于中国国情，即使从国外引进新事物也要与中国环境友好融合，生搬硬套是无法取得理想效果的。

（六）特殊贫困群体的扶持

中国政府一直以来重视对少数民族、妇女以及残疾人等特殊贫困群体的扶持工作。在政策制定及落实上，政府会对少数民族地区予以倾斜和加大扶持力度。1986年中国确定国家级贫困县时规定，以1985年为参考，人均纯收入低于150元的县将会列入国家级贫困县名单予以扶持，而革命老区和少数民族自治县的贫困标准将扩大到200元。对内蒙古、新疆及青海等部分少数民族自治县的标准进一步扩大到人均纯收入低于300元。从政策制定上可以看出中国政府重视少数民族地区的扶贫开发工作，在政策落实上亦是如此。1994—2000年，国家向内蒙古、新疆、宁夏、西藏、广西5个自治区和贵州、云南及青海3个少数民族人口较多的省份共投入资金432.53亿元，占全国总投资的38.4%。其中，财政资金194.15亿元①，占全国的40%；信贷资金238.38亿元，占全国的37.8%②。

　　对农村贫困地区妇女，中国政府采取智力扶贫的方式予以支持。例如组织农村贫困地区的妇女积极参加"双学双比"活动从而实现扫盲、脱贫。"双学双比"活动是指在全国农村贫困地区的妇女中开展的"学文化、学技术、比成绩、比贡献"竞赛活动。该活动是从1989年起全国妇联联合农业部、林业部、国家教委、国家科委、国务院扶贫开发领导小组等12个部委（后来增加到14个）根据中国农业面临的严峻形势，遵照党中央关于全党动手，大办农业的指示，在各地妇联经验创造的基础上组织开展的。该活动主要从三个方面展开：一是立足于科技兴农，对妇女进行文化知识和农业实用科技培训；二是围绕提高农业综合生产能力，发展高产、优质、高效的农业，组织开展适合妇女特点的生产竞赛；三是面向市场，推动改革，为参赛妇女提供社会化服务。《国家八七扶贫攻坚计划》提出，妇联组织要进一步动员贫困地区妇女积极参与"双学双比"竞赛活动，兴办家庭副业，发展庭院经济；同时还要组织劳动密集型并且适合妇女工作活动的扶贫项目；组织妇女学习实用技术，提高脱贫致富能力。③ 随着扶贫工作的发展，对农村贫困妇女的帮扶工程数量

---

① 这部分财政资金有127.22亿元属于以工代赈资金。
② 张磊、黄承伟、李小云：《中国扶贫开发政策演变（1949—2005年）》，中国财政经济出版社2007年版，第131—132页。
③ 中国发展门户网：《扶贫开发常用词汇释义》，国务院扶贫办信息中心提供（http：//cn.chinagate.cn/povertyrelief/2016-05/10/content_3841831C.htm）。

也不断增加,例如救助贫困母亲的"幸福工程"、援助西部缺水地区妇女的"母亲水窖工程"等,这些工程为农村贫困地区的妇女学习农业生产技术、提高生活水平与文化素养做出了巨大的贡献。

  残疾人在社会上属于弱势群体,他们面临的困难非普通人能想象。《国家八七扶贫攻坚计划》首次提出了残疾人扶贫工作的任务目标,并明确提出对贫困残疾人进行社会帮扶,由此帮扶残疾人纳入了国家扶贫开发工作内容,并在该时期奠定了工作基础。截至1997年底,全国1372万贫困残疾人中,有1205万人生活在农村,其中876万人可以通过扶贫开发解决自身的温饱问题,329万人需要国家社会救助实现生活保障。将生活在农村的1205万贫困残疾人的温饱问题解决,是个艰巨而充满人文关怀的任务。① 为此国务院扶贫开发领导小组、中国人民银行、财政部、中国农业银行、中残联于1998年共同制订了《残疾人扶贫攻坚计划(1998—2000年)》,《计划》对农村残疾人群体的帮扶做出了一系列的具体规定:中央及地方政府通过扶贫开发,到2000年基本解决缺乏劳动条件的特困残疾人的温饱问题。而采取的帮扶措施如下:安排专项贷款;加强基层残联扶贫服务体系建设;针对残疾人的实际困难,选择适合残疾人特点的扶贫开发项目和方式;为残疾人举办不同种类的农业生产技能培训。安排专项贷款是中央及地方政府对残疾人群体帮扶的最主要手段,为了对帮扶措施进行解释和监督,财政部、国务院扶贫开发领导小组等多个部门依据《残疾人扶贫攻坚计划(1998—2000年)》于1998年10月15日颁布了《农村残疾人扶贫开发实施办法(1998—2000年)》。该《办法》将任务指标进行分解,把全国876万名可通过扶贫开发解决温饱问题的农村残疾人分成三个年度任务指标:1998年180万人,1999年300万人,2000年396万人。各省、自治区、直辖市根据工作的实际情况也对扶贫任务指标逐级分解,最后分解到乡(镇)、村,落实到户到人。经过努力,我国贫困残疾人数量明显减少,到2000年底贫困残疾人(包括需要社会救助的)已不足1000万人,帮扶工作有明显成效。本时期还涌现出了许多针对贫困残疾人进行帮扶的新思路、理念及措施,为我国的残疾人扶贫开发工作提供了借鉴。

---

  ① 国务院残工委等六单位:《农村残疾人扶贫开发实施办法(1998—2000年)》。

(七) 加强扶贫开发监测工作

我国历来对贫困监测工作十分重视。早在1986年，国家统计局就利用全国农村住户抽样调查数据进行贫困标准及有关问题的研究和测算。为了更全面、客观地反映和了解我国的反贫困进程，1997年在国家计委、国务院扶贫办、财政部、国家民委、农业部、中国农业银行等有关部委的支持下，国家统计局建立了农村贫困监测系统。农村贫困监测系统目标是在原有全国农村住户抽样调查的基础上，强化对592个国家级贫困县状况调查，来全面反映贫困地区和贫困人口的性质、规模和趋势，以及多种专项扶贫措施的成效，形成中国贫困监测报告为决策机构提供客观、全面且准确的信息。

截至1995年，中国贫困监测系统由贫困监测指标体系、调查方案设计和贫困监测软件设计三大部分组成。

贫困监测指标体系。该体系囊括了当时所有对贫困地区进行考核的指标，这些指标可分为综合指标（国民生产总值、财政收入、农村经济总收入等）、农村生产指标（它又下设农业生产条件指标与农业产出指标）、农村经济发展指标（工业销售收入、社会商品零售总额等）、农村社会发展指标（中学教师与学生数量、卫生技术人员数等）、贫困县基础设施状况（公路里程、通电村数）、贫困县发生及发展指标（贫困人口数、对收入分区间统计人口的贫困程度）、贫困地区扶贫资金投入及其经济效益指标（扶贫项目个数、项目规模等）、扶贫开发社会效益指标（投资带动人口数、直接受益人口等）、贫困县社会发展指标（人口自然增长率、出生时预期生命等）。以上指标对社会资产、人口素质、资金投入等各方面进行了考量，力图将片面性、数据的不准确性降到最低。

调查方案设计。该设计有两个主要目的：一是完善现有的统计调查表；二是加强为特定目的进行的专门调查所使用的表式，重点关注抽样调查表的设计。根据国家统计局农村社会经济调查总队的意见，中国需要对现有贫困县信息卡和贫困县调查表进行完善，贫困县信息卡要充分反映县级社会经济和农民生活水平；加强抽样调查表的设计，则是要对贫困地区选择一些贫困户进行跟踪调查，了解其脱离贫困的过程、面对贫困时所采取的措施、急需解决的主要问题等。同一地区连续多年的数据将对了解贫困农户生计变化及国家政策落实成效起到重要作用。

贫困监测软件设计。该系统目的在于开发出具有审核、汇总和简单统计分析等功能的软件,将海量的信息进行快速、高效的梳理,从而得出准确的结论。①

我国的农村贫困监测系统并非诞生之后就完美无缺,仍有许多地方需要进行改进。由于认识和财力的限制,许多地方并没有对贫困监测工作予以重视,甚至对贫困监测工作进行不合理的干预。各级政府在制定扶贫开发战略的同时,要重视贫困监测工作,建立独立的、功能强大的贫困监测系统;由于贫困监测系统是在"八七扶贫攻坚计划"时期背景下诞生的,因此其检测范围以592个国家级贫困县为主。然而随着计划的完成,贫困人口的分布有了较大的改变,592个国家级贫困县不再囊括当前我国绝大部分的贫困人口,其检测所得数据的准确性就要大打折扣。贫困监测系统的覆盖面必须进行对应的调整来获得更准确的调查数据,最理想的情况就是覆盖全国所有的农村地区,实现全方位的监测与了解,当然这需要国家投入更高的成本,社会各界更加积极地参与到贫困监测与分析的工作当中。②

第三节 本时期湖北农村扶贫开发工作的实施

一 "八七扶贫攻坚计划"在湖北的实施

《国家八七扶贫攻坚计划》颁布后,湖北省严格遵照中央的精神制订了《湖北省扶贫攻坚计划(1994—2000年)》(以下简称省扶贫计划),省扶贫计划决定自1994年起,到2000年之前集中力量并广泛动员各部门、社会各界稳定解决全省394万贫困人口的温饱问题。判断贫困人口是否稳定解决温饱问题的标准如下:农户实现一人半亩到一亩当家田地,一人一亩高效经济林,每户必须有养殖业或其他家庭副业,每户有一个劳动力转移到乡镇企业或外地;每个县(区)要有一个产值过亿元的企业或企业集团,一乡有一个产值过百万元的骨干企业,一村有一个产值

---

① 刘存信:《中国贫困监测系统研究》,《调研世界》1995年第2期。
② 朱向东:《中国农村贫困监测系统的建立与发展》,中国统计出版社2000年版。

过十万元的绿色企业或加工业；人畜饮水困难等基础设施薄弱的问题得到解决，乡与乡之间通电、通车，不通电、不通路的村不超过总体的百分之十；社会事业上普及初等教育实现青壮年扫盲、开展成人职业技能开发、普及九年义务教育、改善医疗条件；全省每年有60万—80万贫困人口解决温饱问题，并且以户为单位，全省贫困人口人均纯收入每年增加60—80元以上。除了制定明确的扶贫开发标准外，省扶贫计划还创新性地对实现目标提出了具体时间要求：国家级贫困县限期6年，省级贫困县5年，插花贫困乡（镇）4年（解决温饱问题）。

为了保证省扶贫计划能够被各级单位严格执行，省扶贫计划继承了《国家八七扶贫攻坚计划》中"以省为主、分级负责"的原则，实行扶贫开发工作的省长负责制，即省长对全省负责。地（市、州）、县主要负责人则对本级负责，亲自抓计划的实施并且出面解决扶贫开发过程中出现的重大问题。文件提出把计划的实施和解决群众温饱的成效作为衡量贫困县领导干部政绩和提拔的主要标准，以此激发各部门的工作热情，认真投入到扶贫开发工作当中。

（一）调动社会资源帮扶农村贫困地区

动员社会各界力量参与到对农村贫困地区的帮扶当中是该时期扶贫开发工作中一个鲜明的特点。湖北省在落实《国家八七扶贫攻坚计划》时动员了各民主党派、工会系统、共青团组织、妇联、科协、残联、高等院校、部队等多个组织参与其中，每个组织根据自身特有的功能在扶贫工作中发挥长处。具体的社会支持情况见表5—2。

表5—2　　湖北省对"八七扶贫攻坚计划"的社会支持一览

单位或组织名称	实施扶贫计划时对应的职能
各民主党派和工商联	大力开展科技扶贫和智力开发，帮助贫困地区发展经济技术合作
工会系统	派专业人员到贫困地区传授技术，解决企业难题，扩大经济协作
科协	组织成员到贫困地区进行科学普及工作
共青团组织	进一步开展"希望工程"活动，动员贫困地区青年创新脱贫道路
妇联	组织动员贫困地区妇女参与"双学双比"竞赛活动；根据妇女特点创办对应企业，组织妇女学习实用技术，增强自身能力

续表

单位或组织名称	实施扶贫计划时对应的职能
残联	做好残疾人康复扶贫并为贫困的残疾人创造解决温饱的条件
帮扶城市	武汉、襄樊、沙市、黄石等城市通过干部交流、经济协作等方式提高帮扶的贫困县脱贫能力
大专院校、科研单位	选派科技副县长与科技扶贫开发团向贫困地区引进技术与项目
人民解放军和武警部队	在支援贫困地区抢险救灾和重大工程建设的同时，将解决贫困群众的温饱问题作为重要内容严肃对待，成为帮助群众脱离贫困的模范
省军区、人武系统	巩固和发展"131"扶贫帮团活动的成果，充分发挥民兵在扶贫攻坚中的生力军作用

（二）瞄准贫困县与贫困人口

为了使工作的方向更加准确，《湖北省扶贫攻坚计划（1994—2000年）》列出了攻坚的对象。从区域上看，国家级贫困县的连片贫困乡、省级贫困县的重点贫困乡、省定重点插花贫困乡（镇）这三类地区将成为湖北省扶贫攻坚的重点区域。1996年10月26日，时任湖北省省长蒋祝平在湖北省委扶贫开发工作会议上指出，湖北省扶贫开发已进入决战攻坚阶段，面临的形势十分严峻。解决群众温饱问题是当前贫困地区的首要工作。各级党政领导，各行业、各部门都要进一步加大对老区、贫困地区支持力度，老区及贫困地区的县乡领导要在人力、物力、财力等方面集中资源解决扶贫开发遇到的困难，各县市以"温饱工程"建设为重点，加强基础设施建设，加快社会发展，最终全面实现脱贫的各项目标。从群体上看，尚未解决温饱的贫困户是基本的工作对象。省扶贫计划还提出了利用上下级之间的沟通来消除因信息的不一致导致遗漏攻坚对象的情况。具体地，有关地、县要在认真调查摸底的基础上，确定重点贫困乡、村、户，普遍建档立卡，登记造册。省要掌握重点乡，地、县要掌握重点村，乡、村要掌握重点户，实现扶贫到户、效益到户、解决温饱到户。这种方法在本时期的扶贫开发工作当中是个闪光点，重点贫困乡、村、户建档立卡以及扶贫、效益到户体现了工作的精准性。20年后的"精准扶贫"政策正是以建档立卡及因户施策而闻名，是对以上工作方法的肯定与继承。

（三）多维度关注贫困人口

湖北省内有近400万农村贫困人口，造成他们无法得到温饱的原因众多，单一角度去进行帮扶并非有效的解决办法。在政策保障方面，湖北省从省、县（市）、银行及贫困户的层面制定了不同的措施，其主要思想是放宽对贫困户和扶贫经济实体发放贷款的要求，对乡镇企业予以税收上的支持（具体见表5—3）。

表5—3　　　　　　　湖北省不同层面政策保障一览

针对的群体或执行的单位	实行或获得的保障措施
省委、省政府	省委、省政府制定的各项扶贫优惠政策期限延续到2000年，并继续增加扶贫投入；从粮食风险基金中安排一定比例资金对吃返销粮的贫困户予以补贴
贫困户	对贫困户使用扶贫信贷资金，在能实现效益、能还贷的情况下放宽贷款条件；每年适当减免贫困户农业税和特产税
国有商业银行	国有商业银行每年安排一定规模的信贷资金对一些贫困地区的好项目进行投资
贫困县（市）、重点插花贫困乡（镇）	对这些地区在税收上予以优惠；省制定产业政策时优先考虑与照顾贫困地区；对贫困地区的进出口贸易，坚持同等优先的原则，列入计划，重点支持
扶贫经济实体	对扶贫经济实体使用扶贫信贷资金，放宽贷款条件；优质的农户扶贫项目不受自有资金比例限制
企业	在"老、少、边、穷"地区新办的企业，经批准后可在三年内减征或者免征所得税；在省定贫困县（市）及重点插花贫困乡（镇）的新办企业所得税三年内予以征后返还或者部分返还

（四）建立贫困监测与评估

尽管省扶贫计划要求省、地、县建立健全扶贫政策督办制度，定期检查、通报政策执行情况，确保各项扶贫政策的落实，但在"八七扶贫攻坚计划"时期，贫困的检测与评估尚未完善，各省（区）缺乏专门用于反映地区贫困状况的报告，这一情况加大了中央和地方政府了解贫困居民的整体生活状况及贫困政策落实成效的难度。

"八七扶贫攻坚计划"初期，国家统计局、国务院扶贫办在与世界银行合作的西南世行贷款项目中首次建立了客观、独立的贫困监测与评估体系，拉开了全国贫困统计监测的序幕。[①] 尽管贫困监测系统已建立，但反映贫困地区经济状况的文本仍以国家及各省、区的统计年鉴为主，这是因为中国的贫困监测系统的数据存量偏低，且依赖于20世纪80年代国家统计局农村社会经济调查总队（以下简称"农调队"）所取得的6万余农村住户抽样调查数据。[②] 各级的统计年鉴对涉及经济领域的多个指标进行详细的记录，以《湖北省统计年鉴》为例，其记录了湖北省下辖所有县的人口、年人均纯收入、农田面积等经济数据，这些数据能够从一定程度上反映贫困地区人民的经济状况。统计年鉴所记录的数据以收入及基础设施建设为主，虽然具有一定的参考价值，但是在反映贫困状况方面存在较大的片面性。制作专用文本便于进一步统计、分析农户的贫困状况显得尤为重要。1997年国家统计局与中央计委、国务院扶贫开发领导小组联合印发《关于开展农村贫困监测的通知》并开展农村贫困调查，此外从1998年起强化对国家级贫困县的状况的监测，湖北省作为农村贫困人口较为集中的省份积极配合中央政府的工作，在贫困监测方面取得了一定的成果。

从2000年起，农调队定期发布年度《中国农村贫困监测报告》，向全社会公布国家农村贫困状况，分析当前农村贫困形势，介绍国家扶贫政策与反贫困成效。农调队深入中国各省（区）的农村收集大量与贫困问题关系紧密的数据，并加以分析、预测，其专业性使报告成为监测、评估农村贫困的重要参考，弥补了湖北省在贫困监测与评估方面的不足。由于农调队并非农户、政府以外的第三方机构，因此监测、评估活动从程序上缺乏公允性。随着时代的发展，在贫困监测与评估问题上，第三方机构逐渐参与其中，使得一系列的贫困监测与评估活动更加公平与专业。

[①] 吴至琴、王艳杰：《我国扶贫统计监测的发展与思考》，《经济视角》2012年第8期。
[②] 刘存信：《中国贫困监测系统研究》，《调研世界》1995年第2期。

二 本时期湖北其他主要农村经济发展与扶贫开发政策的实施

（一）湖北农村经济发展政策

1. 继续推行"温饱工程"

1994年是"八七扶贫攻坚"开展的第一年，也是湖北省实行"温饱工程"的第六年。自1989年起湖北省在28个县（市），685个乡（镇），300余万名农民中实施"温饱工程"。从省级到乡（镇）级，政府建立了多层"温饱工程"领导小组，制定了有力的组织措施来严格落实工程。这五年来省政府每年发放贴息贷款1100万元，投入100万元作为技术推广费用；轻工、供销等部门负责组织地膜、化肥等农业生产资料的调配供应；财政、农行等部门负责发放中央及地方政府供应的配套物资和资金；农技部门举办多种形式的技能培训，每年培训人次达到73万。300余万名农民在"温饱工程"中得到了温饱，这项工程为湖北省顺利执行"八七扶贫攻坚计划"打下了坚实的基础。

2. 加快发展农村综合服务业

基于第三产业具有投资少、见效快、耗用能源原材料少、就业容量大的产业优势，1995年2月湖北省政府颁布了《90年代湖北省加快发展第三产业纲要》，要求加快全省第三产业的发展，为经济结构调整、企业经营机制转换和政府机构改革提供重要条件。纲要提出了多个行业的发展目标和任务，例如农村综合业要逐渐建立成功能与层次众多的农村社会化综合服务体系，向农业生产、农村工业等提供综合的、高质量的系列服务，为农村剩余劳动力向城市转移提供条件。为实现目标，省政府要求下级根据自然资源条件发展相对应的特色产业，提高农业内部各业效益，完善农业产前、产中、产后的社会化服务体系，支持农业基础设施建设与科研、教育单位的科技人员到农村进行农业技术服务，增强农民及涉农企业的经营能力。为了实现90年代湖北省第三产业发展的目标和任务，纲要提出了六项政策和措施：（1）广泛动员社会力量，加快第三产业市场化、企业化的步伐；（2）深化改革，建立第三产业自我发展机制；（3）多渠道筹集第三产业发展资金；（4）采用多种经济手段引导、支持第三产业的发展；（5）加快城镇化进程和人才培养，扩大第三产业的市场需求；（6）加强组织领导，制定发展规划和健全法治建设。

3. 推行调整农业增收计划

湖北省部分县（市）在该时期推行了调整农业增收计划。以湖北省应城市为例，1995 年 1 月中旬应城市委组织农业结构调整宣传队进村入户引导农民消除依赖农产品"增价增收"的心理，并对计划、措施进行宣传、落实。该计划的内容包含两大点：一是优化种植结构，全市粮食、棉花、油料、鸡场和猪场的种植养殖数量及规模要达到预期目标；二是推广种植模式与经营模式，有 20 种高产高效种植模式获得了推广，例如"麦—菜—棉"模式和"油—瓜—稻"模式，经营模式则是"公司＋基地＋农户＋服务实体"，靠龙头企业的市场带动，让千家万户的分散经营与市场对接。①

（二）国际组织对湖北农村地区的帮扶

"八七扶贫攻坚时期"国际组织对湖北省展开了一系列的援助，并取得了一定的成效。1988 年世界银行在湖北省武汉市周边执行中长期农业开发贷款项目"世界银行 1871 农资项目"，该项目自 1988 年启动至 1995 年结束，共持续 7 年。据湖北省武汉市审计局的审计结果显示，世界银行在该项目中投资 524.70 万元，覆盖范围以武汉市汉南、东西湖区为主。世界银行对 4 个养殖业项目和一个葡萄基地项目发放了农业开发贷款，自投产到 1993 年底止，共实现产值 2754.32 万元，利润 530 万元，为市场提供鲜鱼 608 万公斤，出栏生猪 1.9 万多头，提供巨峰葡萄 19 万公斤，丰富了食品的种类、数量的同时，也为平抑物价起了作用。"世界银行 1871 农资项目"还产生了较好的社会效益，养殖业开发精养鱼池 2663 亩，按每开发 10 亩灭螺 8 亩计，灭螺面积达到 2130.4 亩，为整治血吸虫疫区起到了重要作用；东西湖区走马岭农场扩建巨峰葡萄基地解决了 60 个农业劳动力的就业，农户的收入有了明显的提高，项目地区的基础设施建设也从中受益。世界银行考察团还在 1995 年到湖北对农垦系统利用世行贷款的 8 个项目进行评估后决定发放 3700 余万美元的低息贷款，这些贷款将帮助以上 8 个项目在武汉建造大型的农副产品批发市场、饲料厂及饮料集团等。②

---

① 参见《湖北日报》1995 年 1 月报道。
② 参见《湖北日报》1994 年 10 月报道。

（三）各级政府针对湖北山区少数民族的帮扶

进入 90 年代后，湖北省根据自身实际情况将各方面思想进行统一，全力做好全省民族工作。自 1995 年开始，湖北省委、省政府先后对省内民族工作提出了三项要求：要像全国支援西藏那样支援湖北省民族地区；举全省之力，大力扶持和支持民族地区的经济社会发展；针对全国学"两湖"，提出"对照湖南找差距"，定措施，抓落实，力争湖北省民族工作再上新台阶。[①] 为此湖北省相应出台了《关于加快恩施自治州经济和社会发展的决定》（鄂发〔1995〕26 号）、《关于合力加强特困县市扶贫开发工作的决定》（鄂发〔1996〕11 号）、《关于实施 616 工程，开展对口支援恩施、建始、来凤、长阳等 4 县市工作的决定》（鄂政发〔1996〕82 号）三个文件，尤其是"三种形式"领导工程[②]为少数民族和民族地区的社会经济发展提供了一系列的政策优惠，到 2000 年时湖北省山区少数民族扶贫工作获得了良好的成效。

据统计，1999 年湖北省少数民族地区"一州两县"的国内生产总值从 1995 年的 50.45 亿元增加到了 94.74 亿元，连续三年同比增幅超过全省平均水平；农民人均纯收入从 706 元增加到 1616 元，98.3 万贫困人口的温饱问题得到了解决。时任湖北省省长蒋祝平总结湖北省民族工作取得较大成绩时提到湖北省努力做到了"三个兼顾"：坚持自治地方与散居地区兼顾；坚持经济建设与社会发展兼顾；坚持制定政策法规与抓查督办落实兼顾。[③]

三　本时期湖北农村贫困状况的变化

（一）扶贫资金投入情况变化

"八七扶贫攻坚计划"时期，中央政府为保证如期完成，持续加大扶贫资金的投入。1994 年中央投入扶贫资金 97.85 亿元，2000 年达到 253

---

① 鄂西与湘西同属武陵山区，但开发手段与扶持力度的差异导致了鄂西地区的经济远远落后于湘西地区，针对鄂西尤其恩施州的建设在该时期显得尤为迫切。湖北省政府因此提出参考湖南湘西的发展模式，选择一条适合鄂西地区发展的道路，尽快改善鄂西经济落后的状况。

② "三种形式"领导工程是指对民族地区 6 个特困县市实行"四定帮扶领导工程，对民族地区其他 4 县市实行'616'对口帮扶工程，对民族地区 10 个县市层层实行党政一把手扶贫责任制工程"。

③ 摘自 2000 年蒋祝平同志在湖北省民族工作会议上的讲话。

亿元，7 年时间累计投入扶贫资金 1127 亿元，相当于 1986 年到 1993 年扶贫资金投入总量的 3 倍。① 这些扶贫资金有大约 23% 的属于以工代赈项目资金，其主要目标是利用贫困地区的劳动力为本地修建基础设施，如公路、水利、农田、饮水设施等。修建基础设施建设不仅改善了贫困地区居民的生活条件，还为该地区的劳动力提供了就业机会及收入来源，多方面降低了其脱贫难度。

同一时期，根据湖北省扶贫攻坚计划，中央的扶贫专项贷款将集中投放到国家重点扶持的贫困县中，国家的以工代赈资金及省里的各项扶贫资金投入到 38 个贫困县（市）及省定插花贫困乡（镇）；中央安排的支援不发达地区发展资金、湖北省财政配套资金和省直有关部门集资集中用于重点老区乡（镇）；其他分散的贫困乡村，主要由地、县安排资金扶持。扶贫资金的投放和项目覆盖的目标以贫困县中的贫困乡为首。1996 年 10 月，在省委扶贫开发工作会议上，省委、省政府决定在当前出台的 1.1 亿元配套扶贫资金基础上，进一步加大扶贫攻坚投入。省财政每年在预算内新增 1000 万元无偿资金，从现有周转金总量中调整安排周转金 1000 万元，与原来安排的 3000 万元周转金和扶持特困县市的 2400 万元周转金一起作为扶贫专项资金使用。

（二）贫困县名单变化

在"八七扶贫攻坚时期"之前，我国就已经确立了一批国家级贫困县。1985 年，中央决定将全县人均纯收入低于 150 元的县确定为国家级贫困县，少数民族自治县和革命老区的标准放宽到 200 元，个别有重大影响的革命老区和部分牧区的县放宽到 300 元。在中央确定国家级贫困县的同时，各省、市、区按照中央的要求以一定的收入标准确定省级贫困县，通过省（区）的财政系统予以帮扶。截至 1988 年，各省（区）共确定了 370 个省级贫困县；1986 年到 1993 年，全国共有 331 个县被确定为国家级贫困县。

随着经济的迅速发展，加上扶贫开发工作形势的变化，原有的国家级贫困县纳入标准不再适合当前的国情。1994 年国家重新制定了国家级贫困县的纳入标准，最终确立了 592 个国家级贫困县，贫困县数量比上一

---

① 王晓欣：《"八七扶贫攻坚计划"基本实现，今后扶贫资金主要用于扶贫开发重点县》，《金融时报》2001 年 6 月 20 日。

阶段多了261个。湖北省在"八七扶贫攻坚时期"共有25个县被列入国家级贫困县名单，管辖的国家级贫困县数量在全国位列第12名，处于中游水平。这些贫困县未来7年内在财政、政策上将获得国家的大力帮扶。表5—4为湖北省25个国家级贫困县名单。

表5—4　　　　　　　　湖北省国家级贫困县名单

国家级贫困县名称	国家级贫困县所属地区
恩施	恩施土家族苗族自治州
来凤	
建始	
鹤峰	
利川	
咸丰	
宣恩	
巴东	
鹤峰	
英山	黄冈市
红安	
麻城	
罗田	
蕲春	
大悟	孝感市
孝昌	
长阳	宜昌市
秭归	
郧县	十堰市
郧西	
竹溪	
丹江口市	
房县	
阳新	黄石市
神农架林区	直属湖北省管辖

资料来源：国务院扶贫开发领导小组《关于列入贫困县的通知》（［国开发1994］5号）。

国家级贫困县确定之后不久，湖北对省内的贫困县、乡的名单逐步做出了调整。1995年1月14日，湖北省人民政府办公厅发布了《关于将蒲圻市柳山湖镇等六个乡镇列为省定插花重点贫困乡镇的请示》（鄂政办函〔1995〕4号），文件提出，湖北省孝昌县被列为国家级重点贫困县，其管辖的小悟、丰山等六个乡镇原来属于省定60个插花重点贫困乡镇不可继续保留于原名单中，为保持省定插花贫困乡镇数量不变，建议将柳山湖镇等六个乡镇列入省定插花重点贫困乡镇名单。同年2月20日，湖北省政府通过了该请示，同意将柳山湖镇等六个乡镇列入省定插花重点贫困乡镇名单（鄂政办〔1995〕8号）。名单变化如表5—5所示。

表5—5　　湖北省定插花重点贫困乡镇名单变化一览（部分）

被剔除出"插花贫困乡镇"名单的乡镇	所属县（市）	被纳入"插花贫困乡镇"名单的乡镇	所属县（市）
小悟	孝昌县	柳山湖	蒲圻市
丰山	孝昌县	荆泉办事处	蒲圻市
周巷	孝昌县	瞿家湾	洪湖市
小河	孝昌县	南泉	武穴市
卫店	孝昌县	袁冲	老河口市
王店	孝昌县	秦集镇	老河口市

资料来源：湖北省人民政府办公厅《关于将蒲圻市柳山湖镇等六个乡镇列为省定插花重点贫困乡镇的请示》（鄂政办函〔1995〕4号）。

（三）贫困人口规模的变化

自落实《国家八七扶贫攻坚计划》以来，湖北省贫困地区经济形势逐步改善，贫困人口规模不断减少。1996年处于"八七扶贫攻坚计划"前中期，恩施州尚未解决温饱的贫困人口就减少到了65万人，比1985年恩施建州初期少了145万人；[①] 在阳新县，1998年全县共有1万户5.1万人越过了温饱线，贫困人口下降到2.1万人；十堰市从1993年底共有84.37万贫困人口，经过数年的努力，1998年贫困人口减少到12.66万人，共帮助了71.71万贫困人口解决温饱问题。2001年9月，湖北省扶

---

① 郭唐铨：《对口扶贫显成效　科技扶贫结硕果——农业部在湖北省恩施州扶贫纪实》，《畜牧市场》1998年第2期。

贫开发工作会议在十堰召开,时任省委书记蒋祝平、省长张国光指出,湖北省扶贫开发工作取得了巨大的成就:湖北省贫困人口从1978年的1100万人、1993年的394万人大幅减少到50万人。除了有50万人口由于各种原因常年无法解决温饱问题,还有近100万返贫人口的温饱出现了困难。湖北省乃至全国的扶贫开发工作仍有很长的路要走。

(四) 贫困县GDP与农村人均纯收入及不平等的变化

湖北省财政厅农业处于2000年对湖北省十堰、宜昌、黄石、咸宁市和恩施州所管辖的13个贫困县、市的扶贫情况进行调查。调查结果显示,农民的人均纯收入为1511元,不到2%的农民人均纯收入低于625元。① 下辖所有县、市被纳入贫困县的恩施州在"八七扶贫攻坚计划"时期生产总值年均增长率达到11%,农民人均纯收入由706元增加到1520元。② 根据《湖北省统计局关于2000年国民经济和社会发展统计公报》③,2000年全省农民人均纯收入2268.5元,由此可见,大量的农民经过一系列的帮扶之后脱离了难以解决温饱的困境,但是这13个贫困县的农民人均纯收入与全省的平均水平仍有一定的差距。若将对比范围增大到全省的城镇居民纯收入甚至与全国来对比,差距会显得更加巨大。

表5—6　　　　　湖北省农村与城镇居民收入对比　　　　　单位:元,%

	湖北省农村居民人均纯收入	湖北省城镇居民人均可支配收入
"八五"计划期末	1511	4017
"十五"计划期初	2268.5	5524.5
年均增幅	8.5	6.6

贫富差距增加不局限于贫困人口与非贫困人口之间,还扩大到农民与城镇居民之间。农民收入增幅减缓使城乡差距从1978年的1:2.37扩

---

① 人均纯收入低于625元的农民不包括民政救济以及因灾返贫的人数。
② 《省委省政府在鄂西少数民族地区扶贫现场办公会上提出"奋力加快民族地区经济发展步伐"》,《湖北日报》2001年10月22日。
③ 该统计公报刊登于《湖北日报》2001年2月8日。

大到2000年的1∶2.65。加上农民支出的刚性尤其是现金收入和支出上的不对等（人均纯收入中现金部分仅占70%左右，而90%的负担由现金支付），加剧了农民的收支矛盾。①

（五）湖北省贫困人口分布的变化

上文提到在"八七扶贫攻坚计划"时期，湖北省初步解决了近300万人的温饱问题，尚有50万常年贫困人口及接近100万返贫人口的温饱问题有待解决。农村贫困人口的分布状况随着扶贫开发工作的推进逐渐呈现出了新特点。湖北省的贫困人口进一步向本省的革命老区、少数民族地区和贫困山区集中，据统计，上述地区的国土面积及总人口占据了全省的57%和33%以上，也就是说，在"八七扶贫攻坚计划"期末，湖北省仍有接近60%的国土面积属于扶贫开发工作针对的区域，全省33%的人口居住在该区域当中。为了确保湖北省扶贫开发奋斗目标的实现，湖北省委、省政府在2001年湖北省扶贫开发工作会议上提出，再确定100个乡、1000个村作为新阶段扶贫开发工作的重点乡村，确定一批扶贫任务相对大的县作为全省扶贫开发工作的重点县，予以重点扶持。

（六）湖北省总体及贫困村基础设施条件的变化

加强基础设施建设是扶贫开发工作中的重要一环。以上述13个贫困县为例，直到2000年底，13个贫困县基本实现了乡与乡之间通公路，95%的行政村通公路。农村用电方面，有98%的村实现了通电。② 在"八七扶贫攻坚计划"初期，湖北省便借助"八五"期间积累下的基础坚持农村改水工作，截至1995年底，全省新增改水受益人口771.13万人，其中新增自来水受益人口464.45万人。此外农田水利建设方面得到了加强。以2000年为例，湖北省全年完成各类水利工程22.66处，加高加固堤防1200公里，疏浚河道1048万立方米。新增综合治理水土流失面积1950平方公里，新增改善恢复灌溉面积33.47万公顷，新增节水灌溉面积4.84万千公顷。在"八七扶贫攻坚计划"时期，全省公路里程从4.83万公里增加到了5.79万公里，公路里程如图5—3所示。

---

① 夏贤格：《农民增收事关全局》，《湖北日报》2001年1月5日。
② 吴黎明、彭辅廉：《扶贫攻坚：成效、问题与对策——对湖北省八七扶贫攻坚情况调查》，《湖北财税》（理论版）2001年第4期。

(万公里)

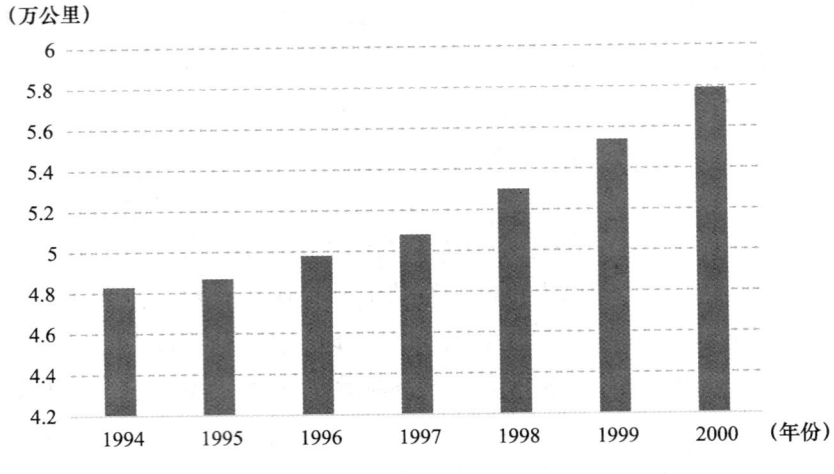

图5—3 "八七扶贫攻坚计划"时期湖北省公路里程

由图5—3可知，湖北省公路里程数不但逐年增加，并且每年增加的里程数也不断提升。这一切得益于政府在修筑公路方面持续增加的财政投入以及在该时期又一次展现出活力的工业。

（七）湖北省及贫困县（村）农业产业发展变化

湖北省依照《国家八七扶贫攻坚计划》与省扶贫攻坚计划从多维度对贫困人口进行帮扶，例如根据省内不同山区重点发展不同的工农业，核心思想是重点发展有助于直接解决群众温饱的种植业、养殖业和相关的加工业；积极发展能大量安排贫困户劳动力就业的资源开发型和劳动密集型的乡镇企业、县办工业。具体情况如表5—7所示。

表5—7　　　　　湖北省各山区重点产业扶持一览

湖北省山区名称	重点扶持的产业
大别山区	扶持桑蚕丝绸、茶叶、烟叶、板栗、乌桕等生产加工系列；花岗岩等矿产开采加工系列
幕阜山区	扶持以楠竹为主的林业生产加工系列；以柑橘、猕猴桃为主的干鲜果生产加工系列；以生猪为主的畜牧业及茶叶生产加工系列
秦巴山区	扶持以黄姜、杜仲、五倍子为主的医药化工生产加工系列；以花岗石为主的石材工业；依托二汽发展以零配件生产为主的机械工业

续表

湖北省山区名称	重点扶持的产业
武陵山区	扶持烟草、茶叶及三木药材生产加工系列；畜牧养殖业；建立水电资源基地，林果特生产基地以及矿产、建材、重化工业基地

在农林牧渔方面，湖北省顶住了各方面的压力，贯彻落实中央的思想，坚持进行农业产业结构调整。农业产业结构调整贯穿了整个"八七扶贫攻坚计划"时期乃至整个20世纪90年代，是当时中国在经济方面迈出的战略性步伐。

在20世纪90年代前中期，中国的农业产业结构调整主要目标是大力发展乡镇企业，将农村过多的剩余劳动力转移到非农产业当中，使第一、第二、第三产业的结构比例趋向合理。当时的农村出现了离土不离乡、离乡不离土、离乡又离土的乡村工业模式，村镇里随处可见的工厂正是当时中国乡村经济的写照。

1995年以来全省乃至全国的粮食连续丰收，尤其是1996年全国粮食产量首次突破5亿吨大关，但同年国家大幅度提高粮食收购价后，市场粮食供大于求，仓库存粮爆满，相关企业严重亏损。为了摆脱多产多亏的状况，群众出现了购买进口粮取代自种粮（进口粮食价格相对便宜）、只要手里有钱就不怕没粮食等做法及思想。这一系列的反应最终造成中国进入高价农业阶段，大宗农产品价格接近或超过了国际市场价格却缺乏消费者购买，进而给中国的粮食安全敲响了警钟，农民的人均纯收入也受到了一定程度的影响。农业长期增产不增收，影响的不仅仅是农业与农民，还将严重影响工业品的市场需求。为了应对这一严峻的形势，政府提出了农业战略性结构调整，归结起来，该政策涉及了四种类型的农业结构调整与优化：调整与优化农业区域空间结构、农业的品质结构、农业的组织结构及农业的纵向结构。[①] 进行这样的调整与优化，目的在于进一步发挥区域农业比较优势，满足市场多元化消费需求，提高农业的组织化程度并且推进农业的产业化经营和纵向一体化。

---

① 黄祖辉、傅琳琳、李海涛：《我国农业供给侧结构调整：历史回顾、问题实质与改革重点》，《南京农业大学学报》（社会科学版）2016年第6期。

经过数年的调整，2000年时湖北省第一、第二、第三产业比重为15.5：49.7：34.8，第二、第三产业比重呈上升态势，推动了全省经济的增长。1998年前后中国经历了罕见的特大自然灾害，在市场和自然灾害的双重压力下，湖北省较大幅度地调整农业生产结构以应对困难，减粮、增油、扩菜的格局进一步强化，农产品变化情况如表5—8所示。

从产业结构比例上看，农业战略性结构调整有一定的成效。但是全省乃至全国的国民经济仍然存在一定的困难：价格水平依然走低、农民收入增长缓慢、工业经济效益仍低于全国水平。

表5—8　　2000年湖北省农产品产量变化（与1999年相比）

农产品种类	2000年时产量（万吨）	增/减产量（万吨）	变化幅度（%）
各类粮食	2218.49	-233.39	-9.50
棉花	30.43	+2.28	+8.10
油料	269.98	+41.00	+17.91
蔬菜	3107.93	+96.37	+3.20
茶叶	6.37	+0.25	+4.10
烟叶	13.73	+0.10	+0.70
麻类	5.15	-0.13	-2.50
糖料	101.66	-12.56	-11.00

本章小结

一　"八七扶贫攻坚计划"效果评价

在中央及地方各级政府的努力下，1997年、1998年中国解决贫困人口温饱问题的人数均达800万人。1999年时任中共中央政治局委员、国务院副总理温家宝在中央扶贫开发工作会议上做报告时指出，1998年中国农村尚未解决温饱的贫困人口减少到了4200万人，农村贫困发生率降到了4.6%。农村贫困地区的生产生活条件得到明显改善，科技、教育、文化、卫生等社会事业较快发展。在报告上温家宝指出中国政府力争在"八七扶贫攻坚计划"实行的最后两年解决2000万左右贫困人口的温饱问题（目标进一步细化为每年解决1000万贫困人口的温饱问题）。计划规定期限到来时，全国农村贫困人口的温饱问题基本得到解决，计划确定的战略性目标基本实现。① 湖北省是我国的农业大省，同时也是贫困人口较为集中的省份之一。经过7年的努力，湖北省农村贫困人口的温饱问题基本得到了解决，与此同时全省的第一、第二、第三产业结构比例趋向合理，农民长期承受的巨大经济负担得以减轻，农产品数量与质量得到提升，保障了我国的粮食安全。

二 "八七扶贫攻坚计划"时期扶贫特征

（一）扶贫开发计划具有综合性

《国家八七扶贫攻坚计划》是中国历史上第一个有明确的目标、对象、措施和期限的反贫困纲领性文件，该计划实施前期中国平均每年有500万农村贫困人口成功解决温饱问题，为了能够按时完成计划所规定的目标，中央政府先后三次召开中央扶贫开发工作会议，提出了一整套综合性农村扶贫措施。这些措施主要包括：确定592个国家级贫困县；每年持续加大专项扶贫资金的投入；提出东西对口扶贫，北京、天津、上海、广东、江苏、浙江等东部经济较为发达的省、市，都要对口帮扶西部的一两个经济较为落后的省、区；要求中央和地方党政机关及有条件的企事业单位与贫困县定点挂钩扶贫等。

湖北省按照《国家八七扶贫攻坚计划》的精神，制订了《湖北省扶贫攻坚计划（1994—2000年）》，对本时期湖北省扶贫开发工作进行统筹。该计划指出湖北省尚未解决温饱的贫困人口绝大多数集中在自然条件恶劣的各大山区、水库区，工作难度比以往更加艰巨。湖北省力争在2000年以前解决全省农村贫困人口的温饱问题，并在人均纯收入、农村基础设施建设及农村社会事业等方面取得巨大突破。要实现这些目标，就不仅需要政府各部门勠力同心，将扶贫开发工作放在极其重要的位置，还需要发动社会各界的力量参与到扶贫工作中，从各方面帮助未解决温饱问题的农村贫困人口脱离困境。

---

① 新华社：《温家宝在中央扶贫开发工作会上作报告要求——坚定信心加大力度确保如期实现八七扶贫攻坚计划目标》，《中国贫困地区》1999年第6期。

（二）扶贫开发目的更具有针对性

到 20 世纪 90 年代，继续沿用以往的模式开展反贫困工作不再适应时代的要求，为了更好应对反贫困形势的变化，《国家八七扶贫攻坚计划》提出重新确定国家级贫困县，厘清农村贫困人口分布形势后再执行对应的帮扶措施。低差别度的扶贫方针逐渐被摒弃，取而代之的是具有针对性的方案。这一特征不仅是中国扶贫开发工作愈加成熟的标志，也是中国经济、扶贫达到新阶段的产物。具有针对性的扶贫计划能够避免资源的浪费与高投入低成效的不利局面，增强社会各界反贫困的信心。本时期湖北省无论从工作对象还是工作内容方面都具有针对性，根据各地区不同的情况制定了不同的方案。以贫困重灾区恩施州为例，湖北省认识到了同处一个山区的恩施和湘西的巨大差距，多次派遣工作人员前往湖南进行学习、考察，并根据恩施州下辖各县的特点发展具有当地特色的山区产业。恩施州经济条件的快速改善证明湖北省制订的扶贫开发工作计划做到了"指哪儿打哪儿"，措施的落实方向准确有效。

（三）"省长负责制"被首次采用以支持扶贫工作

为了督促地方政府在 21 世纪到来之前解决全国 8000 万名尚未解决温饱问题的农村贫困人口，《国家八七扶贫攻坚计划》还提出了分级负责、以省为主的"省长（自治区主席、市长）负责制"，在接到中央下发的《八七扶贫攻坚计划》及相关扶贫工作文件后，各省、自治区、直辖市将各自的扶贫开发工作要求逐级下发，并且由省长（自治区主席、市长）对各自管辖的省、区、市负总责。在该时期，扶贫开发工作成为政府官员政绩考核的重要指标，一旦不能按期完成扶贫目标，地方政府官员将会被就地免职。正是立场强硬的规定对地方政府形成了督促与鞭策，使本计划在中后期不但没有因为地方政府的懈怠而出现进度减缓的现象，还加快了工作的进程。湖北省是 1998 年长江特大洪灾中受损最为严重的省份之一，但到了 2000 年仍然能实现"解决全省近 400 万农村贫困人口的温饱问题"的预期目标，这是"省长负责制"为地方各级政府官员予以严厉监督带来的成果。"省长负责制"是 20 世纪 90 年代中国扶贫开发工作的鲜明特征之一，其带有与法律条文不完全相同的"强制性"是扶贫开发工作得以善始善终的最有力保障。此后中国不同阶段的扶贫开发工作均沿用这一规定并加以完善。20 年后中国实行"精准扶贫"，对政府官员的责任追究达到了县、区一级,正是"省长负责制"的完善与延伸。

三 "八七扶贫攻坚计划"时期的经验

"八七扶贫攻坚计划"时期中央及地方政府一系列的措施,都为以后我国的扶贫开发工作提供了宝贵的经验和启示。

(一)扶贫对象的针对性

"八七扶贫攻坚"时期,中央重新确定了592个国家级贫困县,并对这些贫困县提供扶贫资金,优惠政策。在计划前中期,由于国家级贫困县囊括了当时国家绝大部分的贫困人口,因此扶贫开发工作的成本相对较低,成效较大。以湖北省恩施州为例,该州下辖的县全部被列入国家级贫困县,得到中央及地方多级政府的大力支持。到计划实行的后期,恩施州的扶贫开发工作多次获得农业部的肯定,其扶贫开发模式在全国进行推广。

(二)人力资源的积极开发

"八七扶贫攻坚计划"促使国家调动极大的人力资源进行扶贫开发工作,尤其是在贫困地区的农村教育及农村公共医疗方面。农村教育及农村公共医疗是通过提高农民的文化素养及生理素质实现反贫困目标的,而这些不仅仅依赖于持续的基础设施建设例如教室、医院的构建,还依赖于持续的人力投入。正因为国家在人力资源方面的积极动员,才在反贫困领域取得举世瞩目的成绩。"八七扶贫攻坚"时期,湖北省对农村合作医疗保障制度的建设予以大力支持。尽管建设过程中存在县、乡干部思想负担过重不敢开办合作医疗的现象,[①]但在上级政府的支持下农村合作医疗保障制度的建设还是得到了保证,获得了人民群众的赞赏。中央要求各级党政机关及地方企事业单位与贫困县挂钩开展扶贫工作,各单位的职能不同使扶贫工作的出发角度也不同,经过汇总后形成了各级单位对贫困地区实行多维度反贫困的工作局面,并取得了良好的效果。

---

① 本时期国家在农业、农村工作方面注重减轻农民负担,有部分县、乡干部因害怕戴上"加重农民负担的帽子"而不敢开办合作医疗,甚至为了通过减轻农民负担检查的关,把筹集起来的合作医疗资金又退还给农民,给农村合作医疗制度的建设造成了障碍(摘自张洁《"合作医疗不是加重农民负担"——全国人大代表、省卫生厅副厅长孙昌松一席谈》,《湖北日报》1999年3月15日)。

（三）扶贫开发与社会经济紧密结合

在"八七扶贫攻坚计划"进行得如火如荼的同时，积极对农业产业结构进行调整。在20世纪90年代，中国的农产品数量与质量对工业有着巨大的影响，而在该时期中国的农产品供给与市场价格出现了较为明显的波动，加上较为明显的农村劳动力剩余与接连发生的恶性自然灾害，形成了严峻的经济形势。为此国家调整农业产业结构比例，大力发展乡镇企业，引导农村剩余劳动力向非农产业转移实现充分就业。这一过程也促使中国打破城乡人口流动的限制，农村人口及城市人口的社会保障和公共服务的区别对待问题获得了重视，为实现扶贫目标迈开重要一步。湖北省在农村剩余劳动力转移方面也取得了不俗的成绩。以湖北省武穴市为例，1994年武穴市积极组织农民大力开发山水资源，建设多种经营基地；大力兴办第二、第三产业；鼓励农民进城、办厂、进厂务工，推动农村剩余劳动力有序转移。该措施仅实行一年，武穴市新进城从事第二、第三产业农民达6万多人，全市城镇和第二、第三产业吸收农村剩余劳动力12万余人。取得如此成果的不只是武穴市，湖北省各市均积极开展农村剩余劳动力的转移，加快了农业产业结构的调整及解决农村贫困人口温饱问题的进程。

（四）完善计划执行的监督机制

上文提到"省长负责制"是《国家八七扶贫攻坚计划》得以善始善终的有力保障。加强监督政府官员扶贫工作，打击官员的不作为，是一种特殊的扶贫方式。只有当各级政府真正落实文件精神，才能够让千千万万的农村贫困人口受益从而摆脱贫困，获得自身与家庭命运的改变。

四　本时期中国扶贫开发工作的不足与展望

"八七扶贫攻坚"时期，中央及地方政府展开的工作并非毫无瑕疵。其存在的不足集中于以下几点：

贫困判定标准没有与工作形势相一致。1994年中央政府确定了592个国家级贫困县，当时这些地区囊括了全国大多数的贫困人口，然而随着扶贫开发工作的进行，形势发生了较大的转变：国家级贫困县内并非所有居民都是贫困人口，有相当一部分贫困人口分布于非贫困县中，2000年全国3000万绝对贫困人口中，分布在国家级贫困县的不到60%，超过40%的贫困人口生活在非贫困县当中。由于扶贫资金是针对国家级贫困县投入使用的，因此贫困县内的非贫困人口享受到了扶贫资源，而非贫困县的贫困人口则受到了一定程度的忽视。这是没有将扶贫措施及优惠政策准确投向目标的表现，一方面造成了扶贫资源的浪费，削减扶贫政策的效果；另一方面会赋予贫困人口不平等的机会，有激化社会矛盾的风险。由于湖北省国土面积较小而贫困县数量较多，在整个"八七扶贫攻坚计划"时期都能获得国家的多方面扶持，因此该问题相对于其他地区较为轻微，湖北乃至全国在该时期存在明显不足的是扶贫标准偏低问题。根据2000年湖北省财政厅农业处对省内13个贫困县市的调查，13个县市人均纯收入在625元以下的还有2.34万户、10.46万人，占农业总人口的2.06%，而收入在625元至1000元之间的边缘贫困人口远远超过2.34万户、10.46万人。由于这些家庭抗风险能力弱，生活困难，一旦遇到自然灾害或其他突发事故便会出现返贫现象。

经过7年的全社会大力支持，"国家八七扶贫攻坚计划"的目标基本实现，中国的农村贫困人口温饱问题基本得到解决。然而这并非意味着扶贫开发工作到了尾声，中国的反贫困任务仍旧艰巨。"八七扶贫攻坚计划"结束之后，全国仍然存在极少数处于温饱线以下的贫困人口，他们的生存状况值得国家与全社会关注。进入21世纪以后中国的贫困人口形势发生了变化，单纯解决温饱问题不再是脱贫的最终目标，扶贫开发工作开始转向缩小"收入差距""城乡差距"及缓解"农村内部分化"产生的矛盾。与此同时，贫困人口的地理分布发生了变化：贫困人口更加集中于自然条件恶劣的西部山区，并且贫困人口集中于某一特定区域的状况逐渐成为过去。这对政府新阶段的扶贫工作提出了更高的要求：帮扶区域需要转向我国西部山区，同时对贫困人口的帮扶措施要更加以人为本，更加具有针对性。

湖北省在20世纪90年代的大规模扶贫开发工作中取得了优异的成绩，但这不会成为扶贫的终点。由于湖北省境内有四大山区，加上形势复杂的少数民族聚居区、水库区，随着形势的改变，贫困人口将更加集中于以上地区，扶贫开发工作难度进一步提升。"八七扶贫攻坚计划"为湖北省扶贫工作打下了坚实的基础,以上地区的经济获得了一定程度的提升,但贫富差距的显现及致贫原因多样化成了湖北省政府面临的新难题,也是未来的重点工作对象。

第六章

《中国农村扶贫开发纲要（2001—2010年）》实施时期

第一节 本时期宏观背景

一 全国宏观经济与社会发展背景

《中国农村扶贫开发纲要（2001—2010年）》实施的阶段正是21世纪初期，国际经济全球化加速，中国加入世贸组织，国内产业结构面临调整，科技进步推波助澜，中国经济开始进入高速发展的阶段。改革开放以来，中国市场逐步开放，经济全面发展，工业和服务业总产值比重大幅提高，人民生活水平提升，对外贸易活跃，外汇储备持续增加。《国家八七扶贫攻坚计划》战略目标的基本实现，解决了国内大部分贫困地区人民的温饱问题，但要全面实现小康仍旧任重而道远。这一时期的农村扶贫开发工作有比较好的经济和社会基础，但也面临着严峻的挑战。

（一）宏观经济和社会发展优势

1. 经济增长加速，第二、第三产业地位提升

社会主义制度和市场经济的结合，中国经济得到高速增长，第二、第三产业发展迅猛，第二、第三产业在中国经济的地位提升非常快。2000年，中国国内生产总值首次突破10万亿元大关，GDP增长速度进入8%以上的轨道。同年，第二、第三产业增长比例分别达到9.6%和7.8%，二者对GDP的贡献率分别达为59.6%和36.2%，第一产业对GDP的贡献率首次下降到5%以下。全面规模以上工业企业利润超4000亿元，其中，国有及国有控股企业亏损率明显下降且实现利润高达2392

亿元。这个时期的经济增长主要依赖最终消费支出，资本形成对经济增长拉动的贡献率只占22.4%。

2. 人民生活水平提高，城镇化加速

伴随着全国经济增长，城乡居民生活不断向小康迈进，人民的生活水平不断提高。2000年，全国居民消费水平为3721元，其中：城镇居民消费水平为6999元，比上年增长9.7%；农村居民消费水平为1917元，比上年增长6.6%。如果将通货膨胀的因素考虑进去，这个消费水平增长也是明显的。当年，国内居民消费价格水平止跌转稳，只有工业品价格水平上涨明显，其中，服务项目上涨14.1%，居住价格上涨4.8%，因而实际消费水平也是明显增加的。产业结构的调整，全国城镇化推进效果也较明显。2000年全国城镇化率为36.2%，其中：城镇人口为4.59亿人，比上年度新增2100万人；农村人口为8.08亿人，比上年度减少1200万人。

3. 经济开发加深，对外贸易日渐繁荣

改革开放以来，中国对外贸易带动了工业、服务业和农业的发展，进出口贸易额逐年增加，外汇储备日益充裕。2000年，全国进出口总额高达39273.2亿元，比上年度新增31.36%，其中，进口总额的增长速度比出口总额增长速度略高，出口总额20634.4亿元，进口总额18638.8亿元。1998—2002年，中国进出口贸易一直处于顺差状态，进出口贸易总额年均增长速度13.85%。中国投资环境控制也较为稳定，2000年外商直接投资规模为407亿美元，比上年增加4亿美元，涨幅甚微。国家外汇储备继续增加，年末国家外汇储备1656亿美元，比年初增加109亿美元。2001年11月，中国正式加入世界贸易组织（WTO），更是让中国对外贸易向更广阔领域发展，取得有利的国际地位。2002年，出口总额快速增长，当年增幅明显高于进口总额，顺差也达到近四年来之最（详见表6—1）。

表6—1　　　　　　　进出口贸易变化情况（1998—2002）　　　　　单位：亿元

指标	1998年	1999年	2000年	2001年	2002年
进出口总额	26849.7	29896.3	39273.2	42183.6	51378.2
出口总额	15223.6	16159.8	20634.4	22024.4	26947.9

续表

指标	1998年	1999年	2000年	2001年	2002年
进口总额	11626.1	13736.5	18638.8	20159.2	24430.3
进出口差额	3597.5	2423.3	1995.6	1865.2	2517.6

资料来源：中华人民共和国国家统计局。

(二) 宏观经济和社会发展劣势

1. 农业增长不稳定，粮食产量减产

相比第二、第三产业的蓬勃发展，农业发展状况堪忧。1998—2000年，全国农林牧渔业总产值增长乏力，其中农业总产值连年下降。2000年，全国农林牧渔业总产值达24915.77亿元，比上年度新增3.6%，其中：农业总产值实现13873.59亿元，比上年减少232.61亿元；林业、牧业和渔业总产值均较上年有所增长。接下来两年时间，农业增加值增长持续减缓，粮食产量大幅度减产。全年粮食产量46251万吨，比上年减产9%。粮食减产主要原因是21世纪初期全国自然灾害频发，受灾情况严重。2000—2001年全国受灾情况严重，受灾面积达54688千公顷，其中旱灾受灾面积为40541千公顷，均较上年大幅增加。粮食作物种植明显下滑。1998—2002年，全国粮食作物播种面积以年均1.8%的速度下滑；2000年粮食单位产量也创下最低水平，仅有4261.15公斤/公顷。

2. 农民增收困难，收入停滞不前

20世纪90年代农民人均纯收入一直维持较低的水平，自1998年以后逐渐开始增长，但增长速度却很低，较城镇居民收入增长差距较大。1998—2002年农村居民家庭人均纯收入在2100元至2500元，年均增长率仅有2.75%，其中：家庭经营纯收入基本保持不变，而工资性纯收入保持了较快的增长，是农村居民家庭收入增加的主要原因。但是工资性收入对农村居民家庭纯收入整体提高的作用并不明显，直到2002年工资性收入仅占农村居民家庭收入的33.93%，对农民增收尚未起到关键作用（详见图6—2）。

3. 就业压力增大，部分群众生活比较困难

20世纪90年代，面对改革开放的冲击，部分效率低下经营不善的国企面临债务频发直至倒闭的境遇，导致许多国企职工纷纷下岗。这一

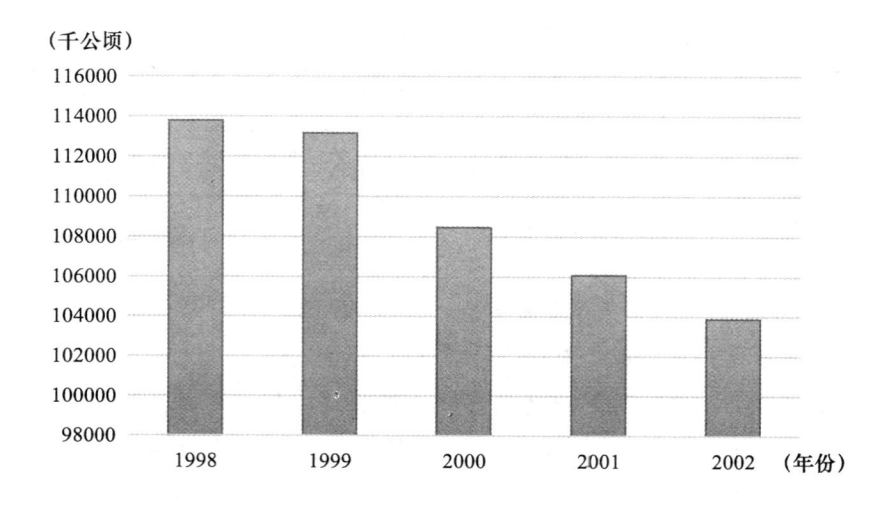

图6—1 全国粮食作物播种面积的变化（1998—2002）

资料来源：中华人民共和国家统计局。

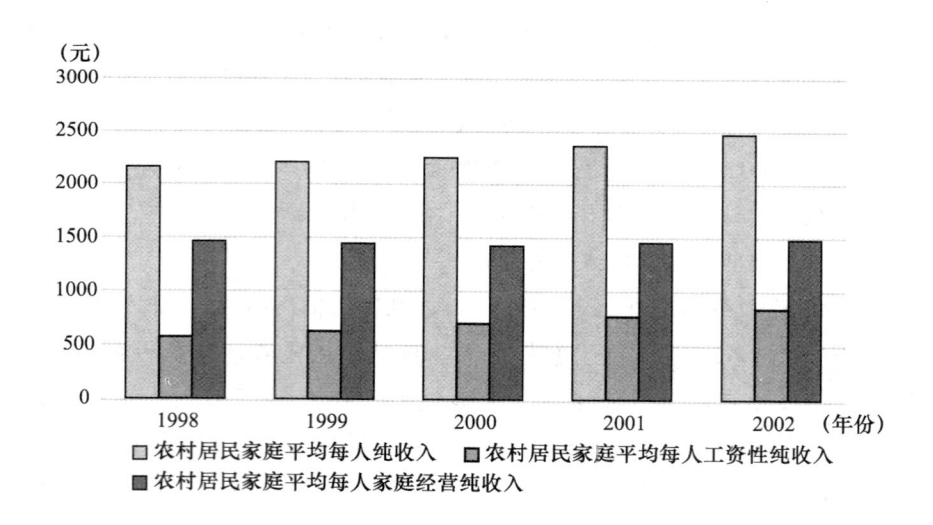

图6—2 全国农村居民家庭纯收入的变化（1998—2002）

图例：农村居民家庭平均每人纯收入　农村居民家庭平均每人工资性纯收入　农村居民家庭平均每人家庭经营纯收入

资料来源：中华人民共和国家统计局。

时期，城镇化的规模不断扩大，同时也正在面临着非常严峻的就业压力。政府部门通过鼓励下岗职工自主创业或再就业来解决问题，不断加强劳动就业工作。2000年末，全国从业人员为7.12亿人，比上年新增564万人，其中城镇新增就业人员260万人，全国有361万国有企业下岗职工实现了再就业。虽然劳动就业工作在持续进行，但随着市场经济体制的推行，不断发生国有企业休整，下岗人数也仍在持续增加。截至2000年底，全国国有企业下岗职工规模达657万人，比上年末新增4.7万人。从城镇失业率来看，进入新世纪后就业问题愈加严重，失业率不断上升。1998—2000年，全国城镇登记失业率保持在3%—3.5%的水平，到2002年就攀升至4%以上；城镇登记失业总人数也从不到600万人上升至将近800万人的水平。由于城镇家庭下岗失业的发生，失去收入的家庭纷纷陷入生活的困境，很多群众生活艰苦。失业家庭中如有年富力强的，不得不学习新技能另外谋生，或从事体力劳动工作来维持生计。

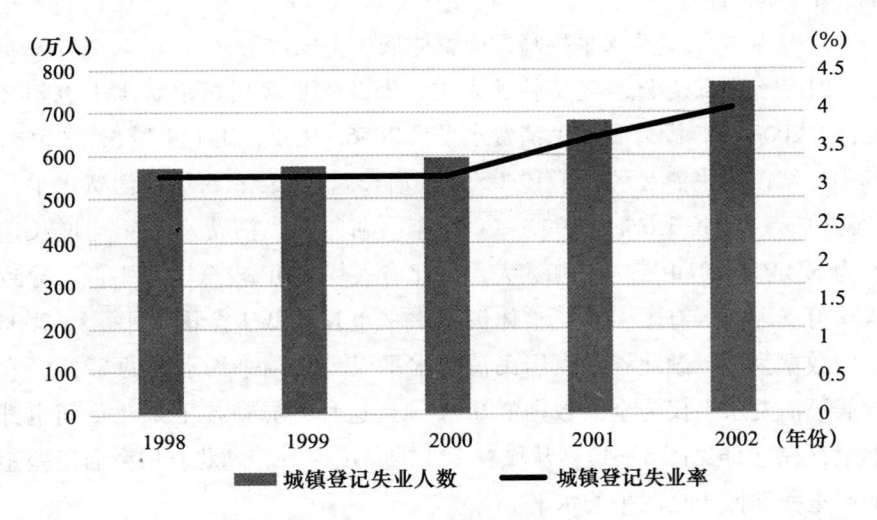

图6—3 城镇登记失业人数和失业率的变化

资料来源：中华人民共和国国家统计局。

二 湖北省宏观经济与社会发展背景

"八七扶贫攻坚"时期，湖北省在改革开放、提高人民生活小康水平等多种政策实施下，取得了不菲的成果。21世纪，湖北省所面临的经济和社会基础与全国全貌上有非常多的相似之处，但也存在自己的特殊性和差异性。

(一) 湖北省经济形势

1. 国民经济和第二、第三产业发展速度高于全国水平

"九五"计划期间，湖北省经济发展在全国是走在前列的，第二、第三产业是全省经济增长的主要动力。1996—2000年，全省国内生产总值年均增长速度达到10.8%，其中：第二、第三产业增长速度分别为13.5%和11.7%，均高出全国平均水平。2000年，全省国内生产总值达到3545.39亿元，比上年增长9.3%；第一、第二、第三产业增加值分别为662.3亿、2123.7亿和1490.32亿元，占国内生产总值比重为15.5：49.7：34.8。工业经济效益明显提升，销售产值3063.11亿元，产销率达到97.8%；实现利润89.77亿元，比上年增长54.4%。湖北省已经形成以第二、第三产业为主的经济大省，第一产业对全省GDP的贡献率非常低、增长动力严重不足。

2. 人民生活消费水平提高，但整体低于全国水平

21世纪初期，随着经济快速发展，湖北省城乡居民消费水平也随之提高。2000年，湖北省居民消费水平为2856.69元，比上年增长6.15%；其中：城镇居民消费水平5719.05元，增长8.0%；农村居民消费水平为1760.3元，增长3.7%。1999—2003年，湖北居民消费水平年均增长速度为6.43%。但由于人口基数大，湖北省人均GDP较全国水平低，导致人均可支配收入有限，居民整体消费水平也长期低于全国水平。以2000年的数据为例，湖北省城镇居民消费水平仅为全国平均水平的82%，农村居民消费水平仅为全国数据的92%，且这种差异在接下来几年间也都继续存在（详见图6—4）。从城乡差距的角度来看，湖北省城乡居民差距的严重程度低于全国平均水平。

3. 城镇化工作初现成效，但工作进程推进难

"八七扶贫攻坚"时期，湖北省将城镇化和农村劳动力转移工作作为重点，成功使大量农村人口向非农产业转移，效果显著。21世纪初期，虽然湖北省农村人口数量依然非常庞大，但农村人口占全省人口的比重已经低于全国平均水平。2000年，湖北省总人口6028万人，其中：农村人口3603万人，占比59.78%；而全国农村人口占比达63.78%，比湖北省同指标高出4个百分点。2000—2005年，湖北省农村人口逐年下降，城镇化水平也不断提高，但与全国平均水平却愈加缩小。2005年，湖北

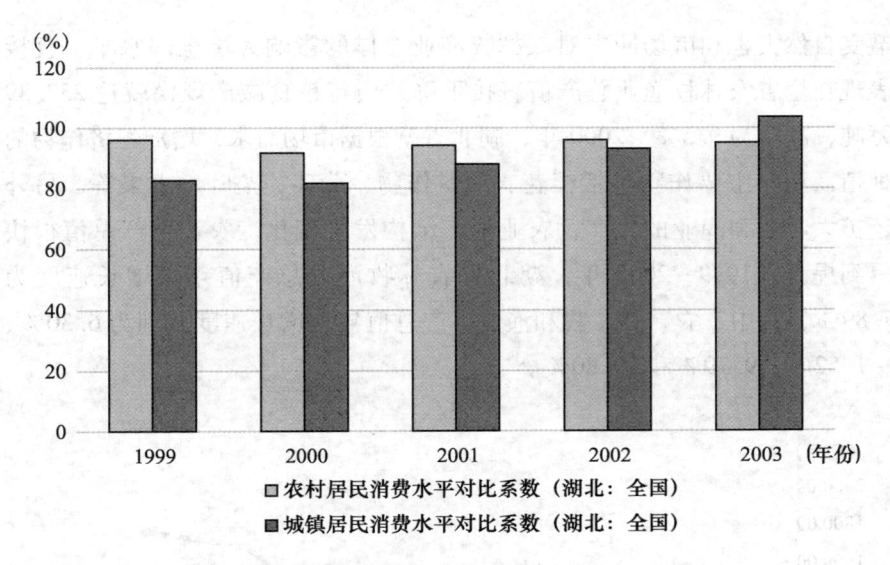

图6—4 居民消费水平差异对比（1999—2003）

注：对比系数＝湖北省居民消费水平/全国居民消费水平。

资料来源：中华人民共和国国家统计局。

省城镇化率为43.22%，而全国城镇化率已达到42.99%，两者之间仅相差0.23个百分点。城镇化进程和工业发展密不可分。湖北省是全国重要的工业省份，规模以上企业数量较多约6000家，盈利能力有限。2000年，规模以上企业亏损率达22.17%，国有企业职工下岗问题也比较严重，城镇登记失业率达到3.5%。

（二）湖北省农村和农业发展

1. 农业生产结构调整，农业灾后修复回稳

湖北省地处中原、长江中游，地形、自然资源和气候是极具代表性的。从农业自身结构上来看，湖北省农业与全国农业结构极为相似。2000年，湖北省农、林、牧、渔业总产值占比分别为54.70%、3.57%、30.10%和11.63%；而全国上述产值占比则分别为55.68%、3.86%、29.67%和10.88%，相似程度极高。这一时期，自然灾害给湖北省农业生产带来的影响也与全国农业总体的影响相似。但所幸的是，湖北省农业经历自然灾害和市场冲击以后迅速调整，农业生产结构发生变化，农作物不断跟上市场需求，农业生产稳步回升。1999—2000年，湖北省所

遭受自然灾害和市场冲击对农林牧渔业总体的影响大于全国水平，直接表现在全省农林牧渔业总产值直接下降，当年粮食减产规模就达233.39万吨，减幅为9.5%。2000年，湖北省就根据市场需求，增加经济作物的种植面积，主要作物包括棉花、油料作物、蔬菜、茶叶、水果等，另外还扩大牧业和渔业的生产，农业生产结构发生变化，农业生产总值很快得到提升。1999—2005年，湖北省农林牧渔业总产值年均增长速度为7.89%，其中，农、林、牧和渔业生产总值年均增长速度分别为6.30%、-1.52%、9.79%和10.80%。

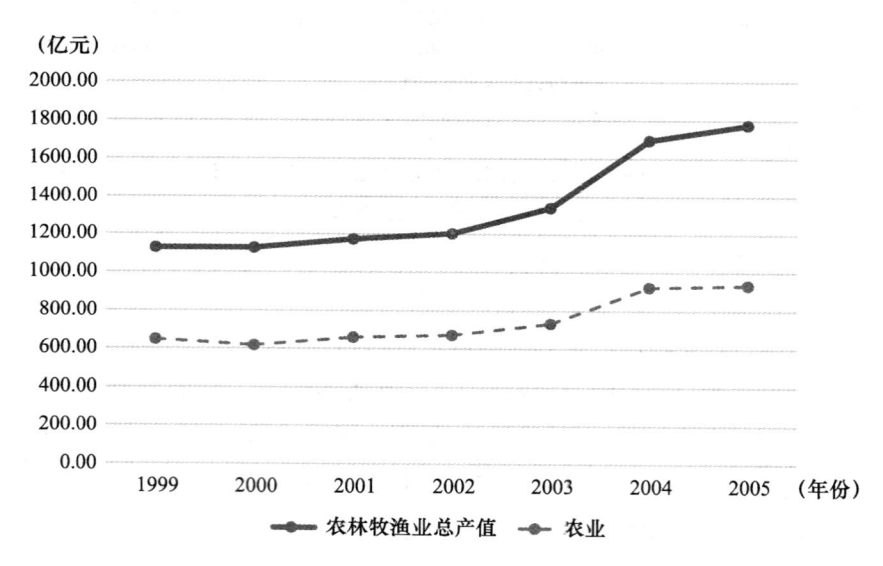

图6—5 湖北省农林牧渔业产值变化（1999—2005）

资料来源：中华人民共和国国家统计局。

2. 农民收入结构待优化，收入增长乏力

"八七扶贫攻坚"期间，湖北省农民人均收入并不高，基本和全国平均水平保持一致，但农村居民家庭的收入结构与全国平均状况有所不同，而这种差异也成为限制农民增收的原因之一。2000年，湖北省农村居民家庭人均纯收入为2268.5元，比全国水平高出0.67%；但其中工资性收入比重低于27%，而全国平均水平则达到31.17%。进入新千年后，湖北省农民收入开始逐年攀升，但增长速度不高。除了受整体农业发展的影响之外，也与农村家庭中工资性收入比重过低有一定的关系。2000—2005年，农村居民家庭人均收入年均增长速度为5.34%，其中：人均工资性收入年均增长速度为9.20%，人均家庭经营纯收入增长速度达4.87%，人均财产性收入增长率为4.48%，人均转移性纯收入增长率为5.72%。从数据上来看，工资性收入增长速度非常快，比传统的家庭经营收入的增长速度要高出4个百分点。

第二节 本时期主要农村经济发展与扶贫开发政策脉络

一 《中国农村扶贫开发纲要（2001—2010年）》的提出

（一）政策提出背景

全国完成"八七扶贫攻坚计划"以后，基本解决贫困人口的温饱问题，但还存在部分贫困人口仍在温饱线以下挣扎。据有关数据统计，2000年我国温饱线以下的贫困人口为3000多万人。而我国的贫困线实际上与国际贫困线的差距仍有距离，如按国际标准我国贫困人口规模将更巨大。英国国际发展部（DFID）的标准是以人均每日消费1美元作为绝对贫困线，倘若以这个标准测算2000年我国仍有1.6亿人为贫困人口。这部分的人口主要分布在自然资源、交通条件和社会资源极差的中西部偏远或少数民族地区。2003年，西部地区贫困人口占全国贫困人口的58.6%，粮食主产区返贫人口占总返贫人口的71%。农村贫困仍是国内非常棘手的问题。新千年，党和国家要加快社会主义现代化建设进程，全面实现小康社会，特困和贫困问题更应引起高度的重视，因此新时期的扶贫开发纲要也应运而生。

（二）扶贫对象和奋斗目标

《中国农村扶贫开发纲要（2001—2010年）》（以下简称《纲要》）所面对的扶贫对象是根据当时中国扶贫开发遗留问题而提出来的，具有非常高的现实意义。正如政策提出背景中谈到的，中国仍有极少贫困人口生活在温饱线以下，且部分解决温饱的群众具有非常高的返贫可能性。因此，主要的扶贫对象就是上述两种贫困人口。此外，经过长年的经济发展和扶贫开发，全国各地区之间的贫困差异越加明显，特殊地区和特殊群体的贫困问题依旧严峻。所以,《纲要》还指出,要采用集中连片的原则,将少数民族地区、革命老区、边疆地区和特困地区作为扶贫开发的重点,将残疾人扶贫列入扶贫开发工作当中,竭力解决贫困人口的生产生活问题,从而实现更进一步的扶贫成效。

这项跨期十年的规划纲要,在贫困人口和贫困地区两个层面都制定了奋斗目标。首先,在贫困人口的层面上,主要有两方面的奋斗目标。第一,从解决绝大多数人收入问题转变为解决少数贫困人口温饱问题;第二,关注人的因素,要提高贫困人口的综合素质。其次,在贫困地区的层面上,经济发展、基础建设、生态环境、教育健康卫生等方面都设立了奋斗目标,旨在为达到小康水平创造条件。

(三)基本方针和途径

开发式扶贫是我国扶贫开发实践中积累的宝贵经验,是《国家八七扶贫攻坚计划》的基本方针。本时期,我国区域性贫困的问题依旧严重,扶贫对象仍具有集中连片分布的特征。坚持开发式扶贫,是贫困地区脱贫致富的根本出路,也是扶贫工作必须长期坚持的基本方针。在这个理念下,《纲要》指出本时期的扶贫开发工作要以经济建设为中心,重视基础设施、科教文卫事业、生态环境的综合发展,提高贫困人口和地区的可持续发展能力,提高贫困人口的积极参与度,引导社会各级共同参与扶贫开发工作。

为此《中国农村扶贫开发纲要(2001—2010年)》明确了八项本时期扶贫开发的主要内容和途径。首先,涉及经济发展的主要包括三项:(1)发展第一产业,增加贫困人口的经营性收入。长期以来,经营性收入一直是中国农村家庭收入最重要的组成部分,提高经营性收入是贫困地区脱贫致富最有效、最可靠的途径。因此,集中力量帮助贫困人口发展有竞争力的种养项目成为首要任务。(2)推进农业产业化经营。推进规模化、产业化的经营,是针对具备资源优势和市场需求的贫困地区农业,发展农业本身也可以形成农工贸一体化的长久经营模式,更好根治贫困问题。(3)鼓励多种所有制经济组织参与扶贫开发。但凡可以带动农民收入的、能够发挥资源优势、改善生态环境、解决农村生育劳动力的企业都可吸引到贫困地区进行经济开发,带动扶贫工作的完成。其次,在社会综合开发方面主要包括:(1)改善贫困地区的基本生产生活条件,主要工作是要基本解决贫困地区人畜饮水困难,绝大多数行政村通电、通路、通邮、通电话、通广播电视,贫困乡有卫生院、贫困村有卫生室,实现贫困地区九年义务教育,进一步提高适龄儿童入学率。(2)针对生存条件恶劣的贫困人口实行搬迁扶贫。扶贫开发工作与生态保护相结合,针对自然资源严重匮乏、生存条件恶劣的贫困人口有计划、有组织、分阶段且坚持资源原则进行搬迁。搬迁落户的地区政府做好其他保障工作,保障迁入人口的收入和生活。(3)加大科技扶贫力度,让科技在扶贫开发中发挥带动作用。在扶贫开发过程中,无论是种植业、养殖业、加工业,都要不断提高科学技术。这点主要鼓励科学成果转换,科技人才创新创业,做好一些科学技术推广工作。最后,在人力资本方面上主要有两条路径:(1)提高贫困人口的科技文化素质,发展社会主义精神文明。实行农科教结合,普通教育、职业教育、成人教育统筹,有针对性地通过各类职业技术学校和各种不同类型的短期培训,增强农民掌握先进实用技术的能力。(2)扩大贫困地区劳动力输出和转移。主要手段包括加强贫困地区劳动力的职业技术培训,增加贫困地区劳动力在沿海发达地区和大中城市的就业;贫困地区和发达地区建立劳务协作,促进农村劳动力转移。

(四)政策保障

根据"八七扶贫攻坚计划"的实施经验和教训,《中国农村扶贫开发纲要(2001—2010年)》(以下简称《纲要》)从财政支持政策、信贷优惠政策、扶贫帮扶政策、资源整合措施等方面设立了多项保障政策,确保本时期扶贫开发工作顺利有效开展。

1. 财政支持政策

为了确保扶贫开发工作的进行,《纲要》要求从三个方面增加财政扶贫资金。首先,将扶贫开发列入财政预算体系,以便确保资金充裕且逐年增加。其次,扩大以工代赈的资金规模。以工代赈资金是最主要的财政扶贫资金,是用于贫困地区各项目的建设,有效整合人力、物力、资金,具有一定"杠杆"带动的功能。最后,对财政资金确有困难的地区,加大转移支付。

为了提高财政扶贫资金的使用效益,《纲要》在资金管理上面做出了指示,其中最重要的是要求财政扶贫资金实行专户管理。各地方各级的扶贫开发资金专款专户，可以实现统筹规划、进度跟踪、监测管理等有序规范化的管理，也能在一定程度上加大扶贫资金使用的腐败难度。

2. 信贷优惠政策

农村地区的金融排斥现象随着经济的发展愈加严重。政策支持是弱化农村金融严重排斥现象的有效途径，对贫困地区的扶贫开发工作更是必不可少。《纲要》提出了四个信贷方面的措施：第一，主抓国有银行（特指中国农业银行）在扶贫贷款的投入量，增加扶贫贷款的供应，对贫困地区的农业企业和项目在授信上予以支持；第二，适当放宽贫困地区扶贫贷款的贷款期限要求，对部分长周期产业的扶贫贷款予以适当延长；第三，推行小额信贷支持贫困农户的生产；第四，财政补贴优惠利率和基准利率之间的差额。

3. 扶贫帮扶政策

达成中国脱贫攻坚的目标是举国上下的使命，联合一切可以联合的力量是我国多年革命工作和经济发展总结的宝贵经验，其中扶贫帮扶工作就是最重要的组成部分。本时期的扶贫开发工作继续坚持开展扶贫帮扶工作，具体工作主要分为三大类：第一，中央到地方的各级党政机关及企事业单位进行定点扶贫工作，直接帮扶到乡到村，利用干部智慧来加速脱贫；第二，做好地区对口帮扶工作，将沿海发达地区和西部贫困地区结成对子，促进彼此之间的交流和共同发展；第三，动员社会各界参与扶贫工作，不论其单位形式，不论其帮扶形式，判断的标准是其是否支持贫困地区开发。

4. 资源整合措施

扶贫开发工作任重而道远，而往往财政支持资金不足以完成奋斗目标，因此资源整合极具必要性。不论国内或国外都存在大量与扶贫开发工作相结合的机会。本时期，国内正大力推行西部大开发战略，对于西部地区将专项计划和资源进行配置，这对于贫困人口比较集中的西部地区而言是个极好的机遇。《纲要》中提出，西部大开发所安排的资源开发、基础设施建设项目要与扶贫开发相结合，带动贫困地区经济的发展。除此之外，对于国外方面的资源，《纲要》要求继续争取国际组织和发达国家援助性扶贫项目，通过多种渠道和不同方式争取国际非政府组织对我国扶贫开发的帮助和支持。

二 本时期其他重要农村经济发展政策的提出

经过二十多年的改革开放,中国综合国力显著提高,工业企业也逐步转型到资本密集型和知识密集型企业,"农业反哺工业"已经接近尾声,相对第二、第三产业而言,农业发展已经严重滞后。进入新千年,国家调整发展战略,大力发展农村和农业,出台了一系列针对社会主义新农村建设的政策文件。

(一)全面建设小康社会

"小康社会"出自邓小平关于社会主义发展目标的一个概念,《邓小平文选》曾多次出现该词。起初,"小康社会"和国内生产总值翻两番这个提法相关联,但与现代化建设的理念融合后,"小康社会"的意义就更加丰富了,包括社会生产力发展、坚持社会主义、发展市场经济、完善社会体制、科教兴国等。①

2000年10月,党的十五届五中全会提出,我国需加快推进社会主义现代化的发展进程,步入全面建设小康社会阶段。同时,该次会议上提出明确的未来20年的国家经济发展目标,即到2020年国内生产总值力争比2000年翻两番。我国全面建设小康社会的具体奋斗目标是于2002年党的十六大报告中首次提出,主要涉及经济、政治、文化和可持续发展四个方面。在经济方面,党和国家主张实现工业化和完善社会主义市场经济体制的同时,扭转工农差别、城乡差别和地区差别扩大的趋势。也就是说,全面建设小康社会不仅仅依靠城市和工业的发展,同时还需要关注农业农村农民的发展情况,特别强调了社会保障体系在其中的重要性。党的十六大报告把社会主义民主放于首要地位,尤其是涉及农村地区基层民主建设,从而完善社会主义法制制度。在文化方面,党的十六大报告提出了基本普及高中阶段教育的目标,这对于促进农村地区教育发展和农民子弟上学具有重要意义。在可持续发展方面,我国主张人与自然的和谐,在生产发展和生活富裕的同时,生态环境仍然得到改善,资源浪费减少,可持续发展能力增强。从全面建设小康社会的四大奋斗目标来看,从宏观上,国家非常重视农村和农民,强调了缩小工农差距和城乡差距的奋斗目标,同时也将基

---

① 李君如:《论"全面建设小康社会"》,《中国社会科学》2003年第1期。

层政治文化环境的建设上面都将农村、农民囊括其中。

（二）农村税费改革

21世纪初期，整个国民经济处于结构调整的关键时期，"三农"问题突出。在农业生产方面，农产品供应失调，部分地区农产品价格下挫导致农产品难销售，从而严重影响农民经营收入。而与此同时，农村税费收取行为一片混乱，村集体乱收费、乱罚款，虚报农民收入提高村提留款，用非公平手段收取农业特产税等现象普遍存在。农村乱收费现象不仅侵害农民的利益和权利，扰乱农村社会稳定，还打击农民的生产积极性，严重影响农业生产。为了整治农村乱收费现象，深化改革，减轻农民的负担，中央在此时推行了农村税费改革。

2000年3月，中共中央、国务院颁布了《关于进行农村税费改革试点工作的通知》（中发〔2000〕7号），全国20个省份进行了试点。从试点的情况来看，试点地区根治农村乱收费的行为，农民进行农业生产的积极性得到提高。改革工作的主要内容可以概括为："三取消、两调整、一改革"。"三取消"包括三方面内容：①取消专门面向农民征收的行政事业性收费、政府资金和农民集资项目，如乡统筹、农村教育集资等；②取消屠宰税；③取消村集体统一规定的义务工和劳动积累工。"三取消"的调整使农村更多部分的公共事业将由政府财政预算进行解决，同时主张村民发挥民主自主管理机制，公益公共事业"一事一议"民主决策。"两调整"是调整两项税收，即农业税和农业特产税。原农业税实行固定税率，以1998年前5年农作物的平均产量为基准，新农业税实行差别税率，各省可以根据自己的情况逐级减少税负比例，贫困地区可实行较低的税率。对于没有进行农业生产或者经营土地比承包土地少的农户可按实际生产面积计税。农业特产税也不可和农业税重复征税。这些调整可大大减轻农民进行农业生产的负担。"一改革"是指改革现行村提留征收使用办法。农民上交村提留按新农业税附加来收取，比例不超过农业税的20%；村集体兴办公共公益事业不再向农民收取提留，改为民主筹资。推行试点两年期间，农业税费改革收效明显。经学者测算，1999—2002年农村税费改革的实行平均使农民纯收入的增长率提高了约

1.5 个百分点。①

2003 年国务院发布的《国务院关于全面推进农村税费改革试点工作的意见》(国发〔2003〕12 号)将农村税费改革在全国范围内全面推开。总结和吸收试点阶段的经验和教训,文件对全面铺开的工作做了原则性的强调。首先,明确"三个确保":第一,确保改革以后农民比改革前有较大的减轻,村村减负,户户收益;建立有效监督管理约束机制,确保减负以后不反弹;第二,确保乡镇机构和村级组织精简机构、转变职能以后,既能保证正常运转,又可压缩开支;第三,改革以后农村义务教育的投入有增不减,不拖欠农村中小学教师工资,保障农村中小学危房改造资金充足。其次,完善两税及附加政策:第一,准确核算农业税计税面积,给予合法性核减;第二,农业税计税价格要综合考虑本地区粮食市场价、保护价和农民承受能力;第三,逐步缩小农业特产税征收范围,降低税率;第四,规范农业税及附加征收管理和人员管理制度;第五,对于自然灾害频发、革命老区、少数民族地区加大减免力度,完善农业税减免制度。再次,加强涉农收费管理,进一步清理整顿"乱收费、强行收费、超标收费"的项目,任何地方和部门一律不得出台涉及农民负担的行政事业性收费和政府性基金、集资项目。最后,积极探索通过债权债务抵冲、依法削减高利贷、加强内部控制、节约开支、盘活集体存量资产等有效办法逐步化解乡村债务,减轻农村和农民的负担。

(三) 中央一号文件

2004 年之后,国家将"三农"问题提到国家战略的地位,连续多年的中央一号文件颁布的都是关于农村农业发展的问题。新千年以来,中央一号文件也成为我国农业政策方向的代名词。本时期国务院一共发布七份中央一号文件,每一份都代表着当年重点工作方向和政策导向。总结这七份文件发现每年都提及以下重点内容:第一,强调农业生产的重要性,中央一号文件多次提出要促进粮食主产区的生产,稳定、完善和强化农业发展政策,刺激农户农业生产的积极性,保障农产品的充足供给;第二,推进农业结构调整,促进产业化升级,促使农业现代化发展;第三,强调农业

---

① 周黎安、陈烨:《中国农村税费改革的政策效果:基于双重差分模型的估计》,《经济研究》2005 年第 8 期。

科技推广和应用,搞好农业科技技术服务体系,从技术的角度促进农业生产和产业升级;第四,履行政府在公共物品投入上的义务,重视农村水利生态道路等基础设施建设,不断改善农村生产生活水平;第五,重视对农民能力和素质的培养,给农民进行实用技术培训,打造新型农民,重视农村转移劳动力"阳光工程"培训,增加农民工就业机会和收入;第六,统筹城乡协调发展,从法律、制度和规定上提高农民城乡生活,打造和谐社会;第七,完善农产品市场和物流体系,解决农产品销路问题,让农民的生产能更好地转换成为价值;第八,重视农村改革,完善农村基层组织和农业经营制度的建设,完善一切阻碍农村农业发展的不良制度。中央一号文件基本上涵盖了本时期的"三农"工作的重点,每年的侧重点也反映当时"三农"难点问题所在(详见表6—2)。

表6—2　　　　　　　　　2004—2010年中央一号文件

年份	文件名称	主要内容/重点方向
2004	促进农民增收	支持粮食主产区发展粮食产业;继续推进农业结构调整,产业化经营;发展农村第二、第三产业;改善农民进城就业环境,增加外出务工收入;发挥市场机制作用,搞活农产品流通;加强农村基础设施建设;深化农村改革,为农民增收减负提供体制保障;做好扶贫开发工作
2005	提高农业综合生产能力	稳定、完善和强化扶持农业发展的政策;实行最严格的耕地保护制度;加强农田水利和生态建设;加快农业科技创新;加强农村基础设施建设;继续推进农业和农村经济结构调整;改革和完善农村投融资体制;提高农村劳动者素质
2006	推进社会主义新农村建设	统筹城乡经济社会发展;推进现代农业建设;促进农民持续增收;加强农村基础设施建设;加快发展农村社会事业;全面深化农村改革;加强农村民主政治建设
2007	发展现代农业,推进社会主义新农村建设	加大对"三农"的投入力度;加快农业基础建设;推进农业科技创新;推进农业科技创新;健全农村市场体系;培养新型农民

续表

年份	文件名称	主要内容/重点方向
2008	促进农业发展、农民增收	加大强农惠农政策力度；保障主要农产品基本供给；抓好农业基础设施建设；强化农业科技和服务体系；提高农村基本公共服务水平；完善农村基本经营制度和深化农村改革；推进农村基层组织建设
2009	促进农业稳定发展、农民持续增收	加大对农业的支持保护力度；稳定发展农业生产；强化现代农业物质支撑和服务体系；稳定完善农村基本经营制度；推进城乡经济社会发展一体化
2010	统筹城乡发展，夯实农业农村发展基础	健全强农惠农政策体系；提高现代农业装备水平；加快改善农村民生；协调推进城乡改革；加强农村基层组织建设

资料来源：根据 2004—2010 年国务院颁布的中央一号文件正文整理而得。

中央一号文件列明的内容都是当年"三农"工作的重点，而扶贫开发工作也是其中不可或缺的部分。2004 年至 2010 年，中央一号文件都谈到扶贫开发的内容，并且随着工作重点和政策执行情况不断切换侧重点。2004 年的中央一号文件中对扶贫开发工作进行重点部署，其主要内容为：①增加扶贫资金的投入；②采取更有针对性的扶贫措施，切实做到扶贫到村到户；③实行社会救济，适当提高救济标准；④做好生态移民和易地扶贫工作；⑤开辟农民增收渠道，减少和防止返贫；⑥健全扶贫投入机制，加强资金管理。2006—2010 年中央一号文件关注的扶贫开发的重点工作主要包括：积极推进整村推进的扶贫开发方式，改善农村基础设施，做好贫困地区农村劳动力转移培训，发展农业产业化经营，推行易地搬迁扶贫，鼓励社会各界参与扶贫等。2006 年的中央一号文件，特别提出做好贫困缺粮地区的粮食供给工作。2007 年，中央一号文件在扶贫工作中提出建立农村最低保障制度，有条件的地区可探索农村养老保险制度，同时还要关注残疾人和贫困外出务工农民的生活问题。2008 年，中央一号文件强调了集中力量解决革命老区、民族地区、边疆地区和特殊类型地区贫困问题。2009 年，扶贫开发工作开始有了新变化，全国开始实行新的扶贫标准,因此文件也要求对应针对新标准尽快解决没有解决温饱的贫困人口、低收入人口的贫困问题。2010年,金融扶贫进入中央一号文件的内容,扩大贫困村互助资金、连片开发以及彩票公益金支持革命老区建设等试点也是当年重要的工作。

(四)建设社会主义新农村

"建设社会主义新农村"对于21世纪的中国而言并不是新鲜的概念,20世纪50年代以来,不少中央领导人在讲话当中就已提出过。十六届五中全会在"十一五"时期国民经济和社会发展的规划建议中,将建设社会主义新农村放置在历史的高度上。

经历了半个世纪的发展,国家在这个时期提出建设社会主义新农村既是经济发展的需要,亦是社会发展的需要。从根本上来说,建设社会主义新农村的初衷和当下我国明显的城乡差距有关。改革开放以来,一大批现代化城市相继诞生,城市里高楼林立、车水马龙,经济、文化和娱乐各方面都开始呈现一片繁荣的景象。而与此同时,在中国农村地区,尤其是中西部贫困地区,农村经济和社会发展相对落后。农村基础设施落后,农民住房分布零乱欠缺规划,农村公共设施缺漏,村民生活环境还处于"脏、乱、差"的状况之中。"农业反哺工业"所带来的城乡二元差异,导致我国农村居民收入明显低于城镇居民。同时,国内工业生产能力过剩,产品严重积压,内需带动经济增长需要农村的消费能力,而现状是农民的购买能力非常弱。① 国内经济要实现持续增长,"三农"问题的解决是必要的动力。

"十一五"时期规划纲要提出了"生产发展、生活宽裕、乡风文明、村容整洁、管理民主"作为社会主义新农村建设的要求,这20个字分别涉及农村经济、政治、文化和社会发展四个方面的具体工作,即发展现代农业、增加农民收入、改善农村面貌、培养新型农民、增加农业和农村投入及深化农村改革。

建设社会主义新农村的具体内容:(1)发展现代农业,包括:通过增强粮食主产区生产能力、坚持耕地保护制度、提高农业技术创新和转化能力、提高农业机械化水平等方式提高农业综合生产能力;通过优化

---

① 李炳坤:《扎实稳步推进社会主义新农村建设》,《中国农村经济》2005年第11期。

农业产业布局、提高优质高效高收益农产品和养殖业的产业比例等方式推进农业结构调整；通过健全农业技术推广服务体系、建设涉农信息服务建设、完善农村流通体系等方式加强农业服务体系建设。(2) 增加农民收入，主要涉及农业经营收入、工资性收入和转移性收入三个方面，主要包括：通过发展优势农产品、支持农业产业化经营、休闲观光农业等方式提升农业增收潜力，同时鼓励有经济实力的农民发展农产品加工保鲜业；通过推动乡镇企业创新、扶持县域经济发展、引导农村劳动力向非农产业转移等方式增加非农产业收入；通过实行直接补贴政策、农业支持保护制度、禁止向农民乱收费等方式来完善增收减负政策。(3) 改善农村面貌，包括：通过健全农村饮水、公路、沼气、小水电、太阳能、电网、电话、互联网等农村最急需的生产生活设施来加强农村基础设施；通过进行土壤污染治理、农村生活垃圾和污水处理等方式加强农村环境保护；健全农村卫生医疗服务体系、提高乡村卫生人员水平、做好疫病防治、完善农村计划生育服务等方式发展农村卫生事业；建立农村养老保险、新型农村合作医疗、农村最低生活保障制度、"五保户"救助等方式发展农村社会保障。(4) 培养新型农民，包括：通过普及农村九年制义务教育、支助农村贫困家庭、加大财政投入、农村教师培训等方式加快发展农村义务教育；通过农村劳动力转移培训、新型农业科技培训、农村实用人才培训等方式加强农村劳动力技能培训；通过扩大广播电视电影、支持农村业余文化队伍、实施农民体育健身工程等方式发展农村文化事业。(5) 增加农业和农村投入，包括：通过调整国民收入分配，采取"多予少取放活"的方针，不断增加对农业和农村的财政支出；中央和地方政府重点侧重农村和农业的基础设施投资；提高支农投资资金的使用效率；通过支持银行等金融机构、鼓励小额信贷发展和社会资本投入等方法增加对农村和农业的投资力度。(6) 深化农村改革，包括：完善家庭承包经营制度，鼓励依法进行农村土地流转，发展适度规模经营；巩固农村税费改革成果，推进乡镇机构管理体制变革；完善农村金融体系，发挥农村信用社对农业和农村的支持；健全征地管理和补偿机制；做好农村基层组织、基层干部、村民自治建设的工作。

(五) 全国农民工培训规划

2003 年，农业部联合劳动和社会保障部等五部发布了《2003—2010 年全国农民工培训规划》（以下简称《规划》），以提高农民工素质和就业能力，促进农村劳动力向非农产业和城镇转移。"八七扶贫攻坚"时期，我国大量农村劳动力向城市转移就业，但是其中大部分农民工在城市中从事底层职业，没有稳定的职业和住所，生活和就业风险非常大。《规划》中指出农民工素质不高，受过专业技能培训的农村劳动力仅占9.1%。在2001年新转移的农村劳动力中，受过专业技能培训的只占18.6%。随着经济发展、产业升级，未拥有专业技能的农民工将很难在城市中长期就业和融入城市生活中。

该项规划主要以农村劳动力转移就业的引导性培训和农民工职业技能培训作为重点，帮助加快农村劳动力向城市转移，并且帮助农民工在城市稳定长期就业。引导性培训主要包括基本法律法规知识、基本权益保护和维护、城市生活基本常识、如何寻找就业岗位等知识，有助于农村劳动力进城以后合法依法就业。职业技能培训是帮助农民工增加职业技能和就业竞争力，主要根据不同行业、不同工种、不同岗位对从业人员所要求的基本技能来制定培训课程，涉及行业是餐饮、酒店、建筑、制造业、家政服务行业等。《规划》中对农民工培训主要分为两个阶段，第一个阶段是2003—2005年对未进行劳动力转移的1000万名农村劳动力进行引导性培训（其中500万人可获得职业技能培训），对5000万名已经从事非农行业的农村劳动力进行岗位培训；第二个阶段是2006—2010年进一步扩大培训规模，对拟向非农产业和城镇转移的5000万名农村劳动力开展引导性培训，并对其中的3000万人开展职业技能培训，对已进入非农产业就业的2亿多名农民工开展岗位培训。

为了确保培训目标有效高质地完成，《规划》要求：各地政府按培训计划的要求制定本级的实施目标、任务和工作进度，还要将目标任务列入年度工作考核内容当中，农业、教育、劳动保障、财政等各相关单位要相互协作，共同完成任务；主张调动包括农民工、民办培训机构等多方面社会力量的积极性，培训经费实行政府、用人单位和农民工三方共同分担的方式，对申请承担农民工培训的机构可获得扶持资金，对参与培训的农民工进行补贴和奖励，加大农民工培训的整体资金投入；实行劳动预备制度，即对农村未能继续升学并准备进入非农产业就业或进城务工的初高中毕业生参加必要的转移就业培训，使其掌握一定的职业技能并取得相应的培训证书或职业资格证书；实行就业准入制度，即用人单位用人要从取得相应职业资格证书的农村劳动力中录用，招收没有相关职业证书的要培训后再上岗；建设改造完善一批教育培训机构，建立示范性农村劳动力转移培训基地，引导劳务输出机构通过订单劳务协议加强与培训机构的合作；将有条件的农村初高中建设成为农村职业学校、成人学校等农村劳动力转移培训基地，大力发展农村教育；通过加强农民工培训师资队伍建设、农民工培训的教材开发、农民工培训的信息服务工作、建立农民工培训效果评价制度、农民工跟踪服务和就业指导等工作来为培训保驾护航。

第三节　本时期湖北农村扶贫开发工作的实施

一　《中国农村扶贫开发纲要（2001—2010年）》在湖北的实施

《中国农村扶贫开发纲要（2001—2010年）》发布后，湖北省便制定《湖北省扶贫开发规划（2001—2010年）》（鄂政发〔2002〕27号）来指导该阶段的扶贫开发工作，规划整体保持与全国扶贫目标一致，细节要求针对湖北省的情况进行重点调整。《湖北省扶贫开发规划（2001—2010年）》中提出：扶贫开发的主要对象是尚未解决温饱的特困人口，其次要针对前期脱贫的贫困人口进行巩固；此次扶贫开发重点主要针对革命老区、少数民族地区、边远山区及特困地区，湖北省贫困人口相对集中的区域是大别山区革命老区、武陵山少数民族地区、秦巴山贫困山区。随着扶贫开发工作的推进，湖北省相继出台了包括《关于进一步做好全省扶贫开发工作的意见》（鄂政发〔2004〕30号）、《湖北省人民政府关于印发湖北省扶贫开发"十一五"规划的通知》（鄂政发〔2006〕77号）等多份文件。湖北省农村扶贫开发工作主要包括以下五个方面。

（一）瞄准贫困群体

湖北省农村扶贫开发的瞄准机制具有层次性，扶贫开发的对象瞄准分为县、镇和乡三个不同层次区域。中央政府扶贫重点对象瞄准县级单位，而湖北省针对非国定贫困县区域的贫困乡镇也安排了财政资金和扶持计划。

1. 确定扶贫开发重点县

湖北省扶贫开发重点县包括25个国家扶贫开发重点县和4个本省新阶段扶贫开发工作重点县，其中国家扶贫开发重点县由国务院扶贫办确定。由湖北省向国务院扶贫办上报扶贫开发重点县名单，由国务院扶贫办进行审核、备案，国务院扶贫办采用"631指数法"来决定贫困县的数量，最终决定全国各地国家级扶贫开发重点县名单。这25个国家扶贫开发重点县分别是恩施市、建始县、巴东县、利川市、宣恩县、咸丰县、来凤县、鹤峰县、丹江口市、郧县、郧西县、竹山县、竹溪县、房县、红安县、麻城市、罗田县、英山县、蕲春县、秭归县、长阳县、大悟县、孝昌县、阳新县、神农架林区。四个省级新阶段扶贫开发重点县（包括团风县、五峰县、通山县、保康县）在湖北省属于比较贫困地区，虽然没有审核通过成为国家扶贫开发工作重点县，但当地政府非常重视该地区的扶贫攻坚工作，也将其列为省级项目点。另外，为了能够更快地实现脱贫，湖北省从29个重点县（市）选取包括英山县、大悟县、鹤峰县、五峰县、保康县、丹江山市、通山县七个县（市），作为扶贫开发工作中的重点区域。该项工作被称为"脱贫奔小康试点县计划"。

专栏6—1

国家扶贫开发工作重点县的确定

根据《中国农村扶贫开发纲要（2001—2010年）》，国家将中西部地区扶贫开发任务重、贫困人口相对集中的592个县（旗、自治县、市辖区）确定为扶贫开发工作重点县。重点县主要分布于中西部少数民族地区、革命老区、边疆地区和特困地区。国务院扶贫办根据"明确责任，覆盖多数，科学测算，相对稳定，省负总责"的原则，从各省人民政府上报的具体县名单中进行筛选。具体筛选的方法是采用"631指数法"，该方法的具体操作逻辑如下：

"6"代表60%的权重，是指制定的重点县所覆盖的贫困人口占全国贫困人口的比重要达到60%，其中具体赋予绝对贫困人口和低收入人口的占比各80%和20%。

"3"代表30%的权重，是指农民人均纯收入比较低的县数占30%

权重。

"1"代表10%的权重，即人均国内生产总值和财政收入较低的县数占10%权重。

其中，上述较低是以绝对值作为衡量标准，人均低收入以1300元为标准（老区、少数民族边疆地区的人均低收入以1500元为准，人均国内生产总值以2700元为准，人均财政收入以120元为准）。

按上述方法制定出来的592个国家扶贫开发工作重点县，覆盖贫困人口占全国人口的61.9%，少数民族地区、革命老区、边疆地区和特困地区的重点县人口占比由"八七扶贫攻坚计划"时期的18%、43%、6%分别上升至31%、45%、9%。

2. 确定贫困镇和贫困村

21世纪初期，按国家所划定的贫困线标准，湖北省贫困人口规模仍较大，其中：尚未解决温饱的贫困人口约110万，且其人均纯收入在668元以下；390万人刚刚越过温饱线，返贫概率较高。并且，这些贫困人口多集中于老、少、边、山、库地区，是扶贫攻坚的难点地区。国家扶贫办在确定国家扶贫开发工作重点县后，也在其中确定了扶贫难度大的乡村作为重点扶贫村，全国一共确定了14.8万多个重点贫困村。湖北省29个扶贫开发重点县共有4210个贫困乡村，覆盖了全省80%的贫困人口。此外，为了扶贫开发工作能够照顾非国家扶贫开发工作重点县的部分特别贫困区域，湖北省从非扶贫开发重点县的其他地区选取团陂等100个乡镇为全省扶贫开发工作重点乡镇，丁山等1000个村为省扶贫开发工作重点村，进入该名单的乡镇和村都被称为插花贫困区域。插花贫困区域主要集中在黄冈市、咸宁市、孝感市、荆州市、宜昌市、襄樊市等，插花贫困村数量超过100个，此外贫困乡镇所占比也较高（详见图6—6）。

3. 制定贫困线标准

制定和确定贫困线标准是贫困统计研究中最重要的组成部分，也是国家制定扶贫政策的重要参考。贫困线分为食物贫困线和基本贫困线，两者密切联系着人们的衣、食、住、行。食物贫困线标准是参考每人每天最低平均食物热值和食物市场价格来确定的。基本贫困线包括食物贫困线和非食物贫困线两部分，主要通过食物贫困线和低收入家庭的恩格

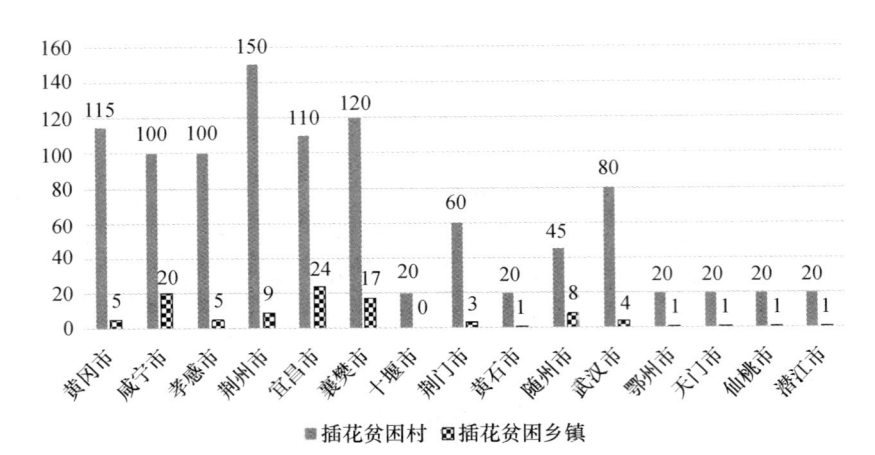

图6—6 湖北省扶贫开发插花贫困乡镇和贫困村

尔系数估算出来的。世界银行于1990年提出的每人每天1美元的贫困线标准,结合了食物贫困线和基本贫困线所体现的内容,主要是以亚非地区各国的基本贫困线和人均居民消费支出作为估算基础。[①] 中国早期的贫困线标准的制定逻辑也参考国际上的计算方式。最早期的贫困人口标准是基于中国6.7万户农村居民家庭消费支出调查数据,按维持基本生存的最低费用计算出来的。按上述标准,2000年中国贫困人口的标准为625元,这个标准相当于同期国际贫困线标准的66%。另外在此基础之上设立低收入标准为年人均收入626—865元。此后,根据此原则进行测算后进行调整。从2008年起,湖北省贫困线不再区分低端贫困标准和低收入标准,统一以1196元作为低收入标准来衡量绝对贫困人口(详见表6—3)。

表6—3　　　　湖北省采用的贫困线标准(2001—2010)

年份	低端贫困标准	低收入标准
2001	625元以下	626—865元
2002	627元以下	628—872元
2003	637元以下	638—882元
2004	668元以下	669—924元

---

① 余芳东:《国际上常用的贫困监测统计方法》,《中国统计》2004年第8期。

续表

年份	低端贫困标准	低收入标准
2005	683 元以下	683—944 元
2006	693 元以下	693—958 元
2007	785 元以下	786—1067 元
2008	—	1196 元以下
2009	—	1196 元以下
2010	—	1196 元以下

专栏 6—2

2000 年中国农村贫困标准

中国农村贫困标准是根据低收入人口的基本生活需求计算而来的，主要分为食物贫困线和非食物贫困线两部分。[①]

一、食物贫困线的计算方法

从量上划定标准，即以满足人口最低营养标准（2100 大卡）的基本食品需求。

从价上划定标准，用最低营养标准划定低收入人口的食品消费清单，以 1997 年食物价格为准计算整体的食物贫困线。

二、非食物贫困线的计算方法

非食物贫困线的计算是以食物贫困线作为基础，假设人口最低的非食品需求是牺牲基本食物需求而得来的，然后采用回归分析方法计算模拟出低收入人口的非食物支出，即最低的衣着、住房、燃料、交通等必需的非食品支出费用。

三、基本贫困线的调整

基本贫困线的划定是以低收入家庭恩格尔系数（60%）计算而得，即食物贫困线应占基本贫困线的 60%。

[①] 盛来运：《新时期农村贫困标准研究》，《中国统计》2000 年第 12 期。

4. 建档立卡制度

2000年，新疆在全国范围内率先尝试对贫困户进行建档立卡，自此以后逐渐在全国各地开展起来。这项工作是扶贫工作和社会保障制度的结合，主要是对"两类人口"即对极端贫困人口（包含五保户、低保户）和低收入人口进行建档立卡工作。2000年至2010年，湖北省共实施两次建档立卡工作。

2005年，国务院扶贫办首次在全国范围内开展建档立卡。按照农民年人均收入683元的极端贫困标准、人均收入944元的低收入标准，县扶贫办作为工作责任主体，乡镇与村两级组织作为主要力量，以村为工作单元，在全省农村开展极端贫困对象与低收入对象识别，共识别极端贫困人口247万人。

2009年，湖北省各市（县）扶贫部门按照《关于认真做好"两类人口"建档立卡工作的通知》（鄂政扶发〔2009〕11号）要求，会同民政、财政、发改、统计部门，依据统计局提供的当年农民年人均纯收入数据，对农民年人均纯收入1196元和农民年人均纯收入1197—1500元的农村"两类人口"进行建档立卡。各级党委、政府组织工作专班历经3个多月完成贫困农户的识别、认定与建档立卡工作。在此次建档立卡中，识别出年人均纯收入1196元以下的农村人口670.96万人、1197—1500元的农村人口359.05万人，共对1003万"两类"人口建立了纸质台账与信息化管理。

（二）突出工作重点

1. 整村推进

整村推进是一种扶贫开发工作的模式，源于"八七扶贫攻坚"后期甘肃等地基于自己的扶贫开发实践而总结出来的一套综合性扶贫开发工作方式。它是以村级社会、经济、文化的全面发展为开发原则，通过对贫困村的基础设施、农业、教育、文化、卫生和社区精神文明的建设，最终达到提高贫困人口收入的目标。

湖北省新时期"整村推进"扶贫开发工作的总体目标重点关注贫困人口的收入、教育、医疗卫生以及贫困村的基础设施建设问题，其中基础设施建设方面主要重点解决贫困村庄通水、通路、通电、通邮、通电话、通广播电视等问题，且在该基础上实现生态环境改善。在总体目标的指导下,湖北省也根据国家总体目标对应列出具体标准,例如:扶持贫困户建成人均一亩高效经济林(园);贫困户人均纯收入达到1000元以上;每户培训一个科技"明白人",掌握1—2门实用技术;村集体培育一个特色突出的规模化主导产业,实现全村人均纯收入提升至1200元以上;村主要干道达到四级以上沙石路标准,基本解决行路难问题;群众基本喝上安全卫生的饮用水,人畜饮水困难得到解决;适龄儿童入学率达到100%,基本扫除青壮年文盲;群众医疗卫生条件得到有效改善;村村通电、通邮、通电话、通广播电视;村级领导班子建设得到加强。

2003年,湖北省人民政府关于集中扶贫资金分批扶持重点贫困村的意见的出台,标志着湖北省整村推进工作的全面启动。2003年开始,在全省29个扶贫工作重点县重点扶持了300个重点贫困村,2004年又确定扶持500个村(其中省负责300个村,市州、县各负责100个村)。一步步分批实行规划,重点完成建设。整村推进的主要建设内容包括:①解决贫困人口温饱问题,发展特色产业,增加农户收入。立足于贫困村的资源比较优势进行整村推进扶贫开发,重点培育和壮大特色优势产业,引导和扶持农户发展有特色、有市场、成规模的种养业项目,逐步形成支柱产业。并且按照国家的有关政策,大力发展民营经济,培育和壮大龙头企业,围绕龙头企业建立农产品基地,使贫困农户从产业化经营中增加收入。②必须把改善生产、生活条件为主要内容的基础设施建设放在突出地位。坚持把改善群众生产、生活条件,加快基础设施建设作为扶贫开发工作的基础工程来抓。以旱涝保收、稳产高产为目标,加快基本农田建设和塘、堰、渠等水利设施建设,消灭水利死角,切实解决人畜饮水困难;要加强村、组道路建设,提升公路等级,切实解决不通公路和晴通雨阻的问题;加快农村电网改造,实现同网同价,切实解决贫困村、贫困户通电以及通电而用不起电的问题;要进一步抓好贫困村的通邮、通电话等项工作,努力改变目前信息不畅的状况。在一些经济条件相对较好的村,要结合生态家园建设,抓好以改厕、改厨、改栏、改水、改路、建家、建池、建园为主要内容的"五改三建"工作,改善贫困村的社区环境,提高生活质量。③必须把教育、卫生等社会发展事业作为整村推进的重要内容。要结合贫困地区教育改革,抓好学校危房改造工作，确保适龄儿童能够入学；要切实加大培训力度，一是贫困农户劳动力转移的培训，力争每个贫困农户转移一个劳动力；二是加强对农业科学适用技术、市场信息、劳动技能的培训，让每个贫困户都有一名科技"明白人"；要稳步推进农村新型合作医疗，加强村级卫生室的建设，逐步解决贫困群众看病难、看不起病的问题；要加强广播电视网络建设，确保广播电视到村入户。

湖北省在具体实施"整村推进"扶贫开发工作中主要围绕整村推进村级规划等八项工作内容展开。整村推进扶贫开发的主要特点：一是调动各部门和社会资源，整村推进要求农业、水利、交通、教育、科技、卫生等十多个部门将本部门的建设项目重点向贫困地区倾斜，从而补充对贫困地区的扶贫资金支持，进一步扩大全社会对贫困地区的建设力度；二是以参与式为核心理念，政府引导、群众参与，让贫困农户能在扶贫开发中的村级项目规划和项目管理中发挥作用，扶贫开发的过程中进行村级组织建设和民主政治建设，实现对贫困农户能力的提升；三是扶贫开发工作更具有统筹性，整村推进通过按参与式村级规划来了解贫困村的需求，对多方平台资源进行统筹规划，扶持部门各司其职，资金和项目不重复开发，进一步提高扶贫开发工作和各部门发展工作的协作性，提高政府资金利用效率。

专栏6—3

整村推进村级规划的制定

村级扶贫开发规划是贫困村的行动指南，也是贫困村扶贫开发的基础，以资金、能力、市场等诸要素为基本条件，对村级开发项目进行科学、合理设计。整村村级规划的制定分三个阶段。

第一阶段：村情调查

（1）摸清基本情况；

（2）收集有关数据；

（3）入户调查，征求村民意见；

（4）对资料、数据的整理。

第二阶段：召开村民大会或村民代表大会

(1) 由村民推荐村民代表；
(2) 由村民代表分析贫困原因；
(3) 由村民代表民主推荐建设、发展项目；
(4) 由村民对优先发展、建设项目进行投票选择；
(5) 由村民推选项目实施、监督小组的村民代表。

第三阶段：规划起草

(1) 组织有关专业人士对项目进行筛选和分析，也就是对拟定项目做优劣势分析和可行性分析；
(2) 对支持条件需求分析，保证可提供的扶贫资源与项目需求平衡；
(3) 制定项目年度进度表；
(4) 规划文字的起草；
(5) 征求县直有关部门意见；
(6) 规划草案的反馈；
(7) 报县政府批准实施。

2. 农村劳动力转移

21世纪初期，中国宏观经济结构已发生变化，中东部制造业快速发展，技术性劳动力供不应求，而西部地区农村剩余劳动力由于技能水平不高难以转移。在此背景之下，国务院扶贫办2004年发出了《关于加强贫困地区劳动力转移培训工作的通知》，在河北、山西、黑龙江、浙江等11个省份建立贫困地区劳动力转移培训示范基地，并制定了《国务院扶贫办劳动力转移培训示范基地管理指导意见》，通过以加强劳动力转移前技能培训力度，以帮助贫困农户脱贫。同年，湖北省扶贫办积极开展部署工作，制订了《湖北省贫困地区劳动力转移培训计划》，计划每年在贫困地区开展实用技术培训10万人次的培训任务。2005年，湖北省扶贫办对上年度劳动力转移培训效果的总结，印发《关于加强农村贫困劳动力转移培训工作的意见》（鄂政扶发〔2005〕14号），继续加大劳动力培训的力度。

湖北省农村劳动力转移培训的培训对象面向全省扶贫开发工作重点县、省定重点老区乡镇、省定重点贫困乡镇和省定重点贫困村，计划2005—2010年完成转移培训农村贫困户青年劳动力16万人。培训效果是要使受训贫困劳动力熟练掌握一项非农产业岗位技能，增强就业能力，转移就业率达90%以上。湖北省在具体实施该项工作中主要采取以下六项步骤：一是及时下达和拆解培训计划和任务，培训工作尽快落实到具体的市（州）县扶贫办。二是公开招标认定培训基地，湖北省贫困劳动力转移培训基地分为省定和区域性培训基地，其中省定贫困劳动力转移培训示范基地是由省扶贫办在有关市（州）各认定一所职业技术学校，区域性贫困劳动力转移培训基地则由对应市（州）扶贫办进行认定，并且鼓励培训基地与各县级设立分校或联合办学，从而尽可能覆盖重点扶贫区域。三是落实培训对象，目标群体是居住于扶贫开发重点县、乡（镇）、村，年龄在16—35周岁，具有转移意愿的农村贫困青年劳动力。四是扶贫办机构对培训基地进行合同管理，培训基地招收的学员经扶贫办审核认可后可签订转移培训就业合同。五是订单培训，提高培训质量，贫困劳动力转移培训以订单、3—6个月中短期为主，培训内容以制造业、服务业、建筑业为重点。六是做好就业服务，培训基地与用人单位建立就业渠道，做好贫困地区劳务输出工作。

为了加强对农村劳动力转移培训和农民工的领导，湖北省成立了5个部门联席会议或领导小组，包括：农村劳动力转移培训联席会议、劳务经济开发联席会议、职业教育联席会议、农民工工作联席会议、扶贫办实施的"雨露计划"等，来共同推动贫困地区劳动力转移培训工作。为了确保培训计划的执行，湖北省及相关市政府也投入了巨大的配套资金，其中：2004—2006年省级政府在贫困地区劳动力转移培训投入的资金由200万元增加至1600万元。

贫困农村劳动力转移培训的重点核心在培训基地的设立和运行上，培训示范基地是整个计划的载体。湖北省扶贫办对构建"雨露计划"培训体系给予高度重视。2005年，湖北省扶贫办认定了5所"雨露计划"示范基地，次年继续认定6所学校。同时，市级培训机构相继在所辖的10个县设立分校，搭建"1+10"的转移培训网络平台。经过培训基地的扩大以后，湖北省"雨露计划"培训完成人数迅速提高。2005年，全省完成"雨露计划"培训计划人次24357人次；2006年，培训人次上升至37010人次，上升51.95%；2007年以后全省"雨露计划"培训人次都在54000人次以上。

根据湖北省农村贫困劳动力转移工作的工作对象不同，"雨露计划"

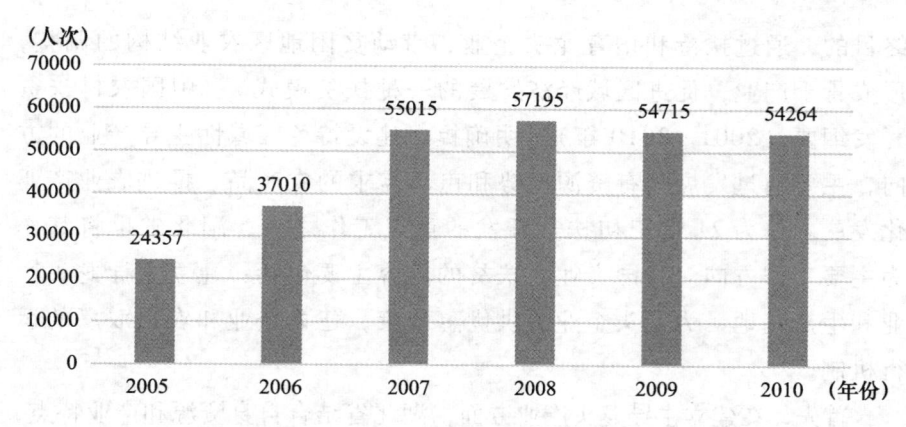

图 6—7 湖北省"雨露计划"培训完成情况（2005—2010）

相应也集中在国定贫困县和省定贫困县的范围内。2005—2010 年，湖北省"雨露计划"培训完成人次位居前五的市（州）分别是恩施州、黄冈市、宜昌市、十堰市、孝感市，其中：恩施州共计完成培训 47833 人次，黄冈市共计完成培训 45610 人次（详见图 6—8）。上述市（州）成为湖北省农村贫困劳动力转移的重要地区。

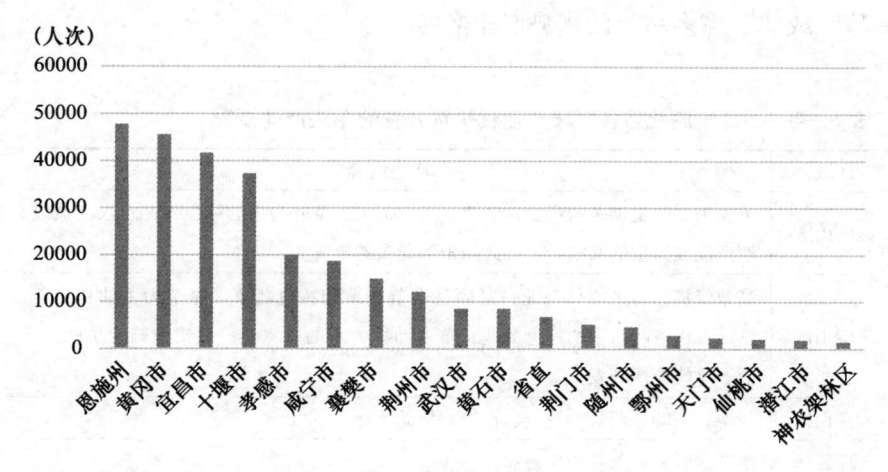

图 6—8 湖北省各重点市（州）"雨露计划"培训完成情况（2005—2010）

3. 产业开发

产业开发是产业化扶贫的主要方式之一，是以增加农民收入为最终目的，通过扶持和培育龙头企业，带动贫困地区农业结构的调整，形成骨干产业，促进区域经济发展的一种扶贫模式。《中国农村扶贫开发纲要（2001—2010年）》明确提出建设特色区域性主导产业的方向，主要通过发展具有资源优势和市场需求的农产品、推进农业产业化发展。作为21世纪初扶贫开发的重点工作之一，湖北省也将其作为主要工作方向。我国产业化扶贫的内容主要包括：建立主导龙头产业和生产基地，为龙头企业提供优惠政策，建立企业和农户双赢的运行机制。

首先，在建立主导龙头产业方面，湖北省结合自身资源和产业特点，在各个贫困片区扶持产业基金建设，打造有利于龙头企业发展的环境。《湖北省扶贫开发规划（2001—2010年）》指出，要充分发挥省内贫困地区资源多样化的区位优势，因地制宜地大力调整种植业结构、品种结构和品质结构，重点培育具有比较优势、市场好、绿色优势的区域性特色产业，形成数村一品、多乡一业、一县一两个主导产业的格局（详见表6—4）。例如，恩施市以"2121农民增收工程"为载体，打造包括烟、茶、魔芋、草食牲畜、中草药、蔬菜的六大特色产业板块，形成"一乡一品"或"一乡多品"的优势产业格局。

表6—4　　湖北省各区域产业化扶贫开发的龙头产业概况

区域	产业内容
秦巴山区	黄姜为主的生物医药产业；魔芋、高山蔬菜、茶叶为主的绿色食品；汉江流域、渡河流域为主的水电产业；武当山为龙头的旅游业
武陵山区	高效经济林为主的林果业；富硒反季节蔬菜和特色蔬菜、魔芋为主的种植业；富硒有机茶叶为主的特色产业；草食动物为主的畜禽业；名贵中药为主的医药业；水能能源开发
大别山区	板栗、茶叶、药材、花生、畜牧主导的产业
库区	水产、鲜果、茶叶、旅游业
幕阜山片区	优良粮油、养殖、鲜果、速生丰产林

其次，在为龙头企业提供优惠政策方面，湖北省根据国家有关政策并结合自身财政实力对龙头企业主要提供以下三方面的支持。（1）优惠

贷款政策：《关于深化扶贫贴息贷款管理体制改革的通知》（国开办发〔2006〕46号）将信贷扶贫资金分为两部分运行，其中一项是产业化扶贫龙头企业和基础设施等项目贷款，湖北省作为该部分试点省份之一。项目贷款试点利率执行的是扶贫贷款优惠利率，其与中国人民银行公布的一年期基准利率之间的差额将由省级财政进行补贴。中央财政向湖北省分配1000万元作为该项贷款的试点资金。产业化扶贫龙头企业必须是贫困地区的龙头企业。若为国家认定的260家龙头企业之一更优先获得相应的优惠贷款。（2）税收优惠政策：湖北省对从事种植业、养殖业和农产品加工业的重点企业，以及在贫困地区兴办的企业，免征3年所得税。（3）财政支持政策：湖北省各地方政府从财政安排专项资金用于产业开发重点扶持当地龙头农业企业。

专栏6—4

国家扶贫龙头企业认定和管理

龙头企业的认定和管理：国务院扶贫办《关于申报国家扶贫龙头企业的通知》里明确了龙头企业的标准。龙头企业认定标准：（1）龙头企业认定范围：①在贫困地区设立的可以直接带动贫困农户的龙头企业；②以贫困地区为原材料基地的企业；③可以吸纳大量扶贫开发重点区域劳动力的企业；④优先考虑在国定扶贫开发重点县设立的龙头企业。（2）企业类型：依法设立的具有独立法人资格的企业，不限所有制和主营业务。（3）经营情况：企业经营良好，总资产报酬率高于银行同期贷款利率，资产负债率低于60%，财务状况和信用状况良好。（4）辐射带动能力：龙头企业需对贫困地区的产业发展、劳动力转移、就业有带动作用。（5）符合国家政策：包括产业政策、环保政策和质量检查政策等。

龙头企业的申报和认定流程：（1）符合申报条件的企业资源向所在省区市扶贫办提出申请，各地根据实际情况可制定具体申请流程。（2）相关级别扶贫办对申报材料进行审核，经相应程序或部门意见征集后，公布推荐名单。（3）省级扶贫办将推荐名单上报国务院扶贫办且通过，正式对认定企业颁发"国家扶贫龙头企业"证书和牌匾。

龙头企业的管理：（1）国务院扶贫办对认定的龙头企业进行动态监

测评估,每年组织一次对上报材料的考核评估工作,并对其中存在问题提出审查意见;(2)对已经认定且获得相应优惠政策的龙头企业进行两年一次的考核工作,对考核不合格的企业,取消其"国家扶贫龙头企业"称号,如考核过程中发现违法违规问题的交由有关部门进行处理且立即取消其称号。

最后,为促进农业产业化,打造企业和农户双赢的运行机制,湖北省在管理和引导上面也做足了工作。其一,打通物流流通环节,搞活农产品销售市场,通过升级改造农产品专业批发交易市场,为当地农民提供大量就业机会和组建庞大农产品营销队伍,从而也为龙头企业在当地和外地的经营提供助力。其二,重点扶持和引导成立具有带动作用的龙头企业,可采用"市场+公司+基地+农户""公司+基地+农户""市场+公司+农户"等多种合作模式,不断加强龙头企业和农户之间的联系。通过这种方式,湖北省当地不少民营企业不断调整,不断涌现出可以代表地方特色的龙头企业,例如:华龙茶业、三鑫乳业、宏业魔芋等。

"十一五"期间,湖北省共认定了117家产业化扶贫龙头企业,发放扶贫贴息项目贷款36.85亿元,财政扶贫贴息11056万元,扶持龙头企业带动贫困村兴建特色产业基地298.7万亩,覆盖农户30多万户。5年期间,湖北省累计发放扶贫小额贷款约13.25亿元,财政扶贫贴息6605万元,支持贫困农户发展种植业、养殖业,加快生产致富。①

4. 易地扶贫搬迁

"易地扶贫搬迁"的概念是于2001年由国家计委在《关于易地扶贫搬迁试点工程的实施意见》正式提出,但其背后所指向的工作纲领和实施目标来源已久。新中国成立以来,"易地扶贫搬迁"最早的雏形是1983年宁夏回族自治区制定的"以川济山、山川互济"的扶贫开发政策。早期易地扶贫搬迁项目主要针对生存条件极度恶劣的贫困人口,帮助他们在短时间内以最经济的方式改变困难群众的生产生活条件。在国家层面上,2001—2010年大型专项的易地扶贫搬迁项目属于试点时期,例如:

---

① 数据来源于《"十一五"时期湖北省扶贫报告》。

国家发改委2006年颁布的《易地扶贫搬迁"十一五"规划》（发改地区〔2007〕1528号），政策主要是财政金融政策居多，其次是关注民生保障和生态环境建设的相关政策。① 这一时期的专项政策主要是针对比较贫困的省份而实施的，湖北省并不在其列。

湖北省的易地扶贫搬迁工作是围绕2001—2010年扶贫开发工作而进行的，正式有计划、有组织地进行是从2004年起。2004年，湖北省人民政府正式颁布了《关于进一步做好全省扶贫开发工作的意见》（鄂政发〔2004〕30号），要求在建档立卡的贫困人口中，甄选搬迁对象实施易地扶贫搬迁工作，从而改善搬迁户的生产生活条件。2004—2008年，湖北省共计搬迁安置5.33万户、21.2万人，总计投资16.6亿元（其中政府补助2.7亿元）。2008年，湖北省扶贫办出台专项规划〔《湖北省扶贫搬迁规划（2009—2012年）》鄂政扶发〔2009〕16号〕以继续指导后期的易地扶贫搬迁工作，每年搬迁任务稳定在1万户左右。

从规划和具体实施情况来看，首先，湖北省易地扶贫搬迁针对帮助重点贫困县中深度贫困且自然资源难以改造的地区。两次规划涉及区域是湖北省25个国家扶贫开发工作重点县（市）和4个省定扶贫开发工作重点县。扶贫搬迁对象有明确的识别认定条件，主要从自然资源、人均纯收入、环境改造难度等来进行考量，具体条件比如：家庭人均耕地面积低于半亩，人均生产粮食不足250公斤，人均纯收入低于1500元，或是居住位置的道路、饮水比较困难等。其次，易地扶贫搬迁的建设内容包括但不仅限于房屋建设，还需要进行土地配置、产业发展、劳动培训、配套和公共设施建设。从两次规划的资金投资分布情况来看，房屋建设的资金需求比重最高，其余配套资金有限。

湖北省对不同的被搬迁对象制定五种有针对性的安置方式。第一，将扶贫搬迁对象搬迁至已经进城定居的农户所在地，让被迁户能够利用原闲置的房屋、耕地、山场来发展生产和改善生活；第二，统一规划，打造中心镇或村，对扶贫搬迁户集中安置；第三，借助产业基地重新进行土地整理，在产区区域附近安置扶贫搬迁户；第四，通过贫困农户的

---

① 王宏新、付甜、张文杰：《中国易地扶贫搬迁政策的演进特征——基于政策文本量化分析》，《国家行政学院学报》2017年第3期。

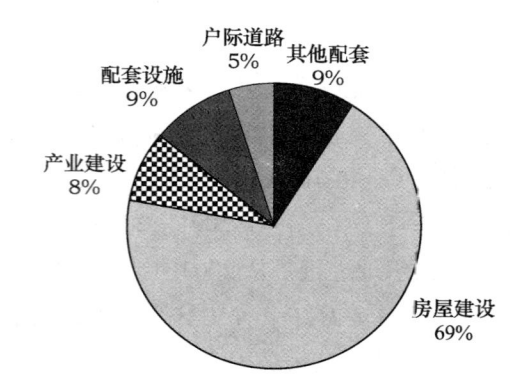

图6—9 湖北省易地扶贫搬迁资金投资分配

社会网络关系,不断拓展可能社会资源,在更优质的社会资源所在地安置扶贫搬迁户;第五,针对住户属地的自然资源及配套建设基本适合生存发展需要的贫困农户,实施旧房翻新。所有被搬迁的对象是在扶贫系统当中建档立卡的人员,最终结果保持一定公开公平性,名单公示、多方参与、验收公开透明。

(三)完善扶贫资金管理

我国贫困人口基数多、覆盖区域广,扶贫资金长期供不应求,管理上的缺陷导致扶贫资金瞄准率不高和腐败等诸多问题。回顾20世纪90年代至2000年初期,中国在扶贫资金管理上面具体存在以下几点问题:第一,财政扶贫资金种类繁多,具体使用分散且混乱。由于扶贫资金缺口严重不足,扶贫资金由多项资金构成,包括:财政发展资金、以工代赈资金、少数民族发展资金等。第二,扶贫资金多头管理、权限模糊。由于扶贫资金来源分散,横向同级管理机构并没有在资金管理上形成统一的职权机构,以至于下级部门进行资金申请的过程中程序烦琐、效率低下。① 第三,缺乏有效的监管机制,风险事件暴露。由于监管机制过于松散所导致的扶贫资金直接收益人没有瞄准贫困人口,扶贫资金频频发生被挤占、被挪用等现象。第四,扶贫贷款瞄准度不足。扶贫贷款的周期设置和实际农业生产活动不匹配,贷款最后多用于非贫困户或当地企业,

---

① 赵曦、熊理然、肖丹:《中国农村扶贫资金管理问题研究》,《农村经济》2009年第1期。

很难覆盖贫困户。① 这些问题所带来的后果是，随着扶贫工作的继续推进，扶贫资金投入加大并未相应地带来脱贫速度的加快，反而有所减缓。为了能够进一步解决上述问题，使扶贫工作取得更好的效果，就有必要完善财政扶贫资金管理办法。

2000年初，国家为了规范和改进财政扶贫资金管理，财政部、国务院扶贫开发领导小组、国家发展计划委员会联合印发财农字〔2000〕18号文，制定了新时期的《财政扶贫资金管理办法》和《财政扶贫项目管理费管理办法》。相对国办发〔1997〕24号文《国家扶贫资金管理办法》，18号文调整管理适用范围，原24号文管理的资金范围包括发展资金、专项补助资金、新增财政扶贫资金、以工代赈资金和扶贫专项贷款，而18号文则不再把扶贫贷款资金列入管理范围之内。至此，扶贫资金管理从原本比较宽泛的管理范围拆分成财政资金和扶贫贷款两部分，实现专业分工管理。自《财政扶贫资金管理办法》（18号文）出台以后，湖北省制定了相应管理办法和细则。

第一，湖北省制定了严格报账制度。财政部颁布《财政扶贫资金报账制管理办法（试行）》（财农〔2001〕93号）要求财政扶贫资金实行报账制管理，设立省、地、县级财政扶贫资金专户，对资金使用、报账程序和监督检查等方面制定了管理办法。湖北省在该文件的基础上，制定了《湖北省财政扶贫资金报账管理办法实施细则（试行）》（鄂财农发〔2002〕5号）用于管理以工代赈资金、革命老区建设资金、少数民族发展资金、项目管理费等扶贫资金，并明确以县级机构作为主要报账主体，细化了报账程度和会计核算处理。

第二，因地制宜调整修订《财政扶贫资金管理办法》。湖北省财政扶贫资金不仅包括以工代赈资金、少数民族发展资金、专项救助资金，还包括省级特有的老区发展资金。湖北省在全国发布的财政资金管理办法上也做了相应的调整。例如，2004年，湖北省人民政府办公厅《关于印发〈湖北省财政扶贫资金管理办法〉的通知》（鄂政办发〔2004〕117号）将老区发展资金一并纳入管理范畴。2006年，湖北省在鄂财农发

---

① 李小云、唐丽霞、张雪梅：《我国财政扶贫资金投入机制分析》，《农业经济问题》2007年第10期。

〔2006〕34号文中将科技扶贫资金和扶贫救灾资金纳入财政扶贫资金专户的管理范围。

第三，实行资金绩效考评办法，动态监测和管理。国务院扶贫办为防控风险事件发生，对资金管理执行更严格的管理办法，并根据实际工作情况进行调整。2005年，国务院扶贫办印发《财政扶贫资金绩效考评试行办法》（财农发〔2005〕314号），采用量化指标表对资金管理进行考评。随着办法的制定，随后财政部和国务院扶贫办对办法进行规范和调整，并于2008年下发《财政扶贫资金绩效考评试行办法》（财农〔2008〕91号）。湖北省在国家层面制定的办法开展了资金绩效考评工作，自2006年《关于开展湖北省财政扶贫资金绩效考评工作的通知》（鄂财农发〔2006〕173号）下达后相关工作全面推开。

第四，采取分层式的扶贫资金审计办法，各级扶贫开发部门、审计部门以及其他财政金融等详细部门定期对扶贫资金使用情况进行监督检查。尤其是审计部门的定期检查，要执行全面严格的标准，对审计出现的问题及时通报，并且要求有关部门机构及时纠正，对于情节严重的审计问题予以严肃处理，任何挤占、挪用、贪污扶贫资金的行为坚决提交反腐部门及法院追究其刑事责任。

第五，建立扶贫项目监理员制度，坚持"项目跟着规划走、资金跟着项目走、服务跟着资金走"的原则，认真做好项目的检查验收、监督管理工作，提高扶贫效益。开通扶贫网络，对扶贫资金计划分配和使用情况网上公开，实行公示公告制和报账制，严把资金投向关、审批关、使用关。同时，配合有关方面，对违规违纪使用扶贫资金的问题进行严肃查处，切实提高扶贫资金使用效益。

湖北省和市（州）县各级财政要把新阶段的扶贫开发投入列入年度预算，随财力增长逐年增加。省级财政和中央投入湖北省财政扶贫资金（含以工代赈资金）的30%以上配套安排扶贫专项资金。市（州）县按中央和省扶贫投入的10%配套安排扶贫专项资金。中央扶贫资金主要用于国家级贫困县，适当抽调部分资金投放于省级贫困县、乡、村，资金无论是投入到哪个地区，其重点都应用于改善贫困乡村基本生产生活条件、基础设施建设、科教、文化、卫生事业发展和特色产业基金综合开发等。未被列入扶贫开发工作重点县的地区按照分级负责原则，以自身的资源与力量解决本地区插花贫困乡村和贫困户的贫困问题。此外湖北省积极争取国家财政转移支付，进一步完善升级财政转移支付制度，为贫困地区提供更大的财力支持。中央和省安排的各项年度扶贫资金计划由省级扶贫开发领导小组根据各地贫困人口数量、收入水平、生产生活条件等因素，在征求市（州）县扶贫领导小组意见的基础上，一次性分配到扶贫开发工作重点贫困县、乡、村。市（州）扶贫主管部门负责具体组织实施。

（四）动员社会各界参与扶贫开发

"穷在深山有远亲"，随着扶贫事业的发展，消除贫困成为越来越多的人努力的目标。扶贫不仅仅是扶贫部门的事，而是整个社会的责任。动员社会各界参与扶贫开发是《中国农村扶贫开发纲要（2001—2010年）》当中提出的扶贫方式之一，在以往的扶贫工作实践中也有许多喜人的成果。这一时期，湖北省的社会参与扶贫主要围绕定点帮扶工作、"村企共建"项目、科技扶贫、基础组织建设等方面进行。

第一，湖北省在开展定点帮扶工作时非常重视联合政府机关、事业单位及社会团体的力量，譬如政府有关部门、国有企业、科研机构、高等院校、医院和部队单位等机构相应都制订年度帮扶计划，同时省老促会、扶贫基金会、扶贫协会等部分社团组织也参与其中。以武汉市为例，本时期共计170多个政府机关和企事业单位对口帮扶郊县20个老区乡镇106个贫困村。此外，在县域范围通过"1321帮扶"工程，将县级领导、县级部门和重点贫困村结合在一起共同推进整村推进工作，同时组织副科级领导干部与贫困户结对帮扶的工作。

第二，结合企业的力量为农民生产和就业提供帮助。进行"村企共建"，动员组织国有企业、民营企业到重点贫困村兴建基地、联办企业、转移就业，拓宽农民增收渠道，创新整村推进联动机制。通过在资金、政策等方面给外资企业优惠，积极动员企业带村带户帮扶。建立互惠互利机制，实现培训学校和用工企业合作对接，开展定向培训、订单就业，提高贫困劳动力就近就地转移安置率。

第三，抓好"科技扶贫"工程。围绕老区贫困地区特色产业发展，加大科技攻关和科研成果转化力度，提高农特产品的科技含量，推动产业升级和结构优化。实施老区贫困地区人才援助计划，继续大力组织开展"三下乡"活动,选派科技开发团、科技副县市长、科技副乡镇长和科技特派员到扶贫开发重点县市、乡镇工作,提高科技在扶贫开发中的贡献率。认真做好重点贫困村党支部书记培训、扶贫干部培训、"三支一扶"等工作。

第四,抓好"双强"和"双百"工程。把扶贫开发与基层组织建设结合起来,发展壮大村级集体经济,拓宽农民增收渠道,形成强村富民、强基固本的互促互动良性发展机制;动员组织百万名党员干部结对帮扶百万户贫困户,做到不脱贫不脱钩。

(五) 推动贫困地区社会事业发展

社会事业和公共服务体系发展也是扶贫开发的重要组成部分。湖北省在执行十年开发纲要的过程当中,主要围绕人口与计划生育、教育、卫生、信息化建设、科学技术、社会报账等方面来全面推进贫困地区的社会发展。

在人口与计划生育方面,湖北省严格落实国家计划生育的政策要求,确保低生育水平。加强农村流动人口计划生育管理。对于各种非医学需要鉴别出生人口性别的行为进行严厉打击。加快计划生育服务站点建设,提高计划生育服务水平及质量。积极扩大对农村部分计划生育家庭实行奖励扶助制度试点和"少生快富"扶贫工程实施范围。

在教育方面,湖北省以巩固提高"普九"成果为重点,有计划地发展基础教育,全方面提高整体尤其贫困地区人口的教育质量。继续实施农村中小学危房改造工程和农村中小学寄宿制学校建设工程,新建、改建校舍42万平方米,所有教学危房停止使用。实施中小学现代远程教育建设工程,认真抓好国家贫困地区义务教育工程,积极做好贫困地区中小学生"两免一补"工作,积极争取实施农村初中改造工程项目。

此外,湖北省还加强贫困地区卫生医疗建设。按照"统一标准、规划建设、整合资源、填平补齐、完善功能、提高能力"的原则,加快贫困地区乡镇卫生院房屋改造,基本消除危房的同时并为卫生院配备相应的常规设备。改善部分条件较差的县级医院、中医院和妇幼保健院的就医条件,重点配备急救、检验等常规设备,提高医院的应急能力。坚持以地方投资为主,推进村卫生室建设,新建2000个村级卫生室,力争90%达到甲级村卫生室标准。加强以乡镇卫生院为重点的农村卫生基础设施建设，健全农村三级医疗卫生服务和医疗救助体系，加强农村卫生专业技术人才培训，发展面向农村的全科医学教育，鼓励医学院校毕业生到农村工作。采取国家扶持、省里补助、县市配套、个人自筹相结合的办法，大力推进新型农村合作医疗制度，解决农村群众就医难和因病致贫、因病返贫的问题。

农业信息化建设也在紧锣密鼓地开展。湖北省主要重点抓好"金农"工程和农业综合信息服务平台建设工程。稳步推进边远乡镇有线电视"村村通"工程，积极发展调频广播，争取让所有的乡镇都开通调频广播。大力开展群众性文化活动和推动实施农民体育健身工程，以乡镇文化站建设为重点，建好文化活动中心、村级图书室和体育场馆，新建乡镇文化站200个、村级图书室5500个，使全省100%乡镇有文化站、60%村有图书室。

湖北省还特别重视农业技术推广和服务提升。实施农业科技入户工程，扩大重大农业技术推广项目专项补贴规模。鼓励各类农科教机构和社会力量参与多元化的农技推广服务，大力推广应用农业机械化生产技术，调整、改造和提升传统产业，提高产业开发的科技含量；积极推广应用农作物和畜禽良种，加快病虫害防治体系建设步伐；加强气象服务体系建设，保障农业生产和农民生命财产安全。初步建立从市、县、乡镇到重点企业、村、专业大户的山区农村科技信息网络，不断提高农民的科技素质。

落实完善农村社会保障制度建设。按照城乡统筹发展的要求，逐步加大公共财政对农村社会保障制度建设的投入。进一步完善农村"五保户"供养、特困户生活救助、灾民补助等社会救助体系。探索建立与农村经济发展水平相适应、与其他保障措施相配套的农村社会养老保险制度。落实军烈属优抚政策。有条件的地方，要积极探索建立农村最低生活保障制度。

二 本时期湖北其他重要农村经济发展与扶贫开发政策的实施

（一）湖北省专项老区建设

湖北省是中国革命老区的集中地区，集中分布在五个老革命根据地，将近代表了我国一半的老革命根据地。革命老区基础设施条件差，经济发展水平落后,是贫困的高发地。老区群众仍然存在不同程度的行路、饮水、用电、上学、就医、通信、听广播、看电视难的问题;革命老区与当地平均发展水平差距呈持续拉大的趋势,区域发展不平衡问题日益突出;在"八七扶贫攻坚计划"过后,湖北省革命老区还有部分群众没有解决温饱问题,部分群众收入不稳定,抗风险能力差,容易重新返回贫困行列。为了改变革命老区经济和社会发展滞后的现象,湖北省相继出台了《关于加强老区建设工作的决定》和《湖北省扶持老区建设条例》,结合扶贫开发工作共同推进革命老区建设。

从工作目标上来看,湖北省将老区建设提高至扶贫开发工作的重点部分,不仅要求2010年之前稳定解决全省重点老区极端贫困人口的温饱问题,而且将老区整体发展视为重中之重。《关于加强老区建设工作的决定》明确要求全省重点老区人均生产总值增长幅度达到高于全省贫困地区人均增长幅度,另外还包括其他明确的量化要求,例如:要求重点老区农民年人均纯收入每年增加100元以上;人均达到0.5亩以上当家田、1亩左右经济林园、户平均转移1个劳动力;50%左右的老区贫困村有一定的集体经济收入等。这些目标要求和全国扶贫开发工作保持一致,最终从根本上解决湖北省老区群众行路、饮水、用电、上学、就医、通信、听广播、看电视难的问题,为实现全面建设小康社会目标创造条件。

为了实现老区建设工作的目标,湖北省从全省现有的302个重点老区乡(镇)中确定1500个重点老区村作为重点扶持对象,每年选定302个村,按照缺什么扶持什么的原则予以扶持。其中,省每年重点扶持100个村;市、州、县每年扶持202个贫困村,扶持资金由各地财政安排。工作内容紧紧围绕经济产业、基础设施建设、人口素质提升来展开。首先,发展壮大区域特色经济。调整产业结构,利用老区的红色资源和山水资源,打造支柱产业,培育骨干企业,发展旅游经济,拓宽财政和农民增收门路。扩大招商引资规模,借助外力寻求更大发展。其次,不断完善老区基础设施建设。加强老区农田水利基本建设和小流域综合治理,发展节水灌溉和旱作农业,完善水利设施配套,提高综合抗灾能力。搞好农业综合开发,加强经济林园建设,按照科学化、规模化的要求改造现有经济林,确保人均建成1亩左右高效经济林园。为了解决老区群众行路、用电、饮水、上学、就医、通信、听广播、看电视难等困难,各部门用于老区建设的资金每年向302个重点老区贫困村倾斜。最后，大力实施老区人口素质工程。把老区建设的着力点和经济发展的增长点，切实转移到依靠科技进步和提高劳动者素质上来。发展基础教育，扩大职业教育和成人教育，普及实用技术，培育科技带头人，为老区建设提供智力支持。每年从老区建设资金中安排一定数额用于各级政策业务和职业技能培训的补助，力争全省每年通过职业技能培训转移老区劳动力5万人以上。积极培养和引进科技人才、企业管理人才。注重农业、农村资源保护和生态环境建设，提高老区农民环境保护与依靠科技致富的意识。加强对老区革命遗址、遗迹和纪念设施的保护、维修、利用，大力开展革命传统教育，提高青少年的思想道德素质。

为了确保政策能落实，老区建设能更快一步，湖北省采取强有力的政策措施为老区扶贫开发增加支持。第一，在财政金融政策上给予老区建设更多的支持。湖北省为落实政策，决定在针对老区建设的省级财政预算逐年增加扶持资金，2005年至2007年每年新增1000万元，同时要求老区内各市、州、县要相应在本级财政预算中增加扶持老区建设资金。另外，政策建议扶贫贴息贷款向重点老区的贫困村倾斜，省每年从财政扶贫资金中拿出一部分用于贴息。同时，在税务政策上要求各级税务部门应落实国家支持老区建设的各项优惠政策，主动指导和帮助符合条件的重点老区乡镇申办减免税手续。第二，在产业发展和布局上，给予老区内的红色人文旅游、绿色生态旅游项目、进出口贸易、重点项目布局、重点企业上市以倾斜支持，区内同等条件下优先发展老区内的项目，另外革命历史遗址、遗迹和纪念设施列入老区建设项目，由文物部门加以扶持。第三，坚持绿色和生态的原则，在产业发展的同时抓好退耕还林、生态环境保护工程、植被建设。第四，注重老区地区的人力资源发展，主要通过对老区贫困学生九年义务教育阶段实行"两免一补"（即免书本费、免杂费、补寄宿生生活费），全面提高老区贫困农村的教育服务。第五，重视老区卫生事业，水利和卫生部门要负责解决60%以上的重点老区乡镇群众饮用安全卫生水问题。第六，充分调动一切资源来共同促进老区建设，继续执行部门筹资扶持老区的政策。按照《湖北省扶持老区建设条例》和省委、省政府的有关规定，省直部门筹资扶持老区建设的单位、数额不变（省交通1000万元、水利350万元、教育150万元、民政150万元、卫生90万元，各部门不得低于该数额），出资额按照部门预算及省直项目支出管理办法的要求，渠道不变，捆绑使用，财政监督，由老区办提出项目方案，商有关部门实施，专项用于重点老区建设。要继续发挥老促会、扶贫基金会的作用，积极争取社会捐助，拓宽老区建设资金来源渠道。

(二) 湖北省科技扶贫

湖北省一直重视科技在经济社会发展中的作用，从20世纪90年代起推行科教扶贫。本时期，湖北省扶贫开发工作在执行国家扶贫开发纲要的基础上，继续推行科教扶贫。湖北省科技扶贫工作具有几个明显的特点：

首先，大力推进科技进步与创新，增强贫困地区持续发展能力。湖北省通过试验示范、办班培训、能人带动等形式大力推广优良品种、先进种植模式、加工制作技术、现代管理方式，把现金使用技术推广普及到千家万户。同时，积极兴办高效特色产业示范园区，把样板示范与大面积推广结合起来，推动传统农业向现代农业转变。要强化区域特色经济的科技研究，着重开发品种选育技术、适应立体气候的栽培技术、龙头产品深加工技术；积极探索城区观光农业、库区开发农业、低山集约农业、中山旱作农业、高山有机农业模式的经营技术。通过利益驱动，激活科技人才的创新精神和投身产业开发的信心。加快科技市场建设，促进科技交流与合作。通过各种途径不断提高科技扶贫效益和科技贡献率。

其次，重视全民教育，推进贫困地区社会事业进步。继续把基础教育放在重要位置，巩固九年义务教育成果，着力推进素质教育，重视培养创新精神和时间能力。把贫困地区乡村干部和广大农民的教育培训纳入新阶段扶贫开发的重要内容，制订专门计划配套专项资金，采取多形式增强乡村干部和广大农民的竞争意识和科技管理水平。努力改变贫困乡村文化卫生落后状态。通过电视普及、信息传输、新知识、新技术渗透、文化驿馆建设等途径，活跃农村文化生活，抵制封建迷信和邪教势力。

第四节 湖北省扶贫开发效果

回顾全国和湖北省扶贫开发政策的细则和实施，本时期的扶贫开发工作仍以区域开发方式为主，具体工作不仅涉及贫困人口所在地的经济和社会发展，还涉及贫困人口家庭。本节主要通过项目开展前后地区的经济、社会发展状况以及地区贫困程度的变化评价进入 21 世纪后前 10 年湖北省扶贫开发工作的效果，其中：经济状况评价包括对贫困地区的生产、生活、收入、支出消费等状况及其变化的分析；社会发展状况评价则是分析项目地区基础设施、教育、医疗卫生条件等方面的状况及其变化；贫困程度的变化分析主要是对比项目开展前后地区主要贫困指标的变化情况。

一 经济状况变化情况

（一）贫困县地方生产总值的变化

从整体上来看，扶贫开发重点县通过扶贫开发工作使得本地区的经济发展速度大幅提升。2010 年，湖北省地区生产总值达 15967.61 亿元，相当于 2000 年地区生产总值的 4.5 倍；地方财政一般预算收入 1011.23 亿元，相当于 2000 年的 4.7 倍。湖北省贫困地区经济基础差，经过长期奋斗，经济增长的同时经济总值和全省其他地区的差距也日渐明显。2000 年，全省 38 个贫困县市国内生产总值和财政收入分别达 771.01 亿元和 49.46 亿元，只相当于全省平均水平的 69% 和 44%；其中：25 个国家级扶贫开发重点地区生产总值总计 503.14 亿元，占全省地区生产总值的 14.19%。2010 年，25 个国家级扶贫开发重点县地区生产总值为 1379.3 亿元，年均增长率 10.61%；占全省地区生产总值的 8.64%，占比减少 5.55%。

从地区生产总值增长率来看，贫困地区的增长动力明显低于非贫困地区。十年期间，湖北省经济保持高速增长态势，全省地区生产总值年增长率保持在 8.5% 以上，其中：2007 年、2008 年和 2010 年年增长率超过 20%，2004 年至 2006 年的年增长率高于 15%。而从 25 个国家级扶贫开发重点县的情况来看，第一个五年经济发展过程波动明显，且与全省水平存在较大的差距，在 2006 年以后才逐渐与全省保持基本一致的增长速度。从不同地区的数据上来看，第一，秦巴山区和武陵山区的贫困县初始增长动力明显比大别山区和幕阜山区弱，例如秦巴山区2003年地区生产总值年增长率仅为3.2%，武陵山区2001年和2002年地区生产总值年增长速度不超过5%；第二，秦巴山区的贫困县经济增长长期保持较为稳定向上的趋势，而大别山区、幕阜山区和武陵山区在2005—2006年都出现明显的回落，甚至为负增长率。

表6—5　湖北省不同地区贫困县地区生产总值增长率（2001—2010）　单位：%

年份 地区	2001	2002	2003	2004	2005	2006	2007	2008	2009	2010
全省	9.5	8.6	12.9	18.4	17.0	15.6	22.5	21.4	14.4	23.2
25个国家级扶贫开发重点县	5.8	5.8	7.4	12.6	-7.2	5.1	20.7	25.7	14.5	19.5
大别山区	6.5	5.7	7.8	10.5	-23.1	11.4	18.2	30.4	18.5	15.5
幕阜山区	12.2	8.8	9.7	13.3	-1.2	10.6	14.3	22.8	0.8	13.9
秦巴山区	4.3	6.8	3.2	11.3	7.1	14.0	16.5	25.2	14.2	27.9
武陵山区	4.0	4.4	8.7	15.9	4.2	-7.0	28.4	21.9	14.1	20.4

注：增长率计算通过当年地区生产总值除以上年的值减100%所得。

资料来源：《湖北省统计年鉴》《中国农村贫困监测报告》。

（二）贫困县农村人均收入的变化

2000年至2010年，湖北省农村居民家庭收入持续增长，贫困县农村人均收入从0—1000元区间上升至3000—4000元区间，扶贫效果显著。2010年，湖北省农村居民家庭人均纯收入5832.27元，比2000年增长157%，年均增长率9.9%。城乡居民家庭收入差距逐年增大，2000年农村居民家庭人均收入相当于城镇居民家庭人均可支配收入的41%，2008年对应比例就下降至35.4%。从湖北省农民家庭人均纯收入的构成来看，2000年农民家庭主要以家庭经营收入为主，其占比约为71.32%，随着农民家庭人口当中从事非农产业人数的变化，工资性收入的比例不断提高。2005年，湖北农民家庭年人均纯收入中工资性收入为941.64元，占全年人均纯收入的30.38%，比2000年提高了6.23个百分点；2010年，湖北农民家庭工资性收入增长到了 2186.11 元，占比提高到 37.48%。

表6—6　　　　　　　湖北农民家庭年人均纯收入及构成　　　　　　单位：元

年份	全年人均纯收入	工资性收入	家庭经营纯收入	转移性收入	财产性收入
2000	2268.50	547.69	1617.80	83.46	19.55
2001	2352.16	582.60	1676.19	80.52	12.85
2002	2444.06	662.19	1694.40	73.38	14.09
2003	2566.76	706.79	1785.27	58.95	15.76
2004	2890.01	755.23	2051.62	66.96	16.19
2005	3099.20	941.64	2049.04	91.71	16.81
2006	3419.35	1199.16	2095.15	99.13	25.91
2007	3997.48	1454.50	2379.82	125.46	37.70
2008	4656.38	1742.33	2690.83	182.40	40.82
2009	5035.26	1900.54	2828.53	247.81	58.37
2010	5832.27	2186.11	3234.94	304.30	106.92

资料来源：国家统计局湖北省调查总队农村住户数据。

由于湖北省全面实施扶贫开发工作在2005年以后，例如农村贫困劳动力转移培训从2005年全面展开，本节选取2005年和2010年作为主要比较时点来评价贫困县农村人均收入的变化情况。2005年，湖北省农村人均纯收入为3099.2元，普遍高于29个扶贫开发重点县。29个扶贫开发重点县中农村人均纯收入低于2000元的有19个，主要分布在武陵山区和秦巴山区，主要包括巴东县、建始县、咸丰县、宣恩县、来凤县、鹤峰县、恩施市、利川市、五峰县、房县、竹山县、团风县、郧县、郧西县、竹溪县、通山县、保康县、孝昌县、秭归县；农村人均纯收入高于2000元的贫困县主要分布在大别山区，农村人均纯收入最高的是蕲春县，为2654元。经过5年的扶贫开发，2010年29个贫困县农村人均纯收入均高于3000元，其中保康县、丹江口市、麻城市、神农架林区、罗田县、孝昌县、蕲春县、大悟县、阳新县进入了4000元以上的区间。

由于每个贫困县农村收入基础不同，为了反映不同县之间扶贫开发

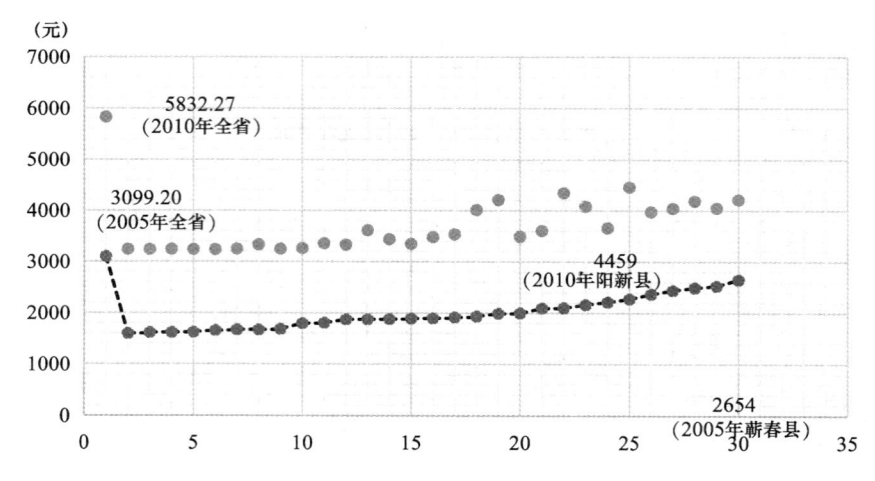

(元)
7000
6000　5832.27
　　　（2010年全省）
5000
4000　3099.20
　　　（2005年全省）
3000
2000　　　　　　　　　　　　　　　　　　　4459
　　　　　　　　　　　　　　　　　　　（2010年阳新县）
1000
0　　　　　　　　　　　　　　　　　　　　2654
　0　　5　　10　　15　　20　　25　（2005年蕲春县）35

图6—10　湖北省及29个扶贫开发重点县农民人均纯收入对比
（2005年和2010年）

效果的差异，下面利用5年期间年均增长率与全省平均水平进行对比。2005—2010年，湖北省农村人均纯收入年均增长率为11.11%，29个贫困县农村人均纯收入年均增长率约为10.9%，[①] 低于全省平均水平。这与每个贫困县的脱贫效果差异有关。以全省农村人均收入年均增长为基准线，发现近一半的贫困县农村人均纯收入低于全省水平，但是2005年农村人均纯收入更低的贫困县增长速度更高。从表6—7来看，农村人均收入年均增长率高于全省平均水平的县共有14个，主要分布于武陵山区（2005年这部分贫困县人均纯收入普遍不超过2000元），增长率平均值约为12.2%，高出全省平均值0.9个百分点；另外15个贫困县的农村人均收入年均增长率的平均值为9.6%，低于全省平均水平1.5个百分点，主要分布于秦巴山区和大别山区。在该分组中，大别山区农村人均收入年均增长率为8.6%，低于组内平均值1个百分点；而幕阜山区、秦巴山区、武陵山区年均增长率平均值都高于组内平均值。

---

①　数据来源于《中国农村贫困监测报告》和湖北省扶贫开发统计监测资料，仅有县级数据，故此处29个扶贫开发重点县年均增长的平均值由各县农村人均纯收入平均计算而得。

表6—7 湖北省贫困县农村人均纯收入年均增长率（2005—2010） 单位：个,%

分组	大别山区		幕阜山区		秦巴山区		武陵山区		全部	
	增长率	县数	增长率	县数	增长率	县数	增长率	县数	增长率	县数
低于全省平均	8.6	5	10.8	1	10.2	6	9.9	3	9.6	15
高于全省平均	12.6	3	11.9	1	12.0	2	12.1	8	12.2	14
总计	10.1	8	11.3	2	10.6	8	11.5	11	10.9	29

资料来源：湖北省扶贫开发统计监测资料。

（三）贫困县农业产业发展的变化

湖北省贫困地区农民收入增长与扶贫开发时期农业发展密不可分。从《纲要》和湖北省各个时期的扶贫规划来看，湖北省政府对贫困地区农业非常重视。根据湖北省扶贫开发规划和方案的实施目标来看，湖北省力争在贫困地区实现人均0.61亩基本农田、1亩经济林园以及人均粮食达380公斤以上。为此，湖北省通过"整村推进""以工代赈"等项目和资金在贫困地区的农业发展工作上增加投入。据湖北省扶贫办的监测数据来看，2010年湖北省29个贫困地区农业生产累计投资额达4.08亿元，其中：种植业投资额达2.52亿元，养殖业投资额为1.41亿元，帮助贫困农民实现马铃薯、药材、干果、瓜菜、魔芋等种植面积达56万亩，猪、牛、羊等养殖规模达180多万头。

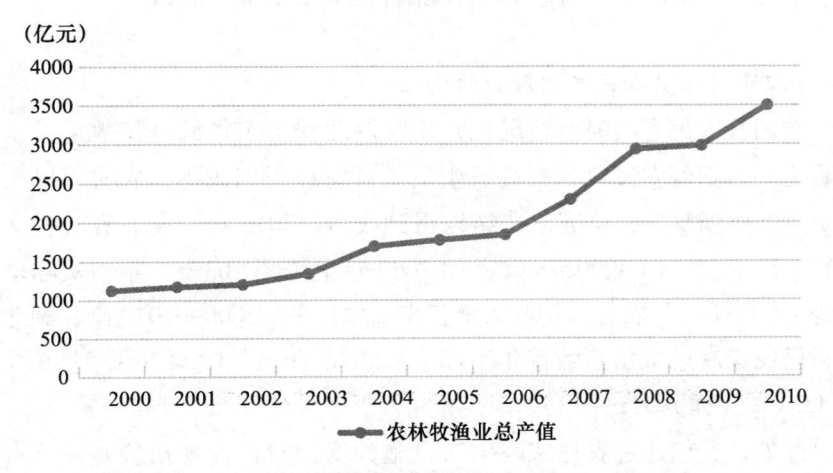

图6—11 湖北省农林牧渔总产值（2000—2010）

2010年,湖北省第一产业总产值达3502亿元,比2000年增长2.1倍,十年期间年均增长率达12.02%,其中2006—2010年发展速度较快,年均增长率达13.71%,早期发展相对较慢(详见图6—11)。整个发展过程明显具有两个重要特征:一是产业发展规模不稳定;二是技术进步对发展贡献明显。从湖北省种植业的情况来看,首先,2000—2006年农作物种植面积下滑明显,至2006年全省农作物种植面积低至6900千公顷,2007—2010年种植规模快速回升。从粮食单位面积产量来看,2000—2010年农业种植技术不断进步,粮食单位产量从5338公斤/公顷上升至5754公斤/公顷(详见图6—12)。

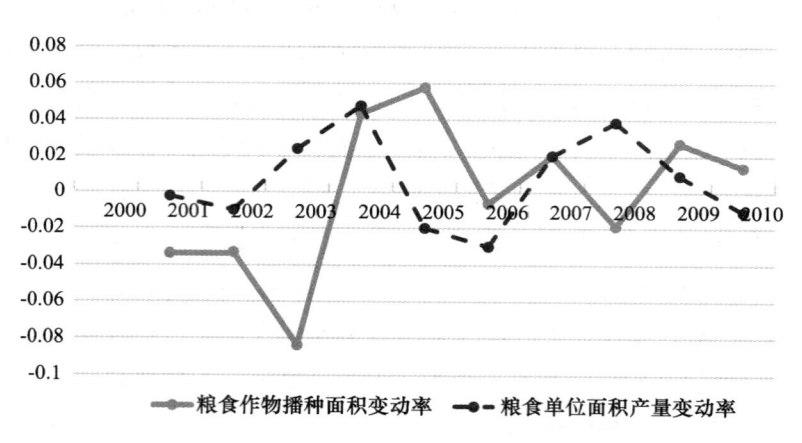

图6—12 湖北省粮食作物种植变化率(2000—2010)

（四）贫困县人民支出消费的变化

贫困县人民支出消费情况也是反映湖北扶贫工作的经济效果的重要内容之一。随着农民收入提高、生活条件持续得到改善,农村居民人均消费也在不断攀升,家庭消费结构得到改善。2010年,湖北省农村居民家庭人均消费支出4090.78元,比2000年上涨了163%,年均实际增长率为10.15%,与农村人均收入增长率基本持平。2000—2010年,湖北省农村居民家庭恩格尔系数逐年下降,从2000年的53.2%下降到2010年的43.1%(详见图6—13)。

此外,我们通过农户家庭生活设施数据的对比发现扶贫开发重点县的农户生活条件提高。首先,从居民住房来看,"十一五"期间农户住房

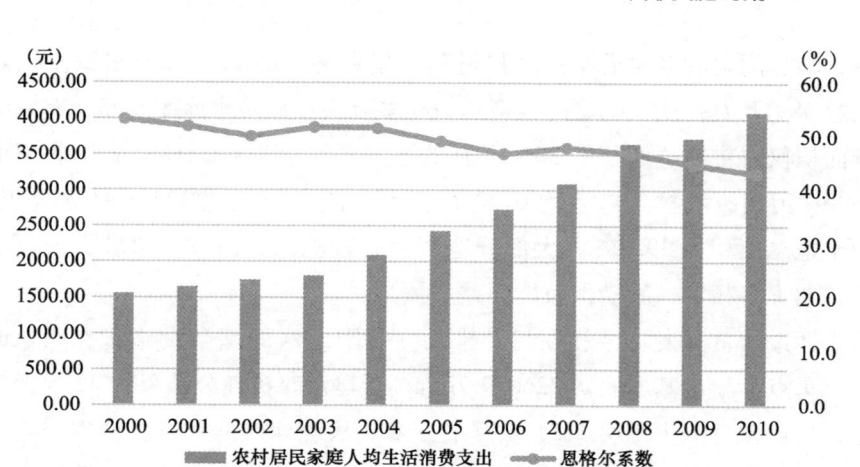

图6—13 湖北省农村居民家庭人均生活消费支出和恩格尔系数变化（2000—2010）

面积扩大了2.4平方米，其中：居住钢筋混凝土结构住房的农户比重为18.3%，比"十五"期末的14.2%提高4.1个百分点。其次，从家庭生活设施来看，贫困农户对电视机、冰箱、手机等家用电器的消费也明显提高。2009年扶贫开发重点县农户每百户拥有冰箱/冰柜18.6台、电视机101.2台、固定电话和移动电话114.6部。另外，通过对比全省124个县的电话拥有数量发现贫困县和非贫困县的农户家庭电话拥有数量都大幅提高，并且贫困县电话拥有数的增长幅度略高于非贫困县。

二 社会发展状况变化情况

（一）贫困县基础设施条件的变化

湖北省29个扶贫开发重点县市均属山区，贫困人口主要分布在地域偏僻、生产生活条件差的山区、库区、革命老区和少数民族集聚地区，呈现大分散、小集中的特点。这些地区自然资源普遍匮乏、交通不便、信息闭塞、生态脆弱、灾害频发，基础设施条件比较差。本期间，湖北省扶贫开发在29个扶贫开发重点县的基础设施建设方面投入了大量资金，用于修建农村公路和道路、解决饮水困难问题、改善农田水利设施等，改善贫困地区农民的基本生产生活条件。

2005年底，全省29个扶贫开发重点县市中不通公路的行政村达1351

个，晴通雨阻的乡村道路占乡村道路总里程的60%以上；农村饮水困难人数389万人，饮水困难的牲畜达160多万头；病险水库876座，有效灌溉面积仅占耕地总面积的30%，有效灌溉系数仅为40.1%；基本农田面积892万亩，农村人口人均0.72亩；水土流失面积达32241平方公里，占土地总面积的39.6%。大部分地区生态较脆弱，山洪、滑坡、泥石流等自然灾害频发，旱涝保收能力差。

通过扶贫开发资金和项目的推动，贫困地区的基础设施状况明显改善。重点县新增基本农田2260.9万亩，新建及改扩建公路里程42.5万公里，新增教育卫生用房1531.5万平方米。从统计数据来看，全省公路里程数从2000年的5.79万公里上升至2010年的20.62万公里，饮用自来水、深水井农户比重从55.3%提高到60.3%，自然村通路比例从79%提高到86.9%，通电比例从95.9%提高到98.0%，通电话比例从74%提高到91.2%，通广播电视比例从87.8%提高到94.5%。

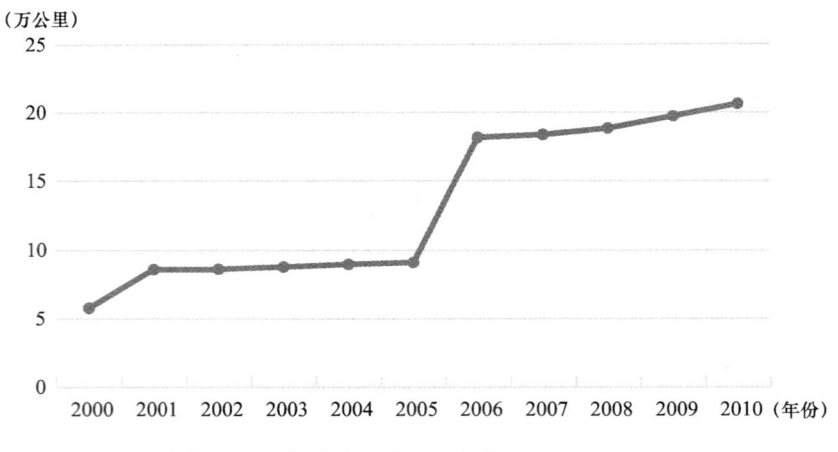

图6—14　湖北省公路里程变化（2000—2010）

（二）贫困县教育状况的变化

经过对农村学校的投资、农村义务教育的普及、农村劳动力转移培训，贫困地区的教育状况得以改善。

首先，贫困地区义务教育办学条件得到改善、义务教育普及率提高。2010年，适龄儿童入学率和初中入学率分别达到100%和97%；7—15岁学龄儿童在校率为97%以上,其中:7—12岁儿童在校率约98%,13—15岁儿童在校率约96%。从湖北省普通中学和小学在校生人数的对比可以看到,2000—2010年县均小学在校生人数都出现明显下滑,这与人口出生率和适龄儿童人数下滑有关,但从普通中学在校人数来看贫困县县均在校人数从2.56万人上升至2.91万人,可说明贫困县义务教育(中学阶段)的普及明显提高(详见图6—16)。

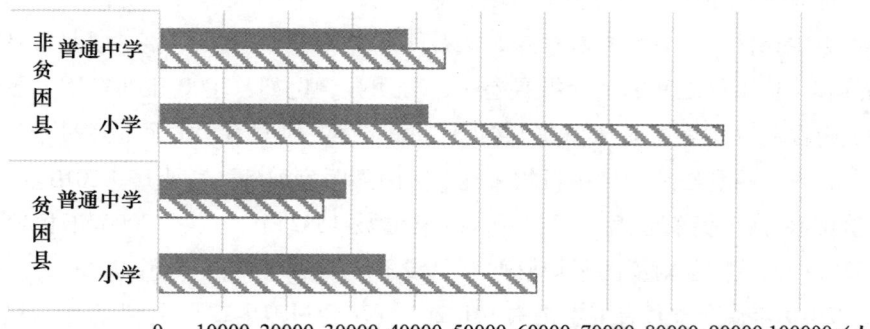

图6—15 湖北省贫困县和非贫困县学生在校人数对比(2000年和2010年)

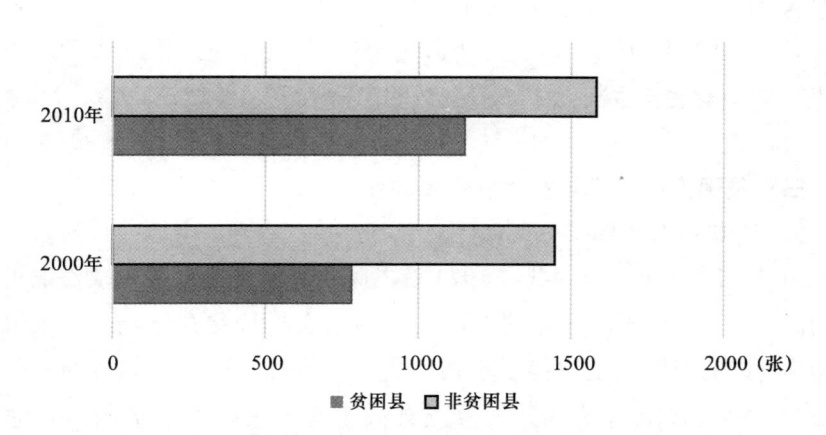

**图6—16 湖北省贫困县和非贫困县平均拥有床位数对比
(2000年和2010年)**

其次,农村文盲劳动力的比例有所下降。2009年扶贫开发重点县

15—50周岁的青壮年劳动力平均受教育年限7.9年，比2002年的7.1年提高了0.8年，青壮年文盲率7.5%，比2002年的12.4%下降了4.9个百分点，平均每年下降0.7个百分点。其中，男性青壮年劳动力的文盲率为4%，比2002年的6.4%下降了2.4个百分点；女性青壮年劳动力的文盲率为11.3%，比2002年的18.9%下降了7.6个百分点。

（三）贫困县的医疗卫生的变化

医疗卫生条件是反映一个地区社会发展的重要组成部分。贫困地区的医疗卫生条件差，老百姓看病难，医疗水平非常有限。2000年，湖北省贫困县和非贫困县之间的医疗配置差距十分明显，例如：2000年非贫困县平均拥有医院（卫生院）床位数1447个，而贫困县则只有781个。经过十年扶贫开发项目和医疗卫生项目的实施，贫困县医疗配备增长明显。2010年，非贫困县平均拥有医院（卫生院）床位数1582个，仅比2000年提高9.32%；而贫困县对应的平均值则为1152个，比2000年上升了47.5%。

2010年，全省共有卫生机构10152个（不含村卫生室），卫生技术人员25.15万人，病床床位20.13万张；专科疾病防治机构86个，疾病预防控制中心（防疫站）111个，疾控中心卫生技术人员6308人。新型农村合作医疗的参合率得到巩固和提升；丹江口市、保康县、大悟县、通山县已正式纳入全省新农保试点县市；农村低保基本做到了"应保尽保"；年末贫困人口存量61.47万人，比上年下降7.7%。有卫生室的比重从73.5%增至79.6%；有合格乡村医生、卫生员的比重从74.8%增至79%。

三 贫困人口规模与贫困发生率的变化

（一）贫困人口规模的变化

2001—2010年，全国共有1923万人脱离贫困，扶贫开发工作取得显著的成效。[1] 湖北省扶贫开发工作在《中国农村扶贫开发纲要（2001—2010年）》的指导下也取得了不错的成绩。从总贫困人口规模的变化来看，2005年，湖北省扶贫开发重点县低于944元以下的贫困人口总计121.46万人；2006年，虽然贫困线提高至958元，湖北省扶贫开发重点县的贫困人口降至101.8万人；2007—2008年因贫困线的调整，贫困人

---

[1] 吴海涛、丁士军：《贫困动态性：理论与实证》，武汉大学出版社2013年版，第60页。

口的绝对数有所上升，总贫困人口超过150万人。2008—2010年，在贫困线标准一致后，可以明显看出贫困人口正以较快的速度减少，湖北省扶贫开发重点县的贫困人口规模从151.7万人降至76万人，年均下降20.6%。不同地区贫困人口规模的变化相对一致，其中：大别山区扶贫开发重点县贫困人口规模从41.7万人降至20.81万人，年均降幅20.7%；幕阜山区对应的贫困人口规模从6.01万人减少至2.73万人，年均降幅23.1%；秦巴山区对应贫困人口规模从34.99万人下降到17.41万人，年均降幅20.8%；武陵山区的贫困人口规模从53.34万人减少为26.92万人，年均降幅20.4%；4个省级扶贫开发重点县年均降幅也接近20%。

表6—8　　　湖北省扶贫开发重点县不同地区贫困人口规模
（2005—2010）

单位：万人

地区	2005年	2006年	2007年	2008年	2009年	2010年
大别山区	37.32	28.45	42.47	41.7	31.13	20.81
幕阜山区	7.49	4.95	6.24	6.01	4.09	2.73
秦巴山区	25.36	23.44	35.95	34.99	26.05	17.41
武陵山区	41.58	36.71	54.95	53.34	40.28	26.92
其他	9.71	8.25	15.91	15.66	12.15	8.13
总计	121.46	101.8	155.52	151.7	113.7	76

注：这里只包括25个国家扶贫开发重点县和4个省级扶贫开发县的贫困人口数据。[①]

资料来源：湖北省扶贫开发监测数据。

（二）贫困发生率的变化

2000年全国农村贫困人口达9422万人，贫困发生率为10.2%；湖北省农村贫困人口约为1413万人，约为全国农村贫困人口的15%。经历了为期十年的扶贫开发工作，全国贫困人口从9422万人下降至2688万人，

---

① 29个扶贫开发重点县的地区分类：大别山区包括孝昌县、大悟县、红安县、麻城市、罗田县、英山县、蕲春县；幕阜山区包括阳新县；秦巴山区包括丹江口市、郧县、郧西县、竹山县、竹溪县、房县、神农架区；武陵山区包括秭归县、长阳县、恩施州、鹤峰县、巴东县、建始县、利川县、来凤县、宣恩县、咸丰县；其他地区包括五峰县、保康县、团风县、通山县。

约 71.5% 的贫困人口实现脱贫；贫困发生率从 10.2% 减小到 2.8%。[1] 湖北省脱贫成效更是明显。2010 年贫困人口规模仅 76 万人，相当于 2000 年贫困人口当中近 94.6% 实现脱贫，该年全省贫困发生率为 1.9%，贫困发生率低于全国平均水平。其中，扶贫开发重点县覆盖贫困人口 60 万人，占全省贫困人口的 79.5%，贫困发生率为 5.3%，低于全国扶贫开发重点县总体水平。总体来看，2010 年，湖北省基本解决农村贫困人口的温饱问题，但是在温饱线徘徊的返贫人口仍有 100 万人，人均纯收入在 625—800 元的低收入农村贫困人口有 300 多万人。

表 6—9 2000 年与 2010 年湖北省贫困人口和贫困发生率（与全国对比）

单位：万人，%

年份	湖北省		全国	
	农村贫困人口	贫困发生率	农村贫困人口	贫困发生率
2000	1413	—	9422	10.2
2010	76	1.9	2688	2.8

注：（1）全表数据计算均采用 2008 年贫困标准。
（2）2000 年湖北数据根据王祖祥等（2009）提供的比例估算。[2]
资料来源：《中国扶贫开发统计年鉴 2010 年》《中国统计摘要 2016 年》。

本章小结

一 本时期湖北扶贫工作的基本特征

（一）以《中国农村扶贫开发纲要（2001—2010 年）》作为扶贫工作的总指挥棒

《中国农村扶贫开发纲要（2001—2010 年）》（以下简称《纲要》）在我国扶贫开发工作的历史上具有开创性意义。自我国扶贫开发系统成立

---

[1] 根据国家统计局农村监测中心制定的 2008 年贫困标准，即低收入标准是年均收入 1196 元。
[2] 王祖祥、范传强、何耀等：《农村贫困与极化问题研究——以湖北省为例》，《中国社会科学》2009 年第 6 期。

以来，这是首次制定十年规划用以指导扶贫开发工作，是我国本时期扶贫开发的总指挥棒。湖北省以《纲要》中明确的目标、措施、组织领导等内容制定了本省的扶贫开发规划，顺应国家政策，同时因地制宜、整合资源，达成制定的脱贫目标。这种以政府主导，自上而下的政策执行的意义在于充分利用我国的政治优势和制度优势，有效地调配资金对贫困地区的物质资源输入，增强人力资源的配置以及社会资本的培育和植入。

（二）以解决深度贫困为主要目标

我国经过长期的扶贫攻坚工作，绝大多数贫困人口脱离贫困，贫困人口规模快速下降。少数未脱离贫困人口是属于脱贫攻坚工作的难点，这些人口分布在自然资源极为匮乏，基础设施和公共设施极差的地区，当地经济和社会发展水平低。本时期扶贫纲要的奋斗目标其中之一，就是要实现扶贫攻坚工作重点的转变，从解决绝大多数人收入问题转变为解决少数贫困人口温饱问题。相比前一时期的扶贫攻坚工作，实现本时期的奋斗目标所面临的工作难度要更高，工作内容也逐渐更专注于人的因素，重视贫困人口的综合素质的提升。

（三）以区域开发作为主要扶贫方式

不论是从全国层面还是湖北层面来看，贫困人口分布显现"大分散，小集中"的态势，具有明显的区域特征；贫困人口集中的地区不仅生态环境脆弱、生存条件恶劣、自然资源匮乏，而且基础设施和社会事业发展明显落后。扶贫工作任务重，要应对的复杂情况也颇多。面对如此繁重的扶贫开发任务，让大多数贫困人口快速从贫困中走出来，"连片开发、综合治理"的区域性扶贫开发成为本时期扶贫开发工作的主要战略，是解决大多数贫困人口的优先性选择。通过对扶贫开发重点县的扶贫开发，优先解决贫困地区落后的现状，改善当地经济社会发展，将主要因区域发展不平衡问题导致贫困的人口脱离贫困，是尽可能最大幅度地减少贫困人口的必然选择。

（四）强调以人为本的扶贫理念

我国社会主义的本质决定了消除贫困、实现共同富裕的根本目标，我国扶贫开发从一开始就注重以人为本的扶贫理念，不仅关注和解决经济社会发展过程中贫困脆弱群体的生存和发展问题，也注重扶贫开发工作过程中贫困人口的参与和合作。不仅强调自上而下制定相应扶贫措施，满足贫困人口的多元需求，也强调自下而上尊重贫困人口发展诉求，鼓励贫困人口参与减贫发展；不仅突出有发展能力贫困人口的开发式扶贫，也注重弱势贫困人口的兜底保障，进一步凸显了以人为本的扶贫理念。

二　本时期湖北扶贫工作的实践经验

（一）"自上而下"和"自下而上"相结合

本时期扶贫开发工作由国务院扶贫办负责协调和主管工作，所颁布的所有中央级别的扶贫政策文件均有明确的目标、任务、措施和管理机制。扶贫政策的制定和执行采取"自上而下"的模式推行，各级政府和扶贫办根据上一级规划的任务、配套资金来执行，基层扶贫开发活动能够得到明确的执行指导和资金保障。除此之外，为了让更多的农民参与到反贫困进程中，"整村推进"工作当中借鉴国外机构的参与式工作经验，采取"自下而上"的方式制定村级规划，让农村的发展真正由农村来决定，提高整体政策实施过程的满意度。

（二）充分调动一些可利用的资源

从扶贫资金来看，中央财政预算上投入的扶贫资金包括以工代赈资金、财政扶贫发展资金、少数民族发展资金、扶贫贴息贷款等；湖北省及其各级政府也投入相应的财政资金。从政府部门的参与度来看，除了国家扶贫办系统，办公厅、农业部、水利部、交通部、教育部等各部门都相应地参与到扶贫开发工作上来。从非政府机构来看，国家还积极与联合国、世界银行、国际NGO组织加强合作，为扶贫开发争取更多的资金、人力和策略上的支持。

（三）多战略配合实施共战贫困

区域性扶贫开发并非本时期的唯一战略。在推进扶贫开发工作当中，农村社会保障体系的完善和政策执行，为解决因缺乏劳动能力的农民提供了救济性扶贫，为大部分农民提供社会医疗保障，减少农民因病因残因缺乏劳动力而陷入贫困的风险。救济性扶贫、社会保障体系完善是区域性扶贫开发战略的重要补充。

（四）充分发挥科技在扶贫中的重要作用

科学技术在经济发展中具有着举足轻重的地位，同样地，它对扶贫的作用也非常重要。湖北省在具体扶贫工作当中特别重视科学技术的作用,不仅鼓励本省科研机构进行农业科技创新,还激励科研机构和企业不断将科研成果转换出去,让大批农民能够接受技术培训。湖北省的科技扶贫并不是本时期特有的战略,它属于成功经验的积累和再应用。坚持科技扶贫战略是湖北省扶贫的重要实践经验,它已经在实践中不断被证实,是具有非常好的带动作用。

三 本时期湖北省扶贫开发存在的问题

在国家扶贫规划的指导和全省人民共同努力下,湖北省扶贫开发工作取得显著的成就,但仍存在一些不足。这些存在的问题不少也是全国其他地区共同存在的难题。

(一)最贫困人口未能受惠于扶贫

从21世纪80年代开始,我国扶贫开发以区域性扶贫开发为主,大部分农民从中得到收益,尤其是贫困村较富裕的农户,然而最贫困的人口在整个过程当中受到不同程度的排挤。[①] 学者将这种现象称为"精英俘获",即贫困村的精英群体更容易获得扶贫资源和项目。以区域开发为主要扶贫战略期间,"先让一部分人富起来,再带动其他农户"确实帮助更大规模的贫困农户脱贫致富。随着贫困人口越来越少,未脱贫的贫困人口的贫困深度更高,更有针对性的扶贫工作方式需要进一步介入。现阶段扶贫开发已经意识到扶贫到户的重要性,但需要根据不同贫困户的类型和要求,全面落实扶贫开发政策。

(二)扶贫信息管理落后

全国扶贫信息管理处于起步阶段,贫困农户信息的收集、管理和利用都尚在不断地摸索。本时期,贫困农户的建档立卡工作刚刚开始,信息化管理并未步入正轨。由于信息技术和设备落后的问题,在数据收集阶段会出现数据信息集中录入时系统堵塞的状况。扶贫系统本身并没有对贫困农户信息的管理和利用形成成熟的体系,导致部分关键部门权限开放不够充分,从而导致扶贫办系统对建档立卡信息未得到充分的利用。

---

① 汪三贵等:《中国新时期农村扶贫与村级贫困瞄准》,《管理世界》2007年第1期。

（三）未能平衡贫困地区之间的不平衡发展

湖北省扶贫开发重点地区之间仍存在不平衡发展。武陵山区、大别山区、秦巴山区、幕阜山区等特殊贫困地区，生态环境恶劣、基础设施落后、社会发展滞后，这些地方集中了大部分贫困人口。从上述扶贫效果当中，可以发现这些地区的经济发展速度是比较滞后且较不稳定的。扶贫开发政策在不同扶贫开发重点县内所采取的策略应更具本地地方特色，能对地区经济具有明显推动。

（四）扶贫投入项目资源产生效益不高

湖北省在扶贫重点地区投入大量的公共设施，使得贫困地区的教育和医疗资源的人均拥有量已经超过非贫困地区。但是，贫困地区的教育和医疗质量并没有在量上面实现突破，贫困县青年劳动力素质不高，贫困人口看病难、就业效果差等一系列老问题仍旧存在。为了能够使得扶贫项目投入的资源产生更好的效益，扶贫开发工作仍需要在软实力上多下功夫、实现突破，通过更多教育培训、素质培训提升、优化乡镇村医疗机构的管理和激励制度全面提高项目效益。

湖北省扶贫开发仍将会是重中之重的工作，本书认为下一个时期扶贫开发应多汲取本时期的成功经验，努力在不足之处实现突破。主要的思路是：坚持区域发展和扶贫到村入户同步推进，克服最贫困人口被排斥的问题，从大面积脱贫转向扶贫难点上；推行扶贫开发精细化管理，利用扶贫信息化管理技术，全面掌握、追踪贫困户信息；围绕全面实施连片特困地区区域发展与扶贫攻坚工作，借助湖北省"两圈一带"、新农村建设"五个层面"试点和"两区"试验区建设的政策，加大对革命老区、少数民族地区和贫困地区发展的支持力度，实现贫困地区与非贫困地区之间的协同发展。

第七章

《中国农村扶贫开发纲要(2011—2020年)》及精准扶贫实施时期

第一节 本时期宏观背景

一 全国宏观经济与社会发展背景

《中国农村扶贫开发纲要（2011—2020年）》的实施时期正是中国经济转型升级的关键期与机遇期。本时期的初始阶段，我国宏观经济与社会发展各项事业是在全球性经济不景气的背景下开展的。自2008年全球性经济危机爆发以来，世界经济长期保持低速运行，这一趋势也延续到了21世纪的第二个10年。面对国内外严峻的发展环境，全国各族人民团结一致，在党中央和国务院的正确领导下，保住了我国经济的良好发展势头，实现了国内生产总值（GDP）的稳定增长，确保了农村居民人均纯收入的稳定增加、人民生活水平的不断提升。经济的不断发展拉动了我国城镇化率首次超过50%，为基础设施不断完善与科教文卫事业有序发展奠定了良好的基础。这样的经济社会发展环境完全有条件推动我国的经济社会发展和综合国力再上新台阶，有助于农村扶贫开发工作的快速推进。

但是，机遇与挑战总是并存的。我们必须清醒地认识到：在本时期的开始阶段，我国经济社会发展中的不平衡、不协调、不可持续问题依然突出，主要表现在投资和消费关系失衡，收入分配差距较大，科技创新能力不强，产业结构不合理，农业基础仍然薄弱，城乡区域发展不协调，就业总量压力和结构性矛盾并存，物价上涨压力加大，制约整体经济与社会发展的体制机制阻碍依然较多等方面,这也给农村贫困地区的脱贫攻坚工作带来了较大的困难。

(一)本时期全国经济社会发展的优势与机会

第一,国内生产总值稳步增长,农村居民人均纯收入稳定增加。2011年,是我国实施《中国农村扶贫开发纲要(2011—2020年)》的开局之年,也是我国进入国民经济和社会发展第十二个五年规划时期(简称"十二五"时期)的第一年。在这一年,我国的国内生产总值(GDP)达到了471564亿元,比上年增长9.2%,实现了自2000年以来GDP连续12年的增长速度高于8.0%的高速增长壮举(详见图7—1)。同时,在这一年里,我国三大产业也呈现出良好的发展势头。其中,第一产业的增加值为47712亿元,增幅4.5%;第二产业的增加值为220592亿元,增幅10.6%;第三产业的增加值为203260亿元,增幅8.9%。[1] 在国内生产总值不断攀升的同时,农村居民人均纯收入也保持了稳定持续的增长。2011年,全国农村居民人均纯收入为6977元,比上年增长17.9%,扣除价格因素,实际增幅为11.4%;农村居民人均纯收入的中位数为6194元,扣除价格因素后比上年增长11.4%。农村居民人均纯收入增长速度于2010年首度出现高于城镇增长率的情况(详见图7—2),农村经济社会发展趋势十分迅猛。

第二,人民生活水平不断提升,城镇化率超过50%。除了收入的增加,人民的生活水平也得到大幅度提升。在支出与消费方面,2011年,我国城镇居民家庭人均消费现金支出为15160.9元,比上年增长12.5%;农村居民家庭人均消费支出为5221.1元,比上年增长19.2%。在储蓄方面,2011年,城乡居民人民币储蓄存款年增加额为40333.39元。在住房方面,全年房地产开发投资61740亿元,比上年增长27.9%;农村居民人均住房面积为36.2平方米/人,比上年增长6.2%。在旅游方面,全年国内出游人数26.4亿人次,比上年增长13.2%;国内居民出境人数7025万人次,同比增长22.4%。其他生活指标方面,2011年,我国农村居民恩格尔系数为40.4%,比上年下降0.7%;城镇居民恩格尔系数为36.3%,

---

[1] 中华人民共和国2011年国民经济和社会发展统计公报。

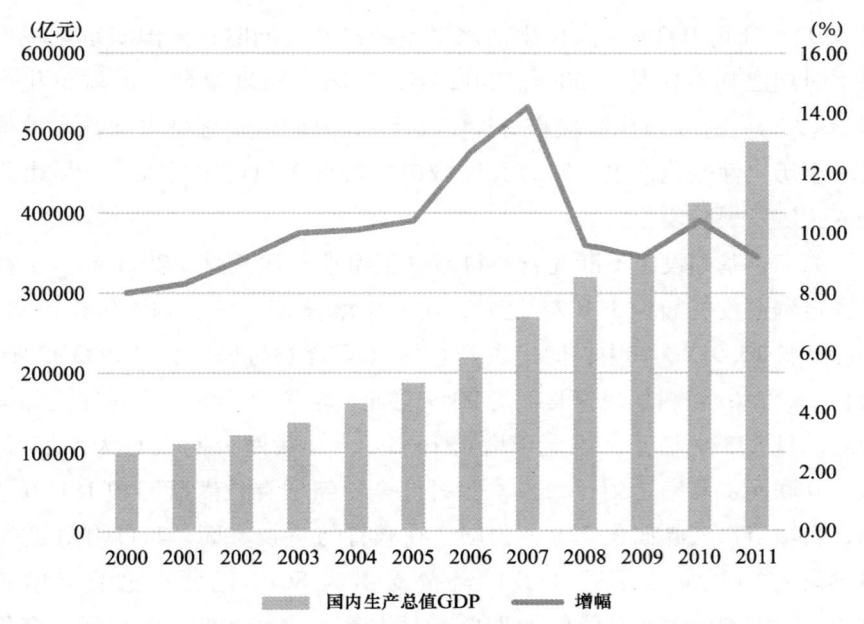

图7—1 2000—2011年国内生产总值（GDP）及增长速度

资料来源：国家统计局2000—2011年国民经济和社会发展统计公报。

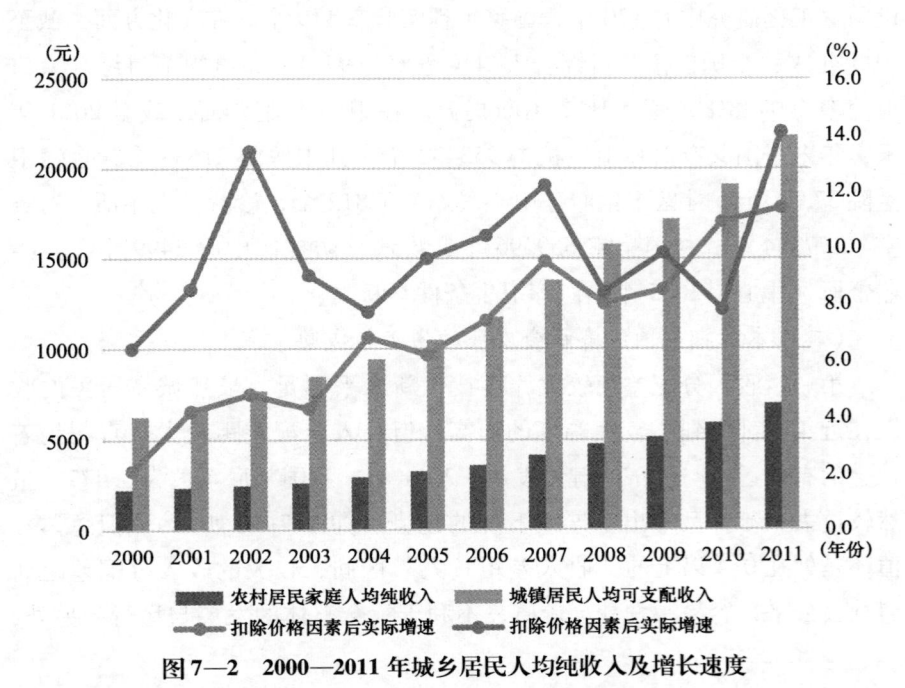

图7—2 2000—2011年城乡居民人均纯收入及增长速度

资料来源：国家统计局2000—2011年国民经济和社会发展统计公报。

较 2009 年下降 0.2%。人民生活水平不断提升的同时，全国城镇化率也在本时期之初首次超过 50%。2012 年，我国（除港澳台）的城市化率（城镇人口占总人口比）突破 50%，达到了 51.3%，这是中国社会结构的一个历史性变化，也意味着我国城镇人口首次超过农村人口，城市化进入关键发展阶段。[①]

第三，基础设施不断完善，科教文卫事业有序发展。2011 年，全社会固定资产投资额为 311022 亿元，比上年增长 23.6%，扣除价格因素，实际增长 15.9%。其中，固定资产投资（不含农村居民）301933 亿元，增长 23.8%；农村居民投资额为 9089 亿元，增长 15.3%。全年完成邮电业务总量 13379 亿元，比上年增长 16.5%，互联网上网人数为 5.13 亿人，互联网普及率达到 38.3%。另外，全年新增有效灌溉面积 181 万公顷，新增节水灌溉面积 221 万公顷。在教育与科技方面，2011 年，全国科学研究与试验发展（R&D）经费支出为 8610 亿元，比上年增长 21.9%，占国内生产总值的 1.83%，其中基础研究经费 396 亿元。全年国家安排了 952 项科技支撑计划课题，524 项"863 计划"课题。累计建设国家工程研究中心 130 个，国家工程实验室 119 个。在文化方面，截至 2011 年末，全国广播节目综合人口覆盖率为 97.1%；电视节目综合人口覆盖率为 97.8%，覆盖比率不断提升。在卫生事业方面，截至 2011 年末，年末全国共有医疗卫生机构 953432 个，其中医院 21638 个，乡镇卫生院 37374 个，社区卫生服务中心（站）32812 个，诊所（卫生所、医务室）177754 个，村卫生室 659596 个，疾病预防控制中心 3499 个，卫生监督所（中心）3005 个，医疗卫生条件不断改善。

（二）本时期全国经济社会发展的劣势与威胁

第一，收入分配差距较大，科技创新水平不足。虽然城乡居民的收入在近年来都得到了较大幅度的提高，但收入分配差距较大一直制约着社会的有效运行与经济的健康发展。2011 年，我国基尼系数为 0.477，虽然较过去三年都呈现出了连续下降的趋势（如图 7—3 所示），但总体数值还是处在 0.4 以上的"收入差距较大"区间，较大的收入分配差距妨碍社会公平，容易激发社会矛盾，不利于社会整体的发展与运行。另外，

[①] 中华人民共和国 2012 年国民经济和社会发展统计公报。

我国的研究成果转化为工业产出率还很低，各研究院和高校的大多研究都脱离了生产实际，公司投入到研究与开发（R&D）的比例仍十分低，导致产品生产低端，配套服务不到位，削弱了国内需求对经济的拉动作用。科技创新水平不强，对经济发展的贡献率较低，严重影响了经济的高质量增长。

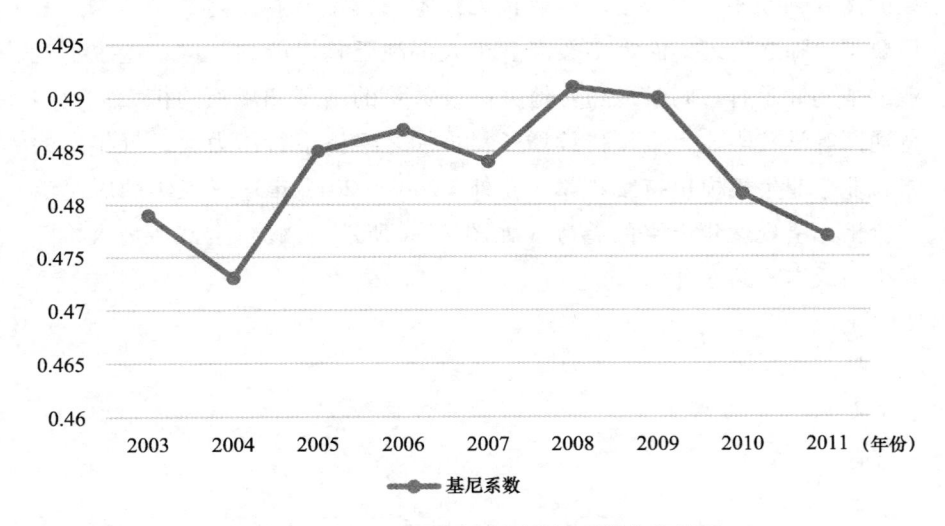

图7—3　2003—2011年中国基尼系数变化情况

资料来源：国家统计局2000—2011年国民经济和社会发展统计公报。

第二，产业结构不合理，农业基础薄弱。我国三大产业在近几年都实现了总量上的连续增长，但产业结构不合理的问题也十分突出。其中，工业附加值不断提升，工业的实际高度化却不足；制造业大而不强，以产业结构与部门变化为标志的名义高度化较高，而以附加值、技术含量为标志的高度化却较低，关键产业还缺乏核心技术。服务业发展滞后，存在着生产性服务业效率低和消费性服务业发展严重滞后并存的现实状况。此外，服务业比重相比发达国家还较低，对经济的贡献率也明显低于发达国家。农业实现了连续多年的粮食增收增产，但存在着个体经营为主，规模效应不强，农业信息化建设滞后，农产品生产难以适应市场，农业科技水平落后于社会发展，农村青壮年劳动力大量流入城市的问题，农业基础依然十分薄弱。

第三，就业问题突出，物价上涨压力大。由于我国人口众多，地区间经济发展不平衡，加之产业结构转型下资本对劳动的排斥必不可免，在劳动力整体供大于求的情况下，就业总量矛盾虽有缓解，但就业的结构性矛盾和区域性问题日益凸显。一方面，很多青壮年劳动力面临失业的风险；另一方面，很多行业却面临着"招工难"的问题。随着产业转型的深入，很多劳动密集型产业转为技术密集型产业，对工人的综合素质要求也随之提高，而大多数产业工人都缺乏技术能力，这就造成了就业的结构性矛盾。同时，随着地方高校数量的增多和规模的扩大，我国普通高等学校毕业生数量持续增长，再加之经济下行压力大，近年来的未就业毕业生规模也持续积累。此外，2008—2011年连续三年的居民消费价格比呈现逐年上涨的趋势（如图7—4所示），物价上涨压力大，民众生活成本不断上升。

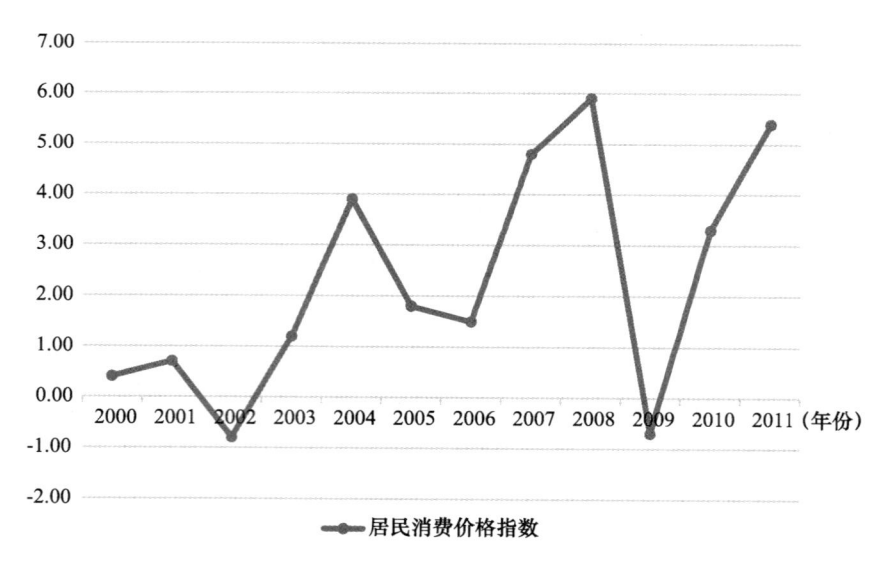

图7—4　2000—2011年中国居民消费价格指数（CPI）变化情况

资料来源：国家统计局2000—2011年国民经济和社会发展统计公报。

二　湖北省宏观经济与社会发展背景

《中国农村扶贫开发纲要（2011—2020年）》的实施时期是湖北省经济社会发展与转型的跨越式发展战略机遇期、新型工业化加速发展期、城镇化加速推进期、产业结构加速优化升级期、经济社会协调发展期以及体制机制创新突破期。在这一时期的开始阶段，湖北省宏观经济与社会发展拥有较好的优势与机遇，但也存在劣势与威胁。一方面，湖北省综合经济实力不断提升，产业结构渐趋合理；基础设施建设势头迅猛，交通枢纽地位日益凸显；就业与收入水平明显提高，社会事业全面发展。另一方面，农业发展基础依然薄弱，科技创新对经济贡献率不高；经济发展受到资源和环境的制约，环境保护压力较大；公共服务发展相对滞后，城乡与区域发展不均衡凸显。在机遇与挑战并存的背景下，湖北省进入了农村扶贫工作的"深水区"与"决战区"。

（一）本时期湖北经济社会发展的优势与机会

第一，综合经济实力不断提升，产业结构渐趋合理。截至2010年底，湖北省实现国内生产总值（GDP）15967.61亿元，按可比价格计算，较上年增长15.8%，连续多年保持强劲增长势头（如图7—5所示），自1978年以来首次明显高于全国平均水平。全省三大产业结构渐趋合理，且发展势头良好。截至2010年底，第一产业完成增加值2147亿元，增幅4.6%；第二产业完成增加值7764.65亿元，增幅21.1%；第三产业完成增加值5894.44亿元，增幅10.1%；第一、第二、第三产业比重由2009年的13.8∶46.6∶39.6调整为13.6∶49.1∶37.3。三大产业的结构优化具体表现在农业附加值不断提升，农产品加工产值与农业总产值之比达到1.25∶1，有25家农业产业化龙头企业的销售收入达到或超过10亿元人民币；新型工业化步伐加快，汽车、钢铁、石化等7个产业的销售收入跨过千亿元大关，光纤光缆、光通信器件、激光器等高科技领域技术实力居全国领先地位，高新技术产业增加值占全省生产总值的比重达到10.8%；服务业实现跨越式增长，增加值年均达到13.8%以上，现代物流、金融、旅游、信息等服务业快速发展，省会武汉市成为国家首批"服务外包示范城市"。①

第二，基础设施建设势头迅猛，交通枢纽地位突出。2010年，湖北完成固定资产投资1.1万亿元，比上年增长31.6%，并实现"十一五"期间累计完成固定资产投资3.2万亿元，年均增长29.6%的壮举。较大

---

① 2010年湖北省国民经济和社会发展统计公报。

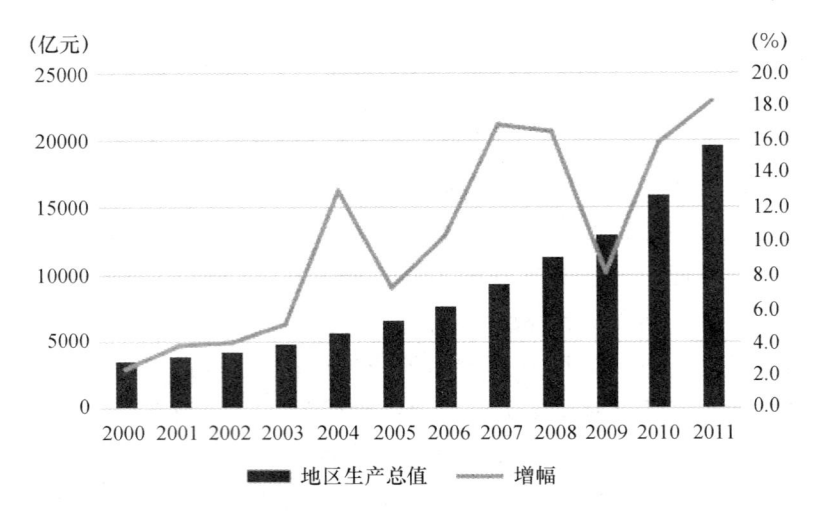

图7—5　2000—2011年湖北省国内生产总值（GDP）及增长速度

资料来源：湖北省统计局2000—2011年国民经济和社会发展统计公报。

规模的投入促使全省在铁路、公路、机场、港口等建设领域取得了较大发展，武广、武合客运专线的开通使湖北在全国较早进入高铁时代，武汉成为首批全国综合交通枢纽试点城市，武汉的交通枢纽地位得到进一步加强。此外，"十一五"期间湖北省新增铁路营运里程1295公里，总里程达到3319公里；新增高速公路里程突破2000公里，总里程达到3673公里，上升到全国第六位；城市轻轨、城际铁路、地铁等现代先进快捷交通设施投入使用或开工建设；三峡工程初步设计建设任务全面完成，南水北调中线兴隆枢纽、"引江济汉"工程全面启动。①

第三，就业与收入水平明显提高，社会事业全面发展。截至2010年底，湖北省五年内新增城镇就业人数累计达352.25万人，城镇登记失业率控制在了4.18%以内；全省城镇居民人均可支配收入和农村居民人均纯收入分别达到16058元和5832.3元，五年间的平均增长率分别为12.8%和13.5%。社会保障体系也进一步完善，全省城镇职工参加"五险"（即养老保险、医疗保险、失业保险、生育保险、工伤保险）人数达到3009万人，新型农村合作医疗（即"新农合"）参合率达到97%，新

---

① 《湖北省国民经济与社会发展第十二个五年规划纲要》。

型农村社会养老保险（即"新农保"）试点顺利实施；覆盖全省的社会救助体系基本形成，有效保障了城乡困难群众的基本生活。除此之外，教育事业发展也出现可喜变化，城乡免费义务教育政策全面落实，职业教育加快发展，高等教育毛入学率达到30%以上。科技实力得到进一步加强，国家重点实验室、国家级工程（技术）研究中心、省部级以上科技成果数和科技人员总量继续位居全国前列，武汉市东湖新技术开发区于2009年12月获批建设全国第二家自主创新示范区。文化事业和文化产业加快发展，广播影视、新闻出版、文学艺术和哲学社会科学取得新成就，全省广播电视综合覆盖率达到98%。

（二）本时期湖北经济社会发展的劣势与威胁

第一，农业发展基础依然薄弱，科技创新对经济贡献率不高。虽然湖北省的农业增加值实现了多年的连续增长，但农业基础设施却很薄弱。现有农田水利工程中，建于20世纪五六十年代的占到51%，70年代的占35%，80年代以后的仅占14%，且大多标准不高，渠道建筑物配套率低，抵御自然灾害能力脆弱。湖北省规模以上龙头企业和各类合作经济组织总体数量偏少，整体实力偏弱，带动力不强。① 农业科技成果应用率、科技成果的到户率、到田率不高，农业实用技术创新成果偏少，发展现代农业的科技支撑能力偏低。此外，湖北省的科技创新能力也不强，科技进步对经济发展的贡献率也不高。全省科技优势向经济优势转变不够的现象尚未得到根本性扭转，科技发展自身还存在创新体系结构整体不平衡，技术创新主体培育不足，高新技术产业结构与聚集度不高，科技资源面向全省经济社会和区域协调发展的统筹配置不够等问题，严重制约了湖北经济社会发展质量的提升。②

第二，经济发展受到资源和环境的制约，环境保护压力较大。湖北省经济面临着发展不够的现实问题，但也面临着艰巨的环境保护任务。转变经济增长方式，全省经济发展受到资源和环境的制约会进一步显现。截至2010年底，全省污染排放总量依然较大，新老环境问题交织，农村环境污染问题十分严峻，经济环境政策支持力度不强，基层环境治理的

---

① 《湖北省农业发展"十二五"规划》。
② 《湖北省科技发展"十二五"规划》。

历史欠账较大，不能适应人民群众日益增长的环境保护需求。同时，湖北能源对外依存度高，2010年调入标准煤12329万吨，占全省能源消耗总量的81.4%，较高的能源对外依存度，导致能源价格无法有效控制。此外，全省清洁能源供给比例偏低，消费中存在工业用能源比例偏高的问题，天然气在能源消费中的比例远低于全国水平，风能、太阳能等新能源难以担任能源供给的主力。①

第三，公共服务发展相对滞后，城乡与区域发展不均衡凸显。截至"十一五"末期（2010年底），湖北省社会事业基础依然较单薄，基本公共服务供给的数量与质量无法满足人民群众的需求，社会事业与公共服务领域还存在许多亟待解决的问题。区域间、城乡间的公共服务发展不平衡的问题还未得到有效缓解，贫困山区、民族地区的公共服务发展水平与经济发展地区还有较大距离，农村地区社会事业和公共服务整体发展比较滞后。基础教育比较薄弱，"普九"成果还需进一步巩固，农村及偏远地区的教育质量还有待提高。职业教育发展落后于社会需求，无法给社会提供充足优质的高职、中职毕业生。农村地区卫生保护体系还不够健全，看病难、看病贵的问题未得到根本解决，大病致贫、因病返贫的恶性循环还未得到有效遏制，疾病防控形势依然严峻。②

第二节 本时期农村扶贫开发主要政策脉络

一 《中国农村扶贫开发纲要（2011—2020年）》的提出背景

改革开放以来，特别是《国家八七扶贫攻坚计划（1994—2000年）》和《中国农村扶贫开发纲要（2001—2010年）》实施以来，我国农村扶贫工作取得了巨大的成就，在贫困线下的农村贫困人口大幅减少，农民收入明显提升，农村地区尤其是连片特困地区的基础设施得到了较大改善，社会事业不断发展进步，农民的生存与温饱问题基本解决。然而，我国仍处于并将长期处于社会主义初级阶段，扶贫开发形势依然严峻，任务依然十分艰巨，深入推进扶贫开发意义仍很重大。因此，为进一步

---

① 《湖北省能源发展"十二五"规划》。
② 《湖北省基本公共服务体系"十二五"规划》。

加快贫困地区发展,促进共同富裕,实现到2020年全面建成小康社会奋斗目标,中共中央、国务院制定了《中国农村扶贫开发纲要(2011—2020年)》①,并于2011年12月印发了本纲要。

二 《中国农村扶贫开发纲要(2011—2020年)》内容解读

《中国农村扶贫开发纲要(2011—2020年)》主要分为序言、总体要求、目标任务、对象范围、专项扶贫、行业扶贫、社会扶贫、国际合作、政策保障和组织领导十个部分。

(一)序言

《中国农村扶贫开发纲要(2011—2020年)》的序言阐述了三点核心内容:扶贫事业取得了巨大成就、扶贫开发是长期历史任务、深入推进扶贫开发意义重大。序言完整地总结了过去几十年农村扶贫开发取得的丰硕成果,又明确指出了现阶段及未来五年开展农村扶贫工作的必要性和重要性,作为整个文件的开篇,起到了提纲挈领的作用。

首先,扶贫开发事业取得了巨大成就。改革开放之后,我国经济实现了快速稳定增长,社会事业日新月异,国家实施了有组织、有计划、大规模扶贫开发,不断加大扶贫投入和工作力度,扶贫开发事业不断向前推进。30多年来,我国农村扶贫开发事业全面推进,农民生存与温饱问题基本解决,各项扶贫工作取得了显著的成绩。第一,农村贫困人口大幅度减少。根据20世纪80年代中期制定的国家扶贫标准,我国农村贫困人口数量从1978年的2.5亿稳定减少到2010年的1000万以下。国家扶贫开发重点县(即原国定贫困县,2001年改为此名称)农民人均纯收入从1989年的303.76元增加到2010年的3273元。第二,贫困地区基础设施建设成绩突出。改革开放之初,贫困地区一半以上的行政村公路和电力都不通,绝大多数都没有通电话。到2010年,国家扶贫开发重点县自然村通公路比例为88.1%,通电比例为98%,通电话比例为92.9%,农村面貌发生巨大变化。第三,贫困地区农民生活水平显著提高。2000年以来,国家扶贫开发重点县农民人均生活消费支出年均实际增长

---

① 为了表达简便,《中国农村扶贫开发纲要(2011—2020年)》在后文部分地方简称为"本纲要"或"纲要""国家纲要"。

7.97%，达到2662元。2010年，重点县农民人均住房面积24.9平方米，比2002年扩大了4.8平方米，增长23.9%；重点县农村家庭每百户拥有彩色电视机94.8台，比2003年增长了1倍。第四，贫困地区社会事业全面发展。2010年，国家扶贫开发重点县适龄儿童在校率达到97.7%，接近全国平均水平。重点县"乡乡有卫生院"，绝大多数贫困村有卫生室，新农合医疗普及率达到93.3%。第五，初步建立了全国性农村社会保障体系。截至2010年底，全国农村最低生活保障（即农村低保）制度覆盖人口达到5228.4万，农村五保救济覆盖人口为554.8万，另有529.5万人次获得农村临时救济，813.8万人次获得医疗救助。农村社会保障水平不断提高，覆盖面进一步扩大。

同时，扶贫开发是一项长期历史任务。虽然改革开放以来，我国扶贫开发取得了显著成就，国家扶贫开发重点县农民人均纯收入明显增加，人民生活显著改善，国内生产总值相继超过德国和日本，成为世界第二大经济体，实现了由解决温饱到总体达到小康的历史性跨越，但是，部分地区依然受到居住环境恶劣、自然灾害频发、产品市场波动、外部环境复杂等因素的影响，农村扶贫开发任务依然十分艰巨。第一，贫困人口规模较大，返贫压力增大。按照2010年实施的1274元扶贫标准，全国有扶贫对象2688万人，如果参考国际标准，我国的贫困人口则会更多。在传统致贫因素的基础上，市场风险、自然灾害等成为致贫返贫的重要成因。2008年发生了国际金融危机，减贫速度曾一度回落到2003年以前的水平，凸显了扶贫对象在市场波动面前的脆弱性。第二，区域发展严重不平衡，集中连片特困地区贫困问题严重。受到区域发展不平衡等因素的影响，扶贫开发最艰巨的任务集中在民族地区、边境地区、革命老区和偏远山区等集中连片特困地区。这些地区集中表现出基础设施薄弱、产业发展不足、社会事业滞后、公共服务欠缺、社会稳定隐患多等特点，发展问题凸显和突出、扶贫开发任务十分繁重。第三，自然灾害威胁严重，防灾能力不足。贫困地区往往是自然灾害多发的地区。统计显示，贫困地区发生灾害的可能性是其他地区的五倍。贫困地区防灾抗灾能力明显不足，农牧业生产受到极大威胁，一些农民的生产生活问题还未得到稳定解决。

因此，深入推进扶贫开发意义重大。目前，我国仍处于并将长期处于社会主义初级阶段，经济社会发展总体水平不高，受到地理、历史、文化等因素影响，贫困地区要完全摆脱贫困还需要付出极大的努力。全党全社会必须清晰认识到，加强扶贫开发，帮助贫困地区和贫困人口获得公平的发展机会，对于维护群众根本利益、巩固党的执政基础、实现社会主义现代化建设宏伟目标，具有十分重大的意义。第一，深入推进扶贫开发是坚持党的宗旨、执政为民的重要体现。我们党的根基在于人民、血脉在于人民、力量在于人民。随着综合国力的不断增强，我们已经有能力在更高标准上推进农村扶贫开发，不断满足贫困群众日益增长的物质文化需要，逐步实现消除贫困、加快发展、缩小差距，让人民群众过上幸福安康生活的美好理想。第二，深入推进扶贫开发是全面建设小康社会、构建社会主义和谐社会的重要内容。为了实现"两个百年奋斗目标"，首要任务就是消除绝对贫困现象，逐步扭转贫富差距扩大趋势。全面小康不能少了贫困人口脱贫致富，和谐社会不能容忍发展差距过大的现象。牢牢把握扶贫开发这个抓手，制定更有针对性的扶持政策，采取有力的措施，解决好贫困地区、贫困人口的脱贫与发展问题，才可能建成真正全面、更高水平的小康。第三，全面推进扶贫开发是中国对人类发展做出的应有贡献。贫困是造成社会动荡的深层次根源，是和平与发展的巨大威胁。缓解和消除贫困，是国际社会共同面临的紧迫任务。中国作为一个负责任的大国，历来十分重视加强扶贫领域的国际交流与合作，通过与多边、双边国际机构和国际组织开展合作，共享全球减贫经验，进一步丰富和完善了世界反贫困理论体系。

（二）总体要求

《中国农村扶贫开发纲要（2011—2020年）》的总体要求包括指导思想、工作方针、基本原则三个方面。

本纲要的指导思想是高举中国特色社会主义伟大旗帜，以邓小平理论和"三个代表"重要思想为指导，深入贯彻落实科学发展观，提高扶贫标准，加大投入力度，把连片特困地区作为主战场，把稳定解决贫困对象温饱、尽快实现脱贫致富作为首要任务，坚持政府主导，坚持统筹发展，更加注重转变经济发展方式，更加注重增强扶贫对象自我发展能力，更加注重基本公共服务均等化，更加注重解决制约发展的突出问题，努力推动贫困地区经济社会又好又快发展。

本阶段农村扶贫开发的工作方针是坚持开放式扶贫方针，实行扶贫开发与农村最低生活保障制度有效衔接。把扶贫开发作为脱贫致富的主要途径，鼓励和帮助有劳动能力的农村贫困人口通过自身努力摆脱贫困；把社会保障作为解决温饱的基本手段，逐步完善我国的社会保障体系。开发式扶贫解决的是增加贫困人口收入，缩小这部分人同全社会的收入差距，乃至帮其实现致富；最低生活保障主要解决的是最基本的生存保障问题。改革开放以来的农村扶贫开发经验告诉我们，开发式扶贫成效显著，大多数农村贫困人口通过开发式扶贫摆脱了贫困。通过开发式扶贫促进了贫困地区发展、提高了贫困地区农民收入水平，并且实现了稳定脱贫，对于低保压力也起到了缓解的作用。

本纲要对于扶贫开发的基本原则主要有七个：第一，政府主导，分级负责；第二，突出重点，分类指导；第三，部门协作，合力推进；第四，自力更生，艰苦奋斗；第五，社会帮扶，共同致富；第六，统筹兼顾，科学发展；第七，改革创新，扩大开放。坚持这七条原则就是做好当前和今后一个时期农村扶贫开发工作的基本要求和根本方向。

(三) 目标任务

《中国农村扶贫开发纲要（2011—2020年）》的目标任务包括总体目标、主要任务这两个方面。

本纲要提出的总体目标是：到2020年，稳定实现扶贫对象做到"两不愁三保障"，即不愁吃、不愁穿，保障其义务教育、基本医疗和住房。贫困地区农民人均纯收入增幅高于全国平均水平，基本公共服务主要领域接近全国平均水平，扭转发展差距扩大的趋势。这一总体目标是随着我国经济社会发展和人民生活水平不断提高而逐步调整的。从《国家八七扶贫攻坚计划》提出，即从1994年到1999年底，用七年的时间解决8000多万贫困人口的温饱问题，到《中国农村扶贫开发纲要（2001—2010年）》提出，即到2010年底，尽快解决少数贫困人口的温饱问题，改善贫困地区的基本生产生活条件，再到本纲要提出，确保贫困人口"两不愁三保障"，都体现了各时期扶贫开发纲领性文件的传承与连接，这些目标的提出都是顺应当时我国经济社会发展要求的，是一脉相承、层层递进的，它们清晰地展现了不同时期农村扶贫开发的任务和特征，符合实事求是、与时俱进的精神。

本时期农村扶贫开发的主要任务涉及基本农田和农田水利、特色优势产业、饮水安全、生产生活用电、交通、农村危房改造、教育、医疗卫生、公共文化、社会保障、人口和计划生育、林业和生态共12项，涵盖了经济、社会、生态建设的方方面面，既体现了各行业部门"十二五"规划的部分目标，也体现了贫困地区的特殊情况。每个任务都分割为两个阶段，以5年为一个阶段，直至2020年全部完成这12项任务。

（四）对象范围

《中国农村扶贫开发纲要（2011—2020年）》的对象范围包括扶贫对象、连片特困地区、重点县和重点村三个方面。

本时期的扶贫对象主要是在扶贫标准以下具备劳动能力的农村人口。确定扶贫标准才能更好地确定工作对象及其规模，这将有利于制定扶贫政策、实施扶贫规划。扶贫标准主要用来界定贫困人口、识别帮扶对象、确定贫困规模、监测贫困程度、评估扶贫成效。2011年11月召开的中央扶贫开发工作会议宣布，中央决定将农民人均纯收入2300元（2010年不变价）作为新的国家扶贫标准，对应的扶贫对象规模达到1.28亿人。国家在2010年后不再逐年公布扶贫标准和扶贫对象规模，只公布该群体的收入增长和相关减贫情况。

本时期扶贫攻坚的主战场就是连片特殊困难地区。国家将六盘山区、秦巴山区、武陵山区、乌蒙山区、滇桂黔石漠化区、滇西边境山区、大兴安岭南麓山区、燕山—太行山区、吕梁山区、罗霄山区与已经明确实施特殊政策的西藏自治区、四省藏区、新疆南疆三地州共14个连片特困地区作为扶贫攻坚的主战场。这是国家根据新形势和新任务的要求，对扶贫开发工作做出的重大战略调整，连片特困地区的确定，构建形成了"片区为重点，到村到户"的工作机制。

本时期的农村扶贫开发工作，除了全力抓好连片特困地区，也不可忽视片区以外的重点县和贫困村。前文已提及，在我国农村扶贫开发的历史上，确定国家扶贫开发工作重点县（即重点县）和贫困村并给予重点支持，是扶贫开发区域瞄准的主要方法，是扶贫工作的重要抓手和成功经验。本纲要要求，原定重点县支持政策不变，同时，各省（直辖市、自治区）要制定方法，采取措施，根据实际情况进行调整，实现重点县数量逐步减少，对重点县较少的省份，国家的支持力度不减。

(五) 专项扶贫

《中国农村扶贫开发纲要（2011—2020年）》的专项扶贫指的是国家安排专门投入、各级扶贫部门组织实施，直接帮助最贫困乡村、最贫困人口。本时期的专项扶贫工作主要包括：稳步推进易地扶贫搬迁、继续扎实开展贫困村整村推进、大力实施以工代赈工程、加快推进产业扶贫、扎实抓好就业促进、继续推进扶贫试点、加强革命老区扶贫开发。

专栏7—1

本时期专项扶贫工作概要

1. 稳步推进易地扶贫搬迁

易地扶贫搬迁是多年来扶贫开发的一个重要方式。在坚持群众自愿的原则下，政府安排补助投资为搬迁群众建设住房等基本生活设施，帮助生活在缺乏基本生存条件地区的农村贫困人口通过搬迁走向脱贫致富之路。新时期，易地扶贫搬迁工作将继续坚持开发式扶贫的方针，坚持"政府主导、群众自愿、统筹协调、因地制宜、量力而行、稳步推进"的原则，深入开展易地扶贫搬迁工作。实施易地扶贫搬迁试点工程，搬迁群众是主体。地方各级政府在做好宣传引导、组织服务、落实政策工作的同时，要充分征求群众意见，尊重搬迁群众意愿。鼓励和吸引搬迁群众直接受益于工程建设，发挥群众自力更生精神，建设新家园，创造新生活。

2. 继续扎实开展贫困村整村推进

整村推进是21世纪最初10年我国农村扶贫开发工作的重要措施之一，是贫困地区建设社会主义新农村的重要措施、平台和抓手。为了认真贯彻落实本时期的农村扶贫工作，提高新阶段整村推进工作水平，国务院扶贫办联合国家发展和改革委员会、财政部等有关部门共同编制"十二五"（2011—2015）扶贫开发整村推进规划。"十二五"期间，国家将重点在集中连片特殊困难地区和片区外重点县选定30000个贫困村，分期分批组织实施整村推进。新阶段实施整村推进的目标和关键环节是：因地制宜选定贫困村，自下而上制定规划；全面整合各类资源资金，建立新型农村社区；注重产业发展，促进贫困人口增收；加强对整村推进的监督管理。

3. 大力实施以工代赈工程

以工代赈，是由政府投资建设公共基础设施工程，受赈济者参加工程建设并获得劳务报酬，以此取代直接救济。改革开放以来，以工代赈一直是我国一项重要的农村扶贫开发政策。为了进一步加强以工代赈扶贫政策，必须指导地方编制以工代赈建设"十二五"规划，开展集中连片开发，实现整体推进，加强项目前期工作，建立和完善以工代赈项目库，增强群众参与度，做到阳光操作，稳定以工代赈投入，多渠道筹措资金，加强资金管理和项目建设。

4. 加快推进产业扶贫

产业扶贫是我国专项扶贫工作的重要组成部分，是提高贫困人口自我发展能力，实现脱贫致富的主要途径。在新时期，扎实做好产业扶贫工作，大幅增加贫困户收入，是实现新纲要提出的目标任务的不二选择。要科学编制扶贫特色优势产业发展规划，积极培育和支持农村小微企业发展，大力发展合作社等中介组织，进一步加大扶贫产业基地建设力度，强化金融机构对产业发展的支持，重点支持产业发展的关键环节和领域。

5. 扎实抓好就业促进

就业促进是我国农村新时期扶贫开发工作的重要措施之一，本纲要初期提出的就业促进主要工作载体是"雨露计划"。"雨露计划"是以提高农村贫困人口整体素质和自我发展能力为核心的专项扶贫措施。在新时期，做好就业促进工作，必须进一步明确培训对象和任务，充分利用农村最低生活保障与扶贫开发两项制度衔接试点的成果，积极稳妥地引导和扶持贫困家庭新生劳动力参加正规职业教育和预备制培训，积极探索农业实用技术、产业发展和创业培训的有效途径，改革和完善"雨露计划"管理方式，加大对农村贫困参加人就业的扶持力度，动员社会资源参与就业促进工作。

6. 继续推进扶贫试点

针对农村扶贫开发工作中出现的特殊情况和问题，可以采取特殊手段和措施，开展扶贫试点，实行扶贫攻坚，是专项扶贫工作的一项重要内容。新时期，我国农村扶贫开发事业已经从解决温饱为主要任务的阶段转入巩固温饱成果、加快脱贫致富、改善生态环境、提高发展能力、缩小差距的新阶段。在这新的历史起点上，做好扶贫试点工作十分有必要。首先，要深入总结前期扶贫试点工作经验，然后，要积极推进跨期扶贫试点工作，科学编制片区扶贫试点规划，扎实开展新一轮扶贫试点工作。

7. 加强革命老区扶贫开发

革命老区是土地革命时期和抗日战争时期，在中国共产党领导下创建的革命根据地。革命老区为中国革命和建设事业做出了巨大牺牲和贡献，却面临着深度较大的贫困问题。新时期，为了进一步加大对贫困革命老区的扶贫开发力度，要做到加大革命老区贫困人口识别工作，落实有针对性的帮扶措施；加大扶贫开发工作力度，通过实施连片特困地区扶贫攻坚工程带动老区发展，加大到村专项扶贫扶持力度；加大扶持开发投入，中央和地方各级财政要加大对贫困革命老区县预算内转移支付力度，确保老区群众真正受益。

(六) 行业扶贫

行业扶贫是国家大扶贫战略的重要组成部分，是指国家为了加大对贫困地区的扶贫力度，充分发挥宏观调控职能，发挥行业部门的减贫功能，从机制上建立扶贫政策保障体系，并规划其在扶贫开发过程中的相应目标与任务，形成贫困地区享受"特惠制"的政策条件及其良好的发展环境。《中国农村扶贫开发纲要（2011—2020年)》的行业扶贫内容包括明确部门职责、发展特色产业、开展科技扶贫、完善基础设施、发展教育文化事业、改善公共卫生和人口服务管理、完善社会保障制度、重视能源和生态环境建设。国家各行业、各部门都要讲政治、顾大局，自觉主动地发挥行业部门的自身优势，把改善贫困地区发展环境和条件作为行业发展规划的重要内容，在政策、资金项目安排等方面向贫困地区和扶贫对象倾斜，改善贫困地区的发展环境和条件，吸引各种生产要素和社会资源向贫困地区集聚，做到政策、资金、项目"三个优先"，指导各行业完成本纲要制定的各项行业扶贫工作任务。具体来看：

一是实施财政扶贫，建立政府财政扶贫资金稳定增长机制，按照财政收入的新增幅度，每年同比增加地方财政扶贫资金；二是实施金融扶贫，不断改进和提高贫困地区农村金融服务，积极参加扶贫开发工作重点县农户小额信用贷款和农户联保贷款的覆盖面；三是实施投资扶贫，扩大投资和招商投资是实现贫困地区区域经济快速发展的重要途径；四是实施基础设施扶贫，重点加强贫困地区基础设施建设、生态环境保护、公路铁路建设、国土整理、矿产资源开发、地质灾害防治等方面的建设项目；五是实施教育扶贫，加快农村寄宿制学校建设，加强重点县职业教育基础能力建设；六是实施科技扶贫，各级科技部门要建立和完善贫困地区科技扶贫服务体系，加快科技扶贫示范村和示范户建设；七是实施救助扶贫，进一步完善农村贫困人口低保、灾民救助等社会救助体系；八是实施人才扶贫，鼓励发达地区的教育、科技、卫生人员定期到贫困地区服务；九是实施文化扶贫，大力推进贫困地区文化馆、站、室的建设；十是实施卫生扶贫，进一步健全贫困地区基层医疗卫生服务体系，改善医疗服务设施条件；十一是实施计生扶贫，各级计生部门要制定支持计划生育贫困户的优惠政策；十二是实施光电扶贫，继续以村村通工程、农村电影放映工程等重点工程为载体，加大对贫困地区的广播电视基础设施建设的投入；十三是实施巾帼扶贫，各级妇联要积极主动地组织和开展妇女扶贫工作，关爱贫困户家中的留守妇女，广泛实施妇女"创业兴家"扶贫工程。

（七）社会扶贫

《中国农村扶贫开发纲要（2011—2020年）》的社会扶贫内容包括加强定点扶贫、推进东西部扶贫协作、发挥军队和武警部队的作用、动员企业和社会各界参与扶贫。

党政机关和事业单位定点扶贫是中国特色扶贫开发工作的重要组成部分，是加大对革命老区、民族地区、边疆地区、贫困地区发展扶持力度的重要举措。定点扶贫工作开始于1986年的大规模扶贫时期，最初是由科技、农业、林业、地质矿产等10个国家部委分别在当时全国指定的18个连片的贫困地区选定一个区域作为其联系点开展定点扶贫。多年来，定点扶贫在缩小贫富差距、构建和谐社会的进程中具有不可替代的作用，在"大扶贫"工作格局中具有重要的示范作用，在促进机关转变作风和锻炼人才中具有积极作用。本时期，加大定点帮扶力度需要把握以下方面：一是进一步动员各方力量参与定点扶贫；二是进一步加大定点扶贫工作力度；三是继续坚持定点扶贫工作一些行之有效的做法；四是广泛宣传定点扶贫好的做法和典型经验。

组织东部地区与西部地区结对开展东西扶贫协作，是党中央、国务院实现邓小平同志关于共同富裕伟大构想做出的重大战略部署，是中国特色农村扶贫开发事业的重要组成部分。1996年7月，国家明确东西部扶贫协作的意义、形式、内容、任务和要求，全面部署东西部扶贫协作工作。东西部扶贫协作以扶贫开发为中心任务，以东西部区域协作为实施载体，在推动西部贫困地区加快发展的同时，也为东部地区开辟了广阔的发展空间，创造了新的发展机遇。新时期，要继续坚持和完善已形成的东西部扶贫协作结对关系，把连片特殊困难地区作为主战场，把提高贫困人口自我发展能力作为中心任务，强化以政府援助、企业合作、社会帮扶、人才支持为基本框架的工作体系，同时加强这项工作的组织领导。

军队和武警部队作为国家建设事业的一支重要力量，在推进我国扶贫开发工作中具有重要作用。中国人民解放军以及武警部队是中国共产党绝对领导下的人民军队和武装力量，帮助贫困群众脱贫致富、促进贫困地区经济社会发展，是党和国家赋予军队的一项重要任务，是践行我军性质宗旨的具体体现，也是人民军队和武警部队的优良传统和义不容辞的责任。新时期，军队和武警部队要紧密结合驻地和部队实际，扎实做好扶贫济困工作，积极帮助贫困群众发展生产，改善生活条件，有力地促进了贫困地区经济社会发展和群众脱贫致富，具体包括：配合宣传当地的富民政策，参加定点扶贫，支持整村推进扶贫开发，帮助劳动力转移培训，加大科技扶贫力度，继续搞好经常性扶贫济困活动。

发挥社会各界在农村扶贫开发中的作用，特别是把发展活力最强的企业与发展需求最迫切的贫困群体有效对接起来，是贫困地区脱贫致富的一个重要途径，也是当前和今后推进扶贫开发的一个重点方向。在明确了企业的选择、社会组织的范畴以及个人扶贫的方式这三个问题的基础上，各级政府要采取多种措施，引导和支持企业、社会组织和海内外各界人士参与到扶贫事业中来。要加强宣传教育，营造扶贫济困氛围，坚持自愿原则，做好沟通服务，完善落实激励政策，加大支持力度，培育社会组织，规范扶贫济困行为。

（八）国际合作

积极开展减贫领域的国际交流与合作是新时期我国农村扶贫开发工作的一项重要举措。20世纪90年代中期，以中国西南扶贫世界银行贷款项目为代表的一系列国际合作项目的实施，标志着我国扶贫领域国际交流合作开始大规模展开。当时的主要任务是"引进来"，希望引进国际上的资源服务推动国内扶贫开发事业的发展。进入21世纪后，随着综合国力的迅速提升，我国也开始实施扶贫工作的"走出去"战略，向国际社会全面介绍中国国情，大力宣传我国党和政府的执政理念，积极开展以促进减贫为目的的"扶贫外交"。《中国农村扶贫开发纲要（2011—2020年）》的国际减贫交流合作部分，内涵更加丰富、任务更加明确、工作要求更高。为此，必须积极探索和拓展"扶贫外交"新模式，不断创新工作理念与方法，不断丰富大扶贫战略。要突出新时期扶贫开发的重点工作，坚持创新机制和拓宽渠道，主动服务国家整体外交战略，大力宣传中国扶贫经验与成就，加强机构能力和人才队伍建设。

（九）政策保障

《中国农村扶贫开发纲要（2011—2020年）》的政策保障内容包括政策体系、财税支持、金融服务、产业扶持、土地使用、生态建设、人才保障、重点群体八个方面。

新时期，为了贯彻本纲要的各项要求，要完善扶贫战略和政策体系，发挥专项扶贫、行业扶贫和社会扶贫的综合效益；中央和各地方财政要逐步加大扶贫开发领域的投入；各级政府要加大对连片特困地区的资金支持力度；推动贫困地区金融扶贫机制创新，鼓励开展针对贫困户家庭的低息免息的小额贷款；支持贫困地区利用本地资源发展特色优势产业；加大国土整治力度，在保护环境的前提下支持贫困地区开发矿产资源；加大贫困地区的生态补偿力度；为贫困地区大力培养实用性人才，支持贫困地区发展职业教育；重点照顾少数民族、妇女儿童和残障人士等重点群体。

（十）组织领导

《中国农村扶贫开发纲要（2011—2020年）》的组织领导内容包括强化扶贫开发责任、加强基层组织建设、加强扶贫机构队伍建设、加强扶贫资金使用管理、加强扶贫研究和宣传工作、加强扶贫统计与贫困监测、加强法制化建设等。各省（自治区、直辖市）要根据本纲要，制定具体实施办法。

坚持中央统筹、省负总责、县抓落实的管理体制，建立片为重点、工作到村、扶贫到户的工作机制，实行党政一把手负总责的扶贫开发工作责任制；充分发挥贫困地区基层党组织的战斗堡垒作用，把扶贫开发与基层组织建设有机结合起来；各级扶贫开发领导小组要加强对扶贫开发工作的指导，研究制定政策措施，协调落实各项工作；财政扶贫资金主要投向连片特困地区、重点县和贫困村，集中用于培育特色优势产业、提高扶贫对象发展能力和改善扶贫对象基本生产生活条件，逐步增加直接扶持到户资金规模；切实加强扶贫理论和政策研究，对扶贫实践进行系统总结，逐步完善中国特色扶贫理论和政策体系；建立扶贫开发信息系统，开展对连片特困地区的贫困监测；要加快扶贫立法，让农村扶贫开发走上法制化道路。

三　精准扶贫思想的提出

（一）精准扶贫思想的提出背景

如前文所述，《中国农村扶贫开发纲要（2011—2020年）》的提出，标志着中国农村扶贫开发进入新的历史时期。改革开放以来，我国通过经济社会体制改革、开放式扶贫等一系列方式，在减贫工作方面取得了举世瞩目的成就：截至2015年底，中国已率先完成联合国千年发展目标，使7亿多贫困人口摆脱贫困，农村贫困人口减少到5575万人，成为世界上减贫人口最多的国家。① 尽管中国的减贫成就巨大，但按照2012年的贫困标准，当时农村贫困人口仍高达1亿，再加之开放式扶贫的减贫效应逐年递减，这意味着我国农村扶贫开发工作走进了"啃硬骨头"的攻坚时期。在贫困人口规模依然庞大、贫困程度依然较深、减贫成本与难度不断提升的背景下，贫困人口的识别、如何对贫困人口进行有效帮扶、如何评估帮扶效果等问题不断涌现出来。这些问题解决不好，无法让农

---

① 孟庆涛：《实施精准扶贫方略，提高贫困人口可行能力》，2017年9月19日，人民网（http://world.people.com.cn/n1/2017/0929/c1002-29566169.html）。

村贫困人口在2020年实现"两不愁三保障",即不愁吃、不愁穿,保障其义务教育、基本医疗和住房的任务目标。为此,习近平同志提出了精准扶贫的基本方略,为完善我国扶贫开发体制机制提供了重要的指导。

(二)精准扶贫思想提出的过程

2012年11月,中国共产党第十八次全国代表大会在北京胜利召开,习近平同志在本次大会上当选为党的中央委员会总书记。2013年11月,习近平总书记在湖南湘西考察时,做出了"实事求是、因地制宜、分类指导、精准扶贫"的重要指示①,这是"精准扶贫"思想首次被提出。随后,2014年1月,中办详细规制了精准扶贫工作模式的顶层设计,推动了"精准扶贫"思想落地;2014年3月,习近平在参加全国"两会"贵州、广西代表团审议时进一步阐释了精准扶贫理念,强调要实施精准扶贫,瞄准扶贫对象,进行重点施策;2015年6月,习近平在贵州调研时,就加大推进扶贫开发工作,又对"精准扶贫"概念进行了全面阐释,提出"六个精准",即"扶贫对象精准、项目安排精准、资金使用精准、措施到户精准、因村派人精准、脱贫成效精准";2015年10月16日,习近平在"2015减贫与发展高层论坛"上强调,"中国扶贫攻坚工作实施精准扶贫方略,增加扶贫投入,出台优惠政策措施,坚持中国制度优势,注重六个精准,坚持分类施策,因人因地施策,因贫困原因施策,因贫困类型施策,通过扶持生产和就业发展一批,通过易地搬迁安置一批,通过生态保护脱贫一批,通过教育扶贫脱贫一批,通过低保政策兜底一批,广泛动员全社会力量参与扶贫"。② 就此,精准扶贫的前期准备工作基本完成。

2015年11月27日,历经多次考察、重要会议以及建档立卡等初步政策试验后,习近平总书记在中央扶贫开发工作会议上发表长篇讲话,深刻论述了精准扶贫精准脱贫的重大理论和实践问题,标志着精

---

① 《习大大最揪心的事儿》,2016年2月22日,中国网(http://www.ce.cn/xwzx/gnsz/szyw/201602/22/t20160222_9000797.shtml)。

② 《习近平扶贫新论断:扶贫先扶志、扶贫必扶智和精准扶贫》,2016年1月3日,中国经济网(http://www.ce.cn/xwzx/gnsz/szyw/201601/03/t20160103_8019081.shtml)。

准扶贫思想基本成形。两天后,《中共中央、国务院关于打赢脱贫攻坚战的决定》①(中发〔2015〕34号)公布,这被视作对精准扶贫思想的系统化总结,同时确立了精准扶贫精准脱贫的基本方略地位,解决了政治动员、全方位支撑、统一思想等关键问题②。此后,以精准扶贫思想为指导的农村扶贫开发工作战略在全国铺开。

(三)精准扶贫思想的内容解读

习近平总书记精准扶贫思想的具体内容,落实在政策方面主要体现在《中共中央、国务院关于打赢脱贫攻坚战的决定》(中发〔2015〕34号)这份文件上。该文件是为打赢脱贫攻坚战,确保到2020年我国农村贫困人口实现脱贫的一份重要指导性文件。③ 该文件主要分为八个方面:第一,增强打赢"脱贫攻坚战"的使命感紧迫感;第二,打赢"脱贫攻坚战"的总体要求;第三,实施精准扶贫方略,加快贫困人口精准脱贫;第四,加强贫困地区基础设施建设,加快破除发展瓶颈制约;第五,强化政策保障,健全脱贫攻坚支撑体系;第六,广泛动员全社会力量,合力推进脱贫攻坚;第七,大力营造良好氛围,为脱贫攻坚提供强大精神动力;第八,切实加强党的领导,为脱贫攻坚提供坚强政治保障。

打赢脱贫攻坚战的具体要求,主要分为三个部分,即指导思想、总体目标和基本原则。指导思想提出要将精准扶贫、精准脱贫作为基本方略,坚持扶贫开发与经济社会发展相互促进。基本目标的前半部分内容与《中国农村扶贫开发纲要(2011—2020年)》一致,但在后半部分又特别提出了"确保在现行标准下农村贫困人口实现脱贫"和"贫困县全部摘帽,解决区域性整体贫困"的两项明确目标。基本原则有"五个坚持":坚持党的领导,夯实组织基础;坚持政府主导,增强社会合力;坚持精准扶贫,提高扶贫成效;坚持保护生态,实现绿色发展;坚持群众主体,激发内生动力;坚持因地制宜,创新体制机制。

---

① 为了表达简便,《中共中央、国务院关于打赢脱贫攻坚战的决定》在后文部分地方简称为"国家决定"。

② 檀学文、李静:《习近平精准扶贫思想的实践深化研究》,《中国农村经济》2017年第9期。

③ 为了表达简便,《中共中央、国务院关于打赢脱贫攻坚战的决定》在本小节中简称为"文件"。

为了实施好精准扶贫方略，加快贫困人口的精准扶贫，文件提出了具体的工作思路与脱贫方法，具体包括：健全精准扶贫工作机制、发展特色产业脱贫、引导劳务输出脱贫、实施异地搬迁脱贫、结合生态保护脱贫、着力加强教育脱贫、开展医疗保险和医疗救助脱贫、实行农村最低生活保障制度兜底脱贫、探索资产收益扶贫、健全"三留守"人员和残疾人关爱服务体系。2015年底，国务院扶贫开发领导小组办公室将这几个脱贫的主要途径归纳为"五个一批"，即发展教育脱贫一批、发展生产脱贫一批、社会保障兜底一批、易地扶贫搬迁脱贫一批、生态补偿脱贫一批。

在贫困地区的建设方面也提出了四大发展方向。第一，加快交通、水利、电力建设，推动国家铁路网、国家高速公路网连接贫困地区的重大交通项目建设，构建贫困地区外通内连的交通运输通道；实施农村饮水安全巩固提升工程，全面解决贫困人口饮水安全问题；增加贫困地区年度发电指标，加快推进光伏扶贫工程，支持光伏发电设施接入电网运行，发展光伏农业。第二，加大"互联网+"扶贫力度，完善电信普遍服务补偿机制，加快推进宽带网络覆盖贫困村。第三，加快农村危房改造和人居环境整治，加快推进贫困地区农村危房改造，统筹开展农房抗震改造，把建档立卡贫困户放在优先位置，切实保障贫困户基本住房安全。第四，重点支持革命老区、民族地区、边境地区、连片特困地区脱贫攻坚，出台加大脱贫攻坚力度支持革命老区开发建设指导意见，加快实施重点贫困革命老区振兴发展规划，扩大革命老区财政转移支付规模。

为了保障精准扶贫政策的顺利落实，文件提出了要强化政策保障，健全脱贫攻坚支撑体系，具体包括财政、金融、土地、科技和人才这几个方面，加大财政扶贫投入力度，加大金融扶贫力度，完善扶贫开发用地政策，发挥科技和人才支撑作用。

与《中国农村扶贫开发纲要（2011—2020年）》类似，文件也提出要广泛动员社会力量，合力推进脱贫攻坚，包括纲要已经提出的"东西部扶贫协作机制"与"定点扶贫机制"，同时也特别提出了"健全社会力量参与机制"，鼓励支持民营企业、社会组织、个人参与扶贫开发，实现社会帮扶资源和精准扶贫有效对接，对参与扶贫开发的企业进行适当税费减免，动员全社会参与到精准扶贫精准脱贫工作中来。

文件还特别重视精准扶贫开展的工作氛围，提出营造良好氛围，为脱贫攻坚提供强大精神动力。要创新中国特色扶贫开发理论，加强贫困地区乡风文明建设，扎实做好脱贫攻坚宣传工作，加强国际减贫交流合作。

最后，文件提出了实施精准扶贫政策坚强政治保障，那就是切实加强党的领导。具体要做到：强化脱贫攻坚领导责任制、发挥基层党组织战斗堡垒作用、严格扶贫考核督查问责、加强扶贫开发队伍建设、推进扶贫开发法治建设。

（四）精准扶贫思想对纲要的承接与发展

《中国农村扶贫开发纲要（2011—2020年）》是党中央、国务院在2011年颁布的针对未来十年中国农村扶贫开发工作的指导性文件。截至2015年底，通过一系列开发式扶贫措施，按照各时期当时的标准，我国已经让贫困人口数量由1978年的2.5亿减少为5575万，[①]但减贫难度却愈发增强。正如本节前文所述，要彻底解决剩余农村贫困人口的深度贫困问题，必须要有更精准的扶贫模式。为适应新时期的农村扶贫开发攻坚战的需要，通过一系列的理论和实践的探索，习近平总书记最终提出了精准扶贫的新型扶贫开发战略思想。这一思想是对中国特色扶贫开发理论的创新与完善，也成为新时期扶贫开发的重要战略思想。精准扶贫思想系统总结了党和政府领导亿万人民摆脱贫困的历史经验，为脱贫攻坚注入了强大思想动力。

可以说，精准扶贫思想是对《中国农村扶贫开发纲要（2011—2020年）》的承接与发展：

第一，两者的基本目标都包括2020年实现农村贫困人口的"两不愁三保障"，实现贫困人口收入增长幅度高于全国平均水平，让贫困地区的基本公共服务领域各项指标接近全国平均水平，但精准扶贫特别提出了"在现行标准下实现贫困人口如期脱贫"，并且"解决区域性整体贫困"。除了一致的目标，精准扶贫思想更加明确指出要实现人口和区域的整体性脱贫。

第二，两者在扶贫方法与战略都涉及易地扶贫搬迁、产业扶贫、就

[①] 陈志、丁士军、吴海涛：《帮扶主体、帮扶措施与帮扶效果研究——基于华中L县精准扶贫实绩核查数据的实证分析》，《财政研究》2017年第10期。

业促进、行业和社会扶贫等方面，精准扶贫思想则把具体帮扶措施更加凝练地归纳为"五个一批"，同时也明确了广泛动员全社会力量合力推进扶贫开发，加强扶贫开发队伍建设。

第三，两者在政策保障方面都强调要建立政策和理论体系，加大财政投入力度，加大金融服务支持，完善土地政策，加强宣传，注重人才和科技的重要作用；同时，在组织领导方面都提出要强化责任，加强基层组织建设。精准扶贫则明确指出要"强化脱贫攻坚领导责任制"，并且突出了"发挥基层党组织战斗堡垒作用"，并且建立起严格的"扶贫考核督查问责"制度。

从基本目标、扶贫方法与战略、政策与组织保障这三大方面可以清晰发现，精准扶贫思想是对《中国农村扶贫开发纲要（2011—2020年）》的进一步发展，包括扶贫方法与战略的继承与创新，政策与组织保证的承接与发展。

（五）精准扶贫实施以来的国家级重要文件

自2013年习近平总书记首次提出"精准扶贫"思想以来，中共中央和国务院办公厅，以及国务院扶贫开发领导小组及成员单位，发布了一系列重要的配套文件。

表7—1　　　　　　　　关于精准扶贫的国家级文件

文件名	文件类型	文件号
《中共中央、国务院打赢脱贫攻坚战的决定》	中共中央、国务院文件	中发〔2015〕34号
中共中央办公厅、国务院办公厅印发《贯彻实施〈中共中央、国务院打赢脱贫攻坚战的决定〉重要政策措施分工方案》	中共中央、国务院文件	厅字〔2016〕4号
中共中央办公厅、国务院办公厅印发《省级党委和政府扶贫开发工作成效考核办法》的通知	中共中央、国务院文件	厅字〔2016〕6号
中共中央办公厅、国务院办公厅印发《关于建立贫困退出机制的意见》的通知	中共中央、国务院文件	厅字〔2016〕16号

续表

文件名	文件类型	文件号
中共中央办公厅、国务院办公厅印发《脱贫攻坚督查巡查工作办法》的通知	中共中央、国务院文件	厅字〔2016〕22号
中共中央办公厅、国务院办公厅印发《脱贫攻坚责任制实施办法》的通知	中共中央、国务院文件	厅字〔2016〕33号
国务院办公厅《关于支持贫困县开展统筹整合使用财政涉农资金试点的意见》	中共中央、国务院文件	国办发〔2016〕22号
国务院扶贫开发领导小组《关于建立贫困县约束机制的通知》	国务院扶贫开发领导小组及成员单位文件	国开发〔2014〕12号
中共中央组织部、国务院扶贫办、中央农村工作领导小组办公室《关于做好选派机关优秀干部到村任第一书记工作的通知》	国务院扶贫开发领导小组及成员单位文件	组通字〔2015〕24号
中共中央组织部、国务院扶贫办《关于脱贫攻坚期内保持贫困县党政正职稳定的通知》	国务院扶贫开发领导小组及成员单位文件	组通字〔2016〕25号
审计署办公厅《关于进一步加强扶贫审计促进精准扶贫精准脱贫政策落实的意见》	国务院扶贫开发领导小组及成员单位文件	审办农发〔2016〕68号
全国工商联、国务院扶贫办、中国光彩会《关于促进"万企帮万村"精准扶贫行动的实施意见》	国务院扶贫开发领导小组及成员单位文件	全联发〔2016〕2号
国务院扶贫办、中央组织部、中央统战部、中央直属机关工委、中央国家机关工委、解放军总政治部、教育部、中国人民银行、国务院国资委《关于进一步完善定点扶贫工作的通知》	国务院扶贫开发领导小组及成员单位文件	国开办发〔2015〕27号

从表7—1可以看出，党中央、国务院为精准扶贫思想的落实制定了较为详尽的政策措施与保障体系，包括具体工作分工、扶贫绩效考核、贫困退出机制、督查巡查、涉农资金管理与使用、贫困县约束机制、驻村第一书记、贫困县党政正职稳定、审计监督、企业帮扶、定点帮扶等。这些文件的发布与实施，为精准扶贫工作在全国范围内的铺开奠定了基

础,明确了思路,指明了方向。

第三节 习近平总书记关于精准扶贫系列重要讲话与解读

自2013年在湘西调研时首次提出"精准扶贫"战略思想以来,习近平总书记在2015年2月至2018年2月,一共进行了五次关于精准扶贫工作的重要讲话,其中一次是在陕西考察调研期间的重要讲话,另外四次都是在脱贫攻坚座谈会上的重要讲话,但五次都是以特定片区为对象召开的专题脱贫会议,由此构成了习近平总书记关于精准扶贫工作的系列讲话。五次讲话,各有侧重,但主题都是指向脱贫攻坚过程中"硬骨头"和"老大难"问题,为全面打赢脱贫攻坚战提供了最重要的指导,并逐步形成了"习近平扶贫开发战略思想"。

一 习近平总书记关于精准扶贫的五次重要讲话

2015年2月13日,习近平总书记在陕西省考察期间主持召开了陕甘宁革命老区脱贫致富座谈会。在本次会议上,总书记明确指出了"幸福美好生活不是从天上掉下来的",各级党委和政府要增强使命感和责任感,真抓实干,贯彻精准扶贫要求,把钱真正用到刀刃上,真正发挥"拔穷根"的作用。由此,习近平总书记提出了五点工作要求:一是加大投入支持力度,对老区发展提供更多政策倾斜;二是加快老区的社会事业发展,让老区的教育、医疗卫生、公共文化、社会保障等社会公共服务实现全覆盖;三是加大老区产业扶持力度,国家重大项目在符合条件前提下,优先向老区安排;四是积极落实改革措施,不断解放和发展老区社会生产力,不断促进社会公平正义;五是夯实管党治党基础,建设一个素质突出的基层党组织体系。

2015年6月18日,习近平总书记在贵州省贵阳市主持召开涉及武陵山、乌蒙山、滇桂黔集中连片特困地区脱贫攻坚座谈会。在本次会议上,总书记强调,各级党委和政府要把握时间节点,努力补齐短板,科学谋划好"十三五"时期扶贫开发工作,确保贫困人口2020年如期脱贫。习近平总书记指出,消除贫困、改善民生、实现共同富裕,是社会主义的本质要求，是我们党的重要使命。改革开放以来，经过全国范围有计划有组织的大规模开发式扶贫，我国贫困人口大量减少，贫困地区面貌显著变化，但扶贫开发工作依然面临十分艰巨繁重的任务，已进入啃硬骨头、攻坚拔寨的冲刺期，为此，必须要在精准扶贫、精准脱贫上下更大功夫。另外，总书记就加大力度推进扶贫开发工作提出"四个切实"的具体要求，要各级党委和政府在今后的工作中切实落实领导责任、切实做到精准扶贫、切实强化社会合力、切实加强基层组织。

2016年7月20日，中共中央总书记、国家主席、中央军委主席习近平在宁夏回族自治区银川市主持召开东西部扶贫协作座谈会并发表重要讲话。在本次会议上，总书记强调，东西部扶贫协作和对口支援，是推动区域协调发展、协同发展、共同发展的大战略，是实现先富帮后富、最终实现共同富裕目标的大举措，必须认清形势、聚焦精准、深化帮扶、确保实效，切实提高工作水平，全面打赢脱贫攻坚战。针对东西部扶贫协作和对口支援工作，总书记提出了四点要求，一是提高认识，加强领导；二是完善结对，深化帮扶；三是明确重点，精准聚焦；四是加强考核，确保成效。

2017年6月23日，习近平总书记在山西省太原市主持召开深度贫困地区脱贫攻坚座谈会，听取脱贫攻坚进展情况汇报，集中研究破解深度贫困之策。总书记指出，脱贫攻坚工作进入目前阶段，要重点研究解决深度贫困问题，因为现有贫困人口大多集中在深度贫困地区，这些地区也多是革命老区、民族地区、边疆地区，基础设施和社会事业发展滞后，脱贫任务重，越往后脱贫成本越高、难度越大，因此要给予更加集中的支持，采取更加有效的措施，开展更加有力的工作。针对深度贫困地区脱贫攻坚办法，总书记强调，要强化支撑体系加大政策倾斜，聚焦精准发力，攻克坚中之坚，并提出了八条要求：一是合理确定脱贫目标；二是加大投入支持力度；三是集中优势兵力打攻坚战；四是区域发展必须围绕精准扶贫发力；五是加大各方帮扶力度；六是加大内生动力培育力度；七是加大组织领导力度；八是加强检查督查。

2018年2月12日，习近平总书记在四川省成都市主持召开打好精准脱贫攻坚战座谈会，集中研究打好今后3年脱贫攻坚战之策。总书记强调，打好脱贫攻坚战是党的十九大提出的三大攻坚战之一，对如期全面建成小康社会、实现我们党第一个百年奋斗目标具有十分重要的意义。他指出,党的十八大以来,党中央从全面建成小康社会要求出发,把扶贫开发工作纳入"五位一体"总体布局、"四个全面"战略布局,作为实现第一个百年奋斗目标的重点任务,做出了系列重大部署和安排,全面打响脱贫攻坚战。习近平总书记指出,全面打好脱贫攻坚战,要按照党中央统一部署,把提高脱贫质量放在首位,聚焦深度贫困地区,扎实推进各项工作,为此,他提出了八条要求:一是加强组织领导;二是坚持目标标准;三是强化体制机制;四是牢牢把握精准;五是完善资金管理;六是加强作风建设;七是组织干部轮训;八是注重激发内生动力。

二 习近平总书记扶贫开发战略思想

对习近平总书记关于精准扶贫系列重要讲话进行解读,就是对其扶贫开发战略思想的归纳和提炼。习近平扶贫开发战略思想是习近平新时代中国特色社会主义思想的重要组成部分,是以习近平同志为核心的党中央在贫困治理领域取得的重要理论与实践成果。① 党的十八大以来,习近平总书记在实践中不断推动马克思主义反贫困思想的深化和发展,形成了中国化的马克思主义反贫困理论,彰显着鲜明的时代特征和理论品格。习近平总书记扶贫开发战略思想内涵丰富、思想深刻、体系完整。可以初步归纳为九个方面:

第一,本质要求的思想。习近平总书记深刻指出,消除贫困、改善民生,实现共同富裕,是社会主义的本质要求,是我们党的重要使命。

第二,艰巨任务的思想。习近平总书记深刻指出,小康不小康,关键看老乡,关键在贫困的老乡能不能脱贫。全面建成小康社会,最艰巨最繁重的任务在农村,特别在贫困地区。

第三,政治优势的思想。习近平总书记深刻指出,脱贫攻坚任务重的地区党委和政府要把脱贫攻坚作为"十三五"期间头等大事和第一民生工程来抓,坚持以脱贫攻坚统揽社会发展全局。

第四,改革创新的思想。习近平总书记深刻指出,唯改革者进,唯

---

① 引自《习近平扶贫开发战略思想的理论品格》,2018 年 2 月 12 日,中国网(http://www.china.com.cn/opinion/theory/2018 – 02/12/content_50497447.htm)。

创新者强，唯改革创新者胜。脱贫攻坚必须坚持问题导向，以改革为动力，以构建科学的体制机制为突破口，充分调动各方面经济因素，用心、用情、用力开展工作。

第五，精准扶贫的思想。习近平总书记深刻指出，扶贫开发推进到今天这样的程度，贵在精准，重在精准，成败之举在于精准。

第六，内生动力思想。习近平总书记深刻指出，扶贫不是慈善救济，而是要引导和支持所有有劳动能力的人，依靠自己的双手开创美好明天。

第七，合力攻坚的思想。习近平总书记深刻指出："人心齐，泰山移。"脱贫致富不仅仅是贫困地区的事，也是全社会的事。要健全东西部协作、党政机关定点扶贫机制，各部门要积极完成所承担的定点扶贫任务。

第八，阳光扶贫思想。习近平总书记深刻指出，扶贫资金是贫困群众的"救命钱"，一分一厘都不能乱花，更容不得动手脚、玩猫腻。要加强扶贫资金阳光化管理，加强审计监管。

第九，携手扶贫的思想。习近平总书记深刻指出，消除贫困是人类的共同使命，是当今世界面临的最大全球性鏖战。我们要凝聚共识、同舟共济、攻坚克难，致力于合作共赢，推动建设人类命运共同体，为各国人民带来更多福祉。

习近平总书记的扶贫开发战略思想源自他一以贯之、一心为民的家国情怀，源自他使整个国家和民族尽早"摆脱贫困"的历史使命和责任担当，源自他40多年来从农村到县、市、省、中央矢志不渝探索的实践沉淀和理论思考，充分体现了马克思主义世界观和方法论，是中国特色扶贫开发的重要理论创新。

第四节 本时期湖北农村扶贫开发工作的实施

一 本时期湖北农村扶贫开发重要文件的提出背景

改革开放以来，党和政府针对农村发展不平衡的实际，矢志不渝地坚持依靠发展改善民生、消除贫困，并根据不同时期的区域特征和贫困人口状况确定阶段性的战略目标，制定有针对性的扶贫措施，把具有中国特色的扶贫开发不断引向深入，扶贫开发取得巨大成就。贫困地区经济社会全面发展，农村贫困人口大幅减少，农村居民生存和温饱问题基本解决，我国成为全球最早实现联合国千年发展目标中"到2015年贫困人口减半"的发展中国家。

湖北省位于中国的中部地区，是一个集老（区）、少（数民族地区）、山（区）、库（区）于一体的贫困面较大的省份，扶贫开发在全省经济社会发展中具有重要的战略地位。2001年以来，湖北省委、省政府认真贯彻党中央、国务院关于扶贫开发的一系列方针政策和重大决策部署，团结带领全省人民克难攻坚，10年来解决了400多万贫困人口的温饱和脱贫问题，农村贫困状况得到明显缓解，人民生活水平显著提高，老、少、山、库等贫困地区面貌发生深刻变化。随着湖北省构建中部崛起重要战略支点，武汉市成为中部崛起"龙头城市"，全省建设步伐加快，贫困地区迎来了前所未有的发展机遇。但是，湖北省经济社会发展水平总体还不高，扶贫对象规模依然很大，相对贫困问题凸显，贫困地区特别是全省四大贫困山区（大别山区、秦巴山区、武陵山区、幕阜山）等连片特困地区发展相对滞后，成为建设全面小康湖北的"软肋"和"短板"。为此，湖北省委、省政府深入贯彻中央扶贫开发会议精神和《中国农村扶贫开发纲要（2011—2020年）》，结合湖北实际，相继出台了《湖北省农村扶贫开发纲要（2011—2020）》（鄂发〔2011〕23号）和《湖北省农村扶贫开发"十二五"规划》（鄂政发〔2011〕61号），把扶贫开发摆在更加突出位置，确立了更高层次的减贫战略目标，完善了更具针对性的扶贫政策体系。

党的十八大报告明确提出"到2020年全面建设小康社会"的奋斗目标，但全面建成小康社会对于贫困地区来讲依然是最艰巨最繁重的任务。党的十八大之后，习近平总书记多次深入中西部多省的贫困地区调研，对扶贫开发做出了一系列重要指示，提出了一系列新思想、新论断、新要求，明确指出要以更加明确的目标、更加有力的举措、更加有效的行动，深入实施精准扶贫、精准脱贫。其后，精准扶贫工作逐步在全国范围展开。与全国扶贫形势基本一致的是，改革开放以来，湖北省扶贫开发取得显著成效，贫困地区面貌发生显著变化，但扶贫开发依然面临艰巨繁重的任务，已经进入啃硬骨头、攻坚拔寨的冲刺期。基于党中央关于实施精准扶贫、打赢脱贫攻坚战的要求，同时结合本省实际，2015年9月24日，湖北省委十届六次全体（扩大）会议审议并通过了《中共湖北省委湖北省人民政府关于全力推进精准扶贫精准脱贫的决定》，这标志着湖北也全面进入了"精准扶贫时代"。

二 《湖北省农村扶贫开发纲要（2011—2020）》与《湖北省农村扶贫开发"十二五"规划》内容解读

中共湖北省委、湖北省人民政府于2011年8月8日印发《湖北省农村扶贫开发纲要（2011—2020）》[①]，湖北省人民政府于2011年9月30日印发《湖北省农村扶贫开发"十二五"规划》[②]，两份文件发布时间相隔较近，且都是新时期湖北农村扶贫开发的核心指导性文件，因此，本节将对这两份文件进行联合解读。

"湖北纲要"和"湖北规划"对湖北省扶贫开发取得的重大成就、"十二五"时期乃至今后十年扶贫开发面临的挑战、有利条件进行了科学的分析，明确提出了"十二五"时期至今后十年全省农村扶贫开发的总体战略、基本思路和目标任务。

总体来看，"湖北纲要"和"湖北规划"这两份文件主要涵盖八个方面的内容：一是新阶段扶贫开发的形势与任务；二是打好连片特困地区扶贫攻坚战；三是按照精细化管理要求抓好专项扶贫；四是按照目标责任要求推行行业扶贫；五是按照长效机制要求动员社会扶贫；六是完善扶贫政策保障体系；七是规范财政专项扶贫资金管理；八是加强纲要与规划实施的组织领导。

（一）新阶段扶贫开发的形势与任务

第一，扶贫开发取得了重大成就和基本经验。多年来，湖北省委、省政府认真贯彻落实党中央、国务院关于扶贫开发的一系列方针政策和重大决策部署，采取了一系列强有力的措施，团结带领全省人民克难攻

---

① 为了表达简便，《湖北省农村扶贫开发纲要（2011—2020）》在后文部分地方简称为"湖北纲要"。

② 为了表达简便，《湖北省农村扶贫开发"十二五"规划》在后文部分地方简称为"湖北规划"。

坚，扶贫开发取得了重大成就，不仅解决了绝大多数人口的温饱与脱贫问题，而且为缓解区域发展差距扩大趋势，为促进社会稳定，为实现全省国民经济社会跨越式发展发挥了积极作用。在此期间，创造和累积了一些行之有效的基本经验做法，为继续深入推进今后十年的扶贫开发工作提供了强大动力和法宝。湖北扶贫开发的重大成就体现在：贫困地区农民收入稳定增加，农村贫困人口持续减少；特色产业不断发展壮大，区域性产业布局初步成形；基础设施建设条件改善明显，社会事业不断增强；县域经济持续增长，生态环境进一步改善。湖北省扶贫开发的基本经验是：坚持党委领导、政府主导，强化扶贫开发领导责任制；坚持突出重点、分类指导，科学谋划统筹推进扶贫开发工作；坚持投入倾斜、资源整合，加大对老区贫困地区扶持力度；坚持解放思想、改革创新，着力提高扶贫工作制度化和法制化水平；坚持社会动员、群众参与，合力构建"大扶贫"格局。①

第二，扶贫开发面临的挑战和机遇。随着改革开放和现代化不断发展，国家和湖北省经济实力、财力不断增强，社会保障体系逐步健全，为推进新一轮扶贫攻坚提供了有利条件。与此同时，湖北省经济社会发展总体水平不高，扶贫对象规模大，相对贫困现象凸显，返贫时有发生，贫困地区特别是连片特困地区发展相对滞后，制约发展的深层次矛盾依然存在。湖北省扶贫开发面临的困难和挑战是：农村贫困人口规模依然很大；贫困人口抗风险能力较弱；发展差距呈持续扩大趋势；扶贫投入与需求矛盾突出。但是，湖北扶贫开发也存在有利条件和机遇：从国家宏观层面看，国家实施包容性增长和城乡统筹发展战略，更加注重区域协调发展，更加注重"三农"问题，更加注重社会公平，对革命老区、民族地区、贫困地区发展和扶贫开发将给予更大的支持；从湖北省实际看，湖北省委九届九次会议提出跨越式发展，提出调动方方面面力量，加大对革命老区、少数民族地区和贫困地区发展的支持力度。

第三，深刻认识扶贫开发的重大意义。打好新一轮扶贫攻坚战，对于维护广大人民的根本利益、巩固党的执政基础、确保社会和谐稳定、实现全面建成小康社会宏伟目标，具有极其重大的意义。首先，深入推

---

① 杨朝中：《扶贫开发：战略与政策》，湖北人民出版社2012年版。

进扶贫开发，是践行党的根本宗旨的必然要求。其次，深入推进扶贫开发，是构建促进中部地区崛起重要战略支点、实现湖北跨越式发展的现实选择；深入推进扶贫开发，是全面建成小康社会的有效途径。最后，深入推进扶贫开发，是缩小发展差距、构建和谐湖北的重大举措。

第四，新阶段扶贫开发的总体思路。在指导方针上，并行开发式扶贫与社会保障"两轮驱动"；在工作重点上，实行区域减贫与群众减贫"两手抓"；在方式途径上，实行专项扶贫、行业扶贫、社会扶贫"三位一体"；在平台载体上，实行"八大重点扶贫工程"统筹兼顾。

第五，明确扶贫开发的任务目标。"湖北纲要"和"湖北规划"明确提出了今后十年和"十二五"时期湖北省扶贫开发的目标任务，规划了蓝图，确定了路线，明确了方向。把握扶贫开发新目标，"湖北纲要"的奋斗目标，具有递进式、分层式、综合性的特点，包含两个方面：一是针对贫困人口提出了"一有两不愁四保障"的群体减贫目标，相比"国家纲要"的"两不愁三保障"，增加了"一有"和"一保障"，"一有"指的是实现扶贫对象有收入来源，"一保障"是增加了扶贫对象的养老保障；二是针对贫困地区提出了"六个明显、一个高于、一个扭转"的区域减贫目标，比"国家纲要"也多出了"集中连片特困地区生存环境和发展条件明显改善，贫困人口生活水平和综合发展能力明显提升"的新要求。明确扶贫开发新任务，"湖北纲要"采取定量和定性相结合的方式，提出了未来十年扶贫开发的主要任务，包括基本农田和小型水利建设、特色优势支柱产业、农村饮水安全、生产生活用电、公路交通建设、农村危房改造、统筹城乡就业、教育均衡发展、公共卫生服务、公共文化服务、社会保障、扶贫开发重点工作12项。

(二) 打好连片特困地区扶贫攻坚战

第一，连片特困地区扶贫攻坚战的决策背景。中央将连片特困地区作为新阶段扶贫攻坚战的主战场，是一项重大的战略决策，意义深远。在这一战略决策构想下，全国共确定了11个连片特困地区和3个已经实施特殊政策的少数民族地区。之所以选择连片特困地区作为扶贫攻坚战主战场，主要是因为这些地区地理环境恶劣、经济发展水平较低，社会事业发展落后。中央同时要求，各省可自行确定本地连片特困地区，湖北省又将幕阜山区纳入了全省新阶段连片特困地区扶贫攻坚战的范畴。

在11个连片特困地区的505个县市旗中,国家扶贫开发重点工作县(简称"重点县")占到382个,革命老区县170个,少数民族县196个,边境县28个。以2012年的数据,湖北省四大连片特困地区共涵盖31个县市,有29个为扶贫开发重点县。

第二,湖北省连片特困地区的概括和特征。在湖北省四大连片特困地区,被纳入扶贫攻坚范畴的县(市)有31个。其中,24个为国家扶贫开发重点县,5个为省定扶贫开发工作重点县,通城、崇阳为非重点县,30个均为革命老区县(市),10个为少数民族地区县,如表7—2所示。

表7—2　　　湖北省四大连片特困地区纳入扶贫攻坚战县市名单

分区	县市名称
大别山区:全国36个县市,湖北8个	孝感市2个:孝昌县、大悟县 黄冈市6个:团风县、红安县、罗田县、英山县、蕲春县、麻城市
武陵山区:全国71个县市,湖北11个	宜昌市3个:秭归县、长阳县、五峰县 恩施州8个:恩施市、利川市、建始县、巴东县、宣恩县、咸丰县、来凤县、鹤峰县
秦巴山区:全国75个县市,湖北8个	十堰市6个:郧县、郧西县、竹山县、竹溪县、房县、丹江口市 襄阳市1个:保康县;神农架林区1个:神农架林区
幕阜山区:涉及咸宁、黄石2市,共4个县	咸宁市3个:通山县、通城县、崇阳县 黄石市1个:阳新县

资料来源:《扶贫开发:战略与政策》,(杨朝中,2012)与2012年湖北省扶贫开发统计监测资料整理获得。

湖北省四大连片特困地区版图面积79769平方公里,占全省总面积的42.9%。截至2010年底,常住人口1656.81万人,其中农村人口1306.45万人、贫困人口381.54万人(建档立卡数据),分别占全省人口总量的28.96%、43.29%、64.69%;人均GDP仅为9982元,人均财政一般预算收入505元,农民人均纯收入3764.25元,与全省平均值相比,分别低了17924元、1262.3元、2068.02元。

第三,连片特困地区扶贫攻坚战的组织管理。强有力的组织管理是打好连片特困地区扶贫攻坚战的保障,"湖北纲要"做了要求和规定:在组织领导方面，中央要求各省对所属连片特困地区负总责，中央实行连片特困部委牵头工作责任制，涉及湖北省的秦巴山片区由科技部、当时的铁道部牵头协调，武陵山片区由国家民委牵头协调，大别山片区由国家住建部牵头协调，而为打好湖北省四大连片特困地区扶贫攻坚战，湖北省委明确省委书记、省长、省委副书记、常务副省长分别联系一个片区；在规划编制方面，湖北省今后十年的连片特困地区扶贫攻坚计划主要依据"国家纲要"和"湖北纲要"精神组织编制，与各片区的战略构想、基本工作思路相一致；在协调管理方面，湖北省内四大连片特困地区扶贫攻坚战的协调管理工作由本级负责，协调管理任务包括片、省、县的规划实施与评估、跨区域的重大项目建设、重大支持政策的督办落实、片区性的招商引资活动、与片区开发相关的论坛活动等；在监测评估方面，湖北四大连片特困地区扶贫攻坚战启动后，定期的监测与评估工作就应跟进同行。

（三）按照精细化管理要求抓好专项扶贫

第一，专项扶贫重点项目。"国家纲要"确定的专项扶贫重点工作或重点项目主要有"易地扶贫搬迁""整村推进"等7个方面。"湖北纲要"则提出，由扶贫部门牵头或主抓的专项扶贫项目主要有："整村推进""产业扶贫""雨露计划""扶贫搬迁""老区建设"和"插花扶贫"。相比"国家纲要"，"湖北纲要"最具特色的就是"插花扶贫"。湖北在突出重点、集中力量支持28个国家重点县和省定重点县实施扶贫开发的同时，加大了对非重点县的扶贫开发工作力度，针对插花县，实施了插花地区"百乡千村"扶贫工程，安排专项扶贫资金，整合各类扶贫资源，参照整村推进的办法，扶持重点插花贫困村，帮助插花贫困村尽快改变面貌。

第二，专项扶贫项目精细化管理。针对新时期的扶贫攻坚战，湖北省委办公厅、省政府办公厅印发了《2012年全省扶贫开发工作要点》（鄂办发〔2012〕2号）提出了"推行扶贫开发精细化管理"的要求。落实到这一要求的关键，就是对专项扶贫项目实行精细化管理。根据专项扶贫"工作到村、扶贫到户"的基本要求，专项扶贫项目瞄准的受益对象，主要是两个层次，一是要通过整村推进瞄准贫困村，二是要通过到户项目资金瞄准贫困户。

（四）按照目标责任要求推进行业扶贫

第一，行业扶贫的目标任务。"湖北纲要"将"国家纲要"的要求升级为"一有两不愁四保障"以及"六个明显高于"，需要大力实施行业扶贫才能落实到位。"湖北纲要"对行业扶贫的七个方面重点工作做了部署安排，"湖北规划"则具体明确到了每个行业部门。主要包括：培育特色支柱产业、完善基础设施、强化能源和生态环境建设、开展科技扶贫、改善公共卫生和人口服务管理，完善社会保障制度。行业扶贫的工作责任与工作目标相一致、与工作任务相联系，也就是说，党委、省政府要求的工作目标和工作任务就是各行业应尽的工作责任。

第二，行业扶贫管理。根据国务院扶贫开发领导小组印发的《扶贫开发工作考核办法（试行）》（国开发〔2012〕1号）和"湖北纲要"的要求，以目标责任为主导，借鉴专项扶贫工作经验，研究制定了行业扶贫管理办法，主要包括四点内容：一是制定行业扶贫规划，二是建立行业扶贫管理制度，三是建立行业扶贫管理操作程序，四是加强行业扶贫考评。

（五）按照长效机制要求动员社会扶贫

第一，社会扶贫实施方式。"国家纲要"明确要求"广泛动员社会各界参与扶贫开发，完善机制，拓展领域，注重实效，提高水平。强化政策措施，鼓励先富帮后富，实现共同富裕"。按照中央要求，"湖北纲要"和"湖北规划"也总结了7种可供参考的社会扶贫方式，既独立又联系，对于不同的帮扶单位与帮扶对象实施不同的扶贫方式：一是定点扶贫，二是互惠合作，三是军队参建，四是村企共建，五是东西协作，六是募集捐赠，七是筑巢驻鸟。

第二，社会扶贫机制建设。社会扶贫管理机制建设必须与"湖北纲要"相统一，与社会扶贫的性质和方式相一致。总结起来，可考虑建立和完善四大管理机制，对不同的社会扶贫参与单位和个人运用不同的工作机制进行宣传发动、组织管理：一是共建机制，二是双赢机制，三是合作机制，四是激励机制。

第三，社会扶贫的组织管理。社会扶贫靠长效机制管理，靠组织动员推进。作为"三位一体"的社会扶贫工作，应从6点加强和改进社会扶贫的组织管理：一是广泛宣传发动，二是组织开展活动，三是完善政策措施,四是统计收集情况,五是引领创新发展,六是大力褒奖激励。

(六) 完善扶贫政策保障体系

第一,扶贫政策保障体系。"国家纲要"明确提出,要"完善有利于贫困地区、扶贫对象的扶贫战略和政策体系。发挥专项扶贫、行业扶贫和社会扶贫的综合效益"。"湖北纲要"强调了8个方面的政策保障措施:一是财政政策,二是投资政策,三是金融政策,四是产业政策,五是生态政策,六是土地政策,七是人才政策,八是到户政策。

第二,财政投入和税收优惠政策。财税支持政策是"湖北纲要"政策保障中的第一项具体政策。其具体内容包括:一是各级财政要逐步增加专项扶贫资金投入;二是加大省级财政对贫困地区的转移支付力度;三是贫困地区兴办企业依法享受减免所得税政策;四是进口自用设备、技术及配件免征关税政策;五是企业扶贫捐赠税收优惠政策。

第三,投资、产业与金融支持政策。根据"湖北纲要"的要求,在今年后十年要继续对贫困地区实行投资倾斜政策,为贫困地区实现跨越式发展打下坚实基础,具体要做到:加大项目投资倾斜力度,取消配套资金,实行部门倾斜,提高项目补助标准,加大对主战场的投资支持力度。在产业扶贫政策方面要实行产业布局倾斜政策,扶持贫困地区调整和优化产业结构,加快建立特色资助产业体系,解决制约经济发展的"瓶颈"问题,提高县域经济发展水平,缩小地区发展差距。在金融服务与支持方面要改善农村金融服务的调控激励政策,做到对金融机构实行"三激励"、积极发展农村保险事业、继续完善扶贫贴息贷款政策。

第四,土地、生态与人才政策。"湖北纲要"提出的对贫困地区实行倾斜的土地政策,具体包括:一是土地政治政策;二是土地使用政策。对贫困地区的生态政策的重点:一是继续实施退耕还林、天然林保护、水土保持等生态恢复与保护工作;二是建立生态补偿机制,并重点向贫困地区倾斜;三是加大重点生态功能区生态补偿力度。在人才政策方面,"湖北纲要"从城乡统筹的高度,强调对贫困地区实施以下人才支持政策:干部交流下派、人才支持服务、鼓励人才培养、实行待遇倾斜、实施专项计划、制定人才规划。

第五,扶贫到户政策。"湖北纲要"强调,财政扶贫资金要"逐步增加到直接扶持到户资金规模。创新扶贫资金到户扶持机制,采取多种方式，市扶贫对象得到有效扶持"。而"湖北纲要"和"湖北规划"对基本公共服务扶贫到户政策措施提出了具体的要求：一是解决饮水安全到户，二是解决生产生活用电到户，三是农村危房改造到户，四是公共教育政策到户，五是基本医疗卫生服务到户，六是培训就业服务到户，七是整村推进"六到农家"工程。

（七）规范财政专项扶贫资金管理

新阶段扶贫开发对加强财政扶贫资金使用管理提出了新的更高要求。"湖北纲要"和"湖北规划"强调，要"加强扶贫资金使用管理"，"完善财政扶贫资金使用管理制度"。2011年11月，财政部、国家发改委、国务院扶贫办联合下发了《财政专项扶贫资金管理办法》，就规范财政专项扶贫资金管理问题做出了最新规定。

第一，财政专项扶贫资金的分类与投向。《财政专项扶贫资金管理办法》将财政专项扶贫资金分为7类：一是发展资金，二是以工代赈资金，三是少数民族发展资金，四是"三西"农业建设专项补助资金，五是国有贫困农场扶贫资金，六是国有贫困林场扶贫资金，七是扶贫贷款贴息资金。中央财政专项扶贫资金主要投向国家确定的连片特困地区和扶贫开发工作重点县、贫困村，其中新增部分主要用于连片特困地区。

第二，加大财政专项扶贫资金管理与监督。"国家纲要"和"湖北纲要"对加强财政专项扶贫资金管理与监督，提出了明确要求。在加强项目资金管理方面要做到：严格执行资金投向和使用范文、建立健全项目资金管理"五项制度"、相关部门应切实履行管理职责。在加强项目资金监督方面要做到：组织审计、纪检、监察部门定期对扶贫资金进行审计、监察和检查，不定期地开展专项检查或督查；对虚报、冒领、截留、挤占、挪用、贪污、挥霍扶贫资金等行为，要严肃查处，构成犯罪的，依法追究其刑事责任。

（八）要加强纲要规划实施的组织领导

第一，完善管理体制与工作机制。党委和政府主导是中国特色扶贫开发的核心。当前，坚持党委、政府主导，建立实行党政一把手负总责的扶贫开发工作责任制是完善管理体制与工作机制的关键。首先，要强化省负总责，县抓落实的管理体制；其次，建立片为重点，工作到村、扶贫到户的工作机制;最后,实行党政一把手负总责的扶贫工作责任制。

第二,制定实施扶贫开发规划。新阶段扶贫开发涉及上上下下、方方面面,需要规划统领、有序推进。一是制定实施市县扶贫规划,二是制定实施片区扶贫攻坚规划,三是制定实施专项扶贫规划和村级规划,四是制定实施行业扶贫规划,五是制订实施革命老区贫困地区人才支持计划,六是加强规划实施的监测与评估。

第三,加强基层组织与扶贫工作机构队伍建设。基层组织是党的全部工作和战斗力的基础,要充分发挥基层党组织的战斗堡垒作用,把扶贫开发与基层组织建设有机结合起来,其具体方法是:加强村级"两委"班子培养和选派工作、加强村级干部队伍思想作风素质建设、发展壮大村级集体经济、建立健全基层组织发展激励机制。扶贫开发机构在同级党委、政府领导下,具体协调组织各级扶贫规划的实施工作,任务繁重,责任重大,要适应新阶段扶贫开发的需要就要做到:科学设置扶贫机构,准确定位扶贫机构职能,不断加强扶贫队伍的思想、作风、廉政和效能建设。

三 《中共湖北省委湖北省人民政府关于全力推进精准扶贫精准脱贫的决定》内容解读

如前文所述,在中央逐步提出"精准扶贫"思想战略的前提下,在湖北进入啃硬骨头、攻坚拔寨冲刺期的现实背景下,2015年9月24日,湖北省委十届六次全体(扩大)会议审议并通过了《中共湖北省委湖北省人民政府关于全力推进精准扶贫精准脱贫的决定》①。"湖北决定"对湖北省的扶贫攻坚工作提出了更为明确、更加精准的任务与方向,对湖北省做好精准扶贫脱贫工作做出总体部署,是湖北扶贫脱贫攻坚决战的行动纲领。与"国家纲要"和精准扶贫的关系一致,"湖北决定"也是对"湖北纲要"的承接与发展。

---

① 为了表达简便,《中共湖北省委湖北省人民政府关于全力推进精准扶贫精准脱贫的决定》在后文部分地方简称"湖北决定"。

（一）"湖北决定"对于湖北精准扶贫工作的重要意义

首先，"湖北决定"是湖北脱贫攻坚战决战决胜的顶层设计。当前，湖北的农村扶贫工作已进入新的历史时期，具有许多新的阶段性特征。在这个阶段，顺利完成扶贫开发的"硬任务"，帮助贫困地区、贫困人口如期脱贫，要求我们必须把精准扶贫精准脱贫作为全省工作大局和中心任务，对全省扶贫开发工作做出顶层设计，动员和凝聚各方面力量，集中和整合各方面资源，促进全省上下"心往一处想、劲往一处使"，确保扶贫攻坚决战决胜。

其次，"湖北决定"是基于湖北实践的精准扶贫重大创新。"湖北决定"是深入贯彻习近平总书记关于扶贫开发的系列重要指示，特别是2015年6月在贵州召开的部分省区市党委主要负责同志座谈会上的重要讲话精神，全面落实湖北省委、省政府关于精准扶贫、精准脱贫战略部署的湖北行动方案；是认真借鉴省内外的好经验、好做法，紧密结合湖北省精准扶贫、精准脱贫实际，充分吸收各市州和省直有关部门意见的基础上形成的，是做好湖北省精准扶贫的纲领性文件。

最后，"湖北决定"是促进各项扶贫开发工作落实的全新要求。"一分部署，九分落实。"要实现"精准扶贫、不落一人"的目标任务，重在落实、贵在落实。"湖北决定"是一份狠抓落实的动员令。

（二）"湖北决定"对于湖北扶贫开发工作的新要求与指导

第一，明确了湖北脱贫攻坚的最新具体任务与目标。"湖北决定"指出，按照"精准扶贫、不落一人"的总要求，湖北省精准扶贫、精准脱贫的总目标为：到2019年，实现全省590万建档立卡贫困人口（2013年底静态人口）全部脱贫销号、4821个贫困村全部脱贫出列、国家（25个）和省定（12个）扶贫开发工作重点县及享受片区政策的37个贫困县全部脱贫"摘帽"。

第二，明确了湖北实施精准扶贫政策的基本方法。"湖北决定"基于"国家决定""湖北纲要""湖北规划"等文件关于贫困户脱贫的方法措施的论述，将湖北实施精准扶贫政策的基本方法明确归纳为"多个一批"，即移民搬迁安置一批、扶持生产和就业发展一批、低保政策兜底一批、医疗救助扶持一批，这也成为精准扶贫"五个一批"方法的雏形。其后，习近平总书记又提到"生态补偿脱贫一批"，就此形成了"五个一批"。

第三，明确了贫困村脱贫具体标准。"湖北决定"针对贫困村退出机制，明确指出，通过大力实施"整村推进"工程，使每个贫困村达到"九有"的标准，即有主导产业，有集体收入（不低于5万元），有健全的群众服务中心，有小学教育、卫生文化等服务功能，有硬化的通村公路，有入户的安全饮水，有安全的农村电网，有入户的广播电视、通信光纤电缆，有清洁的生活能源。

第四，明确了委派"驻村第一书记"及驻村扶贫工作队责任。"湖北决定"相对"国家决定"，明确提出了要加大从优秀外出务工经商人员、乡土能人、复退军人和大学生村官中选拔村党组织书记的力度，实行贫困村"第一书记"全覆盖。同时，要全面落实驻村工作队职责，实现贫困村驻村扶贫工作队全覆盖，强化驻村扶贫工作队跟踪管理，落实保障措施，建立工作队考核、激励、问责机制。建立健全驻村工作队精准扶贫到户到人包保责任制，切实做到不脱贫不脱钩。

第五，明确了激发贫困户"内生动力"，全力推进脱贫能力建设。"湖北决定"更加明确注重贫困户的自主发展，提出要加大技能培训力度，以促进农村贫困家庭劳动力转移就业为重点，整合各种技能培训资源，大力开展贫困劳动力技能培训，同时也要加大创业培训力度，优化创业服务，改善创业环境，强化创业培训，激活创业动力。

（三）精准扶贫政策实施以来的湖北省级重要文件

在精准扶贫从提出到全面铺开的这一阶段，中共湖北省委、省政府、湖北省扶贫攻坚领导小组、湖北省直部门发布了一系列重要的配套文件。

表7—3　　　　　　　　关于精准扶贫的湖北省级文件

文件名	文件类型	文件号
中共湖北省委、湖北省人民政府《关于权力推进精准扶贫精准脱贫的决定》	中共湖北省委、省政府文件	鄂发〔2015〕19号

续表

文件名	文件类型	文件号
省委办公厅、省政府办公厅印发《关于贯彻落实〈中共湖北省委、湖北省人民政府关于全力推进精准扶贫精准脱贫的决定〉重要政策措施分工方案》的通知	中共湖北省委、省政府文件	鄂办文〔2015〕51号
省委办公厅、省政府办公厅印发《关于建立贫困县约束机制的实施意见》的通知	中共湖北省委、省政府文件	鄂办文〔2015〕34号
省委办公厅、省政府办公厅印发《省领导联系贫困县（市、区）工作制度》的通知	中共湖北省委、省政府文件	鄂办文〔2015〕44号
省委办公厅、省政府办公厅印发《湖北省市州党委和政府扶贫开发工作成效考核办法》的通知	中共湖北省委、省政府文件	鄂办文〔2016〕24号
省委办公厅、省政府办公厅印发《湖北省脱贫攻坚督查巡查工作实施办法》	中共湖北省委、省政府文件	鄂办文〔2016〕60号
省委办公厅、省政府办公厅印发《关于广泛动员社会力量参与扶贫开发的意见》的通知	中共湖北省委、省政府文件	鄂办发〔2015〕28号
省委办公厅、省政府办公厅印发《关于建立精准脱贫激励机制的实施意见》的通知	中共湖北省委、省政府文件	鄂办发〔2015〕39号
省委办公厅、省政府办公厅《关于做好省驻农村工作队（扶贫工作队）组派工作的通知》	中共湖北省委、省政府文件	鄂办发〔2015〕43号
省人民政府办公厅《关于创新建立贫困县资金整合机制实施精准扶贫的意见》	中共湖北省委、省政府文件	鄂政办发〔2015〕63号

续表

文件名	文件类型	文件号
湖北省人民政府办公厅《关于印发湖北省创新扶贫小额信贷工作实施意见的通知》	中共湖北省委、省政府文件	鄂政办发〔2015〕82号
省人民政府办公厅《关于加强重特大疾病医疗救助与基本医疗保障制度衔接的指导意见》	中共湖北省委、省政府文件	鄂政办发〔2016〕15号
省人民政府办公厅关于印发《湖北省农村低保标准与扶贫标准衔接实施办法（试行）》的通知	中共湖北省委、省政府文件	鄂政办函〔2015〕110号
省扶贫攻坚领导小组《关于进一步落实脱贫攻坚领导责任制的通知》	湖北省扶贫攻坚领导小组文件	鄂扶组发〔2016〕4号
省扶贫攻坚领导小组关于印发《湖北省脱贫攻坚计划2016—2020》的通知	湖北省扶贫攻坚领导小组文件	鄂扶组发〔2016〕6号
省扶贫攻坚领导小组《关于扶贫对象退出验收的指导意见》	湖北省扶贫攻坚领导小组文件	鄂扶组发〔2016〕7号
省扶贫攻坚领导小组《关于组织第三方力量开展减贫脱贫成效评估的意见》	湖北省扶贫攻坚领导小组文件	鄂扶组发〔2016〕8号
省扶贫攻坚领导小组《关于加强扶贫建档立卡数据管理的意见》	湖北省扶贫攻坚领导小组文件	鄂扶组发〔2016〕11号
省扶贫攻坚领导小组印发《关于进一步加强扶贫资金管理和政策执行的意见》的通知	湖北省扶贫攻坚领导小组文件	鄂扶组发〔2016〕16号
省扶贫攻坚领导小组印发《进一步加强省内区域协作扶贫和定点帮扶工作的意见》的通知	湖北省扶贫攻坚领导小组文件	鄂扶组发〔2016〕20号
省扶贫攻坚领导小组印发《进一步激发内生动力加快精神脱贫行动方案》的通知	湖北省扶贫攻坚领导小组文件	鄂扶组发〔2016〕24号

续表

文件名	文件类型	文件号
省扶贫攻坚领导小组关于印发《湖北省贫困人口脱贫、贫困村出列、贫困县"摘帽"实施办法》的通知	湖北省扶贫攻坚领导小组文件	鄂扶组发〔2016〕26号
省委组织部、省扶贫办关于印发《湖北省贫困县党政领导班子和领导干部经济社会发展与精准扶贫实绩考核办法（修订）》的通知	湖北省直部门文件	鄂组通〔2016〕92号
省委宣传部关于印发《湖北省扶贫攻坚精神支撑工作行动方案》的通知	湖北省直部门文件	鄂宣文〔2015〕106号
省委组织部、省委财经办（省委农办）、省直机关工委、省扶贫办《关于在全省开展干部驻村帮扶贫困村和贫困户工作的指导意见》	湖北省直部门文件	鄂政扶发〔2016〕14号
省扶贫办、省委农工部、省委组织部、省直机关工委关于印发《湖北省驻农村工作队（扶贫工作队）队员召回办法》的通知	湖北省直部门文件	鄂政扶发〔2016〕26号
省委统战部、省工商联、省扶贫办、省光彩会关于印发《"千企帮千村、脱贫奔小康"精准扶贫精准脱贫行动实施方案》的通知	湖北省直部门文件	鄂统发〔2016〕3号
省档案局、省扶贫办《关于做好全省精准扶贫档案工作的意见》	湖北省直部门文件	鄂档〔2016〕25号
团省委、省妇联、省教育厅、省民政厅、省扶贫办关于印发《全省留守儿童、留守妇女、留守老人关爱行动实施方案》	湖北省直部门文件	鄂青联发〔2016〕2号

续表

文件名	文件类型	文件号
省发改委、省扶贫办、省财政厅、省国土资源厅、人行武汉分行关于印发《加快全省易地扶贫搬迁工作实施方案的通知》	湖北省直部门文件	鄂发改地区〔2015〕796号
省能源局、省扶贫办关于印发《湖北省光伏扶贫工程实施方案的通知》	湖北省直部门文件	鄂能源新能〔2016〕7号
省教育厅关于印发《湖北省教育精准扶贫行动计划（2015—2019）》的通知	湖北省直部门文件	鄂教财〔2015〕9号
省扶贫办、省教育厅、省人社厅《关于加强雨露计划支持农村贫困家庭新成长劳动力接受职业教育的实施意见》	湖北省直部门文件	鄂教财〔2015〕25号
省财政厅关于贯彻落实《省人民政府办公厅关于创新建立贫困县资金整合机制实施精准扶贫的意见》的通知	湖北省直部门文件	鄂财农发〔2015〕127号
省人社厅、省扶贫办《关于开展精准就业扶贫工作的通知》	湖北省直部门文件	鄂人社发〔2016〕10号
省农业厅、省林业厅、省旅游局、省扶办《关于开展产业扶贫精准脱贫的实施意见》	湖北省直部门文件	鄂农发〔2015〕27号
省商务厅、省扶贫办关于印发《湖北省电商扶贫行动计划》的通知	湖北省直部门文件	鄂商务发〔2016〕25号
省卫生计生委、省扶贫办、省民政厅、省财政厅关于印发《湖北省农村医疗保障精准扶贫工作实施意见》的通知	湖北省直部门文件	鄂卫生计生发〔2015〕29号

如表7—3所示，这些配套文件的出台，给湖北省精准扶贫在各方面指明了方向，确定了具体扶贫措施的细节与方法，具有相当的现实指导意义，为今后一个时期湖北精准扶贫工作提供了重要参考与指导。

第五节 本时期湖北农村扶贫开发工作的实施情况

本时期湖北农村扶贫开发的发展脉络与全国一致，在全面实施精准扶贫战略之前，均是按照"国家纲要""湖北纲要"及"湖北规划"的具体要求，逐步开展扶贫开发工作。从2014年开始，湖北省逐渐开始实施精准扶贫，直至2015年实现精准扶贫在全省范围内的展开。因此，本时期湖北农村扶贫开发工作的实施情况主要分为两个阶段进行描述，前一段是2011—2013年，后一段是2014年逐步开始实施精准扶贫至今。

一 2011—2013年湖北农村扶贫开发工作的开展情况

（一）2011年湖北农村扶贫开发工作开展情况

2011年，湖北省委、省政府更加助力农村扶贫开发，为贯彻落实中央扶贫开发工作会议和"国家纲要"精神，湖北省委、省政府出台了"湖北纲要""湖北规划"等一系列重要文件，做出了一系列符合省情的重大决策，对全省农村扶贫开发做了科学谋划和总体安排，推进全省农村扶贫开发在新的历史起点上跨越式发展。2011年末，取得了农村扶贫工作"开门红"。在湖北省委、省政府的正确领导下，在各级各部门、社会各界的大力支持下，老区贫困地区广大干部群众不懈努力，全省共解决40万建档立卡贫困人口的温饱与脱贫问题，启动重点县300个贫困村实施"整村推进"，完成309个"老区村"和200个"插花村"的重点扶持工作任务；扶贫搬迁10248户、40992人，超计划2.4%；"雨露计划"转移培训51411人，超计划2.8%；重点县农民人均纯收入增幅高于全省平均水平，经济社会全面发展，老区贫困地区面貌发生了深刻变化。

2011年湖北扶贫开发的具体开展方式是：

第一，全力推进试验区建设，启动试验区建设。全力支持和组织参与试验区建设，在规划制定、项目摆布、资金安排上对三个试验区均给予倾斜支持,一是支持大别山革命老区经济社会发展试验区建设,二是支持武陵山民族地区经济社会发展试验区建设,三是支持城乡一体化试验区建设。

第二,启动实施集中连片特困地区扶贫攻坚工作。湖北省根据国家要求,成立了连片特困地区区域发展与扶贫攻坚领导小组,与省扶贫开发领导小组合二为一,并明确由时任省委书记李鸿忠联系武陵山片区、时任省长王国生联系大别山片区、时任省委副书记张昌尔联系秦巴山区、时任常务副省长王晓东联系幕阜山区。

第三,有序推进专项扶贫工作开展。一是整村推进稳步实施,对"十二五"拟实施的1500个贫困村编制了"整村推进"规划,2011年实施"整村推进"的300个村,已完成规划编制、项目备案和项目建设年度工作任务。二是产业扶贫力度加大,安排贴息资金9400万元,大力扶持产业化扶贫龙头企业,拉动扶贫产业贷款规模30亿元以上。下达小额信贷贴息资金1125万元,开展对贫困农户小额信贷工作,带动信贷规模2.25亿元以上;在全省201个村开展扶贫互助资金试点工作,投入财政扶贫资金3150万元,有效破解了试点村贫困户发展生产筹资难的问题。三是改革完善"雨露计划"实施方式,采取"直补到人"的方式,提高贫困家庭新生劳动力和青壮年劳动力素质,全年共培训转移51411人,超年度计划2.8%。四是扶贫搬迁有序开展,坚持把扶贫搬迁作为扶贫到户的重要载体,建立了扶贫搬迁对象实名制,切实将符合条件的建档立卡贫困人口纳入搬迁计划,真正解决生存条件恶劣地区贫困户的生产生活问题。五是老区建设重点突出,省政府重新调整和确定了"十二五"期间重点扶持的老区乡镇和省定贫困乡镇名单,对全省309个重点老区乡镇和200个插花贫困乡镇,参照整村推进的做法,每年每个乡镇各选择1个重点贫困村进行扶持,解决生产生活上的突出困难;同时,对27个革命老区中心乡镇进行重点支持。六是各类扶贫工作试点扎实推进,认真做好秭归等县市国家连片开发试点、利川等县市彩票公益金试点、建始等县市产业化扶贫试点工作。

第四,着力构建三位一体大扶贫格局。一是中直机关定点帮扶,国家水利部等6个中直单位对口帮扶湖北省9个重点县,共派出挂职干部6名,中直赴帮扶县考察132人次,直接投入帮扶资金2555万元,帮助引进各类资金17630万元，引进项目48个、人才33名，举办培训班35期。二是省直单位结对帮扶，湖北省直单位共派出挂职干部520人，组织赴帮扶县考察2599人次，直接投入帮扶资金94494万元，帮助引进各类资金48200万元，引进项目574个、技术145项、人才194名，举办培训班433期。三是各类企业倾力帮扶，动员组织大中型企业参与扶贫开发工作，增强贫困地区和贫困群众"造血"能力。全年共有1200多家国有和民营企业参与扶贫，其中386家企业到重点县参与村企共建，辐射贫困村1141个。

（二）2012年湖北农村扶贫开发工作开展情况

2012年，湖北省委、省政府明确将全省四大片区——大别山、武陵山、秦巴山和幕阜山片区作为扶贫攻坚主战场，锁定819.61万建档立卡贫困人口（当年确定全省贫困人口数，后改为590万），确定开发扶贫与社会保障"两轮驱动"，片区区域发展与扶贫进村入户同步推进，专项扶贫与行业扶贫、社会扶贫三位一体，扶贫开发与环境保护统筹兼顾的方略，扶贫开发顶层设计全面完成。全年共解决50.9万建档立卡贫困人口的温饱与脱贫问题，重点县农民人均纯收入增幅高于全省平均水平。

2012年湖北扶贫开发的具体开展方式是：

第一，强力启动片区扶贫攻坚。一是科学编制规划，湖北省扶贫办和省发改委组建片区规划编制专班，圆满完成了四个片区省级规划编制工作任务。二是实行高位推进，湖北省委、省政府成立了高规格的片区攻坚领导小组，省委办公厅、省政府办公厅出台片区推进办法，创新了省领导联系片区、省直单位牵头协调、相关部门密切配合的片区扶贫机制。三是强化政策支持，湖北省委、省政府出台专项支持政策和措施，"真金白银"扶持片区，每年每个片区县可增加综合扶贫投入3亿至5亿元；建立产业发展基金，每年拿出50亿元专门支持四个片区产业发展。

第二，脱贫奔小康试点蓄势勃发。一是加速推进试点县县域经济发展，各试点县积极调结构、转方式、加措施，以工业的大突破带动信息化、新型城镇化和农业现代化的大发展，实现县域经济加速提质。二是加快重大项目建设进程，本年度，7个试点县市项目投资计划创新高，总投资达380.33亿元，比2011年增长68.72%，增幅为历年最高水平。三是加大机制创新驱动步伐，坚持创新驱动，增强了跨越式发展的原动力，鹤峰县推行"资源整合"和"以奖代补"机制有效融合；丹江口市、英山县采用"BT"融资模式解决难题；五峰县探索"产业扶贫、直补到户"的扶贫新模式；保康县拓宽"飞地经济"内涵；通山县实行"8+1"和"4+1"的考核制度；大悟县完善加强招商引资机制。

第三，专项扶贫开发提质增效。一是坚持专项扶贫进村入户，本年度全省贫困村村平均投入305万元；安排贴息资金近1亿元，大力扶持产业化扶贫龙头企业，拉动扶贫贷款近30亿元；投入财政扶贫资金3200万元，在201个村开展扶贫互助资金试点工作；大力实施"雨露计划"，转移培训58973人；创新安置方式，扶贫搬迁10618户、40917万人。二是推行资金项目精细管理，制定并出台了整村推进、扶贫搬迁等六个管理办法（试行）；开展新一轮建档立卡工作，各地扶贫、民政、统计、财政、发改等部门联合对贫困人口规模进行了摸底调查。三是加强扶贫开发法制建设，各级各部门认真贯彻执行《湖北省农村扶贫条例》，做到依法扶贫；省扶贫办、省政府法制办积极做好《湖北省扶持革命老区建设条例》修订工作。

第四，行业扶贫聚集效应彰显。一是着力加快推进基础设施建设，省住建厅安排项目资金61744万元，支持重点县农村危房改造和小城镇建设；省交通厅在29个重点县修建国省道70公里、红色旅游路69.6公里、县乡道改造768公里、通村公路4497公里；省水利厅对片区31个县总投资达34.8亿元；省国土厅投资26.7亿元，在贫困地区落实土地整治项目93.2万亩；省环保厅在19个重点县投入资金约73772万元开展农村环境整治示范试点；省移民局在片区后期投入库区和移民安置区资金10847.02万元。二是着力加快特色经济发展，经信委在四大片区安排项目资金74975万元，推进贫困地区工业经济发展；省科技厅加大对片区政策倾斜力度，共安排16328万元扶持资金；省财政厅落实50亿元产业发展基金，专项用于支持片区重点产业发展和重点项目建设；省民宗委认真履行牵头联系武陵山片区的职责，共安排资金6080万元投入片区县。三是着力促进公共服务均等化，省教育厅向32个片区县安排各类教育项目27个、资金33.5亿元；下达营养改善计划资金4.3亿元，在片区26个县启动实施农村义务教育学生营养改善计划试点。四是着力建立行业联动机制。中央驻鄂单位充分发挥行业职能优势，加大了政策支持力度。

省直单位各尽其责，各尽其能，倾情扶持。

第五，社会扶贫全员参与。一是中直单位定点扶贫。农业部、水利部、科技部、国家烟草专卖局、国家电网公司、中铝公司、恒天集团公司7个中直单位定点帮扶13个重点县，直接投入帮扶资金和物资折款4648万元，帮助引进各类资金20080万元，帮助引进项目37个、引进技术10项、引进人才6名，培训5015人次。二是驻鄂部队扶贫参建，近三年省军区累计捐款1260万元，本年度驻鄂部队投入帮扶资金440万元。三是村企共建合作双赢，本年度湖北省工商联组织3057家民营企业帮扶2687个贫困村，帮扶项目2693个，落实资金43.616亿元，直接投入、引进、捐助资金共计6.7亿元。四是社会团体扶危济困，2011—2012年，湖北省社会各界通过省慈善总会广泛参与安老、扶幼、助学、济困、救灾等慈善活动，累计捐赠款物5.84亿元；省邮政局、团省委、扶贫办实施爱心包裹项目，现场资助29.4万元；省扶贫开发协会发动会员企业和团体投入3亿元资金和物资用于扶贫开发；省老促会接受和实际捐赠扶贫基金87万元。五是党政机关倾力帮扶，省直党政群机关105家单位参与定点帮扶，直接投入扶持资金和物资折款85305万元，帮助引进各类资金79200万元，引进项目1311个、引进技术126项、引进人才271名，组织劳务输出62708人。

（三）2013年湖北农村扶贫开发工作开展情况

2013年，湖北省扶贫开发工作继续走在全国前列，在中央组织开展扶贫开发工作考核中，再次获得A级（优秀）评价。本年度，共解决64.9万建档立卡贫困人口的温饱与脱贫问题，分别比2011年、2012年多减少贫困人口25万和14万人；29个重点县农民人均纯收入预计达到5615元，比去年增加732元，增长15%，增幅比全省平均水平高2.1%。

2013年湖北扶贫开发的具体开展方式是：

第一，大力发挥党政主导作用。一是以实施规划为统领，搭建资源整合平台，省政府正式批复4个片区区域发展与扶贫攻坚规划，武陵山、大别山、秦巴山、幕阜山4个片区分别享受各行业扶持资金53.34亿元、31亿元、54.1亿元、15.62亿元，县均4.67亿元，主要用于发展产业和改善公共服务。二是以精准扶贫为方向，推进扶贫到村到户，在重点县300个整村推进村发展种植业28万亩，发展养殖业115万单位；积极整合生态移民、危房改造、库区移民等项目，扶贫搬迁11261户、44412人；大力实施"雨露计划"，培训转移55194人；参照整村推进的做法，对309个老区村和200个插花贫困村进行重点扶持，解决突出困难。三是以均衡发展为目的，加大部门扶贫力度，各部门认真履职尽责，加大对贫困地区倾斜力度，2013年共安排413亿元；本年度安排47.64亿元扶持片区和重点县培育新型经营主体，发展特色产业；本年度安排72.39亿元，用于贫困地区社会事业发展，积极推进基本公共服务均等化。四是以试点示范为指引，探索扶贫开发路子，本年度中央、省共支持恩施市龙凤镇试点项目资金8.77亿元，扶贫搬迁等四项重点工作稳步推进；省直部门安排3亿元项目资金，支持钟祥市柴湖镇振兴发展；启动保康县等5个彩票公益基金试点，实施16个重点老区乡镇、插花贫困乡镇开展连片开发试点，探索扶贫开发新路子。

第二，逐渐发挥市场主体作用。一是引导企业参与扶贫，国家电网公司和国家烟草专卖局分别帮扶恩施州巴东县和十堰市竹山县，其中，国家电网在巴东县投入200万元，引进各类资金2300万元；国家烟草专卖局在竹山县投入扶贫资金1000万元，整合各类扶贫资金3700万元，实施32个帮扶项目；省国资委积极推进中央企业支持扶贫开发，重点县与中央企业签约项目18个，投资总额159.6亿元。二是依托合作组织带动脱贫，截至2013年底，全省老区贫困地区农民专业合作社达3.8万个，26.5%的农户入社。三是开展招商引资促进脱贫，本年度四个片区招商引资1703亿元，7个脱贫奔小康试点县市重大项目投资总规模为570亿元，较去年增长44.83%。四是推进金融资本放大扶贫效益，湖北省政府为片区重点县各安排扶贫贴息资金300万元，全省共投入财政贴息资金规模达1.02亿元，重点扶持促进贫困户就业、带动贫困户增收的产业化扶贫龙头企业、专业合作社和产业基地，撬动金融资本36亿多元参与扶贫开发，扶持农业产业化龙头企业736多家，辐射带动2600个贫困村、94.4万农村人口。

第三，促进社会力量积极主动参与。一是党政机关定点帮扶，17个中直驻鄂定点帮扶单位直接投入扶持资金和物资折款6269万元，帮助引进各类资金3.9亿元；省直定点帮扶单位直接投入扶持资金和物资折款21亿元，帮助引进资金12.37亿元。二是驻鄂部队扶贫参建，2013年，驻鄂部队及省军区系统今年共投入帮扶资金 2085 万元（其中扶持资金 1918 万元，物资折款 167 万元）。三是社会团体扶危济困，团省委举办希望工程慈善晚会，现场确认意向捐款 4088 万元；新建希望小学 19 所，资助贫困大中小学生 8243 人次；全年筹资 6000 万元，在片区建成 926 个"希望厨房"；帮助 1000 名贫困大学生和 3000 多名贫困高中生完成学业。

二 2014 年以来湖北农村扶贫开发工作的开展情况

（一）2014 年湖北农村扶贫开发工作开展情况

2014 年，是党中央、国务院和湖北省委、省政府进一步高度重视扶贫开发的一年，是实施"两轮驱动"、启动精准扶贫的一年，也是湖北省扶贫开发工作深化机制改革、取得重大成效的一年。在这一年里，全省着力推进精准扶贫与片区攻坚深度融合，激发内生动力，催生减贫潜力，取得了 69.3 万建档立卡贫困人口脱贫的好成绩。

2014 年湖北扶贫开发的具体开展方式是：

第一，做好顶层设计，推进精准扶贫与片区攻坚深度耦合。首先是设计扶贫改革线路图，2014 年 4 月 8 日，省委、省政府印发《关于创新机制扎实推进全省农村扶贫开发工作的实施意见》（鄂发〔2014〕12 号），对创新机制、实施精准扶贫、推进片区攻坚提出"61044"湖北方略，统筹推进扶贫开发重点领域的六大改革，扎实解决制约片区发展的十大突出问题，着力完善专项扶贫项目管理的四项机制。然后是全力打造落实链条，为推进扶贫大政方针和精准扶贫方略的落实，省扶贫开发办公室制定工作方案、下发通知，提出学习贯彻的时间节点要求。各项改革配套政策的出台，促进改革向纵深发展，使顶层设计与政策落地、项目布局、资金安排、精确直扶环环相扣、深度衔接，形成了具有湖北特色的精准扶贫政策体系。

第二，通过片区攻坚，筑实精准扶贫底盘。首先是区域经济发展竞进提质，2014 年，4 个片区完成规划重大项目 1365 个，实施进行中项目 2217 个。地区生产总值 2985.8 亿元，同比增长 11.8%。然后是整合投入再创新高，2014 年，省直有关部门投入四大片区资金 1641 亿元。最后是试点示范勇立潮头，2014 年，7 个试点县市实现地区生产总值 642.96 亿元，规模以上工业增加值 199.70 亿元，地方公共财政预算收入 42.95

亿元。

第三，通过"一号工程"，夯实精准扶贫基础。开展新一轮建档立卡，旨在为消除贫困人口提供准确靶向，是2014年全国扶贫开发工作的"一号工程"。从2014年4月正式启动，至当年10月25日，湖北省建档立卡工作顺利完成，标志着精准扶贫迈出了最基础、最关键的一步。首先是"一把手"上阵推进"一号工程"，湖北省扶贫办组成多个督查组，分别由5位办领导带队，采取明察、暗访以及与市、州党政主要领导电话、短信沟通的方式，督促工作落实。然后是以攻坚的态势做实"一号工程"，2014年4月起，省、市、县、乡、村五级联动，完整录入建档立卡管理信息系统的有191.5万贫困户、580.7万贫困人口，分别为扶贫户113.1万户、366.8万人，低保户37.3万户、98.1万人，五保户6.8万户、8.5万人，扶贫低保户34.3万户、107.4万人。最后是全力保障助推"一号工程"，自2014年起，每年安排5000万元资金，对湖北全省4821个贫困村按每村1万元以上的标准进行补助。省政府还安排专项工作经费1000万元，采取先建后补、以奖代补方式，按各县市建档立卡工作成效给予奖励。

第四，通过驻村帮扶，打通精准扶贫管道。一是群策群力组织帮扶，本年度全省共派出工作队12666个、干部24891人，帮扶1647个乡（镇）、11365个村，实现了干部驻村帮扶贫困村、贫困户全覆盖。二是饱含深情倾力帮扶，2014年，全省直接投入帮扶资金23.06亿元，帮助引进各类资金35.27亿元，引进项目6926个，举办培训班10408期，共培训91.8万人次。

（二）2015年湖北农村扶贫开发工作开展情况

2015年，湖北省委、省政府坚持将扶贫开发作为重大政治问题、重大发展问题、重大民生问题，把精准扶贫、精准脱贫作为湖北工作大局和中心任务，绘蓝图、明责任、定路径、聚合力、建机制，呈现出领导重视程度、政策投入力度、攻坚举措精度、责任落实硬度、合力攻坚强度前所未有的新特点，全年128.11万人脱贫、208个贫困村出列，创造出年度减贫最佳绩。

2015年湖北扶贫开发的具体开展方式是：

第一，通过顶层设计绘就决战决胜蓝图。一是省委全会出台"湖北决定",确立攻坚路线图,2015年9月24日省委十届六次全体(扩大)会议召开,审议并通过《关于全力推进精准扶贫精准脱贫的决定》。"湖北决定"是深入贯彻中央精准扶贫战略和习近平总书记精准扶贫思想的行动方案,是做好湖北省精准扶贫的纲领性文件。二是构建脱贫支撑体系,全力保障扶贫攻坚,省委、省政府建立"1+N+M"的政策体系,构建脱贫攻坚硬支撑,2015年6月以来,省委、省政府及省直部门出台的精准扶贫文件达27个,开我省扶贫历史先河。结合"十三五"规划编制,建立精准扶贫规划执行体系。

第二,通过立军令状压实攻坚主体责任。一是提出"五个是不是",彰显责任担当,湖北省委、省政府将能否做好扶贫工作,上升到"是不是与以习近平同志为总书记的党中央保持高度一致、是不是社会主义、是不是共产党、是不是人民政府、是不是真心全面建成小康社会的重大原则问题、立场问题、群众感情问题",彰显了省委、省政府的责任担当和为民情怀。二是"五级书记"齐上阵,凸显政治自觉,省委、省政府将脱贫攻坚列为"一把手工程",严格实行一把手负总责的限期脱贫责任制。省、市、县、乡、村"五级书记"一起"挂帅上阵",带领各级各部门、社会各界勠力同心、攻坚克难、决战决胜。三是五级立下军令状,实行挂图作战,2015年下半年,省、市、县、乡、村层层签订减贫脱贫责任书、立下脱贫军令状,层层绘制精准扶贫路线图,层层分解减贫脱贫任务,做到倒排工期、倒逼"销号"脱贫。四是五级考核问责,形成闭环效应,2015年,湖北省委、省政府将精准扶贫专项纳入地方党政领导班子政绩考评体系;省委组织部、省扶贫办出台贫困县考核办法,对贫困县主要考核扶贫成效,促进各级主要领导聚焦精准扶贫,建立贫困县约束机制,加大监督检查。

第三,定向施策,聚焦精准靶向治疗。一是通过精准识别,确立精准扶贫靶向,2015年,组织对建档立卡数据补充、完善、更新、复核;认真开展建档立卡"回头看",仔细核查数据,切实挤掉"水分",让真正的贫困户得到扶持。二是通过开发式脱贫,全面提升贫困户发展能力,启动1000个贫困村"整村推进"工作,发放小额贷款23.9亿元;积极发展电商扶贫,扶持贫困县开设1.4万多个网店,解决6.5万贫困人口就业;在100个贫困村开展旅游扶贫试点,打造5个乡村旅游连片发展区域；着力发展光伏扶贫，项目户年均增收3000元以上。三是通过社会保障兜底，构建安全保障网，本年度省级安排资金22亿元，对全省220万名农村低保和五保对象，在落实现有政策的基础上，再按人年均1000元的标准给予补助。四是通过医疗救助，有效防止因病致贫现象的发生，湖北省卫计委等部门出台《医疗保障精准扶贫工作的实施意见》，明确对贫困人口参加新型农村合作医疗（即"新农合"）个人缴费部分由财政给予补贴；2015年，贫困县农村贫困居民参合率为100%。五是通过助学启智，阻断贫困代际传递，本年度湖北省教育厅等部门印发《教育精准扶贫行动计划》《加强贫困家庭学生救助工作的实施意见》，制定从学校到教师、学生的教育精准扶贫措施，出台贫困户子女从幼儿园到研究生的精准资助政策，安排贫困县专项资金52.89亿元。六是通过易地搬迁，改善生存发展条件，明确搬迁对象范围、补助标准、安置途径、建房标准、后续扶持措施等，首批地方政府债券97.5亿元全部下拨到各有关县市区。

第四，凝聚扶贫攻坚强大合力。一是省级领导率先垂范，省委、省人大、省政府、省政协领导分别联系37个贫困县，一年下来，省"四大家"领导分赴贫困县专题调研、指导精准扶贫达到100余人次。二是各级各部门积极跟进，2015年，省直部门投入片区资金1641亿元，特别是省直"十大重点工作"牵头单位尽心履职、倾心支持。三是社会各界广泛参与，本年度20家中央单位直接投入帮扶资金3.3亿元，同比增长69.98%；13家驻鄂部队和武警部队定点帮扶红安、麻城，投入资金166万元；9个发达市州向10个民族县共投入政府财政援助资金1.25亿元。四是驻村工作队倾心帮扶，各地积极建立精准帮扶机制，打通精准扶贫管道，构建了省、市、县、乡四级干部驻村帮扶体系，全省共派出1.5万个工作队、驻村干部9.2万人，共帮扶11365个村。

（三）2016年湖北农村扶贫开发工作开展情况

2016年，是全省脱贫攻坚的首战之年。湖北省委、省政府认真学习贯彻习近平总书记扶贫开发战略思想，坚定不移地贯彻落实党中央、国务院的战略部署，全年实现147万建档立卡贫困人口脱贫销号，1601个贫困村出列，易地扶贫搬迁12.04万户、32.84万人，分别超出下达年度计划任务的43%和24%。

2016年湖北扶贫开发的具体开展方式是：

第一,建立攻坚"战时"机制。一是统一号令,指挥作战,成立脱贫攻坚湖北战区司令部,省委书记、省长"双挂帅",亲自出征、亲自督战,身先士卒抓扶贫。二是制定"攻下一个贫困村,插上一面红旗"的制度,湖北在全国率先提出精准扶贫"挂图作战",绘制湖北省精准扶贫作战图,划定精准脱贫时间表。全省590万建档立卡贫困人口、4821个贫困村、37个贫困县的分布与脱贫时间进度,在地图上标注清楚。三是将"乌纱帽"与扶贫绩效挂钩,市、县、乡、村层层签订脱贫责任书,层层立下军令状,层层督查暗访,做到铁面对待、铁腕处理、铁规执行。四是严格考核问责,本年度对37个国定及省定贫困县首开考核问责先例,省、市党委、政府严肃约谈减贫成效落后的9位县委书记。

第二,精准发力,取得较好成果。一是通过精准识别,建好"明白账",精准锁定贫困人口。把"识别要精准"列为"六个精准"之首倾力推进,在全国首创精准识别数据审计,根据审计的问题,进行贫困人口数据大核查、大整改,精准剔除不符合识别标准的"硬伤户",全省贫困人口数据准确率达98%以上;建贫困退出"明白账",坚持扶贫对象退出程序与识别程序相一致的原则,制定扶贫对象退出验收指导意见,按照扶贫对象申请、数据采集、民主评议、公示公告、退出销号等程序,严格开展扶贫对象退出管理。二是通过产业扶贫,打造强劲引擎,全省锁定330万有劳动能力的贫困人口,编制省、县两级产业扶贫规划,加大产业扶贫投入。三是通过搬迁扶贫,铺设脱贫之路,全省将易地扶贫搬迁作为决战决胜"多个一批"中的关键一批、首要战役,各级成立集中统一的搬迁工作指挥部,严守建房面积红线,统一规范户型,锁定人均25平方米建房面积。四是通过健康扶贫,打开幸福之门,加大医疗救助,本年度全省共发放临时救助资金2.5亿元,救助困难群众36.7万人次;降低贫困户大病保险起付线,贫困户新农合就医报销比例提高20%。五是生态扶贫,建好绿色银行,实施林业扶贫攻坚规划,2016年,拨付天然林管护费3亿元,建设天然林资源保护工程;湖北率先在贫困地区实施森林生态效益补偿,贫困林农人平均增加现金收入近千元,让绿水青山成为建在贫困林农家门口的绿色银行,也让"生态补偿脱贫一批"得到了良好的贯彻实施。

第三,全力构建政府、市场、社会协同推进的扶贫大格局。一是金融特惠引来活水，本年度全省扶贫再贷款余额15.03亿元。全省银行业扶贫贷款比年初增长20%，高于各项贷款平均增速6.6个百分点，通过加大脱贫投入，为推进脱贫攻坚提供了充裕的资金保障。二是区域协作携手共进，本年度湖北9个发达市向10个少数民族县市共援助资金10.7亿元，引导社会无偿捐助资金1205万元。三是定点帮扶持续加力，本年度17家中直帮扶单位直接投入帮扶资金2.69亿元，帮助引进项目80个、引进资金8.1亿元。四是社会帮扶热情高涨，湖北实施"千企帮千村"行动，截至2016年底，全省已有7963家企业参与精准扶贫，直接投资31.9亿元，帮助引进资金18.4亿元，转移贫困劳动力90836人。五是驻村工作队倾情帮扶，2016年，省、市、县三级共派出1.7万个扶贫工作队，9.4万名驻村干部，累计投入帮扶资金36.2亿元，帮助引进各类资金31.9亿元，实现建档立卡贫困村驻村帮扶全覆盖。

第四，锐意改革，勇于创新，形成了颇具影响的湖北脱贫攻坚特色品牌。主要包括在全国率先出台贫困县资金整合意见、在全国首创精准识别数据审计、创新社会扶贫平台。

第六节 本时期湖北农村扶贫开发成效

2011年以来，湖北省按照"国家纲要"和"国家决定"的相关要求，结合省情实际，制定了"湖北纲要""湖北规划"以及"湖北决定"。在湖北省委、省政府的坚强带领下，取得了突出的经济社会发展与扶贫开发成绩，朝着2020年全面建成"小康湖北"的奋斗目标稳步迈进。

一 农村扶贫开发区域划分与脱贫进度变化情况

前文中表7—2展现了在本时期初期，"国家纲要"和"湖北纲要"相继提出时，湖北省所列举的四大连片特困地区纳入扶贫攻坚战县市名单，但随着实际工作的变化，尤其是精准扶贫政策在全省范围内展开，现阶段湖北省共有国家扶贫开发工作重点县（市、区）一共25个，省定扶贫开发工作重点县（市、区）一共4个，这两个数据和重点县名单是没有变化的，但湖北省又结合扶贫开发与精准扶贫的大形势，增加了部分省级贫困县,将全省贫困县(市、区)的规模提高到37个。当然,这37个贫困县依然分布在湖北设定的四大连片特困地区,具体贫困县名单如表7—4所示。

表7—4　精准扶贫实施以来湖北省确定的贫困县(市、区)名单

分区	县市名称
大别山区:8个	孝感市2个:孝昌县、大悟县 黄冈市6个:团风县、红安县、罗田县、英山县、蕲春县、麻城市
武陵山区:13个	宜昌市5个:秭归县、长阳县、五峰县、远安县、兴山县 恩施州8个:恩施市、利川市、建始县、巴东县、宣恩县、咸丰县、来凤县、鹤峰县
秦巴山区:12个	十堰市8个:郧西县、竹山县、竹溪县、房县、丹江口市、张湾区、茅箭区、郧阳区 襄阳市3个:保康县、南漳县、谷城县 神农架林区1个:神农架林区
幕阜山区:4个	咸宁市3个:通山县、通城县、崇阳县 黄石市1个:阳新县

资料来源:2016年湖北省扶贫开发统计监测资料。

按照中央要求以及湖北省的规划,到2020年必须实现这37个贫困县全部脱贫"摘帽",其标准完全按照《湖北省贫困人口脱贫、贫困村出列、贫困县"摘帽"实施办法》执行。2017年初,湖北省委、省政府及省扶贫办委托所属7个片区减贫与发展研究院,对申请2017年脱贫的9个贫困县进行可行性评估调研,最后确定红安县、远安县、神农架林区3个县(林区)率先在湖北省实现脱贫"摘帽",[①] 剩余34个贫困县也会按合理的计划和进度安排在近两年内实现全部脱贫"摘帽"。其中,计划2017年实现对17个贫困县的"摘帽",2018年再实现最后17个贫困县的脱贫。

除了常规的扶贫开发项目,湖北省还有脱贫奔小康试点县(市)7

[①] 引自《湖北省2017年脱贫计划》,2017年5月31日,湖北省人民政府扶贫开发办公室(http://www.hbfp.gov.cn/xxgk/jggg/ndjg/33124.html)。

个,实施中央彩票公益金支持革命老区建设项目县(市、区)累计23个,如表7—5所示。通过这些扶贫项目的支持,受助的贫困县可以得到更多的扶贫资源,这对推动本县的脱贫"摘帽"工作提供了重要的帮助。

表7—5　湖北省参与其他扶贫项目建设的贫困县(市、区)名单

项目类型	贫困县(市、区)名单
脱贫奔小康试点县(市)名单(7个)	英山县、大悟县、鹤峰县、五峰县、保康县、丹江口市、通山县
实施中央彩票公益金支持革命老区建设项目县(市、区)(累计23个)	2012年实施的县:巴东县、房县、英山县 2013年实施的县:鹤峰县、郧西县、长阳县、保康县、团风县、孝昌县 2014年实施的县:郧阳区、竹溪县、秭归县、五峰县、大悟县、红安县、恩施市、咸丰县、来凤县、神农架林区(整村推进项目) 2015年实施的县:宣恩县、建始县、竹山县、罗田县

资料来源:2016年湖北省扶贫开发统计监测资料。

二　农村经济社会发展变化情况

农业是国民经济的基础产业,也是农民从事的最直接工作。农业的发展可以有效带动农村经济的发展,从而促进农村地区尤其是贫困地区农村居民的脱贫增收。如图7—6所示,湖北省粮食作物播种面积也跟全国形势一样,实现了多年的连续增长,从本时期开始的2011年到2015年,更是从4122.07千公顷涨到4466.03千公顷。在此基础上,本时期湖北省粮食作物播种面积也是实现了多年的连续增长,湖北省粮食在2011—2015年这一时期达到了"五连增",并且实现了2002年到2015年的全省粮食产量的"十三连增"。如图7—7所示,到2015年,湖北省粮食作物播种面积达到4466.03千公顷,粮食产量达到2703.28万吨。与此同时,湖北全省的农林牧渔业总产值也在本时期实现了连续性的稳定增长,如图7—8所示,截至2015年末,全省农林牧渔业总产值已达5728.56亿元。

三　农村扶贫开发财政资金投入情况

财政扶贫资金是助力扶贫的最重要资源。2011年"国家纲要"以及

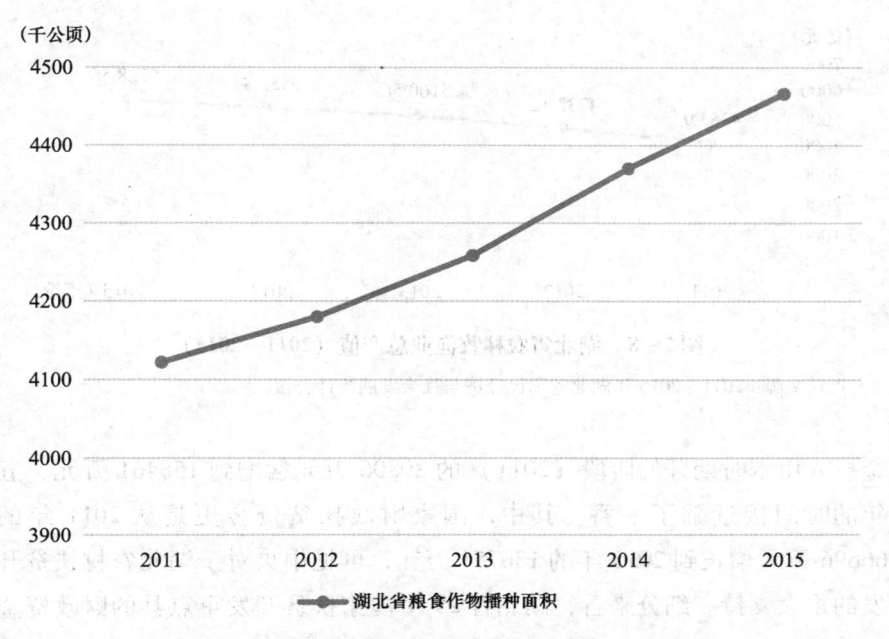

图7—6 湖北省粮食作物播种面积（2011—2015）

资料来源：2011—2015年湖北省国民经济与社会发展统计公报。

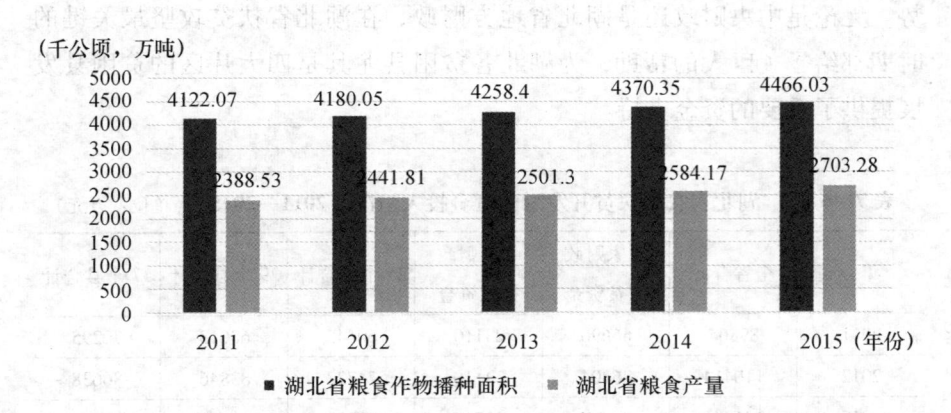

图7—7 湖北省粮食作物播种面积与粮食产量（2011—2015）

资料来源：2011—2015年湖北省国民经济与社会发展统计公报。

"湖北纲要"颁布以来，中央以及湖北省针对农村扶贫开发投入了大量的资金，尤其是2014年湖北省开始逐步实施精准扶贫政策以来，扶贫资金更是实现了大幅的增长。如表7—6所示，湖北全省农村扶贫开发财政资

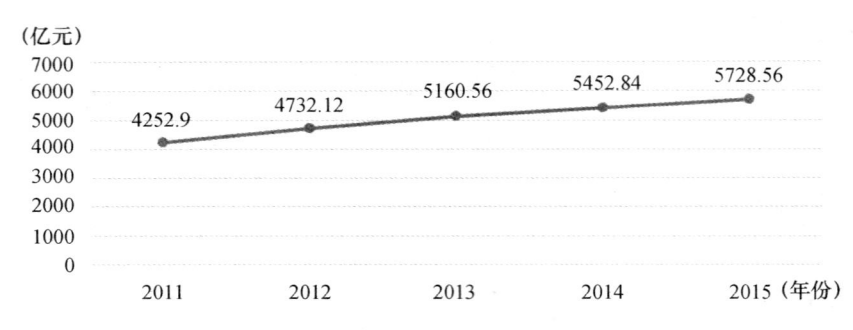

图7—8　湖北省农林牧渔业总产值（2011—2015）

资料来源：2011—2015年湖北省国民经济与社会发展统计公报。

金投入由本时期开始阶段（2011）的89806万元猛增到158461万元，五年的时间接近翻了一番。其中，国家财政扶贫资金更是从2011年的66696万元增长到2015年的130751万元，可见中央对于湖北农村扶贫开发的重大支持。细分来看，湖北省25个国家扶贫开发重点县的财政资金投入增长率也接近翻了一番，29个重点县（加4个省定重点县）和37个省定贫困县（25个国定县加11个省定县）的数据也基本符合这一增长趋势。无论是中央财政还是湖北省地方财政，在湖北省扶贫攻坚最关键的时期都给予了巨大的帮助，为湖北各贫困县尤其是四大片区的贫困县发展提供了重要的资金支持。

表7—6　湖北省农村扶贫开发财政资金投入情况（2011—2015）（单位：万元）

年份	全省合计	国家财政扶贫资金	省级财政扶贫资金	25个县合计	29个县合计	37个县合计
2011	89806	66696	23110	60145	68013	70295
2012	110414	86304	24110	74722	83846	86638
2013	131746	106036	25710	93872	107988	111906
2014	147132	120702	26710	99971	112556	118201
2015	158461	130751	22710	112502	127520	132899

资料来源：2012—2016年湖北省扶贫开发统计监测资料。

四　农村公路里程变化情况

加强贫困地区的交通建设是拉动当地经济发展的重要手段。"国家纲要""国家决定"对贫困地区基础设施建设尤其是交通建设提出了明确的要求,"湖北纲要"和"湖北决定"更是做出了细化的安排。如图7—9所示,2011—2015年,湖北省农村公路总里程由21.27万公里提升到25.3万公里。越来越发达的公路交通网将助力农村扶贫开发与精准扶贫工作。

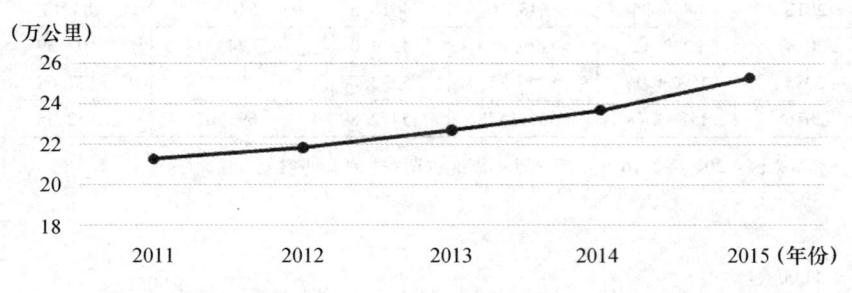

图7—9　湖北省农村公路里程变化情况（2011—2015）

资料来源：2011—2015年湖北省国民经济与社会发展统计公报。

五　农村家庭年收支变化情况

收入是衡量农村居民是否贫困的重要指标,也是贫困户是否能够脱贫的最主要参考值。进入扶贫开发新阶段以来,中央及湖北省对于农村经济社会发展与农村扶贫开发投入了大量的财政资金,实施了众多惠农兴农的政策,保证了农民收入实现稳定连续增长。同时,湖北省农村家庭人均生活消费支出在这一时期也实现了稳定小幅增长,恩格尔系数则出现了明显的下降趋势。如表7—7所示,湖北省农村家庭人均纯收入由2011年的6897.92元上涨到2016年的11343.48元,增长幅度达到64.44%。在消费方面,如图7—10所示,湖北省农村家庭人均生活消费支出从2011年的5010.74元增加到2014年的6944.52元,恩格尔系数则由2011年的39.0%下降到2014年的31.4%,显见湖北省农村居民不仅实现了收入的增长,还实现了生活质量的提升。

表7—7 湖北省农村家庭收入情况变化（2011—2016） （单位：元）

年份	全年纯收入	其中各分项收入			
		工资性收入	家庭经营纯收入	转移性收入	财产性收入
2011	6897.92	2703.05	3731.34	379.08	84.45
2012	7851.71	3189.84	4123.49	472.51	65.87
2013	8866.95	3648.20	4616.55	518.07	84.13
2014	9922.12	4120.28	4954.02	624.27	107.39
2015	10834.96	4600.31	5223.08	702.61	137.64
2016	11343.48	5025.17	5472.89	693.07	152.35

资料来源：2011—2016年国家统计局湖北省调查总队调查数据。

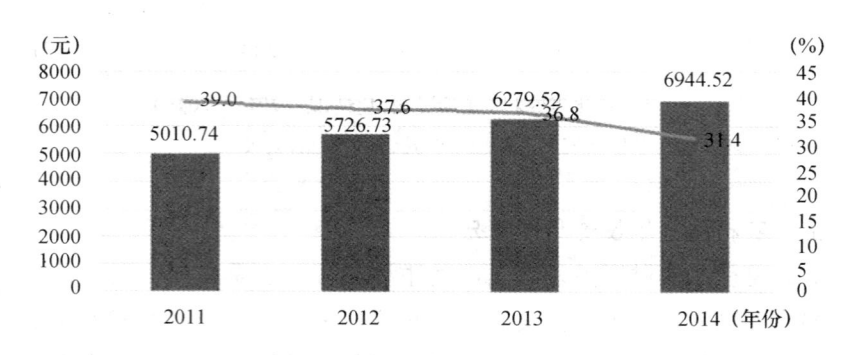

图7—10 湖北省农村家庭人均生活消费及恩格尔系数变化情况（2011—2014）

资料来源：2011—2014年湖北省国民经济与社会发展统计公报。

六　四大片区扶贫开发情况

"国家纲要"提出本时期农村扶贫开发的重点在连片特殊困难地区，"湖北纲要"和"湖北计划"则根据中央要求和省情实际，确定了大别山区、秦巴山区、武陵山区和幕阜山区四大片区，作为全省扶贫攻坚的重点区域，投入了大量的物力财力助推片区经济发展。如表7—8所示，以2014年为例，四大片区农村人均可支配收入、增长幅度都接近于全省平均水平，微幅落后于比照片区县；四大片区地方公共财政预算增长服务已高于全省平均水平；此外，四大片区也是湖北省贫困人口最多、最集中的地区,是湖北省整村推进、易地扶贫搬迁、"雨露计划"、项目贷款贴息、贫困村互助资金实施最多,占比最多的地区。可见,要实现湖北全省脱贫,最核心的决战地就是四大片区的37个贫困县。而从2014年的数据分析来看,四大片区无论是经济社会发展还是农村扶贫开发都表现出了良好的势头,片区脱贫指日可待。

表7—8　　2014年湖北省四大片区经济发展与扶贫开发情况

		全省	大别山	武陵山	秦巴山	幕阜山	比照片区县
农村人均可支配收入	2014年（元）	10849	8478.84	7217.46	6999.73	9159.68	11103
	增长幅度（元）	1157	863	836	718	1004	1233
	同比增长（%）	11.9	11.3	13.1	11.4	12.3	15.5
城镇居民可支配收入	2014年（元）	24852	20272	20114	19897	18683	24086
	增长幅度（元）	2184	2319	3409	5356	3489	3398
	同比增长（%）	9.6	12.92	20.4	36.8	23	16.4
地方公共财政预算收入	2014年（亿元）	2566.9	62.3923	66.6501	45.4181	27.176	66.86
	增长幅度（亿元）	375.7	10.1651	10.08	5.87	4.98	13.34
	同比增长（%）	17.14	19.46	17.8	16.1	22.4	24.9
地区生产总值	2014年（亿元）	4319.551	990.94	874.2411	622.35	474.99	1357.03
	增长幅度（亿元）	407.0011	88.51	83.9111	60.71	41.59	132.28
	同比增长（%）	9.42	9.81	10.6	10.8	9.6	10.8
固定资产投资总额	2014年（亿元）	4345.341	1264.9	725.8612	809.6	599.07	945.91
	增长幅度（亿元）	851.0712	299.99	133.1612	140.5	103.58	173.84
	同比增长（%）	19.59	31.09	22.47	21	20.9	22.52
社会消费品零售总额	2014年（亿元）	12449.27	447.33	328.19	310.46	227.12	497.15
	增长幅度（亿元）	1413.37	51.43	39.08	38	24.67	60.92
	同比增长（%）	12.8	12.99	13.52	13.95	12.19	13.97
总人口		—	550.5981	504.3613	326.3448	252.49	217.576
城镇人口		—	148.9245	85.5061	76.3012	59.3222	108.726
农村人口	2014年（万人）	4109.41	457.25	430.65	263.85	193.52	116.33
贫困人口		590	97.49	132.25	89.31	38.78	23.15
减贫人口		69.3	10.19	18.16	9.84	4.43	3.14
贫困发生率	2015年（%）	12.67	19.1	26.5	30.1	17.8	17.2

续表

		全省	大别山	武陵山	秦巴山	幕阜山	比照片区县
财政扶贫资金	2014年（万元）	134087.7	33159.73	52013	32575	9746	6594
	增长幅度（万元）	23570.81	491.73	10798	9957	460	1864.08
	同比增长（%）	17.58	1.48	20.76	30.57	4.72	6.219254
整村推进	数量（个）	406	89	152	78	44	43
	村平投入（万元）	223.77	293.77	183.77	348.56	123.95	96.02
扶贫小额信贷	信贷资金（万元）	23478.92	1460	2108.6	18882.8	827.52	0
	贴息资金（万元）	1229.336	83	132.05	940.36	73.926	0
扶贫搬迁	投入资金（万元）	12280.5	1750	6591.8	2777.8	366.9	794
	搬迁户数（户）	11323.2	1819	4952	2852.2	741	959
"雨露计划"	投入资金（万元）	3918.02	1419	1505.8	728.02	230	35.2
	培训人数（人）	31020	11270	11765	6046	1677	262
项目贷款贴息	贴息资金（万元）	7290.023	1306.69	2296.44	1353.413	967.88	1365.6
	贴息对象（家）	432	102	139	59	64	68
贫困村互助资金	资金规模（万元）	3840.56	862.78	1557.22	1255.56	165	0
	互助社数量（个）	386	199	92	84	11	0

资料来源：2015年湖北省扶贫开发统计监测资料。

七 农村贫困标准、人口规模与减贫情况

"国家决定"明确要求，到2020年，"在现行标准下实现贫困人口如期脱贫"，并且"解决区域性整体贫困"。而"湖北决定"更是明确指出，到2019年，实现全省590万建档立卡贫困人口（2013年底静态人口）全部脱贫销号、4821个贫困村全部脱贫出列、国家和省定扶贫开发工作重点县及享受片区政策的37个贫困县全部脱贫"摘帽"。为此，湖北省开展了大量的农村扶贫开发工作，涉及财政扶贫资金投入、产业扶贫发展、社会保障兜底、广泛动员全社会力量参与农村扶贫开发和精准扶贫、实施驻村帮扶与精准到户的帮扶等一系列措施，取得了较为丰硕的减贫成果。

如表7—9所示，自2011年按照2300元的国家贫困标准，初步确定了湖北省在新时期的589.15万建档立卡贫困人口以来，虽然历经2012年

增加到819.6万的变化，但最终在2014年以2736元的国家贫困标准再次建档立卡后，确定了590万的全省贫困人口规模。在2014年最终确定的590万贫困人口规模下，湖北省贫困发生率逐年降低，并按照每年两位数的减贫速率运行，分别在2015年和2016年实现了24.6%和27.44%的高速减贫，截至2016年，全省还剩余392.59万贫困人口，按照近三年的减贫速率测算，到2020年实现全省脱贫是科学可行的，也是必然能达到的。

表7—9　湖北省农村贫困标准、人口规模与减贫情况（2011—2016）

年份	国家贫困标准（元）	扶贫部门贫困人口数据		当年全省减贫速率*（%）	当年全省初始贫困发生率**（%）	备注
		贫困人口（万）	当年解决贫困人口（万）			
2011	2300	589.15	47.8	8.11	14.52	—
2012	—	819.6	50.9	6.21	20.04	建档立卡年份
2013	—	768.7	64.9	8.44	18.7	—
2014	2736	590	69.3	11.74	14.35	建档立卡年份
2015	2800	520.7	128.11	24.6	12.71	建档立卡年份
2016	2855	392.59	147	27.44	—	建档立卡年份

注：* 当年全省减贫速率=当年全省减贫人口数/当年全省初始贫困人口数。

** 当年全省初始贫困发生率=当年全省初始贫困人口数/当年全省乡村人口数。

资料来源：2016年湖北省扶贫开发统计监测资料、湖北省2017年脱贫计划。

本章小结

一　本时期扶贫工作的基本特征与经验总结

（一）基本特征

《中国农村扶贫开发纲要（2011—2020年）》与精准扶贫实施时期，一共持续10年，其中精准扶贫政策是在2013年后逐渐成为本时期扶贫开发工作的指导性方针。总体来看，本时期的扶贫开发工作的基本特征如下。

第一，将连片特困地区作为扶贫开发的重点领域。《中国农村扶贫开发纲要（2011—2020年）》明确指出集中连片特殊困难地区是扶贫攻坚的主战场,精准扶贫政策也明确指出要重点支持革命老区、民族地区、边疆地区、连片特困地区脱贫攻坚。过去三十多年的扶贫工作使得我国的贫困人口分布规律出现了重大变化,由于特殊的致贫原因,贫困人口相对集中在一些特殊地区。这些地区因为受到区域发展整体性滞后,水、电、路等基础设施建设落后,科、教、文、卫等公共服务能力缺失,再加之农村贫困群众自身发展能力差等诸多不利因素的影响,一般的经济增长已无法有效带动这些地区的发展,常规的扶贫开发手段也难以奏效。基于此,本时期无论是全国范围内还是湖北省,将连片特困地区作为扶贫开发的主战场是十分有必要的。湖北省针对省内四大片区存在的特殊困难和问题,分别制定扶持规划,因地制宜,以区域发展带动扶贫开发,以扶贫开发促进区域发展,组织动员各相关部门和社会各界合力攻坚,共同打赢脱贫攻坚战。

第二,着重精细化,有针对性进行以户为中心的扶贫工作。进入精准扶贫时期后,全国以及湖北省都调整为以贫困户为瞄准对象的精细化扶贫开发方略。因户施策、一户一策,相比于以往的"粗放型"扶贫方针,精准扶贫将工作重点缩小到每个独立的贫困户,根据每个不同贫困户的特征与致贫原因,制定有针对性的帮扶措施与脱贫方案,帮助其早日脱贫。仍处在现行贫困标准下的农村居民,大多都是受到一个或几个结构性问题的影响,导致其家庭陷入贫困。以经济增长的减贫效率正在不断降低,难以有效解决这类贫困户的长期稳定生计问题,而通过落实精准扶贫政策的"六个精准"方针,却可以克服以往扶贫开发工作中的弊端,让贫困户跳出"贫困陷阱"。

第三,将扶贫与基层治理相结合,系统性解决农村发展问题。当前,农村工作的唯一重点就是精准扶贫工作,而精准扶贫不仅是实现贫困地区与贫困群众的脱贫致富的重要路径,也是农村社会发展问题的解决"良方"。精准扶贫的一项核心举措就是选派具有高政治素养的各级机关优秀年轻干部、后备干部,国有企业、事业单位的优秀人员到贫困村担任第一书记,进行驻村帮扶工作。第一书记的到来,盘活了农村基层党建,激发了基层治理的动力。驻村第一书记利用所在单位的资源,有效帮助驻点贫困村和结对贫困户实现了基础设施的优化与发展,家庭及人均可支配收入的稳步提高,有效解决了村级与户级的贫困问题;同时,提高以扶贫工作为中心的党建活动，重新团结了村党支部及村委会"两委班子"，提升了基层党组织在群众中的威信，规范了化解基层矛盾的手段与措施，实现了扶贫与基层治理成绩的"双丰收"，系统性解决了当前全国以及湖北农村在发展过程中遇到的核心问题。

（二）经验总结

本时期的扶贫工作经验总结起来，可以归纳为三点：坚持党的领导、动员全党与全社会力量参与扶贫攻坚、因地制宜与因户施策的工作理念。

第一，党的领导是扶贫攻坚工作的"制胜法宝"。无论是在革命岁月还是国家建设时期，党的领导永远是我们做好任何工作的前提与保障。习近平总书记所做的党的十九大报告明确指出，"让贫困人口和贫困地区同全国一道进入全面小康社会是我们党的庄严承诺"[1]。为了完成好这项光荣的承诺，我们党在21世纪的第二个十年进行了全面的布局和缜密且高效的工作，从《中国农村扶贫开发纲要（2011—2020年）》到精准扶贫政策，无不体现着中国共产党人对中国扶贫开发工作的决心与意志，而要贯彻好这些政策，一切工作的核心要素还是"坚持党的领导"。中国共产党是我国的执政党，担负着中华民族伟大复兴的历史重任，消除贫困就是其当前工作的一个重要任务。只有坚持党的领导，实行中央统筹省级负责市县抓落实的工作机制，强化党政一把手领导干部的责任意识，全党上下一心，才能将扶贫工作做好做扎实做到贫困群众的"心坎里"。

第二，动员全党与全社会力量打赢脱贫攻坚的"人民战争"。党的十九大报告明确要求"动员全党全国全社会力量"来做好精准扶贫与精准脱贫工作，而这一方针也与《中国农村扶贫开发纲要（2011—2020年）》和精准扶贫政策的思路一致。发动广大国家机关与党员干部参与到农村扶贫开发工作中来，建立驻村第一书记与驻村工作队的帮扶制度，积极引导国有企事业单位及民营企业等全社会力量投入到扶贫工作中来，打一场脱贫攻坚的"人民战争"，不仅有效贯彻了"先富帮后富"的改革开放总体设计，更拉近了全党全社会与贫困群众的感情，对营造和谐健康

---

[1] 《习近平：决胜全面建成小康社会　夺取新时代中国特色社会主义伟大胜利——在中国共产党第十九次全国代表大会上的报告》，2017年10月，新华网（http://news.xinhuanet.com/politics/19cpcnc/2017-10/27/c_1121867529.htm）。

的社会氛围奠定了良好的基础。

第三，因地制宜与因户施策是扶贫开发的开创性发展理念。精准扶贫是以习近平总书记为核心的党中央基于我国的基本国情与农村贫困发展实际所提出的科学扶贫观念。当前，我国面临着贫困问题与深度依然严重的问题，结构性贫困难以通过传统的开发式扶贫简单解决，急需一种全新的扶贫指导方针，精准扶贫由此应运而生。精准扶贫政策所主张的因地制宜与因户施策的理念源自"六个精准"的工作原则，这两大工作理念可以克服以往开发式扶贫中存在的忽略个体与微观因素的问题，从细部与具体出发，根据贫困户的具体致贫原因提出有针对性的结对帮扶与脱贫措施。实事求是原则是毛泽东思想的精髓，也是我们党的重要思想路线，因地制宜与因户施策理念就是基于实事求是原则，并根据农村扶贫攻坚的实际所提出的重要扶贫开发方针，是我国农村扶贫开发工作的开创性发展理念，必将成为习近平中国特色社会主义新时代思想的重要组成部分。

二 不足与展望

（一）工作中的不足

《中国农村扶贫开发纲要（2011—2020年）》与精准扶贫实施时期，是我国农村扶贫开发工作最关键的时期，也是具有历史跨越意义的时期。因为到2020年，我国计划完成在现行标准下的贫困人口全部脱贫、贫困村全部出列、贫困县全部"摘帽"的伟大壮举，湖北省作为中部地区的重要省份，也同样是这个大目标中的一分子。为了完成这个壮举，全国上下、全省上下投入大量的人力、物力，力争给世界给全国人民交出一份满意的答卷。

本时期的扶贫开发工作开展以来，全国及湖北省取得了较好的减贫成效，众多贫困地区及贫困群众摆脱了贫困，但在具体工作开展中，全国及湖北省的部分县市仍存在贫困识别不精准、贫困退出程序不规范、群众对脱贫现实不认可、驻村帮扶满意度不高等问题。出现这些问题的根源还是扶贫开发与精准扶贫工作开展得不细致、不到位，没有好好落实"六个精准"的指导方针，平时工作中存在明显的漏洞与偏差，亟须整改与提升。

（二）扶贫工作展望

虽然本时期的扶贫开发工作还存在一些短板和问题，但成果面还是大于问题面，并且问题也总会得到良好的解决与处理，最终将扶贫攻坚的航船驶向最正确的航道。

从湖北省的实践来看，2016 年，湖北省实现 147 万贫困人口脱贫，1601 个贫困村出列，圆满完成年度减贫任务。全省易地扶贫搬迁 12.04 万户，32.84 万人，分别超出省下达年度计划任务的 43%、24%。[①] 目前，湖北省仍有在档贫困人口 245.59 万人，按照近三年年均减贫 110 多万的速度，湖北将会稳步实现全省 590 万贫困人口到 2020 年全部脱贫的核心任务与目标。

在 2017 年 10 月 18 日召开的中国共产党第十九次全国代表大会（党的十九大）上，习近平总书记再次把扶贫提高到新的战略高度，并对扶贫攻坚提出了新思想、新目标和新征程。党的十九大报告指出，从现在到 2020 年，中国进入全面建成小康社会的决胜期。做好全国在现行标准下农村贫困人口全部脱贫，是我们党做出的庄严承诺，更是必须完成的硬任务，绝无退路；同时还要让全国人民乃至世界人民普遍认可并经得起历史的检验。这就是党的十九大报告中对于扶贫脱贫提出的新任务、新要求。只要坚持党的领导，团结在以习近平同志为核心的党中央周围，在习近平新时代中国特色社会主义思想的指导下，认真贯彻与执行党的十九大报告中对于"精准扶贫、精准脱贫"的总体安排，以及提出的新思想、新要求、新策略和新方法，我们党就必定能打赢脱贫的攻坚战。

---

① 《2016 年度湖北脱贫攻坚发展报告》，湖北省人民政府网（http：//www.hubei.gov.cn/zwgk/zcsd/201703/t20170310_963821.shtml）。

第八章

湖北扶贫开发历程的梳理与主要经验

第一节 湖北扶贫开发40年历程梳理与经验总结

一 扶贫开发历程梳理

改革开放40年以来,湖北省沿着国家的步伐,有条不紊地推进农村扶贫开发工作,总结起来分别是:

第一,在农村经济体制改革推动扶贫阶段(1978—1985),湖北省扶贫工作的开展始终遵循以国家救灾工作方针为指导,并将其作为扶贫工作的基本方针,以解决贫困人口温饱问题作为首要目标;同时,以农业增产、农民增收为中心,大力推进农业经营体制改革,逐渐废除人民公社制度,释放农村经济增长潜力,以经济增长推动广大贫困人口和贫困地区摆脱落后面貌。

第二,在大规模农村扶贫开发阶段(1986—1993),湖北省有组织、有计划地进行开发式扶贫,于1986年成立了湖北省人民政府贫困地区经济开发办公室(湖北省扶贫办前身),通过这个专门性政府单位进行有组织的农村扶贫开发工作;同时,安排专项扶贫资金,制定有利于贫困地区和贫困人口的优惠政策,确定了开发式扶贫方针;开始实行县级瞄准机制,确定了国定贫困县标准,重点关注"老革命根据地"和"民族地区",组织劳务输出,推进开发式移民,改善贫困地区的基础设施,同时还制定了"对口帮扶"和"定点扶贫"等政策,旨在发动全社会力量缓解农村绝对贫困。自此,我国及湖北省开始了有计划、有组织、大规模的开发式扶贫工作,国家及湖北省的扶贫战略也由"救济式"转变为

"开发式"。

第三，在"八七扶贫攻坚计划"实施阶段（1993—2000），湖北省根据国家第一个有明确目标、明确对象、明确措施、明确期限的反贫困纲领性文件——《国家八七扶贫攻坚计划（1993—2000年）》的要求，提出了一整套综合性农村扶贫措施，以人力资源开发为突破口，将经济社会发展与扶贫开发相结合，并落实中央要求的由省长对本省管辖的区、市负总责的强制性机制（即"省长负责制"），有针对性地进行扶贫，确定以恩施州为重点，将该州下辖的县全部列入国家级贫困县，得到中央及地方多级政府的大力支持，并作为经验模式在全国范围内进行推广，以尽量消减贫困人口数量为目标，大步迈向新千年。

第四，在《中国农村扶贫开发纲要（2001—2010年）》实施阶段，湖北省采取"自上而下"和"自下而上"相结合的模式开展农村扶贫工作，在扶贫政策从制定到执行的过程，政府和扶贫系统采取"自上而下"的模式推行，在"整村推进"工作当中借鉴国外机构的参与式工作经验，采取"自下而上"的方式制定村级规划，让农村的发展真正由农村来决定，提高整体政策实施过程的满意度。同时，调动一切可利用的力量，运用国际扶贫资金、国家与省级的以工代赈资金、财政扶贫发展资金、少数民族发展资金、扶贫贴息贷款等各方面资金助力农村扶贫开发，并在推进扶贫开发工作当中，为解决因缺乏劳动能力的农民提供了救济性扶贫，为大部分农民提供社会医疗保障，减少农民因病因残因缺乏劳动力而陷入贫困的风险。

第五，在《中国农村扶贫开发纲要（2011—2020年）》与精准扶贫实施阶段，湖北省贯彻中央指标方针，将连片特困地区作为扶贫开发的重点领域，针对省内四大片区存在的特殊困难和问题，分别制定扶持规划，因地制宜，以区域发展带动扶贫开发，以扶贫开发促进区域发展，组织动员各相关部门和社会各界合力攻坚，共同打赢脱贫攻坚战。同时，着重精细化，有针对性地进行以户为中心的扶贫工作，精准扶贫将工作重点缩小到每个独立的贫困户，根据每个不同贫困户的特征与致贫原因，制定有针对性的帮扶措施与脱贫方案，实现"各个击破"，帮助建档立卡贫困户在2020年实现脱贫奔小康的发展目标。

二 扶贫开发经验总结

第一,始终坚持党的领导,坚持实事求是原则,将扶贫开发指导思想不断进行革新与深化。不论是改革开放还是农村扶贫开发,都是在中国共产党的领导下进行的,40年来湖北省的农村扶贫开发工作都是在坚持党中央的政策方针,在湖北省委的坚强领导下进行的。同时,随着经济社会发展的不断变化,农村贫困的样态、分布与特征也会发生改变,因此必须坚持实事求是的原则,将扶贫开发的指导思想进行革新与深化,从最开始的通过经济体制改革到大规模扶贫,从八七扶贫攻坚到两个农村扶贫开发纲要,再到精准扶贫,都体现了扶贫指导思想由抓全局到抓重点,由抓重点走向抓具体的变化。这一切无不体现了我们党实事求是的工作作风,体现了党对于扶贫开发思想的灵活掌握与凝练升华。

第二,以"项目制"为基础,有组织、有计划地推动扶贫开发。改革开放初期,无论是全国还是湖北省都以推动全社会的经济发展为主,没有设立专门的扶贫组织与模式,直到1986年国家及湖北省都相继成立了专门性扶贫政府部门,才开始推动有计划的扶贫开发,并实行以"项目制"为基础的扶贫开发方式,比如以工代赈、发放并使用扶贫专项财政资金、发展产业带动扶贫、发展教育带动扶贫到当代的生态补偿扶贫、易地扶贫搬迁等,都是通过"项目制"的形式推动下去,这也是中国扶贫的重要模式与经验。

第三,以精准度与精细化为目标,始终重视贫困"瞄准"问题。农村扶贫开发的首要问题是找到真正需要帮扶的对象,如果出现贫困瞄准的失误,不仅会损失国家与各级政府的资源,更会阻碍扶贫开发工作的顺利开展。因此,改革开放40年来,湖北省的扶贫开发工作始终将贫困"瞄准"问题作为扶贫开发的基础性首要任务进行重点处理,在各阶段都出台了贫困户识别的精细化政策措施,力保贫困识别的精准度,确保是在"扶真贫"。

第四,监督机制不断完善,第三方评估保驾护航。改革开放40年来,湖北省扶贫开发工作能够取得一定的成绩,其重要的保障措施就是拥有一套完善的监督机制。在各个农村扶贫开发的历史时期,湖北省都有强有力的监督保障机制,确保每项扶贫开发项目都落到实处,保证扶贫开发资金的使用受到严格的监督。特别是进入精准扶贫时期以来，湖北省落实中央的有关要求，引入第三方机构对全省相关市州和贫困县党政领导班子和领导干部实行精准扶贫工作成效的评估工作，并实行打分排名考核机制，督促农村扶贫开发得到基层领导干部的重视，保证扶贫开发任务得到有效的落实。

第五，坚持发展的观点，以"扶智"和"扶志"为要旨，阻断贫困代际转移。40年来，湖北省的农村扶贫开发工作始终在党中央、国务院的领导下稳步有序推行，坚持用发展的观点看待现存的贫困问题，根据社会发展的需要提升扶贫标准（贫困线）与帮扶的方式，始终用开发式扶贫的思路助推贫困地区与贫困人口彻底摆脱致贫痼疾，从"扶智"和"扶志"入手，给予贫困地区与贫困户以发展的希望和斗志，旨在彻底"拔穷根"，切断贫困的代际转移。

第六，精准扶贫以来的扶贫机制改革方面取得了显著成果。湖北省严格贯彻和落实习近平总书记关于扶贫机制改革工作的各项指示和要求，通过扶贫机制改革取得了显著的成果。一方面，严格贯彻驻村工作队和干部帮扶制度，各级党政机关、党员干部通过与贫困村、贫困户"结对子"的帮扶方式，带动了该村和农户的经济发展动力，落实了精准帮扶的理论意涵，取得了良好的帮扶效果；另一方面，严格落实连片特困地区市州和贫困县领导在2020年前不能调任的要求，在2018年初，省级人大、政协、政府换届后，部分担任省级人大、政协、政府领导职务的地市领导，以及部分担任市州领导职务的贫困县领导，只是兼任了更高层级的党政职务，却没有卸任肩上的连片特困地区市州和贫困县领导职务，坚持践行"不脱贫、不调动"的政治要求，也充分体现了湖北省委、省政府实事求是抓扶贫，坚决与党中央、习近平总书记保持一致的高度政治觉悟。

第二节 湖北农村扶贫开发的问题与不足

改革开放40年以来，湖北省农村扶贫开发工作取得了较大成就，也积累了丰硕的经验，这对今后的工作能够提供有益的指导。但是，不可否认的是，40年来扶贫开发工作也存在一定的问题与不足之处，部分问题在后面的周期中可能得到了解决，但有些问题总结起来并反映到当代，主要体现在如下四个方面：

第一，缺乏农村扶贫开发的长效机制。虽然不同历史时期，湖北省都按照国家的指导方针，根据本省的实际情况，实施以开发式扶贫为主的工作，但总体来说还是缺乏对于农村扶贫开发的长效机制，如何真正地拔除穷根，如何应对全面小康后的新生贫困现象，目前还没有相关的整体性措施出台。因此，全面进入小康社会后的扶贫工作不能放松，必须有长效机制，保证相对贫困人口在任何时期都受到党和政府的照顾。

第二，开发式扶贫与社会兜底没有明确区隔对待。虽然精准扶贫政策实行后，社会保障兜底人群的"瞄准度"得到了有效保证，但是在具体帮扶过程中还是没有明显区隔对待可进行开发式扶贫的贫困户与已无法进行开发式扶贫的社会保障兜底贫困户，两类人群"混合帮扶"，让帮扶侧重点失焦，错失了提升帮扶质量的机会。扶贫开发的最终取向还是开发，因此，对于已经毫无可能性进行开发式扶贫的社会保障兜底贫困户要以资金支持与精神慰藉为主，而对于还可进行开发式扶贫的扶贫户要通过"扶智"和"扶志"入手，帮助其修复生计能力，获取自力更生的希望，达到真正"扶起来"的效果。

第三，扶贫成效考核指标有待进一步完善。虽然湖北省于2016年正式启动了全省相关市州与贫困县党政领导班子和领导干部精准扶贫工作绩效考核工作，但在考核指标设计方面仍有需要改进的空间，比如考察扶贫资金使用情况，过于注重使用完成率，忽视了资金规模和资金使用效率；考察帮扶措施过程中，部分指标主要考察表象帮扶内容，忽视了对实际帮扶效果的重点关注等。因此，要做好农村扶贫开发工作的监督考核工作，促使其提升扶贫开发工作质量，首先要基于更科学更实际的角度完善扶贫成效考核指标。

第四，脱贫长效机制经受挑战。一方面，虽然湖北省存在四个连片特困山区，但整体地形分布仍以平原和丘陵为主，地形地理因素不是本省致贫的主要原因，因病和因残致贫才是湖北省贫困人口致贫原因的主要构成，这类家庭即使能在现阶段脱贫，也极易在短期内返贫，如何构建起因病、因残致贫家庭的长效脱贫机制是湖北今后扶贫开发必须面临的严峻挑战；另一方面，对于依靠产业脱贫的贫困户来说，由于市场的不确定性与农产品价格的周期性，产业发展能否使贫困农户稳定增收，也是对脱贫长效机制的重大考验。

第三节　湖北全面步入小康社会的评估与展望

如前文所述，通过改革开放 40 年来全省扶贫开发工作的不懈努力，截至 2016 年底，湖北省尚有不到 400 万的贫困人口存量，按照目前全省稳定的每年减贫 100 万以上的速度，绝对能够在 2020 年实现在现行贫困标准下，全省建档立卡贫困人口全部脱贫，与全国人民一道走向全面小康社会。

同时，也应该注意到，在辉煌成就的背后，湖北省的农村扶贫开发工作还存在一些问题与不足，在全面建成小康社会的过程中，以及建成小康社会之后，如何应对新生贫困现象，如何应对返贫现象，都是需要长效解决机制来应对的。因此，农村扶贫开发是一项长期且艰巨的任务，在科学理论的指导下，精细化地应对贫困问题，永远站在发展的角度看问题，用开发式扶贫的方式彻底破除贫困地区的致贫要素，彻底隔断贫困家庭的代际传递，将全社会都包容在中国特色社会主义新时代的阳光之下。

习近平总书记在党的十九大报告中提出，中国共产党领导下的中国，其未来目标不仅仅是实现 2020 年全面小康，达成"第一个百年奋斗目标"，更是要在更长远的历史时期内实现在 2035 年建成社会主义现代化国家，到 21 世纪中叶建成社会主义现代化强国，达成"第二个百年奋斗目标"，完成中华民族的伟大复兴。目前，全国与全省都处在伟大复兴的关键历史时刻，农村扶贫开发就是完成这一伟大壮举的重要基石，让最贫困的人民富裕起来，享受国家改革发展的成果，是我们党执政兴国的重要追求，是落实"为人民服务"宗旨的忠诚标志。

如果扶贫开发这个基石打得不牢，未来的发展之路必然横生枝节。湖北省的扶贫开发做不好，全国扶贫开发也必然受到冲击。改革开放 40 年来，湖北省的扶贫开发工作始终紧跟中央步伐，坚持以人民为根本，在实践中不断改革与发展，为全省迈向全面小康做出了最重要的贡献。

因此，总结改革开放40年来的湖北农村扶贫开发工作十分重要。

全国及湖北省的大面积连片贫困问题是必然会得到解决的，这是40年来艰苦工作的必然成果。而面对未来出现的新生贫困现象，我们也必须认真对待，科学处置，确保"不落一人"地全面进入小康。不忘初心，继续前进，打好扶贫攻坚战，中国及湖北的农村扶贫开发永远在路上。

参考文献

《当代中国的湖北》编辑委员会：《当代中国的湖北》（下），当代中国出版社、香港祖国出版社 2009 年版。

《省委省政府在鄂西少数民族地区扶贫现场办公会上蒋祝平同志的讲话》，《湖北日报》2001 年 10 月 22 日。

《中共中央、国务院关于做好 2001 年农业和农村工作的意见》，《湖北日报》2001 年 2 月 13 日第 3 版。

《中国农村扶贫开发纲要（2001—2010 年）》，《人民日报》2001 年 9 月 20 日。

[英] 阿尔柯克：《认识贫困》，麦克米伦出版社 1993 年版。

[印度] 阿玛蒂亚·森：《贫穷和饥荒——论权利与剥夺》，王宇等译，商务印书馆 2001 年版。

[印度] 阿玛蒂亚·森：《以自由看待发展》，任赜、于真译，中国人民大学出版社 2002 年版。

[英] 安东尼·B. 阿特金森、约瑟夫·E. 斯蒂格里茨：《公共经济学》，中译本，上海三联书店、上海人民出版社 1994 年版。

[美] 芭芭拉·埃伦赖克：《五分一毛：聚焦美国福利改革之弊》，石建海译，中信出版社 2008 年版。

[英] 庇古：《福利经济学》，金镝译，华夏出版社 2007 年版。

陈柏槐：《湖北农业改革开放三十年：跨越世纪的变革与辉煌》，湖北人民出版社 2008 年版。

陈庆云：《公共政策分析》，北京大学出版社 2006 年版。

陈守林、张庆峰、郑志昌：《新中国农业大事纪略》，吉林人民出版社 1989 年版。

陈振明：《公共政策学——政策分析的理论、方法和技术》，中国人民大学出版社2004年版。

陈振明：《政策科学——公共政策分析导论》，中国人民大学出版社2003年版。

［美］道格拉斯·诺思、罗伯斯·托马斯：《西方世界的兴起》，厉以平等译，华夏出版社1999年版。

樊怀玉等：《贫困论——贫困与反贫困的理论与实践》，民族出版社2002年版。

范小建：《中国特色社会主义扶贫开发的基本经验》，《人民日报》2007年12月6日。

关信平：《中国城市贫困问题研究》，湖南人民出版社1999年版。

国家计委市场与价格调控司、洪明军：《1994年物价形势回顾及1995年走势期望》，《湖北日报》北京特约专稿，1995年2月9日。

国家计委政策研究室：《七五计划注释200题》，经济日报出版社1986年版。

国家统计局农村社会经济调查总队：《2004年中国农村贫困监测报告》，中国统计出版社2004年版。

国务院贫困地区经济开发领导小组办公室：《中国贫困地区经济开发概要》，中国农业出版社1989年版。

姜平、良夏：《湖北老区贫困地区发展基金会成立，关广富等出席会议并讲话》，《湖北日报》1994年6月。

［美］卡尔·帕顿、大卫·萨维奇：《政策分析和规划的初步方法》，孙兰芝、胡启生等译，华夏出版社2002年版。

雷长林、李富义：《中国农村发展史：1949—2008》，浙江人民出版社2008年版。

冷溶、汪作玲：《邓小平年谱：1975—1997》，中央文献出版社2004年版。

刘坚：《新阶段扶贫开发的探索与实践》，中国财政经济出版社2005年版。

刘坚：《中国农村减贫研究》，中国财政经济出版社2009年版。

［美］马丁·瑞沃林：《贫困的比较》，赵俊超译，北京大学出版社2005年版。

［美］迈克尔·P. 托达罗、斯蒂芬·C. 史密斯：《发展经济学》（第9

版),机械工业出版社2009年版。

[美]尼古拉斯·亨利:《公共行政与公共事务》(第7版),张昕等译,中国人民大学出版社2002年版。

农业部农村经济研究中心当代农业史研究室:《中国农业大波折的教训》,中国农业出版社1996年版。

彭干梓、吴金明:《中华人民共和国农业发展史》,湖南人民出版社1998年版。

[美]普兰纳布·巴德汉、克里斯托弗·尤迪:《发展微观经济学》,陶然等译,北京大学出版社2005年版。

秦庆武:《中国农村组织与制度的变迁:农村新型合作经济发展探索》,中国城市出版社2001年版。

石山主编、湖北省档案馆编:《湖北改革开放30年大事记(1978—2008)》,湖北人民出版社2010年版。

世界银行:《1990年世界银行发展报告》,中国财政经济出版社1990年版。

世界银行:《2000/2001年世界发展报告》,中国财政经济出版社2001年版。

[美]斯图亚特·S. 那格尔:《政策研究:整合与评估》,刘守恒等译,吉林人民出版社1994年版。

谭世斌:《现代贫困学导论》,湖北人民出版社2012年版。

唐晓光:《中国贫困与反贫困理论》,广西人民出版社1995年版。

田则林:《改革大潮中的湖北农村》,湖北人民出版社1989年版。

[美]威廉·N. 邓恩:《公共政策分析导论》,谢明等译,中国人民大学出版社2011年版。

吴海涛、丁士军:《贫困动态性:理论与实证》,武汉大学出版社2013年版。

夏贤格:《农民增收事关全局》,《湖北日报》2001年1月5日。

杨朝中:《扶贫开发:战略与政策》,湖北人民出版社2012年版。

杨生宝、王学江:《西吉扶贫开发工作研究》,中国农业出版社2005年版。

杨晓光、赵春媛:《万事万物话由来》,中国城市出版社2010年版。

于光远:《于光远经济论著全集》(第16卷),知识产权出版社2015

年版。

贠杰、杨诚虎：《公共政策评估：理论与方法》，中国社会科学出版社 2006 年版。

［美］詹姆斯·M. 布坎南、戈登·图洛克：《同意的计算》，陈光金译，上海人民出版社 2014 年版。

张百新、王增海、杜晓明：《"三西"扶贫记》，新华出版社 2012 年版。

张国庆：《现代公共政策导论》，北京大学出版社 1997 年版。

张洁：《"合作医疗不是加重农民负担"——全国人大代表、省卫生厅副厅长孙昌松一席谈》，《湖北日报》1999 年 3 月 15 日。

张磊：《中国扶贫开发历程 1949—2005 年》，中国财政经济出版社 2007 年版。

张磊：《中国扶贫开发政策演变（1949—2005 年）》，中国财政经济出版社 2007 年版。

张维迎：《博弈论与信息经济学》，上海人民出版社 2004 年版。

赵俊臣：《中国扶贫攻坚的理论与实践》，云南科学技术出版社 1997 年版。

赵曦：《中国西部农村反贫困战略研究》，人民出版社 2000 年版。

郑方辉：《中国地方政府整体绩效评估——理论方法与"广东实验"》，中国经济出版社 2008 年版。

郑志龙、丁辉侠：《政府扶贫开发绩效评估研究》，中国社会科学出版社 2012 年版。

中国政协文史馆：《文史资料选辑》（第 164 辑），中国文史出版社 2014 年版。

中华人民共和国国家统计局：《中国统计年鉴 2001》，中国统计出版社 2001 年版。

朱玲、蒋中一：《以工代赈与缓解贫困》，格致出版社 2014 年版。

祝金水：《建国 60 年湖北农业实现跨越式发展》，载湖北发展论坛编委会《湖北发展论坛·2009 年》第 3 卷，人民日报出版社 2009 年版。

《中国农村贫困标准》课题组：《中国农村贫困标准研究》，《统计研究》1990 年第 6 期。

包国宪、曹西安：《我国地方政府绩效评价的回顾与模式分析》，《兰州大学学报》（社会科学版）2007 年第 1 期。

包国宪：《绩效评价：推动地方政府职能转变的科学工具——甘肃省政府绩效评价活动的实践与理论思考》，《中国行政管理》2005年第7期。

陈端计、詹向阳、何志远：《新中国56年来反贫困的回顾与反思》，《青海社会科学》2006年第1期。

陈飞、卢建词：《收入增长与分配结构扭曲的农村减贫效应研究》，《经济研究》2014年第2期。

陈全功、程蹊：《空间贫困及其政策含义》，《贵州社会科学》2010年第8期。

陈绍华、王燕：《中国经济的增长和贫困的减少——1990—1999年趋势研究》，《财经研究》2001年第9期。

陈志、丁士军、吴海涛：《帮扶主体、帮扶措施与帮扶效果研究——基于华中L县精准扶贫实绩核查数据的实证分析》，《财政研究》2017年第10期。

程样国、李志：《刍议第三方政策评估对我国的启示》，《行政与法》2006年第3期。

邓维杰：《贫困村分类与针对性扶贫开发》，《农村经济》2013年第5期。

丁士军、张银银、马志雄：《被征地农户生计能力变化研究——基于可持续生计框架的改进》，《农业经济问题》2016年第6期。

高兴武：《公共政策评估：体系与过程》，《中国行政管理》2008年第2期。

葛志军、邢成举：《精准扶贫：内涵、实践困境及其原因阐释——基于宁夏银川两个村庄的调查》，《贵州社会科学》2015年第5期。

龚建文：《从家庭联产承包责任制到新农村建设——中国农村改革30年回顾与展望》，《江西社会科学》2008年第5期。

郭宏宝、仇伟杰：《财政投资对农村脱贫效应的边际递减趋势及对策》，《当代经济科学》2005年第5期。

郭圣福：《贫下中农协会述论》，《中共党史研究》2005年第6期。

国家统计局《中国城镇居民贫困问题研究》课题组：《中国城镇居民贫困问题研究》，《统计研究》1991年第6期。

何贵生、洪绍华、聂光富、叶泽林：《"八五"期间湖北省贫困山区农业综合开发的几点思考》，《农业区划》1993年第1期。

贺吉元:《"贫下中农协会"组织的来龙去脉》,《党史博采》2011年第12期。

胡联、孙永生、王娜、倪国华:《贫困的形成机理:一个分析框架的探讨》,《经济问题探索》2012年第2期。

胡善平、杭琍:《中国特色社会主义精准扶贫绩效考核指标体系构建研究》,《牡丹江师范学院学报》(哲学社会科学版)2017年第2期。

胡善平:《精准扶贫绩效考核指标体系构建研究》,《沈阳农业大学学报》(社会科学版)2016年第5期。

黄承伟:《中国扶贫开发道路研究:评述与展望》,《中国农业大学学报》(社会科学版)2016年第5期。

黄祖辉、傅琳琳、李海涛:《我国农业供给侧结构调整:历史回顾、问题实质与改革重点》,《南京农业大学学报》(社会科学版)2016年第6期。

霍增辉、吴海涛:《贫困脆弱性研究综述:评估方法与决定因素》,《农村经济与科技》2015年第11期。

江能:《博弈论理论体系及其应用发展述评》,《商业时代》2011年第2期。

揭子平、丁士军:《农户多维贫困测度及反贫困对策研究——基于湖北省恩施市的农户调研数据》,《农村经济》2016年第4期。

孔德斌:《精准扶贫对贫困村公共产品供给影响的实证研究——基于H省Z村的驻村扶贫工作实践》,《山西经济管理干部学院学报》2015年第2期。

李斌、李小云、左停:《农村发展中的生计途径研究与实践》,《农业技术经济》2004年第4期。

李炳坤:《扎实稳步推进社会主义新农村建设》,《中国农村经济》2005年第11期。

李博、左停:《精准扶贫视角下农村产业化扶贫政策执行逻辑的探讨——以Y村大棚蔬菜产业扶贫为例》,《西南大学学报》(社会科学版)2016年第4期。

李春根、王雯:《基于五大发展理念的新时期扶贫工作探讨》,《财贸经济》2016年第10期。

李德国、蔡晶晶：《西方政策评估：范式演进和指标构建》，《科技管理研究》2006年第8期。

李鹤、张平宇、程叶青：《脆弱性的概念及其评价方法》，《地理科学进展》2008年第2期。

李君如：《论"全面建设小康社会"》，《中国社会科学》2003年第1期。

李绍光：《社会保障税与社会保障制度优化》，《经济研究》2004年第8期。

李石新、奉湘梅、郭丹：《经济增长的贫困变动效应：文献综述》，《当代经济研究》2008年第2期。

李小云、唐丽霞、张雪梅：《我国财政扶贫资金投入机制分析》，《农业经济问题》2007年第10期。

李正跃、李国治、方文：《我国农村精准扶贫实践与创新》，《改革与开放》2017年第15期。

林乘东：《中国扶贫战略的演变与反思》，《中央民族大学学报》（哲学社会科学版）1998年第5期。

刘存信：《中国贫困监测系统研究》，《调研世界》1995年第2期。

刘建生、惠梦倩：《精准扶贫第三方评估：理论溯源与双SMART框架》，《南昌大学学报》（人文社会科学版）2017年第2期。

刘威、李雪、唐舒恬：《精准扶贫绩效评估探讨》，《合作经济与科技》2017年第6期。

刘小鹏、苏胜亮、王亚娟等：《集中连片特殊困难地区村域空间贫困测度指标体系研究》，《地理科学》2014年第4期。

刘央央、钟仁耀：《基于博弈论视角的支出型贫困救助政策扩散研究》，《社会保障研究》2017年第5期。

鲁永文、朝克：《建设社会主义新农村战略探析》，《山东社会科学》2014年第7期。

陆静超：《公共政策的动态均衡：一个政策效能优化的经济学解释》，《理论探讨》2007年第2期。

罗江月、唐丽霞：《扶贫瞄准方法与反思的国际研究成果》，《中国农业大学学报》（社会科学版）2014年第4期。

马志雄、张银银、丁士军、吴海涛：《可持续生计方法及其对中国扶贫开发实践的启示》,《农村经济与科技》2012年第11期。

梅德平:《60年代调整后农村人民公社个人收入分配制度》,《西南大学学报》(社会科学版)2005年第1期。

农业部人民公社管理局:《1977—1979年全国穷县情况》,《农业经济丛刊》1981年第1期。

欧阳旭初、袁伯涛、邹树林等:《湖北省贫困地区投资战略研究报告》,《中南财经大学学报》1989年第2期。

潘竟虎、贾文晶:《中国国家级贫困县经济差异的空间计量分析》,《中国人口资源与环境》2014年第5期。

彭国甫:《对政府绩效评估的几个基本问题的反思》,《湘潭大学学报》2004年第3期。

彭有祥:《新中国建立以来农村改革发展的三个里程碑》,《云南民族大学学报》(哲学社会科学版)2009年第4期。

屈锡华、左齐:《贫困与反贫困——定义、度量与目标》,《社会学研究》1997年第3期。

申秋:《中国农村扶贫政策的历史演变和扶贫实践研究反思》,《江西财经大学学报》2017年第1期。

宋志辉:《印度的农业发展及对我国的启示》,《农村经济》2009年第4期。

苏芳、徐中民、尚海洋:《可持续生计分析研究综述》,《地球科学进展》2009年第1期。

孙婧芳:《中国农村贫困线调整的契机与扶贫政策——以贫困指标为依据》,《贵州财经大学学报》2013年第4期。

孙久文、唐泽地:《中国特色的扶贫战略与政策》,《西北师大学报》(社会科学版)2017年第2期。

孙兆霞:《以党建促脱贫:一项政治社会学视角的中国减贫经验研究》,《中国农业大学学报》(社会科学版)2017年第5期。

孙枝俏、王金水:《新制度主义决策优化理论辨析》,《政治学研究》2010年第5期。

檀学文:《完善现行精准扶贫体制机制研究》,《中国农业大学学报》(社会科学版)2017年第5期。

唐丽霞、李小云、左停：《社会排斥、脆弱性和可持续生计：贫困的三种分析框架及比较》，《贵州社会科学》2010年第12期。

田晋、熊哲欣、向华：《民族地区村级精准扶贫绩效评价指标体系构建研究》，《经济研究导刊》2017年第1期。

童星、林闽钢：《我国农村贫困标准线研究》，《中国社会科学》1994年第3期。

汪三贵、Albert Park、Shubham Chaudhuri、Gaurav Datt：《中国新时期农村扶贫与村级贫困瞄准》，《管理世界》2007年第1期。

汪三贵、郭子豪：《论中国的精准扶贫》，《贵州社会科学》2015年第5期。

汪三贵、曾小溪、殷浩栋：《中国扶贫开发绩效第三方评估简论——基于中国人民大学反贫困问题研究中心的实践》，《湖南农业大学学报》（社会科学版）2016年第3期。

汪晓文、何明辉、李玉洁：《基于空间贫困视角的扶贫模式再选择——以甘肃为例》，《甘肃社会科学》2012年第6期。

王爱云：《1978—1985年的农村扶贫开发》，《当代中国史研究》2017年第3期。

王朝明：《中国农村30年开发式扶贫：政策实践与理论反思》，《贵州财经学院学报》2008年第6期。

王宏新、付甜、张文杰：《中国易地扶贫搬迁政策的演进特征——基于政策文本量化分析》，《国家行政学院学报》2017年第3期。

王荣党：《贫困线经典定义的百年演变：特质与内核》，《贵州社会科学》2017年第1期。

王瑞祥：《政策评估的理论、模型与方法》，《预测》2003年第3期。

王少飞：《用恩格尔系数衡量居民生活水平的可行性研究》，《统计研究》2002年第6期。

王晓欣：《"八七扶贫攻坚计划"基本实现，今后扶贫资金主要用于扶贫开发重点县》，《金融时报》2001年6月20日。

王宇、李博、左停：《精准扶贫的理论导向与实践逻辑——基于精细社会理论的视角》，《贵州社会科学》2016年第5期。

王增文：《中国农村反贫困绩效的推动因素测度及分解：1978—2014》，

《财贸经济》2017年第9期。

王祖祥、范传强、何耀、张奎、王红霞：《农村贫困与极化问题研究——以湖北省为例》，《中国社会科学》2009年第6期。

魏淑艳、刘振军：《我国公共政策评估方式分析》，《东北大学学报》（社会科学版）2003年第6期。

吴黎明、彭辅廉：《扶贫攻坚：成效、问题与对策——对湖北省八七扶贫攻坚情况调查》，《湖北财税》（理论版）2001年第4期。

吴至琴、王艳杰：《我国扶贫统计监测的发展与思考》，《经济视角》2012年第8期。

夏永祥、王常雄：《中央政府与地方政府的政策博弈及其治理》，《当代经济科学》2006年第2期。

谢撼澜、谢卓芝：《中国特色扶贫开发道路研究》，《探索》2017年第5期。

谢明：《政策分析概论》，中国人民大学出版社2004年版。

谢勇、李放：《贫困代际间传递的实证研究——以南京市为例》，《贵州财经学院学报》2008年第1期。

新华社：《温家宝在中央扶贫开发工作会上作报告要求——坚定信心加大力度确保如期实现八七扶贫攻坚计划目标》，《中国贫困地区》1999年第6期。

熊光清：《欧洲的社会排斥理论与反社会排斥实践》，《国际论坛》2008年第1期。

徐双敏、李跃：《政府绩效的第三方评估主体及其效应》，《重庆社会科学》2011年第9期。

徐双敏：《政府绩效管理中的"第三方评估"模式及其完善》，《中国行政管理》2011年第1期。

闫坤、孟艳：《反贫困实践的国际比较及启示》，《国外社会科学》2016年第4期。

杨占国、于跃洋：《当代中国农村扶贫30年（1979—2009）述评》，《北京社会科学》2009年第5期。

余芳东：《国际上常用的贫困监测统计方法》，《中国统计》2004年第8期。

岳映平:《我国农村反贫困路径选择的演变分析》,《现代经济探讨》2015年第6期。

曾小溪、汪三贵:《中国大规模减贫的经验:基于扶贫战略和政策的历史考察》,《西北师大学报》(社会科学版)2017年第6期。

张琦、冯丹萌:《我国减贫实践探索及其理论创新:1978—2016年》,《改革》2016年第4期。

张秋:《从"制度贫困"到"制度统筹":城乡统筹发展的路径选择》,《中州学刊》2013年第6期。

张小鹣、付英、马燕玲:《农村扶贫开发动态评价指标体系构建研究——以兰州市为例》,《浙江农业学报》2014年第1期。

张晓佳、谷栗、宋玉丽、董雪艳:《以公众满意度为导向的政府精准扶贫绩效评价研究——基于山东省的调查问卷分析》,《经济论坛》2017年第8期。

张秀艳、潘云:《贫困理论与反贫困政策研究进展》,《经济问题》2017年第3期。

章新平:《湖北省扶贫以工代赈十年工作综述》,《计划与市场》1994年第6期。

赵莉晓:《创新政策评估理论方法研究——基于公共政策评估逻辑框架的视角》,《科学学研究》2014年第2期。

赵曦、熊理然、肖丹:《中国农村扶贫资金管理问题研究》,《农村经济》2009年第1期。

赵焱:《巴西实施"零饥饿"计划造福贫困人口》,《经济参考报》2008年第29期。

郑方辉、毕紫薇:《第三方绩效评价与服务型政府建设》,《华南理工大学学报》(社会科学版)2009年第4期。

中华人民共和国教育部:《教育部、财政部关于"二片"地区"国家贫困地区义务教育工程"项目完成情况的通报》(http://www.moe.edu.cn/moe_879/moe_207/moe_235/moe_355/tnull_3844.html)。

周黎安、陈烨:《中国农村税费改革的政策效果:基于双重差分模型的估计》,《经济研究》2005年第8期。

周敏慧、陶然:《市场还是政府:评估中国农村减贫政策》,《国际经济评论》2016年第6期。

祝建华:《去工业化过程中的我国城市新贫困群体与社会排斥》,《兰州学刊》2006年第7期。

卓晓宁、周海生:《西方公共政策理论模型及方法论演进述评》,《南京社会科学》2010年第7期。

卓越:《公共部门绩效评估的主体建构》,《中国行政管理》2004年第5期。

邹士年:《公共政策理论模式分析及中国的公共政策理论模式选择》,《经济研究导刊》2009年第16期。

《2016年度湖北脱贫攻坚发展报告》,湖北省人民政府网(http://www.hubei.gov.cn/zwgk/zcsd/201703/t20170310_963821.shtml)。

《湖北省2017年脱贫计划》,2017年5月31日,湖北省人民政府扶贫开发办公室(http://www.hbfp.gov.cn/xxgk/jggg/ndjg/33124.html)。

《习大大最揪心的事儿》,2016年2月22日,中国网(http://www.ce.cn/xwzx/gnsz/szyw/201602/22/t20160222_9000797.shtml)。

《习近平:决胜全面建成小康社会 夺取新时代中国特色社会主义伟大胜利——在中国共产党第十九次全国代表大会上的报告》,新华网(http://news.xinhuanet.com/politics/19cpcnc/2017-10/27/c_1121867529.htm)。

《习近平扶贫新论断:扶贫先扶志、扶贫必扶智和精准扶贫》,2016年1月3日,中国经济网(http://www.ce.cn/xwzx/gnsz/szyw/201601/03/t20160103_8019081.shtml)。

《习近平召开部分省区市党委主要负责同志座谈会》,共产党员网(http://news.12371.cn/2015/06/19/VIDE14347182022916 78.shtml)。

北京晚报:《习近平:确保2020年所有贫困地区人口迈入小康》,人民网(http://bj.people.com.cn/n/2015/1129/c2330 86-27204121.html)。

国务院新闻办公室:《新闻办就进一步加强东西部扶贫协作工作指导意见举行发布会》,2016年12月8日,国务院新闻办公室门户网站(http://www.scio.gov.cn/xwfbh/xwbfbh/wqfbh/33978/35642/index.htm)。

孟庆涛:《实施精准扶贫方略,提高贫困人口可行能力》,2017年9月19日,人民网(http://world.people.com.cn/n1/2017/0929/c1 002-29566169.html)。

余瑞东:《中国国民经济和社会发展"十一五"规划纲要(全文)》,中国新闻网(http://www.chinanews.com/news/2006/2006-03-16/8/704066.shtml)。

Alan Gillie, "The Origin of the Poverty Line", *Economic History Review*, 1996, 49 (4).

Alkire S., Foster J., "Counting and Multidimensional Poverty Measurement", *Journal of Public Economics*, 2011, 95 (7).

Becker G. S., Tomas N. An Equilibrium, "Theory of the Distribution of Incomeand Inter-generational Mobility", *Journal of Political Economy*, 1979, 87 (6).

Chen Zhenming, *Policy Science: Introduction of Public Policy Analysis*, Beijing: Renmin University of China Press, 2003.

D. Nachmias, *Public Policy Evaluation: Approaches and Methods*. N. Y.: St. Martin's Press, 1979.

DFID., *Sustainable Livelihoods Guidance Sheets*, London: Department for International Development, 2000.

H. Wollmann, *Evaluation in Public Sector Reform*, Cheltenham: Edward Elgar, 2003.

Jalan J. and M. Ravallion, "Spatial Poverty Traps", *The World Bank Policy Research Working Paper*, No. 1862, 1997.

Jean-Yves Duclos & David Sahn & Stephen D. Younger: "Robust Multidimensional Spatial Poverty Comparisons in Ghana, Madagascar, and Uganda", *The World Bank Economic Review*, Vol. 20 (1) 91–113, 2006.

Lewis, Oscar, *five Familes: Mexican Case Studies in the Culture of Poerty*, New York: Basic Books, Inc. 1959.

Lipton, M. and M. Ravallion., "Poverty and Policy", In: Behrman, J. and T. N. Srinivasan (eds.), *Handbook of Development Economics*, Vol. 3b, Amsterdam: North Holland, 1995.

Ma, L., Liu, X., Xin, X., "Do Poor Rural Households Produce Less Grain than Non-poor Rural Households", *China & World Economy*, Vol. 21, No. 6, 2013.

Mccarthy J. , *Climate Change 2001: Impacts, Adaptation, and Vulnerability: Contribution of Working Group II to the Third Assessment Report of the Intergovernmental Panel on Climate Change*, Cambridge: Cambridge University Press, 2001.

Ravallion Martin and Wodon Quentin, "PoorAreas, or only Poor People?" *Journal of Regional Science*, 1999, 39 (4).

Rowntree M. , *Poverty: A Study of Town Life*, London: Macmillan, 1901.

Shipan, C. R. and C. Volden, "The Mechanisms of Policy Diffusion", *American Journal of Political Science*, 2008, 52 (4).

T. H. Poister, *Public Program Analysis: Applied Research Methods*, University Park Press, 1978.

Turner B. L. , Kasperson R. E. , Matson P. A. , et al. , "A Framework for Vulnerability Analysis in Sustainability Science", *Proceedings of the National Academy of Sciences of the United States of America*, 2003, 100 (14): 8074 – 8079.

Vedung E. , *Public Policy and Program Evaluation*, New Bruswick (U. S. A) and London (U. K): Transaction Publishers, 1997.

Volden, C. M. M. Ting and D. Carpenter A. , "A Formal Model of Learning and Policy Diffusion", *American Political Science Review*, 2006, 102 (3).

后 记

消除贫困是人类社会面临的共同任务,也是当前中国社会经济发展的重大议题。自1978年改革开放以来,经过40年的努力,中国农村扶贫事业取得了举世瞩目的成就。根据国家统计局2018年2月公布的数据,农村贫困人口由1978年的2.5亿人减少到2017年底的3046万人,贫困发生率则由26.0%降低到3.1%。特别是精准扶贫政策实施以来,中国已经累计减少了6853万农村贫困人口,创造了世界减贫史上的最好成绩。扶贫成就的取得关键在于党的集中统一领导和全国上下秉持"脱贫攻坚,全国一盘棋"的战略思路。全国各省(直辖市、自治区)协同努力,上下一心,奋力拼搏。多年扶贫实践中也出现了多样化的扶贫成功模式,通过推广也极大地推动了扶贫实践发展。

位于华中地区的湖北省是一个集老区、民族地区、山区、库区于一体的贫困面较大的省份。伴随着国家整体经济社会发展的脚步,湖北也取得了较大的改革发展成就,但是湖北的扶贫人口规模依然较大,相对贫困问题已然凸显。全省四个集中连片特困地区(秦巴山、武陵山、大别山、幕阜山)发展相对落后。这些都严重制约了"全面小康湖北"工作的推进。

在改革开放40周年之际,受中共湖北省委农村工作部和湖北省社会科学院的委托,在湖北"三农"重大问题研究专项课题资助下,我们从事《改革开放40年:湖北省农村扶贫开发研究》的专项研究,并集结成专著。经过作者及研究团队的努力,我们按期完成了在改革开放40周年以及中国扶贫40年背景下湖北扶贫40年历程描述、政策措施分析和经验教训归纳总结的任务。

本书共32万余字,由丁士军和陈志共同完成。丁士军负责研究设计、组织数据分析和报告撰写，共完成本书撰写约17万字的工作；陈志负责协助研究组织、数据分析与报告撰写，共完成本书撰写约15万字的工作。在从事本书研究的过程中，许多机构和人员提供了支持和帮助，我们十分感激！

湖北省人民政府扶贫开发办公室先后多次为我们在湖北省从事农村扶贫与精准扶贫成效评估研究提供了项目经费支持，并提供了湖北省扶贫年鉴资料与相关数据。国家统计局湖北省调查总队提供了改革开放40年来湖北省农户调查数据。湖北省档案局提供了1978年至2000年较为详尽的历史文献资料。湖北省图书馆提供了改革开放40年来《湖北日报》原件供我们收集整理关于农业农村发展与贫困缓解的全部报道。这些均为全书的完成起到了重要支持作用。

中南财经政法大学农业经济学专业的博士研究生孙飞和陈良敏、张经纬和宋嘉豪协助我们完成了大量文献资料的收集整理、案例资料收集分析与数据初步分析的工作，对本书的完成提供了主要的支持。

丁士军　陈志

2018年7月